Ingrid Weger • Sabine Schwabl



# das deutschbuch 3

Kompetenzorientierung gemäß
Reife- und Diplomprüfung NEU

Jugend & Volk
westermann

Mit Bescheid des Bundesministeriums für Bildung, Wissenschaft und Forschung, GZ BMBWF-5.021/0018-IT/3/2018 vom 28. Jänner 2019, als für den Unterrichtsgebrauch für den III. Jahrgang an Höheren technischen und gewerblichen Lehranstalten, an Handelsakademien, an Höheren Lehranstalten für wirtschaftliche Berufe, an Höheren Lehranstalten für Mode, an Höheren Lehranstalten für Tourismus im Unterrichtsgegenstand Deutsch geeignet erklärt.



**Bildnachweis:**

|akg-images GmbH, Berlin: 37, 41, 83, 132, 135, 135, 274; Electa 279.|alamy images, Abingdon/Oxfordshire: AF archive 255 2, 258 1; dcphoto 146; Entertainment Pictures 256 4; fStop Images GmbH 262 1; Gallo, Paolo 144; Glasshouse Images 145 2; Granger Historical Picture Archive 159; IanDagnall Computing 160; Moviestore collection Ltd 75 3, 264 1; Pictorial Press 142; United Archives GmbH 147 1, 264 2, 264 3.|Antje Kunstmann Verlag, München: Gerster, Gaby 78 1.|APA-PictureDesk GmbH, Wien: akg-images 75, 252; epa/Paramount Pictures 256; epa/Robichon, Franck F 138; Interfoto 265; Mary Evans/Grant, Ronald 256; Mary Evans/Ronald Grant Archive 262; Neubauer, Herbert 269, 280; Neumayr 248; NG Collection/Interfoto 149, 258, 265; ÖNB-Bildarchiv/Breicha, Otto 93; Schöndorfer, Karl 126; SZ-Photo/Friedrich, Brigitte 240; SZ-Photo/M^nkedieck 246; Techt, Hans Klaus 282, 282.|bpk-Bildagentur, Berlin: 270.|Carl Hanser Verlag GmbH & Co.KG, München: Arno Geiger, Der alte König in seinem Exil © 2011 126.|ddp images GmbH, Hamburg: Schlafes Bruder D: Andre Eisermann, Ben Becker R: Joseph Vilsmaier P: BRD J: 1995 265; Shakespeare in Love D: Joseph Fiennes R: John Madden P: USA J: 1998 147.|Declair, René, Troisdorf: 182.|Diogenes Verlag AG, Zürich: Dürrenmatt, Friedrich: Die Physiker 132 2.|fotolia.com, New York: A_Lein 27; AKhodi 72; Bilan 3D 247; blvdone 86; Coloures-pic 71; dehlzeit, markus 54; Deklofenak 254; eyeQ 66; kbuntu 225; Marco2811 206; mertcan 201; MK-Photo 230; nerthuz 255; robert 230; Sepia100 223; Thiele, Mario 65; WavebreakmediaMicro 85.|Getty Images, München: Krieger, Kurt 263; Sengstacke, Robert Abbott 37; Sunset Boulevard/Kontributor 148.|iStockphoto.com, Calgary: anzeletti 262; Mansi, René 187; monkeybusinessimages 72.|mauritius images GmbH, Mittenwald: age fotostock/PearceS 59.|Picture-Alliance GmbH, Frankfurt/M.: abaca/Reed, Jason 34; C20th Fox/Twentieth Century Fox 144; Desfoux, Maxppp Jean Yves 43; DiMaio, Tony 255; dpa DENA 267; dpa/Kolbe, Jörg 282; dpa/Photoshot 270; dpa/Reisfeld, Bert 256; dpa/Wagner, Ingo 263; dpa/Warmuth, Angelika 134; HB-Verlag/Wrba, Ernst 270; MP/Leemage 234; Simon, Sven 37.|plainpicture, Hamburg: PhotoAlto 262.|Reclam Verlag, Ditzingen: Gottfried Keller: Romeo und Julia auf dem Dorfe 145 1; Sophokles: Antigone 275 1.|Schwendemann, Thomas, Wien: 71, 227.|Shutterstock.com, New York: Bellers, Lance 147 3; Fotomicar 258; M., Dariush 65; Pitroviz 260; s_bukley 244; Tinseltown 255 3.|Sikelia Productions, New York: Martin Scorsese Collection 264.|stock.adobe.com, Dublin: Annas, Karin & Uwe 218; Seybert, Gerhard 219.|Suhrkamp Verlag GmbH & Co.KG, Berlin: Max Frisch: Andorra 75.|Theaterwissenschaftliche Sammlung Universität zu Köln, Köln: 270.|Tögel, Hanna, Wien: 260, 260, 260, 261, 261, 261, 261, 261, 261, 261, 261.|ullstein bild, Berlin: 246; AISA 125; Friedrich 22, 82; Imagno 280.|vario images, Bonn: Baumgarten, Ulrich 198; imageBROKER/Gombert, Sigrid 232.|Weinberger, Harald: 27, 52.|wikimedia.commons: 156, 268, 270, 276, 278.|© dtv Verlagsgesellschaft mbH & Co.KG, München: Wolf Haas: Das Wetter vor 15 Jahren 242.

Wir arbeiten sehr sorgfältig daran, für alle verwendeten Abbildungen die Rechteinhaberinnen und Rechteinhaber zu ermitteln. Sollte uns dies im Einzelfall nicht vollständig gelungen sein, werden berechtigte Ansprüche selbstverständlich im Rahmen der üblichen Vereinbarungen abgegolten.

Die in diesem Lehrwerk wiedergegebenen Texte aus unterschiedlichen Medien und Epochen wurden bewusst in der Originalschreibweise übernommen, um zu zeigen, dass Sprache und Sprachnormen ständigen Veränderungen unterliegen.

[2019 – 01001]
Umschlaggestaltung: Studio Wukovits
Satz: punktgenau GmbH
Layout: Astrid Sitz, ImageDesign
Druck: Westermann Druck Zwickau GmbH

| Schulbuch-Nr. 170 356 | Schulbuch-Nr. 175 944 |
|---|---|
| **das deutschbuch 3 – Aktualisierung**<br>Weger, Schwabl | **das deutschbuch 3 – Aktualisierung + E-Book**<br>Weger, Schwabl |
| **ISBN** 978-3-7100-**4266**-9 | **ISBN** 978-3-7100-**3448**-0 |


Tel.: 01 533 56 36-0, Fax: 01 533 56 36-15, E-Mail: service@ westermanngruppe.at, www.westermanngruppe.at

## Bildungsstandards Deutsch 13. Schulstufe 9


| | | Seite | 5. Sem. | 6. Sem. | Literarische Texte |
|---|---|---|---|---|---|
| **1** | **Check: Wissen und Können** | **17** | | | |
| **1.1** | **Was Sie erwartet** | **18** | ■ | ■ | |
| **1.2** | **Was Sie bereits können** | **19** | | | |
| 1.2.1 | Kompetenzbereich Lesen | 19 | ■ | | |
| 1.2.2 | Kompetenzbereiche Lesen, Schreiben und Reflexion anhand von Sachtexten (sRDP-Textsorten: Zusammenfassung, Erörterung) | 21 | ■ | | |
| 1.2.3 | Kompetenzbereiche Lesen, Schreiben und Reflexion anhand literarischer Texte (sRDP-Textsorte: Textanalyse) | 22 | ■ | | *Das dicke Kind.* (M.L. Kaschnitz) |
| 1.2.4 | Kompetenzbereich Sprechen und Zuhören | 28 | ■ | | |
| 1.2.5 | Kompetenzbereich Sprachbewusstsein | 29 | ■ | | |
| | **Kompetenzfenster: Ihr persönlicher Lernerfolg** | **30** | | | |

| | | Seite | 5. Sem. | 6. Sem. | Literarische Texte |
|---|---|---|---|---|---|
| **2** | **Kommunikation** | **31** | | | |
| **2.1** | **Die Kunst des Redens** | **32** | | | |
| 2.1.1 | Von berühmten Rednerinnen und Rednern lernen | 32 | ■ | | *Die Antrittsrede des neuen US-Präsidenten* (B. Obama) |
| 2.1.2 | Rhetorische Mittel – wie man andere überzeugt | 38 | ■ | | |
| 2.1.3 | Vorbereitung einer Rede | 40 | ■ | | |
| 2.1.4 | Verfassen einer erfolgreichen Rede | 42 | ■ | | *Nobelpreis-Rede des 14. Dalai Lama* (T. Gyatso)<br>*30 PARADOXA. Siebente Klagenfurter Rede zur Literatur* (R. Schrott)<br>*Meine Damen und Herren!* (O.H. Kühner) |
| 2.1.5 | Argumentieren – wie überzeuge ich? (sRDP-Textsorte: Meinungsrede) | 45 | ■ | | |
| 2.1.6 | Der Vortrag | 48 | ■ | | |
| **2.2** | **Miteinander reden** | **50** | | | |
| 2.2.1 | Die Debatte | 50 | | ■ | |
| 2.2.2 | Die Diskussion | 54 | | ■ | |
| 2.2.3 | Die Moderation | 56 | | ■ | |
| 2.2.4 | Die Fishbowl-Methode | 59 | | ■ | |
| | **Kompetenzfenster: Ihr persönlicher Lernerfolg** | **60** | | | |

| | | | 5. Sem. | 6. Sem. | Literarische Texte |
|---|---|---|---|---|---|
| **3** | **Lesen** | **61** | | | |
| **3.1** | **Lesen – Verstehen – Analysieren** | **62** | | | |
| 3.1.1 | Was Sachtexte aussagen (sRDP-Textsorten: Zusammenfassung, Leserbrief, Textanalyse) | 62 | ■ | | |
| 3.1.2 | Sachtexte analysieren (sRDP-Textsorten: Leserbrief, Meinungsrede, Erörterung) | 68 | ■ | | |
| **3.2** | **Das Lesen literarischer Texte** | **76** | | | |
| 3.2.1 | Zwischen den Zeilen lesen (sRDP-Textsorte: Textinterpretation) | 76 | | ■ | *Agnes* (P. Stamm)<br>*Mondgeschichte* (I. Aichinger) |
| **3.3** | **Vorlesen** | **84** | | | |
| 3.3.1 | Lautes Lesen für andere | 84 | | ■ | |
| | **Kompetenzfenster: Ihr persönlicher Lernerfolg** | **88** | | | |

| | | | 5. Sem. | 6. Sem. | Literarische Texte |
|---|---|---|---|---|---|
| **4** | **Sprache** | **89** | | | |
| **4.1** | **Schreibrichtigkeit** | **90** | | | |
| 4.1.1 | Groß- und Kleinschreibung | 90 | ■ | ■ | *Die Wolfshaut* (H. Lebert) |
| 4.1.2 | Getrennt- und Zusammenschreibung | 94 | ■ | ■ | |
| 4.1.3 | das/dass | 96 | ■ | ■ | |
| 4.1.4 | Gleich und ähnlich klingende Lautfolgen | 97 | ■ | ■ | |
| **4.2** | **Sprachrichtigkeit** | **98** | | | |
| 4.2.1 | Der richtige Fall | 98 | ■ | ■ | *Die Wolfshaut* (H. Lebert – Fortsetzung) |
| 4.2.2 | Der Konjunktiv in der indirekten Rede | 100 | ■ | ■ | |
| 4.2.3 | Das Komma | 102 | ■ | ■ | *Die Wolfshaut* (H. Lebert – Fortsetzung) |
| 4.2.4 | Zeitformen | 106 | ■ | ■ | |
| **4.3** | **Stil- und Ausdrucksübungen** | **108** | | | |
| 4.3.1 | Die Wahl der richtigen Präposition | 108 | ■ | ■ | |
| 4.3.2 | Funktionsverben (Nomen-Verb-Verbindungen) | 109 | ■ | ■ | |
| 4.3.3 | Kleine Wörter – große Bedeutungsunterschiede | 110 | ■ | ■ | |
| **4.4** | **Die Macht der Sprache** | **112** | | | |
| 4.4.1 | Reichtum und Armut der deutschen Sprache | 112 | | ■ | |
| 4.4.2 | Die Sprache im Wandel der Zeiten | 116 | | ■ | |
| 4.4.3 | Gender Mainstreaming und Sprache | 118 | | ■ | |
| 4.4.4 | Die „heimlichen Botschaften" einer Sprache | 120 | | ■ | |
| | **Kompetenzfenster: Ihr persönlicher Lernerfolg** | **122** | | | |

| | | | 5. Sem. | 6. Sem. | Literarische Texte |
|---|---|---|---|---|---|
| **5** | **Portfolio** | **123** | | | |
| **5.1** | **Das Arbeiten am Kulturportfolio** | **124** | | | |
| 5.1.1 | Ein Zwischenblick | 124 | ■ | | |
| 5.1.2 | Das Portfolio als Arbeitsmethode | 125 | ■ | | |
| **5.2** | **Leseportfolio anhand eines epischen Textes** | **126** | | | |
| 5.2.1 | Arno Geiger: „Der alte König in seinem Exil" – Textverständnis und persönlicher Zugang zum Text | 126 | ■ | | *Der alte König in seinem Exil* (A. Geiger) |
| 5.2.2 | Biografische Zusammenhänge | 128 | ■ | | |
| 5.2.3 | Selbst- und Fremdreflexion | 131 | ■ | | |
| **5.3** | **Leseportfolio anhand eines dramatischen Werkes** | **132** | | | |
| 5.3.1 | Friedrich Dürrenmatt: „Die Physiker" – Textverständnis und persönlicher Zugang zum Text | 132 | | ■ | *Die Physiker* (F. Dürrenmatt) |
| 5.3.2 | Biografische Daten und zeithistorische Zusammenhänge | 135 | | ■ | |
| 5.3.3 | Kontextanalyse | 136 | | ■ | *Die Physiker* (F. Dürrenmatt – Fortsetzung) |
| 5.3.4 | Möglichkeiten der Weiterarbeit – Werke im Kontext | 139 | | ■ | |
| **5.4** | **Portfolio: Literatur und Film** | **140** | | | |
| 5.4.1 | William Shakespeare „Romeo und Julia" | 140 | | ■ | *Romeo und Julia* (W. Shakespeare) |
| 5.4.2 | „Romeo und Julia" als Verfilmung | 142 | | ■ | |
| 5.4.3 | Inspiriert von „Romeo und Julia" ... | 145 | | ■ | |
| 5.4.4 | Remakes (Reboots) | 148 | | ■ | |
| **5.5** | **Resümee** | **150** | | | |
| 5.5.1 | Rückblick: Kritik erlaubt | 150 | ■ | ■ | |
| 5.5.2 | Der Cover-Letter | 151 | ■ | ■ | |
| **5.6** | **Literarische Epochen** | **152** | | | |
| 5.6.1 | Das Frühmittelalter (ca. 5. – 11. Jh.) | 152 | ■ | ■ | *Der Zweite Merseburger Zauberspruch* (Anonym)<br>*Wessobrunner Gebet* (Anonym) |
| 5.6.2 | Das Hochmittelalter (12. – 13. Jh.) | 154 | ■ | ■ | *Saget mir ieman, waz ist minne?* (W. v. d. Vogelweide) |
| 5.6.3 | Das Spätmittelalter (13. – 15. Jh.) | 156 | ■ | ■ | *Sommerlied 5* (N. von Reuental) |
| 5.6.4 | Reformation – Humanismus – Renaissance (16. Jh.) | 158 | ■ | ■ | *Das Narrenschiff* (S. Brant) |
| 5.6.5 | Barock (17. Jh.) | 162 | ■ | ■ | *Der abenteuerliche Simplicissimus* (J. C. v. Grimmelshausen) |
| 5.6.6 | Aufklärung und Sturm und Drang (18. Jh.) | 164 | ■ | ■ | *Die Leiden des jungen Werther* (J. W. v. Goethe) |
| 5.6.7 | Klassik (1786 – 1805) | 166 | ■ | ■ | *Faust. Der Tragödie Erster Teil.* (J. W. v. Goethe)<br>*An den Frühling* (F. Schiller)<br>*Gefunden.* (J. W. v. Goethe) |
| | **Kompetenzfenster: Ihr persönlicher Lernerfolg** | **170** | | | |

| | | | 5. Sem. | 6. Sem. | Literarische Texte |
|---|---|---|---|---|---|
| **6** | **Schreiben** | **171** | | | |
| **6.1** | **Die Bedeutung von Operatoren für Ihr Schreiben** | **172** | | | |
| 6.1.1 | Operatoren im Überblick (Wiederholung) | 172 | | | |
| 6.1.2 | Operatoren – Schreibhandlungen – Textsorten | 173 | | | |
| **6.2** | **Prozessorientiertes Schreiben** | **174** | | | |
| 6.2.1 | Die Planung der Textproduktion | 174 | | | |
| **6.3** | **Argumentieren** | **178** | | | |
| 6.3.1 | Die Empfehlung (sRDP-Textsorte bis 2019/20) | 178 | | | |
| 6.3.2 | Der offene Brief (sRDP-Textsorte bis 2019/20) | 184 | | | |
| 6.3.3 | Der (appellative) Leserbrief (sRDP-Textsorte) | 188 | | | |
| 6.3.4 | Die textgebundene Erörterung (Wiederholung, sRDP-Textsorte) | 194 | | | |
| **6.4** | **Kommentieren und Appellieren** | **196** | | | |
| 6.4.1 | Der Kommentar (sRDP-Textsorte) | 196 | | | |
| 6.4.2 | Die Meinungsrede (sRDP-Textsorte) | 202 | | | |
| **6.5** | **Interpretieren literarischer Texte** | **208** | | | |
| 6.5.1 | Textanalyse und Textinterpretation (sRDP-Textsorten) | 208 | | | *Saisonbeginn* (E. Langgässer)<br>*Das letzte Paradies: Und Gott besah sich seinen Apfelbaum* (T. Bastian)<br>*Ein Tag ohne Ende* (M. Overmann) |
| **6.6** | **Einführung in das wissenschaftliche Arbeiten** | **214** | | | |
| 6.6.1 | Die Literaturrecherche | 214 | | | |
| 6.6.2 | Quellen offenlegen | 215 | | | |
| 6.6.3 | Das Literaturverzeichnis | 217 | | | |
| **6.7** | **Das Motivationsschreiben** | **218** | | | |
| | **Kompetenzfenster: Ihr persönlicher Lernerfolg** | **220** | | | |

| | | | 5. Sem. | 6. Sem. | Literarische Texte |
|---|---|---|---|---|---|
| **7** | **Medien** | **221** | | | |
| **7.1** | **Mediennutzung** | **222** | | | |
| 7.1.1 | Begriff „soziale Netzwerke" | 222 | ■ | | |
| 7.1.2 | Die Welt der medialen sozialen Netzwerke | 223 | ■ | | |
| **7.2** | **Der gläserne Mensch** | **228** | | | |
| 7.2.1 | Orwells Erben | 228 | ■ | | *1984* (G. Orwell)<br>*Replay* (B. Stein) |
| **7.3** | **Bewertung von Informationen** | **234** | | | |
| 7.3.1 | Glauben Sie nicht alles, was im Internet steht! | 234 | | ■ | |
| 7.3.2 | Klappentext und Rezension: das Bewerten literarischer Werke | 239 | | ■ | *Die Republik der Frauen* (G. Belli) |
| **7.4** | **Die Literatur in den Medien** | **246** | | | |
| 7.4.1 | Vom Hörspiel zum Hörbuch | 246 | | ■ | |
| 7.4.2 | Das Fernsehspiel und die Literaturverfilmung | 247 | | ■ | |
| 7.4.3 | Das Internet | 247 | | ■ | |
| 7.4.4 | Rezeption der neuen Medien in der Literatur | 248 | | ■ | *Gut gegen Nordwind* (D. Glattauer) |
| | **Kompetenzfenster: Ihr persönlicher Lernerfolg** | **250** | | | |

| | | | 5. Sem. | 6. Sem. | Literarische Texte |
|---|---|---|---|---|---|
| **8** | **Literatur, Kunst und Gesellschaft** | **251** | | | |
| **8.1** | **Der Film als Erzählform** | **252** | | | |
| 8.1.1 | Faszination Film | 252 | ■ | | |
| 8.1.2 | Der Film als Medium | 252 | ■ | | |
| 8.1.3 | Das Grundmodell der Filmanalyse | 254 | ■ | | |
| 8.1.4 | Wer ist am Entstehen eines Films beteiligt? | 255 | ■ | | |
| 8.1.5 | Filmgenre | 257 | ■ | | |
| 8.1.6 | Wirkungsmittel des Films | 260 | ■ | | |
| **8.2** | **Die Dramatik** | **266** | | | |
| 8.2.1 | Die Handlung des Dramas über die Jahrhunderte | 267 | | ■ | |
| 8.2.2 | Spielzeit und Spielort | 268 | | ■ | |
| 8.2.3 | Handlungsaufbau | 268 | | ■ | |
| 8.2.4 | Personen | 269 | | ■ | |
| 8.2.5 | Sprache | 269 | | ■ | |
| 8.2.6 | Bühnenformen | 270 | | ■ | *Die Bürgschaft* (F. Schiller) |
| 8.2.7 | Macht und Moral – zwei über Jahrhunderte aktuelle Themen | 274 | | ■ | *Antigone* (Sophokles)<br>*Macbeth* (W. Shakespeare)<br>*Prinz Friedrich von Homburg* (H. v. Kleist)<br>*Der Fürst. Von Grausamkeit und Gnade* (N. Macchiavelli)<br>*Professor Bernhardi* (A. Schnitzler)<br>*Die heilige Johanna der Schlachthöfe* (B. Brecht) |
| 8.2.8 | Bertolt Brechts „Episches Theater" | 284 | | ■ | |
| | **Kompetenzfenster: Ihr persönlicher Lernerfolg** | **286** | | | |

**Stichwortverzeichnis** . . . . . . . . . . . . . . . . . . . . . . . . . . . . . . . . . . 287

## Verwendete Symbole

**Zuhören**

**Sprechen**

**Lesen**

**Schreiben**

**Reflexion**

**Sprachbewusstsein**

● **Einzelarbeit**

●● **Partnerarbeit**

●●● **Gruppenarbeit**

○ **Klassengespräch**

**Portfolio**

**Internetverweis**

sRDP **Teilstandardisierte Reife- und Diplomprüfung**

**Lesetipps: exemplarische Literaturangaben als Anregung zum Weiterlesen**

Diese kurzen und übersichtlich strukturierten Zusammenfassungen dienen dazu, den Schülerinnen und Schülern das Lernen und Behalten der wesentlichen Informationen zu erleichtern.

*Worterklärung:*
*Fremdwörter, fachspezifische Ausdrücke und Begriffe, die vielen Jugendlichen dieser Altersgruppe nicht geläufig sind, werden neben den Texten in der jeweiligen Randspalte in einfachen Worten erklärt.*

# Bildungsstandards DEUTSCH 13. Schulstufe

Das vorliegende Lehrwerk basiert auf den Bildungsstandards DEUTSCH. Aufbauend auf den Bildungsstandards für die 8. Schulstufe, die Ausgangspunkt des Lernens im ersten Jahrgang sind, wird kumulativ und nachhaltig auf die Bildungsstandards DEUTSCH für die 13. Schulstufe der berufsbildenden höheren Schulen hingearbeitet.

Diese Bildungsstandards verstehen sich als Beitrag zur transparenten Darstellung von Lernergebnissen; sie unterstützen den Prozess des Lernens, indem sie die Teilkompetenzen explizit ausweisen. Sie dienen den Deutschlehrerinnen und Deutschlehrern als Orientierung in der Unterrichtsarbeit, da sie klar erwartete Kompetenzen benennen. Sie sind aber auch für die Schülerinnen und Schüler eine Zielvorgabe und Messlatte, über welche nachhaltigen Kompetenzen sie am Ende ihres Bildungsganges verfügen sollten, um für Studium oder Beruf „kompetent" zu sein.

Die Bildungsstandards DEUTSCH setzen am Kernprozess des Unterrichtens an und beschreiben grundlegende Handlungsanforderungen. Sie definieren, was die Schülerinnen und Schüler „können" sollten. Dieses **„Können"** kann aber nie isoliert gesehen werden, sondern verknüpft mit **Wissen**serwerb, mit Inhalten. Dabei kommt gerade dem Unterrichtsgegenstand Deutsch eine wichtige Rolle im Bildungsgang zu, da es auch Grundlage und Fertigkeiten für andere Unterrichtsgegenstände vermittelt. Die Beschäftigung mit Sprache, Literatur und Medien leistet einen wesentlichen Beitrag zur Persönlichkeitsbildung, zur aktiven Teilnahme am gesellschaftlichen und beruflichen Leben.

Diese integrative Sichtweise des Unterrichtsgegenstandes zeigt sich auch in den Bildungsstandards, in denen diese zentralen fachlichen, aber auch fachübergreifenden Ziele auf der Grundlage eines Kompetenzmodells ausgewiesen werden. In diesen sind die wesentlichen Kompetenzbereiche *Zuhören, Sprechen, Lesen, Schreiben, Sprachbewusstsein* und *Reflexion* beschrieben. Mittels Deskriptoren werden die Teilfertigkeiten, über die eine Schülerin bzw. ein Schüler am Ende des Bildungsganges verfügen sollte, explizit benannt. Ihnen sind die sprachlichen Fertigkeiten *Rezeption*, *Interaktion* und *Produktion* zugewiesen. Ein wesentliches Kriterium der Bildungsstandards DEUTSCH 13. Schulstufe ist es, auf die Handlungsanweisungen (Kernkompetenzen) zu fokussieren und im Bereich der Inhalte einen relativ großen Freiraum zuzulassen, da Kompetenzbereiche anhand vielfältiger Inhalte trainiert werden können und sollen.

Die Bildungsstandards DEUTSCH für die 13. Schulstufe zielen auf die Abschlussqualifikationen ab und stellen somit auch die Zielvorgabe für die teilstandardisierte Reife- und Diplomprüfung dar, auf die fünf Jahre lang hingearbeitet wird.

*Bundesministerium für Unterricht, Kunst und Kultur (Hg.): Deutsch 13. Schulstufe, Bildungsstandards in der Berufsbildung. 7. Auflage, Wien, bm:ukk, 2012*

**Neue Oberstufe**

Ab der 10. Schulstufe sind die Lehrpläne der BHS nicht nur in Jahrgänge, sondern auch in Semester (Kompetenzmodule) unterteilt.
In diesem Schulbuch wird dieser Semestrierung Rechnung getragen, indem die einzelnen Kapitel dem jeweiligen Semester zugeordnet werden. Die Kennzeichnung nach Semestern finden Sie sowohl im Inhaltsverzeichnis als auch in den einzelnen Kapiteln.

## Kompetenzmodell BIST D 13

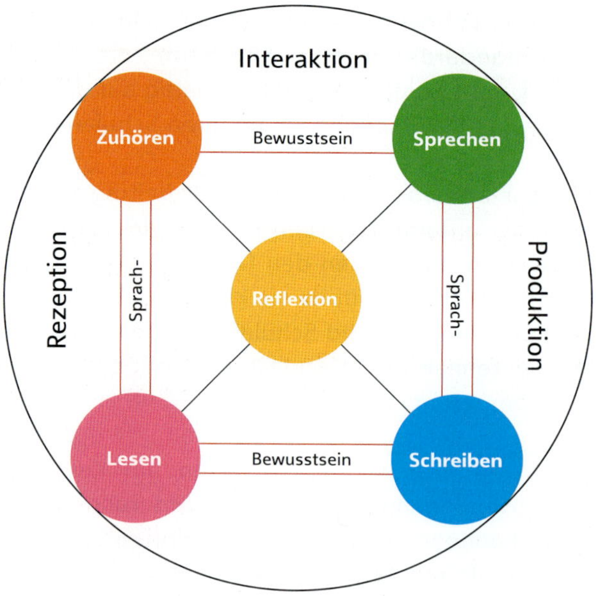


## Deskriptoren

### A. Kompetenzbereich: Zuhören

| Deskriptoren | | Hinweise und Beispiele zur Konkretisierung |
|---|---|---|
| **1. Mündlichen Darstellungen folgen und sie verstehen (Rezeption)** | 1.1 Aktiv zuhören | Rollenspiele, kontrollierter Dialog etc. |
| | 1.2 Kerninformationen entnehmen | Radio- und Fernsehsendung, Podcast, Hörbuch, Vortrag, Referat etc. |
| | 1.3 Redeabsichten wahrnehmen | Information, Manipulation, Diskriminierung, Appell etc. |
| | 1.4 Para- und nonverbale Äußerungen erkennen | Stimmlage, Lautstärke, Betonung, Sprachmelodie, Sprechtempo; Mimik, Gestik |
| | 1.5 Gestaltungsmittel unterschiedlicher Sprach- und Stilebenen verstehen | Rhetorische Figuren, sprachliche Register (Standard-, Umgangssprache; Dialekte, Soziolekte) |

## B. Kompetenzbereich: Sprechen

| Deskriptoren | | Hinweise und Beispiele zur Konkretisierung |
|---|---|---|
| **2. Sprache situationsangemessen, partnergerecht, sozial verantwortlich gebrauchen (Interaktion)** | 2.1 Gestaltungsmittel unterschiedlicher Sprach- und Stilebenen erkennen und situationsangemessen einsetzen | Rhetorische Figuren, sprachliche Register (Standard-, Umgangssprache, Dialekte, Soziolekte) etc. |
| | 2.2 Sprachsensibel formulieren | Geschlechter- und minderheitengerechte Formulierungen, kritischer Umgang mit belasteten Begriffen, wertenden Bezeichnungen etc. |
| | 2.3 Sachgerecht argumentieren | Vorbringen und Verteidigen gegensätzlicher Standpunkte, Abwägen von Argumenten, Entwickeln von Argumentationsstrategien |
| | 2.4 Zielgerecht appellieren | Zielgruppen-, insbesondere Kundenorientierung; Verkaufsgespräch, Produkt- und Projektpräsentation etc. |
| | 2.5 Äußerungen durch para- und nonverbale Ausdrucksmittel unterstützen | Stimmlage, Lautstärke, Betonung, Sprachmelodie, Sprechtempo; Blickkontakt, Mimik, Gestik, Körperhaltung; Dresscode |
| | 2.6 Feedback geben | Regeln aushandeln und einhalten, konstruktive Rückmeldung in adäquater Sprache und Gestik |
| **3. Gespräche führen (Interaktion)** | 3.1 Sich konstruktiv an Gesprächen und Diskussionen beteiligen | Sachliches Vorbringen unterschiedlicher Positionen, Einhalten von Gesprächsregeln etc. |
| | 3.2 Auf Gesprächsbeiträge angemessen reagieren | Unterscheidung von Sach- und Beziehungsebene, Strategien zur Deeskalation etc. |
| | 3.3 Passende Gesprächsformen in privaten, beruflichen und öffentlichen Sprechsituationen anwenden | Fach-, Informations-, Bewerbungs-, Beratungs-, Beschwerdegespräch, Small Talk etc. |
| | 3.4 Diskussionen leiten und Gespräche moderieren | Einführen ins Thema, Ergebnisorientierung, Zusammenfassung; Einhalten von Regeln, Zeitmanagement |
| | 3.5 Berufsbezogene Informationen einholen und weitergeben | Mündlicher Bericht, Telefonat, Interview etc. |
| **4. Monologisch sprechen (Produktion)** | 4.1 Anliegen sprachlich differenziert vorbringen und Interessen vertreten | Statement, Präsentation, Rede etc. |
| | 4.2 Wirkungsvoll rezitieren | Kreativer Umgang mit Lauten, Wörtern und Texten; schauspielerische Aktivitäten etc. |
| | 4.3 Komplexe Inhalte mit Medienunterstützung präsentieren | Grafisch aufbereitete Informationen, Auswahl und sinnvoller Einsatz von Medien, Anwendung von Fachvokabular etc. |

## C. Kompetenzbereich: Lesen

| Deskriptoren | | Hinweise und Beispiele zur Konkretisierung |
|---|---|---|
| **5. Unterschiedliche Lesetechniken anwenden (Rezeption, Interaktion)** | 5.1 Sinnerfassend lesen | Einsatz von Lesetechniken und -strategien (punktuelles und kursorisches Lesen, Quer-, Parallellesen) in unterschiedlichen Medien, Einzelinformationen finden, die wichtigsten Inhalte erfassen, Texte vollständig lesen, Umgang mit Hypertexten |
| | 5.2 Laut gestaltend lesen | Deutliche Aussprache, lautliches Strukturieren und Modulieren; Adressaten- und Situationsbezug |
| **6. Texte formal und inhaltlich erschließen (Rezeption)** | 6.1 Texten Informationen entnehmen | Suche nach Schlüsselwörtern in Texten aus verschiedenen Medien |
| | 6.2 Relevante von irrelevanten Informationen unterscheiden | Begriffsdefinition, Filtern und Markieren von Informationen, Sammeln und Strukturieren von Kernaussagen |
| | 6.3 Textsorten und deren strukturelle Merkmale unterscheiden | Textsortenwissen (informierende, meinungsbildende, fiktionale und nicht fiktionale Texte, textsortenspezifische Kriterien); Schreibhandlungen (Zusammenfassen, Analysieren, Argumentieren etc.) |
| | 6.4 Texte hinsichtlich ihrer Inhalte und Gedankenführung analysieren | Gliederung in Sinneinheiten, Textkohärenz, Textintention, soziokultureller und gesellschaftlicher Kontext, Argumentationsstruktur etc. |
| | 6.5 Texte hinsichtlich ihrer sprachlichen Gestaltung analysieren | Erkennen von Stilmitteln, Text- und Satzgrammatik, Textkohäsion, Wortwahl etc. |
| | 6.6 Korrelation der formalen Aspekte mit Textinhalten erkennen | Erschließen der Textaussage und -intention aus der formalen Gestaltung, z. B. Konkrete Poesie |
| **7. Sich in der Medienlandschaft orientieren (Rezeption)** | 7.1 Medienangebot nutzen und eine bedürfnisgerechte Auswahl treffen | In Bezug auf Thema, Aufgabenstellung und Interesse; Recherche in Bibliotheken, Archiven, Datenbanken und im Internet |
| | 7.2 Informationen aus unterschiedlichen Medien prüfen, vergleichen und verknüpfen | Überprüfen von Quellen auf Seriosität, Aktualität, Vollständigkeit etc.; z. B. Vergleich von Zeitungen |
| **8. Sich mit Texten kritisch auseinandersetzen (Rezeption)** | 8.1 Texte interpretieren | Erschließung der Intention (Information, Unterhaltung, Manipulation) und Aussage |
| | 8.2 Texte bewerten | Überprüfen und Beurteilen der zugrunde liegenden Interessen sowie der inhaltlichen und ästhetischen Qualität |
| **9. Texte in Kontexten verstehen (Rezeption)** | 9.1 Bezüge zu anderen Texten herstellen | Textvergleiche |
| | 9.2 Bezüge zum eigenen Wissens- und Erfahrungssystem herstellen | Kennenlernen verschiedener Lebenswelten, unmittelbare Wirkung von Texten |
| | 9.3 Unterschiedliche Weltansichten und Denkmodelle erkennen | Werthaltungen, Ideologien, Lebensentwürfe |

## D. Kompetenzbereich: Schreiben

| Deskriptoren | | Hinweise und Beispiele zur Konkretisierung |
|---|---|---|
| **10. Texte verfassen (Produktion)** | 10.1 Texte mit unterschiedlicher Intention verfassen und die jeweils spezifischen Textmerkmale gezielt einsetzen | Unterschiedliche Schreibhandlungen: Erzählen, Berichten, Zusammenfassen, Kommentieren, Argumentieren, Appellieren etc.; inhaltliche Struktur (z. B. Absätze) bzw. Einhalten von Formvorschriften (z. B. Korrespondenz, Projekt- und Diplomarbeit) |
| | 10.2 Texte themen-, adressaten- und medienadäquat gestalten | Beachtung der unterschiedlichen Schreibhandlungen und des jeweiligen situativen Kontexts |
| | 10.3 Texte sachlich richtig verfassen | Sachrichtigkeit der Inhalte |
| | 10.4 Texte sprachsensibel verfassen | Geschlechter- und minderheitengerechte Formulierungen, kritischer Umgang mit belasteten Begriffen, wertenden Bezeichnungen etc. |
| | 10.5 Nicht lineare Texte erläutern | Informationsgrafiken (Schaubilder, Tabellen, Diagramme etc.) zusammenfassen, beschreiben und analysieren, kommentieren und interpretieren; Fotos, Karikaturen etc. beschreiben und kommentieren |
| **11. Texte redigieren (Produktion)** | 11.1 Eigene bzw. fremde Texte formal und inhaltlich über- und bearbeiten | Strategien der Textüberarbeitung (Verbessern, Kürzen etc.), Überführung von Texten in andere Textsorten, Portfolio-Arbeit |
| | 11.2 Texte mit Hilfe elektronischer Mittel gestalten | Rechtschreib- und Textverarbeitungsprogramme, elektronische Wörterbücher |
| **12. Schreiben als Hilfsmittel einsetzen (Produktion)** | 12.1 Relevante Informationen notieren | Notiz, Mitschrift |
| | 12.2 Informationen gliedern und wiedergeben | Cluster, Mindmap, Stichwortzettel, Exzerpt, Zusammenfassung, Protokoll, Handout |
| | 12.3 Texte als Ausdruck strukturierten Denkens verfassen | Teilprozesse des Schreibens (Planen, Formulieren, Aufschreiben, Überprüfen); Teilkompetenzen des Schreibens, z. B. epistemisches Schreiben (Einsatz des Schreibens als Mittel des Denkens) |
| **13. Einfache wissenschaftliche Techniken anwenden (Produktion)** | 13.1 Umfangreiche und komplexe Inhalte strukturieren und formulieren | Logischer Aufbau, schlüssige Gliederung, Fachsprache; Portfolio-Arbeit |
| | 13.2 Recherchieren, Dokumentieren und Zitieren | Bibliografieren, Quellenangaben, Verzeichnisse erstellen (Literatur-, Quellen-, Abbildungsverzeichnis); Zitierregeln, Paraphrasieren |

## E. Kompetenzbereich: Reflexion über gesellschaftliche Realität, Konzepte von Realität und kreative Ausdrucksformen[1]

| Deskriptoren | Hinweise und Beispiele zur Konkretisierung |
|---|---|
| **14. Zu Problemen aus dem Spannungsfeld von Individuum, Gesellschaft, Politik und Wirtschaft Stellung nehmen** | Einfluss politischer, wirtschaftlicher und technischer Entwicklungen auf das Individuum und auf die Gesellschaft; Zusammenhänge zwischen nationaler, Europa- und Welt-Politik und regionaler sowie globaler Wirtschaft; soziale Phänomene etc. |
| **15. Über Aspekte der Berufs- und Arbeitswelt reflektieren** | Auswirkungen der Globalisierung, Veränderungen auf dem Arbeitsmarkt und in der Arbeitswelt |
| **16. Einblicke in unterschiedliche Kulturen und Lebenswelten und ihr historisches und aktuelles Umfeld gewinnen** | Konstruktiver Umgang mit Plurikulturalität und Integration: Migration, Geschlechterdiversität, Generationen, Behinderung, Stadt / Land |
| **17. Gesellschaftliche, politische und wirtschaftliche Phänomene zu Interessen und Wertvorstellungen in Beziehung setzen** | Weltwissen; Strategien und Intentionen erkennen, kritisch hinterfragen und kommunizieren |
| **18. Darstellungs- und Vermittlungsmöglichkeiten unterschiedlicher Medien bewerten** | Möglichkeiten und Grenzen unterschiedlicher Medien wie Film, Fernsehen und Radio, Zeitungen, Internet (soziale Netzwerke), Werbung |
| **19. Über den Informations-, Bildungs- und Unterhaltungswert von Medien, Kunst- und Literaturbetrieb als Mittel der öffentlichen Meinungsbildung reflektieren** | Bildungsauftrag öffentlich-rechtlicher Medien, Medienkonzentration; wechselseitige Beeinflussung von Politik und Medien |
| **20. Medien, Kunst- und Literaturbetrieb als Institutionen und Wirtschaftsfaktoren verstehen** | Zusammenhang von Kunst und Markt; Verbreitungswege; Kommerzialisierung, Werbung |
| **21. Den Kulturbegriff diskutieren** | Problematisierung der Begriffe Massenkultur, Hochkultur, Avantgarde etc. |
| **22. Populärkulturelle Phänomene wahrnehmen und damit verbundene gesellschaftliche Bedürfnisse wahrnehmen, kommentieren und bewerten** | Künstlerisches Niveau von populärer Musik, Fernsehserien, Computerspielen etc. |
| **23. Durch die Beschäftigung mit literarischen Texten Einblick in unterschiedliche Kunstformen gewinnen** | Epochentypische Merkmale, Ausdrucks- und Rezeptionsmöglichkeiten, Stoff- und Motivgeschichte, Symbole etc.; Portfolio-Arbeit |
| **24. Zu künstlerischen, insbesondere zu literarischen Werken und Erscheinungen sowie Entwicklungen Stellung nehmen** | Orientierung in literatur-, kunst- und kulturgeschichtlichen Epochen bzw. Phasen, Problematisierung des Epochenbegriffs; Einschätzung der ästhetischen Qualität von literarischen Werken |
| **25. Typische Merkmale von Gattungen und Stilrichtungen anhand von exemplarischen Werken herausarbeiten sowie die daraus erkennbaren Haltungen und Intentionen erfassen** | Aspekte der Form (Struktur, Erzählperspektive, -ebene etc.), Aspekte des Inhalts (Plot, Personencharakteristik, Symbole etc.), Aspekte des Gehalts (Originalität, Anspruch, Dichte etc.) |

[1] *Integrative Sichtweise, daher keine Aufgliederung in Rezeption, Interaktion und Produktion.*

## F. Kompetenzbereich: Sprachbewusstsein[1]

| Deskriptoren | | Hinweise und Beispiele zur Konkretisierung |
|---|---|---|
| **26. Sprachnormen kennen und anwenden** | 26.1 Fundierte Kenntnisse und Fertigkeiten in der Textgrammatik einsetzen | Satzverknüpfungen, Textzusammenhang, Absätze, Textanalyse (u. a. als Grundlage für Interpretationen) |
| | 26.2 Fundierte Kenntnisse und Fertigkeiten in der Satzgrammatik und Formenlehre einsetzen | Satzanalyse, Satzarten, Satzstrukturen; Kongruenz, Aktiv und Passiv (u. a. als Grundlage für Interpretationen) etc. |
| | 26.3 Wortarten und Wortbildungsmuster erkennen und anwenden | Deklination, Konjugation, Modus, Tempus, Kasus, Steigerung etc. |
| | 26.4 Orthografische Regeln beherrschen und anwenden | Prozessorientiertes Schreiben, Portfolio-Arbeit |
| | 26.5 Mit der Zeichensetzung sicher umgehen | Prozessorientiertes Schreiben, Portfolio-Arbeit |
| **27. Einen umfassenden Wortschatz einschließlich der relevanten Fachsprachen einsetzen** | 27.1 Begriffe definieren und erläutern | Erweiterter Wortschatzgebrauch; Wortfamilien, Wortfelder etc. |
| | 27.2 Begriffe text- und situationsangemessen anwenden | Bewusster Umgang mit Synonymen, Fachtermini, Fremdwörtern etc. |
| | 27.3 Wörterbücher und andere Hilfsmittel verwenden | Etymologie, Bedeutung, Synonyme etc. |
| **28. Mit Fehlern konstruktiv umgehen** | 28.1 Häufige Fehlerquellen erkennen | Kasus, Kongruenz, Verwendung des Superlativs etc. |
| | 28.2 Strategien zur Fehlervermeidung beherrschen | Prozessorientiertes Schreiben, kritische Textarbeit (Kommentieren von Fehlern, produktiver Umgang mit Fehlern, Erkennen von Fehlertypen); Einsatz von Grammatiken, Wörterbüchern, Rechtschreibprogrammen etc. |
| **29. Bedeutung innerer und äußerer Mehrsprachigkeit erfassen** | 29.1 Varietäten des Deutschen einordnen | Akzente, Dialekte, Soziolekte, regionale Umgangssprache etc. |
| | 29.2 Die deutsche Sprache in ihrem Verhältnis zu anderen Sprachen betrachten | Sprachenportfolio, Sprachbiografie, gegenseitige Einflüsse („Denglisch“, „Kiezdeutsch“ etc.), Pluri- und Multilingualität, Deutsch als Zweitsprache, Deutsch als Fremdsprache |
| **30. Sprachwandelphänomene erkennen** | 30.1 Veränderungen in Sprachnormen und Wortschatz wahrnehmen | Starke / schwache Verben, Kasussystem, Präpositionen, Kausalsätze (Stellung des finiten Verbs), Kongruenz; Anglizismen, Neologismen etc. |
| | 30.2 Sprachgeschichte in Beziehung zu gesellschaftlichen, technischen und wirtschaftlichen Entwicklungen setzen | Texte aus verschiedenen Epochen, Fachsprachen, Tendenzen der Gegenwartssprache etc. |
| | 30.3 Durch Institutionen gesteuerte sprachliche Entwicklungen erkennen | Ideologien, Amtssprache, Vorschriften zu geschlechtsneutralen Formulierungen (Gender), Rechtschreibreform etc. |

[1] *Integrative Sichtweise, daher keine Aufgliederung in Rezeption, Interaktion und Produktion.*

## Operatoren als Indikator für Ihre Arbeitsleistung

| Operatoren, die Reproduktion verlangen | Operatoren, die Reorganisation und Transfer verlangen | Operatoren, die Reflexion und Problemlösung verlangen |
|---|---|---|
| (be)nennen | analysieren, untersuchen | deuten, interpretieren |
| beschreiben | erschließen | beurteilen |
| wiedergeben | einordnen | bewerten |
| zusammenfassen | vergleichen, einander gegenüberstellen | Stellung nehmen, kommentieren |
| | erläutern, erklären | begründen, Gründe angeben |
| | in Beziehung setzen | erörtern, diskutieren, sich auseinandersetzen mit |
| | charakterisieren | (über)prüfen |
| | bestimmen, einordnen, zuordnen | entwerfen |
| | | appellieren |
| | | vorschlagen, Vorschläge machen |

*nach: Abraham, U. und A. Saxalber: Typen sprachlichen Handelns („Operatoren") in der standardisierten schriftlichen Reifeprüfung bzw. Reife- und Diplomprüfung (SRDP) Deutsch, Stand Jänner 2017. Online: https://www.srdp.at/fileadmin/user_upload/downloads/Begleitmaterial/01_US_Deutsch/Konzepte-Modelle/srdp_de_operatoren_2017-03-16.pdf (18.04.2017), gekürzt*

# 1

## CHECK: WISSEN UND KÖNNEN

### In diesem Kapitel lernen Sie, ...

... wie wichtig Selbstreflexion für Ihr Lernen ist,

... wie Sie Ihre Kompetenzen in Deutsch überprüfen können,

... welche Bedeutung Bildungsstandards für Ihr Lernen haben.

Kompetenzen hier entlang ▶▶▶

## 1.1 Was Sie erwartet

Beim Lernen ist es wichtig zu wissen, **was Sie erwartet** und **wozu Sie** etwas **lernen**. Sie haben im 1. und 2. Jahrgang bereits wichtige Lerninhalte, die Ihnen zu einem erfolgreichen Abschluss der Schule helfen werden, kennengelernt sowie trainiert.

1 **Aufgabenstellung**

An welche Lerninhalte erinnern Sie sich, wenn Sie an den Deutschunterricht der vergangenen Jahre denken? Notieren Sie, was Ihnen dazu einfällt, und tauschen Sie mit Ihrer Sitznachbarin bzw. Ihrem Sitznachbarn Ihre Ergebnisse aus.

2 **Aufgabenstellung**

Was erwartet Sie in diesem Schuljahr? Schlagen Sie das Inhaltsverzeichnis dieses Buches auf und verschaffen Sie sich einen Überblick. Welche Kapitelüberschriften sprechen Sie auf den ersten Blick besonders an?

## 1.2 Was Sie bereits können

Auf den folgenden Seiten finden Sie Übungen zur Überprüfung der **Kompetenzbereiche Lesen – Schreiben – Sprachbewusstsein – Zuhören – Sprechen – Reflexion**, die Sie bereits in den Bildungsstandards kennengelernt haben. Diese Aufgabenstellungen zeigen Ihnen, welche Kompetenzen Sie bereits ganz gut beherrschen. Eventuell haben Sie bei der Lösung der Aufgaben noch Schwierigkeiten oder Sie sind unsicher. Dann nehmen Sie dies zum Anlass, die Unterlagen der Vorjahre nochmals zu studieren, damit Sie für das neue Schuljahr gut gerüstet sind.

### 1.2.1 Kompetenzbereich Lesen

3 **Aufgabenstellung**

●

a. Lesen Sie den folgenden Zeitungsbericht zum Thema „Markenmode und Jugendliche".

b. Klären Sie zunächst Ihnen unbekannte Begriffe. Beantworten Sie anschließend folgende Fragen:

- Wie grenzten sich Ende des 20. Jahrhunderts Jugendliche von den Erwachsenen ab?
- Wie erfolgte in den 60er und 70er Jahren des 20. Jahrhunderts die Unterscheidung zwischen Gleichaltrigen?
- Wie erfolgt die modische Differenzierung zwischen den Generationen heute?
- Welche Rolle spielt Markenkleidung heute bei Jugendlichen?
- Welche Rolle spielen die Trends bekannter Designermarken?

c. Fassen Sie die wichtigsten Punkte des Zeitungsartikels mündlich kurz zusammen. Welches Fazit ziehen Sie aus dem Text?

**Tipp:**
Setzen Sie die **Fünf-Schritte-Technik (SQ3R) zum sinnerfassenden Lesen** ein, um den Inhalt eines Textes rasch zu verstehen!
*siehe Band 1 und 2, Kapitel „Lesen"*

### Mode und Jugendkult : **Turnschuhe für alle**

**Bekleidung soll heute primär einen Zweck erfüllen: Das eigene Individuum in den Mittelpunkt rücken. Dabei ist es Jugendlichen heute kaum noch möglich, sich modisch von ihren Eltern abzugrenzen.**

Auf den ersten Blick könnten sie Freundinnen sein. Beide tragen Röhrenjeans, dazu Trenchcoat und Turnschuhe. Arm in Arm schlendern sie durch Münchens Innenstadt. Es sind Mutter und Tochter beim gemeinsamen Einkaufsbummel. Einträchtig, harmonisch, gleich. Die Zeiten sind vorbei, als Mutter und Tochter ihre verschiedenen Rollen über die Bekleidung kommunizierten. Das gilt für Frauen und Männer gleichermaßen. Heute wundert sich keiner mehr, wenn der 50-Jährige in der Biker-Jacke in seine Familienkutsche steigt, Mittvierziger unter riesigen Wollmützen ihre Geheimratsecken verstecken, Großmütter Liebeskummer haben und Rentner mit dem Mountainbike durch die Stadtparks cruisen. Die Autorität der Alten ist zugunsten einer Berufsjugendlichkeit gewichen. In einer Gesellschaft, in der die Erwachsenen der ewigen Jugend hinterherlaufen, bleibt für junge Menschen nicht viel Raum, sich stilistisch neu zu definieren. Nicht nur in der Mode, auch in anderen Lebensbereichen gibt es kaum noch etwas, womit Jugendliche sich abgrenzen können. Es existieren so gut wie keine Tabus mehr. „Die Jugendlichen von heute sind in einer Zeit groß geworden, in der alles permanent im Wandel ist und jeder nach seiner Fasson glücklich werden kann", sagt Thomas Huber von der Hamburger Forschungsagentur Sturm und Drang. „Wir haben eine Individualisierungsrate erreicht, die nicht mehr zu toppen ist. Man kann alles aus dem Ich heraus definieren."

Anders als noch in den sechziger oder siebziger Jahren spiele die klassische Abgrenzung bei Jugendlichen von ihren Eltern deshalb keine Rolle mehr. Damals litten die

Werte der Eltern noch unter den Nachwehen des Zweiten Weltkriegs und ihrer morschen Moral. Der Jugend blieb gar nichts anderes übrig, als sich davon zu distanzieren und anders zu definieren. Das hat auch die Mode geprägt. Dasselbe anziehen wie Mutter und Vater? Undenkbar. Man grenzte sich nicht nur von anderen Generationen, sondern auch noch von Gleichaltrigen ab. Von denen, die andere Musik hörten, in anderen Stadtvierteln wohnten oder lieber auf dem Bolzplatz hingen als auf dem Tennisplatz.

Für all diese Splittergruppen übernahm Bekleidung die Funktion eines Codes, um der Außenwelt zu zeigen, ob man Punk, Raver, Rapper, Surfer oder Popper war. Das erforderte die richtige Jacke, die richtige Frisur und eben auch die richtige Marke.

**Fragmentierung[1] der Jugend**

In den neunziger Jahren schien die Fragmentierung der Jugend und ihrer Bekleidungsstile ihren Höhepunkt erreicht zu haben. Musik und Sport wurden Identifikationsfaktoren einer ganzen Generation. Die Alten fuhren Ski, die Jungen Snowboard. Der Vater radelte am Wochenende, der Sohn ging zum „Biken". In der Musik ließen Techno und Hip-Hop eine völlig neue Bekleidungskultur entstehen. Techno-Fans, die sogenannten Raver, trugen auf der „Love Parade" gummierte Hosen, knallbunte T-Shirts und Kopftücher mit Smiley-Gesichtern. Die Anhänger von Hip-Hop-Musik, deren Ursprünge aus der New Yorker Bronx kommen, bevorzugten übergroße Hosen, Kapuzen-Sweatshirts, dicke Daunenjacken und Turnschuhe. Dass sich die beiden Musikströmungen so durchsetzen konnten, ist auch dem Musiksender MTV zu verdanken, der sich Anfang der neunziger Jahre in rasendem Tempo auf allen fünf Kontinenten verbreitete und damit Jugendlichen von Schanghai bis Gütersloh Trends aus Musik und Mode global zugänglich machte.

Bis heute hat sich daran nichts geändert. Nur ist das Wir-Gefühl der jeweiligen Gruppe einem großen Ich gewichen. Bekleidung erfüllt vor allem einen Zweck: das eigene Individuum in den Mittelpunkt zu rücken. Die Selbstinszenierung ist dabei das Maß aller Dinge. Wer mit dem Smartphone ein Selfie von sich aufnimmt und online zeigt, bekommt per Click postwendend die Reaktion darauf. Mode ist kein Trend-Diktat, sondern man bedient sich der Mode, um am eigenen Ich zu basteln.

**Treue zu typischen Marken**

Für Trendforscher Huber grenzen sich Jugendliche heute vor allem über ihre Kommunikation von den Eltern ab statt über die Kleidung. „Dass der Vater dieselbe Hose trägt, findet der Sohn nicht schlimm. Aber dass er und dessen Freunde auf Facebook aktiv sind, macht den Social-Media-Kanal zum Tabu und erklärt den gigantischen Erfolg von Snapchat", jenem Messaging-Dienst, über den man Clips an Freunde versendet, die dann nur für kurze Zeit sichtbar sind.

Diese Entwicklung macht es für Modemarken immer schwieriger, die junge Generation zu erreichen. Je weniger Jugendliche sich heute über Mode abgrenzen wollen, desto geringer ist auch ihre Treue zu den typischen Teenager-Marken. Abercrombie & Fitch und Hollister zum Beispiel, vor wenigen Jahren noch Kultmarken, für die modebegeisterte Teenies sich geduldig in die Schlange vor den Geschäften einreihten, kämpfen nun gegen sinkende Umsätze.

Nach Meinung von Branchenexperten verlieren Marken für Teenager allgemein an Bedeutung. „Marken sind für Jugendliche inzwischen weniger Statussymbole als vielmehr Lifestyle-Welten, die die richtigen Looks versprechen", sagt Godo Kraemer, Marketingchef bei S. Oliver. „Für das Markenimage essentiell ist außerdem ein gutes Preis-Leistungsverhältnis, da heute immer mehr Produkte aus anderen Bereichen wie das Smartphone als Kommunikationsaccessoire um das begrenzte Budget von Jugendlichen buhlen."

**Schluppenblusen, Faltenröcken und Nerd-Brillen[2]**

Die Jugendlichkeit hingegen ist längst in Händen derer, die sich für Geld ein jugendliches Aussehen zu erwerben glauben. Mit seinem minderjährigen Rockstar-Chic für die Traditionsmarke Yves Saint Laurent hat der Designer Hedi Slimane dreieinhalb Jahre lang die Branche geprägt. Am Freitagmorgen ist er zurückgetreten, aber die Kopien seiner Entwürfe - Lederjacken mit Nieten, Miniröcke und schmale Hosen aus Leder, tief dekolletierte Blusen, Netztops und Glitzer-Abendkleider - werden noch eine Weile in den Schaufenstern von Modeketten hängen. Karl Lagerfeld, der sich einst darüber lustig gemacht hat, dass die Väter dieselben Hosen und Polo-Shirts wie ihre Söhne tragen, hat für Chanel nun jugendliche Jogginghosen mit Flugzeug-Motiven und Jeans-Jacken entworfen.

Doch wenn sogar Seniorinnen Biker-Boots mit Nieten und T-Shirts mit bunten Spaßmotiven tragen, stehen die Zeichen vielleicht doch irgendwann auf Veränderung. Man sieht es an den diversen Schluppenblusen, Faltenröcken und riesengroßen Nerd-Brillen, mit denen Alessandro Michele bei Gucci vor eineinhalb Jahren eine neue Zeitenwende einläutete. Stars und Blogger - junge Menschen - reißen sich darum. Das könnte auch damit zu tun haben, dass ein Faltenrock mit Kniestrümpfen eine 50-Jährige so alt aussehen lässt, wie sie tatsächlich ist - und damit ihr Selbstbild von Jugendlichkeit zerstört. „Spießigkeit ist die Antwort, wenn man mit nichts mehr provozieren kann", sagt Carl Tillessen vom Deutschen Mode-Institut. Auf einmal tragen junge Frauen bevorzugt hochgeschlossene Blusen mit Perlenkette, adrette Hemdblusenkleider oder Faltenröcke mit Kniestrümpfen.

Während die 40- bis 59-Jährigen weiterhin zu betont sportlichen Teilen tendieren, zu Daunenjacken, Jeans und Turnschuhen, ist also vor allem die jüngere Generation wieder zunehmend an Kleidern und Mänteln interessiert. Vielleicht ist das die neue Antwort auf den Jugendkult in der Mode: dass Jugendliche eine Generation überspringen und das anziehen, was ihre Großeltern einst getragen haben.

[1] *Fragmentierung: Zergliederung*
[2] *Nerd: sozial isolierter Computerfan*

*Spieler, Sabine: Mode und Jugendkult: Turnschuhe für alle. In: Frankfurter Allgemeine, 08.04.2016. Online: https://www.faz.net/aktuell/stil/mode-design/die-modeentwicklung-bei-der-jugend-14157619.html?printPagedArticle=true#pageIndex_0 (10.05.2019)*

## 1.2.2 Kompetenzbereiche Lesen, Schreiben und Reflexion anhand von Sachtexten (sRDP-Textsorten: Zusammenfassung, Erörterung)

### 4 Aufgabenstellung sRDP

Sie haben den in den vorangegangenen Seiten angeführten Text „Mode und Jugendkult: Turnschuhe für alle" bei Ihrer Recherche für einen aktuellen Beitrag für die Schülerzeitung gefunden und wollen die wichtigsten Inhalte daraus der Schulgemeinschaft präsentieren.

Lesen Sie den Zeitungsbericht „Mode und Jugendkult: Turnschuhe für alle" nochmals genau durch.

Verfassen Sie als Vorarbeit für eine Zusammenfassung ein **Exzerpt**. Schreiben Sie anschließend eine **Zusammenfassung** und bearbeiten Sie dabei die folgenden Arbeitsaufträge:

*siehe Band 1 und 2, Kapitel „Schreibhandlungen" und „Schreibprozesse"*

- **Geben** Sie die wesentlichen Aussagen des Textes **wieder**.
- **Erklären** Sie anhand konkreter Beispiele aus dem Text, inwieweit das Tragen bestimmter Modemarken als Unterscheidungsmerkmal zwischen den Generationen dienen soll.

Schreiben Sie zwischen 270 und 330 Wörter.

### 5 Aufgabenstellung sRDP

Lesen Sie den oben stehenden Zeitungsbericht „Mode und Jugendkult: Turnschuhe für alle" nochmals aufmerksam durch und verfassen Sie eine **textgebundene Erörterung** zum Thema „Mode als Ausdruck von Jugendlichkeit".

- **Geben** Sie die wesentlichen Aussagen des Zeitungsberichtes **wieder**.
- **Analysieren** Sie die Gründe Erwachsener, Modemarken, die bisher eher Jugendliche kauften, für sich zu übernehmen.
- **Bewerten** Sie die Aussagen des Zeitungsberichtes.
- **Erörtern** Sie Vor- und Nachteile, die eine Unterscheidung der Kleidung als Ausdruck der Generationen mit sich bringen kann.

**CHECKLISTE – Argumentieren mit der Fünf-Satz-Technik**

1. Vorstellen des Themas
2. These: Ausgangsbehauptung
3. Antithese: Gegenargument
4. Synthese: Schlussfolgerung (Conclusio)
5. Appell: Zusammenfassung des Kerngedankens

Schreiben Sie zwischen 450 und 530 Wörter.

### 1.2.3 Kompetenzbereiche Lesen, Schreiben und Reflexion anhand literarischer Texte (sRDP-Textsorte: Textanalyse)

**Marie-Luise Kaschnitz**
*(1901–1974)*

**6 Aufgabenstellung** sRDP

Das Lesen literarischer Texte sowie das **Analysieren fiktionaler Texte** sind wichtige Teilkompetenzen auf dem Weg zu einem erfolgreichen Abschluss Ihrer Schullaufbahn. Üben Sie anhand der Kurzgeschichte „Das dicke Kind“ von Marie Luise Kaschnitz, wie man einen Text analysiert (siehe Checkliste, S. 26). Bearbeiten Sie dabei die folgenden Teilaufgaben:

a. Lesen Sie die Kurzgeschichte von Marie Luise Kaschnitz „Das dicke Kind“ und klären Sie unverständliche Wörter oder Passagen.

## Marie Luise Kaschnitz – **Das dicke Kind**

Es war Ende Januar, bald nach den Weihnachtsferien, als das dicke Kind zu mir kam. Ich hatte in diesem Winter angefangen, an die Kinder aus der Nachbarschaft Bücher auszuleihen, die sie an einem bestimmten Wochentag holen und zurückbringen sollten. Natürlich kannte ich die meisten dieser Kinder, aber es kamen auch manchmal Fremde, die nicht in unserer Straße wohnten. Und wenn auch die Mehrzahl von ihnen gerade nur so lange Zeit blieb, wie der Umtausch in Anspruch nahm, so gab es doch einige, die sich hinsetzten und gleich auf der Stelle zu lesen begannen. Dann saß ich an meinem Schreibtisch und arbeitete, und die Kinder saßen an dem kleinen Tisch bei der Bücherwand, und ihre Gegenwart war mir angenehm und störte mich nicht.

Das dicke Kind kam an einem Freitag oder Samstag, jedenfalls nicht an dem zum Ausleihen bestimmten Tag. Ich hatte vor, auszugehen und war im Begriff, einen kleinen Imbiß, den ich mir gerichtet hatte, ins Zimmer zu tragen. Kurz vorher hatte ich einen Besuch gehabt und dieser mußte wohl vergessen haben, die Eingangstüre zu schließen. So kam es, daß das dicke Kind ganz plötzlich vor mir stand, gerade als ich das Tablett auf den Schreibtisch niedergesetzt hatte und mich umwandte, um noch etwas in der Küche zu holen. Es war ein Mädchen von vielleicht zwölf Jahren, das einen altmodischen Lodenmantel und schwarze, gestrickte Gamaschen[1] anhatte und an einem Riemen ein paar Schlittschuhe trug, und es kam mir bekannt, aber doch nicht richtig bekannt vor, und weil es so leise hereingekommen war, hatte es mich erschreckt.

Kenne ich dich? fragte ich überrascht. Das dicke Kind sagte nichts. Es stand nur da und legte die Hände über seinem runden Bauch zusammen und sah mich mit seinen wasserhellen Augen an.

Möchtest du ein Buch? fragte ich. Das dicke Kind gab wieder keine Antwort. Aber darüber wunderte ich mich nicht allzu sehr. Ich war es gewohnt, daß die Kinder schüchtern waren und daß man ihnen helfen mußte. Also zog ich ein paar Bücher heraus und legte sie vor das fremde Mädchen hin. Dann machte ich mich daran, eine der Karten auszufüllen, auf welchen die entliehenen Bücher aufgezeichnet wurden.

Wie heißt du denn? fragte ich.

Sie nennen mich die Dicke, sagte das Kind.

Soll ich dich auch so nennen? fragte ich.

Es ist mir egal, sagte das Kind. Es erwiderte mein Lächeln nicht, und ich glaube mich jetzt zu erinnern, daß sein Gesicht sich in diesem Augenblick schmerzlich verzog. Aber ich achtete darauf nicht.

Wann bist du geboren? fragte ich weiter.

Im Wassermann[2], sagte das Kind ruhig.

Diese Antwort belustigte mich und ich trug sie auf der Karte ein, spaßeshalber gewissermaßen, und dann wandte ich mich wieder den Büchern zu.

Möchtest du etwas Bestimmtes? fragte ich. Aber dann sah ich, daß das fremde Kind gar nicht die Bücher ins Auge faßte, sondern seine Blicke auf dem Tablett ruhen ließ, auf dem mein Tee und meine belegten Brote standen.

Vielleicht möchtest du etwas essen, sagte ich schnell.

Das Kind nickte, und in seiner Zustimmung lag etwas wie ein gekränktes Erstaunen darüber, daß ich erst jetzt auf diesen Gedanken kam. Es machte sich daran, die Brote eins nach dem andern zu verzehren, und es tat das auf eine besondere Weise, über die ich mir erst später Rechenschaft gab. Dann saß es wieder da und ließ seine trägen kalten Blicke im Zimmer herumwandern, und es lag etwas in seinem Wesen, das mich mit Ärger und Abneigung erfüllte. Ja, gewiß, ich habe dieses Kind von Anfang an gehaßt. Alles an ihm hat mich abgestoßen, seine trägen Glieder, sein hübsches, fettes Gesicht, seine Art zu sprechen, die zugleich schläfrig und anmaßend war. Und obwohl ich mich entschlossen hatte, ihm zuliebe meinen Spaziergang aufzugeben, behandelte ich es doch keineswegs freundlich, sondern grausam und kalt.

Oder soll man es etwa freundlich nennen, daß ich mich nun an den Schreibtisch setzte und meine Arbeit vornahm und über meine Schulter weg sagte, lies jetzt, obwohl ich doch ganz genau wußte, daß das fremde Kind gar nicht lesen wollte? Und dann saß ich da und wollte schreiben und brachte nichts zustande, weil ich ein sonderbares Gefühl der Peinigung hatte, so, wie wenn man etwas erraten soll und errät es nicht, und ehe man es nicht erraten hat, kann nichts mehr so werden wie es vorher war. Und eine Weile lang hielt ich das aus, aber nicht sehr lange, und dann wandte ich mich um und begann eine Unterhaltung und es fielen mir nur die törichtsten Fragen ein.

Hast du noch Geschwister, fragte ich.

Ja, sagte das Kind.

Gehst du gern in die Schule, fragte ich.

Ja, sagte das Kind.

Was magst du denn am liebsten?

Wie bitte? fragte das Kind.

Welches Fach, sagte ich verzweifelt.

Ich weiß nicht, sagte das Kind.

Vielleicht Deutsch? fragte ich.

Ich weiß nicht, sagte das Kind.

Ich drehte meinen Bleistift zwischen den Fingern. Und es wuchs etwas in mir auf, ein Grauen, das mit der Erscheinung des Kindes in gar keinem Verhältnis stand.

Hast du Freundinnen? fragte ich zitternd.

O ja, sagte das Mädchen.

Eine hast du doch sicher am liebsten? fragte ich.

Ich weiß nicht, sagte das Kind, und wie es dasaß in seinem haarigen Lodenmantel, glich es einer fetten Raupe, und wie eine Raupe hatte es auch gegessen und wie eine Raupe witterte es jetzt wieder herum.

Jetzt bekommst du nichts mehr, dachte ich, von einer sonderbaren Rachsucht erfüllt. Aber dann ging ich doch hinaus und holte Brot und Wurst, und das Kind starrte darauf mit seinem dumpfen Gesicht, und dann fing es an zu essen, wie eine Raupe frißt, langsam und stetig, wie aus einem inneren Zwang heraus, und ich betrachtete es feindlich und stumm. Denn nun war es schon soweit, daß alles an diesem Kind mich aufzuregen und zu ärgern begann. Was für ein albernes, weißes Kleid, was für ein lächerlicher Stehkragen dachte ich, als das Kind nach dem Essen seinen Mantel aufknöpfte. Ich setzte mich wieder an meine Arbeit, aber dann hörte ich das Kind hinter mir schmatzen, grad dieses Geräusch glich dem trägen Schmatzen eines schwarzen Weihers[3] irgendwo im Walde, es brachte mir alles wässerig Dumpfe, alles Schwere und Trübe der Menschennatur zum Bewußtsein und verstimmte mich sehr. Was willst du von mir, dachte ich, geh fort, geh fort. Und ich hatte Lust, das Kind mit meinen Händen aus dem Zimmer zu stoßen, wie man ein lästiges Tier vertreibt. Aber dann stieß ich es nicht aus dem Zimmer, sondern sprach nur wieder mit ihm, und wieder auf dieselbe grausame Art.

Gehst du jetzt aufs Eis? fragte ich.

Ja, sagte das dicke Kind.

Kannst du gut Schlittschuhlaufen? fragte ich und deutete auf die Schlittschuhe, die das Kind noch immer am Arm hängen hatte.

Meine Schwester kann gut, sagte das Kind, und wieder erschien auf seinem Gesicht ein Ausdruck von Schmerz und Trauer und wieder beachtete ich ihn nicht.

Wie sieht deine Schwester aus? fragte ich. Gleicht sie dir?

Ach nein, sagte das dicke Kind. Meine Schwester ist ganz dünn und hat schwarzes, lockiges Haar. Im Sommer, wenn wir auf dem Land sind, steht sie nachts auf, wenn ein Gewitter kommt, und sitzt oben auf der obersten Galerie auf dem Geländer und singt.

Und du? fragte ich.

Ich bleibe im Bett, sagte das Kind. Ich habe Angst.

Deine Schwester hat keine Angst, nicht wahr? sagte ich.

Nein, sagte das Kind. Sie hat niemals Angst. Sie springt auch vom obersten Sprungbrett. Sie macht einen Kopfsprung, und dann schwimmt sie weit hinaus ...

Was singt deine Schwester denn? fragte ich neugierig.

Sie singt, was sie will, sagte das dicke Kind traurig. Sie macht Gedichte.

Und du? fragte ich.

Ich tue nichts, sagte das Kind. Und dann stand es auf und sagte: Ich muß jetzt gehen. Ich streckte meine Hand aus, und es legte seine dicken Finger hinein, und ich weiß nicht genau, was ich dabei empfand, etwas wie eine Aufforderung, ihm zu folgen, einen unhörbaren dringlichen Ruf. Komm einmal wieder, sagte ich, aber es war mir nicht ernst damit, und das

Kind sagte nichts und sah mich mit seinen kühlen Augen an. Und dann war es fort, und ich hätte eigentlich Erleichterung spüren müssen. Aber kaum, daß ich die Wohnungstür ins Schloß fallen hörte, lief ich auch schon auf den Korridor hinaus und zog meinen Mantel an. Ich rannte ganz schnell die Treppe hinunter und erreichte die Straße in dem Augenblick, in dem das Kind um die nächste Ecke verschwand.

Ich muß doch sehen, wie diese Raupe Schlittschuh läuft, dachte ich. Ich muß doch sehen, wie sich dieser Fettkloß auf dem Eise bewegt. Und ich beschleunigte meine Schritte, um das Kind nicht aus den Augen zu verlieren.

Es war am frühen Nachmittag gewesen, als das dicke Kind zu mir ins Zimmer trat, und jetzt brach die Dämmerung herein. Obwohl ich in dieser Stadt einige Jahre meiner Kindheit verbracht hatte, kannte ich mich doch nicht mehr gut aus, und während ich mich bemühte, dem Kinde zu folgen, wußte ich bald nicht mehr, welchen Weg wir gingen, und die Straßen und Plätze, die vor mir auftauchten, waren mir völlig fremd. Ich bemerkte auch plötzlich eine Veränderung in der Luft. Es war sehr kalt gewesen, aber nun war ohne Zweifel Tauwetter eingetreten und mit so großer Gewalt, daß der Schnee schon von den Dächern tropfte und am Himmel große Föhnwolken ihres Weges zogen. Wir kamen vor die Stadt hinaus, dorthin, wo die Häuser von großen Gärten umgeben sind, und dann waren gar keine Häuser mehr da, und dann verschwand plötzlich das Kind und tauchte eine Böschung hinab. Und wenn ich erwartet hatte, nun einen Eislaufplatz vor mir zu sehen, helle Buden und Bogenlampen und eine glitzernde Fläche voll Geschrei und Musik, so bot sich mir jetzt ein ganz anderer Anblick. Denn dort unten lag der See, von dem ich geglaubt hatte, daß seine Ufer mittlerweile alle bebaut worden wären: er lag ganz einsam da, von schwarzen Wäldern umgeben und sah genau wie in meiner Kindheit aus.

Dieses unerwartete Bild erregte mich so sehr, daß ich das fremde Kind beinahe aus den Augen verlor. Aber dann sah ich es wieder, es hockte am Ufer und versuchte, ein Bein über das andere zu legen und mit der einen Hand den Schlittschuh am Fuß festzuhalten, während es mit der anderen den Schlüssel herumdrehte. Der Schlüssel fiel ein paar Mal herunter, und dann ließ sich das dicke Kind auf alle Viere fallen und rutschte auf dem Eis herum und suchte und sah wie eine seltsame Kröte aus. Überdem wurde es immer dunkler, der Dampfersteg, der nur ein paar Meter von dem Kind entfernt in den See vorstieß, stand tiefschwarz über der weiten Fläche, die silbrig glänzte, aber nicht überall gleich, sondern ein wenig dunkler hier und dort, und in diesen trüben Flecken kündigte sich das Tauwetter an. Mach doch schnell, rief ich ungeduldig, und die Dicke beeilte sich nun wirklich, aber nicht auf mein Drängen hin, sondern weil draußen vor dem Ende des langen Dampfersteges jemand winkte und Komm, Dicke, schrie, jemand, der dort seine Kreise zog, eine leichte, helle Gestalt. Es fiel mir ein, daß dies die Schwester sein müsse, die Tänzerin, die Gewittersängerin, das Kind nach meinem Herzen, und ich war gleich überzeugt, daß nichts anderes mich hierhergelockt hatte als der Wunsch, dieses anmutige Wesen zu sehen. Zugleich aber wurde ich mir auch der Gefahr bewußt, in der die Kinder schwebten. Denn nun begann mit einem Mal dieses seltsame Stöhnen, diese tiefen Seufzer, die der See auszustoßen scheint, ehe die Eisdecke bricht. Diese Seufzer liefen in der Tiefe hin wie eine schaurige Klage, und ich hörte sie und die Kinder hörten sie nicht.

Nein, gewiß, sie hörten sie nicht. Denn sonst hätte sich die Dicke, dieses ängstliche Geschöpf, nicht auf den Weg gemacht, sie wäre nicht mit ihren kratzigen unbeholfenen Stößen immer weiter hinausgestrebt, und die Schwester draußen hätte nicht gewinkt und gelacht und sich wie eine Ballerina auf der Spitze ihres Schlittschuhs gedreht, um dann wieder ihre schönen Achter zu ziehen, und die Dicke hätte die schwarzen Stellen vermieden, vor denen sie jetzt zurückschreckte, um sie dann doch zu überqueren, und die Schwester hätte sich nicht plötzlich hoch aufgerichtet und wäre nicht davongeglitten, fort, fort, einer der kleinen einsamen Buchten zu.

Ich konnte das alles genau sehen, weil ich mich daran gemacht hatte, auf dem Dampfersteg hinauszuwandern, immer weiter, Schritt für Schritt. Trotzdem die Bohlen vereist waren, kam ich doch schneller vorwärts als das dicke Kind dort unten, und wenn ich mich umwandte, konnte ich sein Gesicht sehen, das einen dumpfen und zugleich sehnsüchtigen Ausdruck hatte. Ich konnte auch die Risse sehen, die jetzt überall aufbrachen und aus denen wie Schaum vor die Lippen des Rasenden, ein wenig schäumendes Wasser trat. Und dann sah ich natürlich auch, wie unter dem dicken Kinde das Eis zerbrach. Denn das geschah an der Stelle, an der die Schwester vordem getanzt hatte und nur wenige Armlängen vor dem Ende des Stegs.

Ich muß gleich sagen, daß dieses Einbrechen kein lebensgefährliches war. Der See gefriert in ein paar Schichten, und die zweite lag nur einen Meter unter der ersten und war noch ganz fest. Alles, was geschah, war, daß die Dicke einen Meter tief im Wasser stand, im eisigen Wasser freilich und umgeben von bröckelnden Schollen, aber wenn sie nur ein paar Schritte durch das Wasser watete, konnte sie den Steg erreichen und sich dort hinaufziehen, und ich konnte ihr dabei behilflich sein. Aber ich dachte trotzdem gleich, sie wird es nicht schaffen, und es sah auch so aus, als ob sie es nicht schaffen würde, wie sie da stand, zu Tode erschrocken und nur ein paar unbeholfene Bewegungen machte, und das Wasser strömte um sie herum und das Eis unter ihren Händen zerbrach. Der Wassermann, dachte ich, jetzt zieht er sie hinunter, und ich spürte gar nichts dabei, nicht das geringste Erbarmen und rührte mich nicht.

Aber nun hob die Dicke plötzlich den Kopf, und weil es jetzt vollends Nacht geworden und der Mond hinter den Wolken erschienen war, konnte ich deutlich sehen, daß etwas in ihrem Gesicht sich verändert hatte. Es waren dieselben Züge und doch nicht dieselben, aufgerissen waren sie von Willen und Leidenschaft, als ob sie nun, im Angesicht des Todes, alles Leben tränken, alles glühende Leben der Welt. Ja, das glaubte ich wohl, daß der Tod nahe und dies das letzte sei, und beugte mich über das Geländer und blickte in das weiße Antlitz unter mir, und wie ein Spiegelbild sah es mir entgegen aus der schwarzen Flut. Da aber hatte das dicke Kind den Pfahl erreicht. Es streckte die Hände aus und begann sich heraufzuziehen, ganz geschickt hielt es sich an den Nägeln und Haken, die aus dem Holze ragten. Sein Körper war zu schwer, und seine Finger bluteten, und es fiel wieder zurück, aber nur, um wieder von neuem zu beginnen. Und das war ein langer Kampf, ein schreckliches Ringen um Befreiung und Verwandlung, wie das Aufbrechen einer Schale oder eines Gespinstes, dem ich da zusah, und jetzt hätte ich dem Kinde wohl helfen mögen, aber ich wußte, ich brauchte ihm nicht mehr zu helfen – ich hatte es erkannt ...

An meinen Heimweg an diesem Abend erinnere ich mich nicht. Ich weiß nur, daß ich auf unserer Treppe einer Nachbarin erzählte, daß es noch jetzt ein Stück Seeufer gäbe mit Wiesen und schwarzen Wäldern, aber sie erwiderte mir, nein, das gäbe es nicht. Und daß ich dann die Papiere auf meinem Schreibtisch durcheinandergewühlt fand und irgendwo dazwischen ein altes Bildchen, das mich selbst darstellte, in einem weißen Wollkleid mit Stehkragen, mit hellen wässrigen Augen und sehr dick.

*Kaschnitz, Marie Luise: Das dicke Kind. In: Das dicke Kind und andere Erzählungen. Frankfurt am Main, Suhrkamp BasisBibliothek, 2002, S. 27–35, Originalschreibweise*

---

[1] *Gamasche: Kleidungsstück, das an die Schuhe anschließt und Teile des Fußes oder Beins bedeckt*
[2] *im Wassermann: im Tierkreiszeichen des Wassermanns geboren*
[3] *Weiher: Teich, kleiner See*

**b.** Verfassen Sie eine **Inhaltsangabe** zur Kurzgeschichte. Informieren Sie sachlich und neutral über die Handlung des Textes. Beachten Sie die Checkliste zur Erstellung einer Inhaltsangabe.

Schreiben Sie ca. 200 Wörter.

**CHECKLISTE – Inhaltsangabe**

- **Einleitung:**
  Titel, Autorin bzw. Autor, Genre, Zeit und Ort der Handlung
- **Hauptteil:**
  - Rahmendaten der Handlung (Ort, Zeit, Hauptpersonen)
  - Vorgeschichte, Problem
  - systematische Darstellung des Inhalts
- **Schlussteil:**
  mögliche Absicht der Autorin bzw. des Autors, Wirkung des Inhalts
- Zeitform: **Präsens**

c. Als Vorarbeit für eine **Textanalyse** formulieren Sie Antworten auf die folgenden Fragen:

- In welcher Zeit könnte diese Kurzgeschichte spielen? Suchen Sie Informationen über die Zeit, die in der Kurzgeschichte geschildert wird.
- Erklären Sie, wo sich die im Text zitierte Bibliothek befindet, wie sie funktioniert und wer sie nutzt.
- Beschreiben Sie die Handlungsorte der Kurzgeschichte.
- Welchen ersten Eindruck haben Sie von den Figuren?
- Welche Rolle nimmt die Ich-Erzählerin ein?
- Wie wird das dicke Kind beschrieben?
- Wann wird klar, dass etwas passieren wird? Welche Verben, Adjektive und Nomen verwendet die Erzählerin, um dies zu verdeutlichen?
- Welche Rolle spielt die direkte Rede in dieser Erzählung?
- Wie werden die Tageszeiten beschrieben?
- In welchem Absatz wird klar, dass die Ich-Erzählerin das dicke Kind ist? Markieren Sie diese Stelle.
- Welche sprachlichen Merkmale hat der Text? Wofür steht die Tiersymbolik (Raupe)?

*siehe Band 2, Kapitel „Schreibhandlungen"*

d. Verfassen Sie eine **Textanalyse** der Kurzgeschichte „Das dicke Kind" von Marie Luise Kaschnitz. Bearbeiten Sie dabei die folgenden Schreibaufträge:

- **Fassen** Sie die zentralen Aussagen der Kurzgeschichte **zusammen**.
- **Beschreiben** Sie den formalen Aufbau des Textes sowie die Gestaltung der Handlungsorte.
- **Untersuchen** Sie die Kurzgeschichte hinsichtlich ihrer sprachlichen Gestaltung (Symbolik, rhetorische Stilmittel, direkte Rede etc.).
- **Analysieren** Sie die Qualität des Textes hinsichtlich seiner wesentlichen Aussagen und stützen Sie Ihre Analyse durch Belege aus dem Text.

Schreiben Sie ca. 500 Wörter.

**CHECKLISTE – Analyse eines fiktionalen Textes**

- **Einleitung:** enthält Informationen über Autorin bzw. Autor, Quelle, Textsorte und Titel bzw. Thema
- **Hauptteil:** besteht aus einer kurzen **Inhaltsangabe** sowie einer **inhaltlichen, formalen und sprachlichen Analyse**
  - Erzählform (Ich-Erzähler/in, Er-/Sie-Erzähler/in)
  - Erzählperspektive (auktorial, personal, neutral)
  - Aufbau und Handlungsverlauf bzw. Erzählstruktur (Abschnitte, geschlossene oder offene Handlung, einsträngige, mehrsträngige Handlungsstruktur, Rückblenden etc.)
  - Erzählzeit und erzählte Zeit (inhaltliche Funktion der Zeit)
  - Raumgestaltung (Schauplatz, Bedeutung des Raumes, Requisiten)
  - Personenbeschreibung und Charakteristik (Haupt- und Nebenfiguren, ihre Stellung zueinander, soziales Milieu der handelnden Figuren, Handlungsmotive der Personen)
  - sprachliche Merkmale des Textes (Stil, Wortebene, Satzebene, Stilfiguren, sprachliche Darstellung)
- **Schlussteil:** Zusammenfassung der Ergebnisse der Analyse und der Beschreibung der Besonderheiten des Textes
- Zeitform: **Präsens**
- Die Analyse hat **sachlich** zu erfolgen. Sie enthält keine Interpretation.
- Die Textanalyse ist auch Bestandteil der Textinterpretation eines literarischen Textes.

7 **Aufgabenstellung** sRDP

**Infografiken** beschreiben, analysieren und interpretieren zu können, ist eine wichtige Kompetenz, die Sie im täglichen Leben, aber auch im Beruf immer wieder benötigen werden. Bearbeiten Sie die folgenden Arbeitsaufträge und achten Sie dabei auf eine sachliche und informative Sprache:

- **Beschreiben** Sie die wichtigsten Aussagen der Grafik.
- **Erläutern** Sie die unterschiedliche Verteilung der Urlaubsziele der Österreicherinnen und Österreicher.
- **Analysieren** Sie, warum die Österreicherinnen und Österreicher ihren Urlaub am liebsten im Inland verbringen.
- **Entwerfen** Sie mögliche Schlussfolgerungen für die österreichische Tourismuswirtschaft.

*siehe Band 2, Kapitel „Schreibhandlungen"*

*WKO: Österreich ist beliebtestes Reiseziel der Österreicher 2015. Online: https://wko.at/statistik/wgraf/2016_21_Reiseziele%20der%20%C3%96sterreicher_2015.pdf (10.05.2019)*

**CHECKLISTE – Infografiken interpretieren**

- **Beschreibung** grundlegender Informationen (Titel, Quelle, Sachverhalt, Ort und Datum der Veröffentlichung), Zielgruppe
- **Analyse** relevanter Daten
- **Interpretation** von möglichen Ursachen, Konsequenzen, Zusammenhängen, Schlussfolgerungen und
- **Kommentar:** persönliche Stellungnahme

## 1.2.4 Kompetenzbereich Sprechen und Zuhören

*siehe Band 2, Kapitel „Kommunikation“*

**8 Aufgabenstellung**

Verfassen Sie ein kurzes **Statement** zum Thema „Markenbewusstsein bei Jugendlichen“ (vgl. dazu den Zeitungsbericht und das Interview, S. 19ff.), dessen Vortrag nicht länger als ein bis zwei Minuten dauern soll.

*siehe Band 2, Kapitel „Kommunikation“*

**9 Aufgabenstellung**

a. Sammeln Sie **Interviews** aus verschiedenen Tageszeitungen und analysieren Sie diese. Untersuchen Sie die Interviews hinsichtlich der Frage- und der Gesprächstechnik, die angewendet wurden. Wird nur über ein Thema gesprochen oder werden mehrere Themen behandelt? Wie lange, glauben Sie, hat das Gespräch gedauert?

b. Führen Sie anschließend selbst ein Interview mit jemandem, den Sie nicht kennen (z.B. mit der Klassenlehrerin bzw. dem Klassenlehrer eines neuen Unterrichtsgegenstandes) und verfassen Sie abschließend einen Bericht darüber für die Schülerzeitung. Bei der Vorbereitung und Durchführung des Interviews unterstützt Sie der folgende Interview-Leitfaden.

### CHECKLISTE – Interview-Leitfaden

**Phase 0: Kontaktaufnahme vor dem Interview**
Wer ist die Interviewperson? Wie wird sie kontaktiert? Warum wurde sie ausgesucht? Worum soll es gehen? Wie lange soll das Gespräch dauern?

**Phase 1: Gesprächseinstieg**
kurze Vorstellung der eigenen Person
Was passiert mit den Daten? Wie lange wird das Interview dauern?

**Phase 2: Hauptteile des Interviews**
offene und geschlossene Fragen stellen, nachfragen, paraphrasieren etc.
Um welchen Themenkreis wird es im Interview gehen? Welche Fragen sind sinnvoll?

**Phase 3: Zusammenfassung**
einen inhaltlichen Bogen über das ganze Interview spannen, nach Ergänzungen fragen

**Phase 4: Gesprächsabschluss**
Dank für die Bereitschaft, das Interview zu geben

**Phase 5: Nachgespräch und Verabschiedung**
Small Talk, Verabschiedung

**Phase 6: Schriftliche Aufbereitung des Interviews**
Transkription, Auswertung

**Phase 7: Freigabe des Interviews**
Autorisierung des fertigen Interview-Textes durch die interviewte Person

## 1.2.5 Kompetenzbereich Sprachbewusstsein

### 10 Aufgabenstellung

Bringen Sie die unten stehenden Textausschnitte in die richtige Reihenfolge (nummerieren Sie von 1 bis 6). Achten Sie dabei insbesondere auf die sprachlichen Mittel der Textgrammatik, die Ihnen helfen, eine logische Abfolge des Textes zu finden. Dies betrifft vor allem Satzverknüpfungen (Bindewörter; Verweiswörter wie Adverbien, die sich auf Zeit, Ort oder Art beziehen; Pronominaladverbien wie *darüber, dadurch, dafür* etc.) und den Textzusammenhang.

◯ Traumjob zu vergeben
Australische Paradiesinsel sucht Ranger

◯ Auf der Insel wohnt der „Island Caretaker" dann umsonst in einer Villa an der Küste. Diese hat neben Küche und Bad drei Zimmer zu bieten und einen eigenen Pool, der „vielleicht ab und zu mal gereinigt werden muss". Ansonsten wird von den Kandidaten erwartet, „durch das Great Barrier Reef zu reisen und jedes mögliche Abenteuer auszuprobieren".

◯ Für ein halbes Jahr wird ein Ranger auf Hamilton Island gesucht, der gerne segelt, schnorchelt und in der Sonne liegt. Als einzige wirkliche Arbeitsleistung werde das Führen eines Internetblogs über die Insel gefordert, teilte am Dienstag die Regierung von Queensland mit. Bewerben könne sich jeder, der Englisch spricht. Der glückliche Gewinner des Auswahlverfahrens bekommt für die sechs Monate umgerechnet knapp 76000 Euro, der Flug vom Heimatland auf die Hamilton-Insel im Great Barrier Reef wird auch gezahlt.

◯ Zwölf Wochenstunden, Logis auf einer Trauminsel, 12000 Euro im Monat: Die Whitsunday Islands in Australien suchen einen Ranger, der unter solchen Bedingungen bereit ist, viel Zeit mit Schnorcheln, Segeln und In-der-Sonne-Liegen zu verbringen – und damit fleißig für den Tourismus zu werben.

◯ Darüber solle dann per Internet der ganzen Welt berichtet werden. „Der Gewinner muss das Meer lieben, die Sonne und die Natur", sagte Anthony Hayes vom Tourismusbüro von Queensland. „Und er muss von Zeit zu Zeit auch mit Journalisten sprechen, deshalb darf er nicht schüchtern sein."
Klingt nach dem perfekten Job für einen gestressten Fernsehmoderator mit Hang zu sinnentleertem Geplapper und farbenfroher Garderobe – wer allerdings Dirk Bach zuvorkommen will, kann hier einen Blick auf die Bewerbungsvoraussetzungen werfen. Die Seite war am Dienstag nur schwer zu erreichen, weil sich offenbar viele Interessenten über den Job informieren wollten.

◯ Brisbane – Fiese Glibbertiere, hässliche Spinnen und Überlebenskampf ohne jeglichen Komfort: Wenn täglich Bilder aus dem Dschungelcamp über die Bildschirme von Millionen Bundesbürgern flackern, dürfte das kaum die Art von Werbung sein, die das australische Fremdenverkehrsamt sich wünscht. Dabei hat das Land doch gerade in Regionen, in denen kein Dirk Bach in knallbuntem Ranger-Kostüm über echte oder fiktive Phobien von Giulia Siegel philosophiert, eine Menge an Naturschönheiten zu bieten. Zum Beispiel die Whitsunday Islands vor der Küste des Bundesstaates Queensland. Dort bietet das Tourismusamt nun einen Job an, der fast zu verlockend klingt, um wahr zu sein.

*Caretaker, der (engl.):*
*Hausbesorger, Hausverwalter*

*Great Barrier Reef, das (engl.):*
*Das Große Barriereriff liegt vor der Nordostküste Australiens, es ist das größte Korallenriff der Welt.*

*Ranger, der (engl.):*
*Betreuer eines landschaftlichen Schutzgebietes*

*Glibbertier, das:*
*z. B. Quallen, Kraken*

*Phobie, die:*
*extreme Angst vor bestimmten Objekten oder Situationen*

**Dirk Bach** *(1961–2012),*
*deutscher Schauspieler und Moderator*
**Giulia Siegel,**
*deutsches Model und Schauspielerin*

*Orth, Stefan: Traumjob zu vergeben: Australische Paradiesinsel sucht Ranger. In: Spiegel, 13.01.2009. Online: https://www.spiegel.de/reise/aktuell/traumjob-zu-vergeben-australische-paradies-insel-sucht-ranger-a-600989.html (10.05.2019)*

# Ihr persönlicher Lernerfolg

**Schätzen Sie selbst ein, was Sie jetzt wissen und können:**

✓ oder ✗

| | | LESEN | ÜBEN |
|---|---|---|---|
| Sie wissen, wie wichtig Selbstreflexion für Ihr Lernen ist. | ○ | S. 18 | S. 18 |
| Sie können Sachtexte exzerpieren und zusammenfassen. | ○ | S. 21 | S. 19–21 |
| Sie kennen Ihren Lernstand in den Kompetenzbereichen Lesen, Schreiben, Sprechen, Zuhören, Sprachbewusstsein sowie Reflexion. | ○ | S. 19–29 | S. 19–29 |
| Sie können ausgehend von einem Text eine Erörterung verfassen. | ○ | S. 21 | S. 19–21 |
| Sie können einen fiktionalen Text analysieren. | ○ | S. 26 | S. 22–26 |
| Sie können eine Infografik analysieren und interpretieren. | ○ | S. 27 | S. 27 |

# 2

## KOMMUNIKATION

### In diesem Kapitel lernen Sie, ...

... wie eine Rede aufgebaut ist,

... welche rhetorischen Tricks geübte Rednerinnen und Redner in ihren Reden einsetzen,

... wie Sie erfolgreich eine Rede halten,

... wie Sie bei einem Vortrag Präsentationstechniken einsetzen,

... wie Sie über ein Thema professionell debattieren und diskutieren,

... wie Sie als Moderatorin bzw. Moderator agieren.

Kompetenzen hier entlang ▶▶▶

# 2.1 Die Kunst des Redens

## 2.1.1 Von berühmten Rednerinnen und Rednern lernen

Im Alltag und in der Schule erleben wir die unterschiedlichsten Arten von Reden, sei es eine Eröffnungs- oder Abschiedsrede, sei es die Lob- oder Dankesrede. Eine besondere Rolle spielt die **Meinungsrede**, auch **appellative Rede** genannt, die versucht, Menschen von einer Idee oder einem bestimmten Anliegen zu überzeugen. Im schlimmsten Fall manipuliert sie.

Zur appellativen Rede gehören u. a. die politische Rede, die Wahlrede und das Plädoyer im Gerichtssaal. Auch eine Produktpräsentation kann zur appellativen Rede werden.

*„Ich bin ein Berliner" ist ein berühmtes Zitat aus der Rede John F. Kennedys, die er am 26. Juni 1963 vor dem Rathaus Schöneberg in Berlin hielt. Er war der erste US-amerikanische Präsident, der nach dem Mauerbau im Jahr 1961 Berlin besuchte. Er wollte so seine Solidarität mit der Bevölkerung von Westberlin ausdrücken.*

**Politische Reden** sind ein wirkungsvolles Instrument der politischen Diskussion. Politikerinnen und Politiker wenden sich damit gleichzeitig an ihre Anhängerinnen und Anhänger, aber auch an die gesamte Bevölkerung. Sie treten mit dem Volk in einen Dialog, erläutern ihre Ansichten von Politik, stellen Visionen und Gründe für ihre Handlungen dar. Politikerinnen und Politiker haben immer wieder berühmte Ansprachen und Reden gehalten, welche die Welt bewegt haben.

Sowohl Rede, Vortrag als auch Präsentation bzw. in der Schule das Referat gehören zur **monologischen Rhetorik**.

1 **Aufgabenstellung**

●●

a. Wiederholen Sie mittels Brainstorming die Grundbegriffe der Rhetorik.

*Rhetorik, die (griech.): Redekunst*

b. Sie haben bereits Kurt Tucholskys „Ratschläge für einen schlechten Redner" kennengelernt. Fassen Sie anhand eines Clusters die wichtigsten Grundsätze einer guten Rede bzw. eines guten Referats zusammen. Arbeiten Sie auch die folgenden Grundbedingungen eines guten Vortrags in Ihre Arbeit ein.

*siehe Band 1, Kapitel „Zuhören und Sprechen", und Band 2, Kapitel „Kommunikation"*

Gute **Vorträge oder Präsentationen** sollten **wesentliche Bedingungen** erfüllen:

- Sie haben eine **klare Struktur**, sind **logisch** aufgebaut und enthalten keine inhaltlichen Brüche.
- Sie sind **adressatenadäquat**, d. h., sie richten sich an eine bestimmte Zielgruppe.
- Sie sind **anregend, informativ** und langweilen nicht.
- **Gestik** und **Mimik** entsprechen der Sprechsituation.
- Es wird **Blickkontakt** mit dem Publikum gehalten.
- Paraverbale Äußerungen (**Tonfall, Lautstärke, Sprechtempo, Pausen**) richten sich nach der Sprechsituation.

## Meinungsrede (appellative Rede)

Eine Rede hat zwei Aspekte: die **Sachebene** (logischer Teil: Hauptteil) und die **Beziehungsebene** (psychologischer Teil: Einleitung und Schluss).

- **Einsatz rhetorischer Wirkungsmittel:** Sie dienen dazu, die Zuhörerinnen und Zuhörer zu fesseln und die Aufmerksamkeit auf die Rednerin bzw. den Redner zu lenken. Dazu zählen:
  - klare und einfache Sprache (Hauptsätze statt Schachtelsätzen, keine Allgemeinplätze), welche die Emotionen anspricht
  - Beispiele aus der Erfahrungswelt der Zuhörerinnen und Zuhörer
  - bildhafte Sprache, Vergleiche
  - (rhetorische) Fragen
  - Geschichten
  - nicht sprachliche Mittel wie Tonfall, Körperhaltung, Blickkontakt, Gestik und Mimik
- **Struktur der Rede bzw. des Vortrags:**
  - **Kontaktphase:** Der Einstieg sollte die Zuhörerinnen und Zuhörer interessieren und die Bedeutung des Themas verdeutlichen. Kontakt zum Publikum kann durch einige persönliche Worte, eine Geschichte oder eine Handlung hergestellt werden.
  - **Aufmerksamkeitsphase:** Das Thema des Vortrags bzw. der Rede wird kurz vorgestellt, Informationen über das Ziel und den geplanten Zeithorizont werden gegeben.
  - **Eigentliche Rede bzw. eigentlicher Vortrag:** Werden mehrere Themen abgearbeitet, so zieht man nach jedem Thema ein Zwischenfazit. Themen sollten nicht vermischt werden.
  - **Bekräftigung:** Am Ende der Rede bzw. des Vortrags steht das Gesamtfazit. Alle Punkte, die einem wichtig sind, werden hier noch einmal wiederholt. Am Schluss sollte ein leidenschaftlicher Appell, eine Botschaft stehen. Zuhörerinnen und Zuhörer erinnern sich in der Regel am besten an das, was sie als Letztes hören.
- **Argumentationstechniken:**
  - auf wenige Argumente konzentrieren
  - aus Sicht der Zuhörerinnen und Zuhörer argumentieren (Wir-Formulierungen verwenden)
  - Aussagen glaubhaft begründen, positiv argumentieren
  - sachlich gerechtfertigte Gegenargumente anerkennen und sie neutral vortragen, um Einwände vorwegzunehmen
  - Gefühle ansprechen, Sympathie für die eigene Person wecken
  - Argumente steigernd ordnen: mit dem schwächsten beginnen und mit dem stärksten Argument enden
  - Zuhörerinnen und Zuhörer zu den Schlussfolgerungen hinführen
  - Fragen einstreuen
  - Schlussfolgerung als These oder Vorschlag formulieren
  - auch die Augen ansprechen (Visualisierung)

*In Anlehnung an: Stangl, Werner: Präsentation und Vortragstechnik: Rhetorik. Online: https://arbeitsblaetter.stangl-taller.at/PRAESENTATION/rhetorik.shtml (10.05.2019)*

**Mohandas Karamchand Gandhi**, *genannt* **Mahatma Gandhi** *(1869–1948), politischer und geistiger Anführer der indischen Unabhängigkeitsbewegung*

Wie haben berühmte Rednerinnen und Redner wie Bertha von Suttner, Marie Curie, John F. Kennedy, Martin Luther King oder Mahatma Gandhi ihr Publikum für sich gewonnen? Wie schafft es der US-amerikanische Präsident Barack Obama heute, mit seinen Ansprachen die Welt zu fesseln? Sie alle bewegen ihr Publikum durch packende Geschichten, ihre persönliche Sprechweise, Mimik und Gestik. Sie überzeugen durch ihr Auftreten und ihre rhetorischen Kniffe.

**Barack Obama** *(geb. 1961) 44. Präsident der USA (2009–2017)*

*Lesetipp:*
*Gerhard Jelinek: Reden, die die Welt veränderten*

## 2 Aufgabenstellung

●

Lesen und analysieren Sie die deutsche Übersetzung der Antrittsrede des US-amerikanischen Präsidenten Barack Obama, die er anlässlich seiner Angelobung am 20. Jänner 2009 gehalten hat, und halten Sie die Ergebnisse in Stichworten fest. Gehen Sie bei Ihrer Analyse insbesondere auf folgende Punkte ein:

- Aufbau und Struktur der Rede
- Argumentationstechniken
- Zielgruppe/n der Rede
- Botschaft der Rede

### Die Antrittsrede des neuen US-Präsidenten Barack Obama in deutscher Übersetzung:

„Meine lieben Landsleute,
ich stehe hier heute demütig angesichts der Aufgabe, die vor uns liegt, dankbar wegen des Vertrauens, das ihr mir gewährt habt, und eingedenk der Opfer unserer Vorfahren. Ich danke Präsident Bush für seinen Dienst für unser Land und für die Großzügigkeit und die Zusammenarbeit, die er während der Zeit des Regierungswechsels gezeigt hat. Vierundvierzig Amerikaner haben bisher den Amtseid des Präsidenten abgelegt. Diese Worte wurden gesprochen in Flutzeiten des wachsenden Wohlstands und in der ruhigen See von Friedenszeiten. Doch ebenso oft wird der Amtseid abgelegt, wenn Wolken aufkommen und Stürme wüten. In solchen Zeiten ist Amerika nicht nur deswegen weitergekommen, weil die hohen Amtsträger so begabt oder so weitsichtig gewesen waren, sondern auch deswegen, weil das Volk den Idealen unserer Vorfahren und unseren Gründungsdokumenten treu geblieben ist. So ist es gewesen. Und so muss es auch mit dieser Generation von Amerikanern sein.
Dass wir mitten in einer Krise stecken, wird nun überall verstanden. Unsere Nation befindet sich im Krieg gegen ein weit gespanntes Netz der Gewalt und des Hasses. Unsere Wirtschaft ist schwer geschwächt – als Folge von Habgier und Unverantwortlichkeit aufseiten einiger, aber auch wegen unseres kollektiven Versagens, schwere Entscheidungen zu treffen und die Nation auf eine neue Ära vorzubereiten. Häuser wurden verloren, Arbeitsplätze abgebaut, Unternehmen geschlossen. Unser Gesundheitssystem ist zu kostspielig, zu viele unserer Schulen versagen, und jeder Tag bringt weitere Beweise, dass die Art, wie wir Energie verbrauchen, unsere Gegner stärkt und unseren Planeten bedroht.
Das sind die Anzeichen der Krise, wie sie mit Daten und Statistiken erfasst werden können. Nicht messbar, aber nicht weniger tiefgehend ist die Schwächung des Vertrauens im ganzen Land – eine nagende Angst, dass der Niedergang Amerikas unvermeidlich ist und dass die nächste Generation Abstriche machen muss.

Heute sage ich euch, dass die Herausforderungen, vor denen wir stehen, real sind. Sie sind ernst, und es gibt viele von ihnen. Wir werden sie weder mühelos noch in kurzer Zeit bewältigen. Aber das sollst du wissen, Amerika, sie werden bewältigt!
An diesem Tag haben wir uns versammelt, da wir Hoffnung über Angst, Einigkeit im Ziel über Konflikt und Zwietracht stellen. An diesem Tag sind wir gekommen, um das Ende von engstirnigen Klagen und falschen Versprechungen zu verkünden, von gegenseitigen Schuldzuweisungen und abgenutzten Dogmen, die viel zu lange unserer Politik die Luft abgeschnitten haben.
Wir bleiben eine junge Nation, aber nach den Worten der Schrift ist die Zeit gekommen, kindliche Dinge abzulegen. Es ist an der Zeit, unseren ausdauernden Geist zu bekräftigen; unsere bessere Geschichte zu wählen; unser wertvolles Geschenk weiterzugeben, diese erhabene Vorstellung, über-

mittelt von Generation zu Generation: das von Gott gegebene Versprechen, dass alle gleich sind, alle frei sind und alle eine Chance verdienen, ihr volles Maß an Glück anzustreben. Wenn wir die Größe unseres Landes bekräftigen, verstehen wir doch, dass Größe nie als gegeben betrachtet werden kann. Sie muss verdient werden. Auf unserer Reise ging es nie um Abkürzungen oder darum, sich mit weniger zufriedenzugeben. Es war nie der Weg der Mutlosen – derjenigen, die Freizeit über Arbeit stellen oder die nur die Freuden des Reichtums oder des Ruhms suchen. Vielmehr waren es jene, die Risiken auf sich genommen haben, die Handelnden, die Macher, die uns auf diesen langen und zerklüfteten Weg zu Wohlstand und Freiheit mitgenommen haben – manche von ihnen gefeiert, aber häufiger waren es Männer und Frauen, deren Leistung unbekannt geblieben ist.

Für uns haben sie ihren geringen weltlichen Besitz zusammengepackt und haben auf der Suche nach einem neuen Leben Ozeane überquert. Für uns haben sie bei Ausbeutern geschuftet und den Westen besiedelt, haben den Hieb der Peitsche ertragen und die harte Erde gepflügt. Für uns haben sie gekämpft und sind sie gestorben, an Orten wie Concord und Gettysburg, in der Normandie und in Khe Sahn. Immer wieder haben diese Männer und Frauen gekämpft, Opfer gebracht und gearbeitet, bis ihre Hände wund waren, damit wir ein besseres Leben führen können.

Sie haben Amerika als etwas Größeres angesehen als die Summe unserer einzelnen Begierden; größer als alle Unterschiede von Geburt, Wohlstand oder Partei. Diese Reise setzen wir heute fort.

Wir bleiben die reichste und mächtigste Nation der Welt. Unsere Arbeiter sind nicht weniger produktiv als vor Beginn dieser Krise. Unsere Köpfe sind nicht weniger erfindungsreich, unsere Waren und Dienstleistungen werden nicht weniger gebraucht als vergangene Woche, im vergangenen Monat oder im vergangenen Jahr. Unsere Leistungskraft bleibt unverändert.

Aber die Zeit, dass wir uns Änderungen widersetzen, kleingeistige Interessen schützen und unliebsame Entscheidungen verschieben, diese Zeit ist sicherlich vorbei. Angefangen mit dem heutigen Tag müssen wir uns selbst aufrichten, den Staub abschütteln und wieder mit der Arbeit beginnen, Amerika zu erneuern.

Überall, wohin wir schauen, ist Arbeit, die getan werden muss. Der Zustand der Wirtschaft verlangt Taten, kühn und schnell. Und wir werden handeln, nicht nur, um neue Jobs zu schaffen, sondern um eine neue Grundlage für Wachstum zu legen. Wir werden die Straßen und Brücken bauen, die Stromnetze und Digitalleitungen, die unseren Handel nähren und uns miteinander verbinden. Wir werden der Wissenschaft wieder den ihr zukommenden Platz zuweisen und die Wunder der Technik nutzen, um die Qualität des Gesundheitssystems zu steigern und ihre Kosten zu senken.

Wir werden die Sonne, den Wind und das Erdreich nutzbar machen, um unsere Autos und Fabriken anzutreiben. Und wir werden unsere Schulen, Fachhochschulen und Universitäten umwandeln, damit sie den Herausforderungen einer neuen Zeit gerecht werden. All das können wir schaffen. Und all das werden wir schaffen.

Nun gibt es einige, die das Maß unserer Ambitionen infrage stellen, die andeuten, dass unser System nicht zu viele große Pläne verkraften kann. Deren Gedächtnis ist kurz. Weil sie vergessen haben, was dieses Land bereits geleistet hat, was freie Männer und Frauen erreichen können, wenn sich Vorstellungskraft und gemeinsame Absicht und der erforderliche Mut miteinander verbinden.

Was die Zyniker nicht verstehen können, ist, dass sich der Boden unter ihnen verschoben hat, dass die abgestandenen politischen Argumente, die uns so lange zugesetzt haben, nun nicht mehr gültig sind. Die Frage, die wir heute stellen, lautet nicht, ob unsere Regierung zu groß oder zu klein ist, sondern ob sie arbeitet – ob sie Familien dabei hilft, einen Arbeitsplatz mit einem anständigen Lohn zu finden, eine Gesundheitsversorgung, die sie sich leisten können, einen Ruhestand in Würde.

Wenn die Antwort „ja" lautet, dann wollen wir weiter vorangehen. Wenn die Antwort „nein" ist, werden die Programme eingestellt. Und diejenigen von uns, die mit den öffentlichen Dollars umgehen, werden zur Rechenschaft gezogen, dass sie klug ausgeben, schlechte Gewohnheiten reformieren und unsere Geschäfte im Tageslicht betreiben – weil wir nur dann das lebenswichtige Vertrauen zwischen einem Volk und seiner Regierung wiederherstellen können.

Die Frage, die sich uns jetzt stellt, lautet auch nicht, ob der Markt eine Kraft zum Guten oder zum Bösen ist. Seine Kraft, Wohlstand zu erzeugen und Freiheit zu erweitern, ist ohne Beispiel. Aber diese Krise hat uns daran erinnert, dass der Markt ohne ein wachsames Auge außer Kontrolle geraten kann und dass eine Nation nicht länger gedeihen kann, wenn sie nur die Wohlhabenden begünstigt. Der Erfolg unserer Wirtschaft war stets nicht nur von der Größe unseres Bruttoinlandsprodukts abhängig, sondern auch von der Reichweite unseres Wohlstands, von unserer Fähigkeit, jedem willigen Herz eine Chance zu geben – nicht aus Mitleid, sondern weil dies der sicherste Weg zu unserem Gemeinwohl ist.

Was unsere gemeinsame Verteidigung betrifft, weisen wir die Vorstellung als falsch zurück, dass es eine Wahl zwischen unserer Sicherheit und unseren Idealen gibt. Unsere Gründerväter, die mit Gefahren konfrontiert waren, die wir uns kaum vorstellen können, haben eine Verfassung entworfen, um die Herrschaft des Rechts und die Rechte des Menschen zu gewährleisten, eine Verfassung, die mit dem Blut von Generationen angereichert wurde. Diese Ideale erleuchten immer noch die Welt und wir werden sie nicht aus Berechnung aufgeben.

Daher sagen wir allen anderen Völkern und Regierungen, die heute zuschauen, von den größten Hauptstädten bis zu dem kleinen Dorf, in dem mein Vater geboren wurde: Wisst, dass Amerika ein Freund jeder Nation und jedes Mannes, jeder Frau und jedes Kindes ist, die eine Zukunft in Frieden und Würde anstreben, und dass wir bereit sind, voranzugehen.

Erinnert euch daran, dass frühere Generationen dem Faschismus und dem Kommunismus nicht einfach nur mit Raketen und Panzern begegnet sind, sondern mit robusten Allianzen und dauerhaften Überzeugungen. Sie verstanden, dass unsere Macht allein uns nicht beschützen kann und dass sie uns nicht ermächtigt, nach Belieben zu handeln. Stattdessen wussten sie,

dass unsere Macht durch ihre kluge Anwendung wächst, dass sich unsere Sicherheit aus der Gerechtigkeit unserer Sache ableitet, aus der Kraft unseres Beispiels, den mäßigenden Qualitäten von Bescheidenheit und Zurückhaltung.
Wir sind die Bewahrer dieses Erbes. Wenn wir uns abermals von diesen Grundsätzen leiten lassen, können wir diesen neuen Bedrohungen begegnen, die noch größere Anstrengung erfordern, noch mehr Zusammenarbeit und Verständnis zwischen den Nationen.
Wir werden damit beginnen, den Irak auf verantwortungsvolle Weise seiner Bevölkerung zu überlassen, und einen hart erkämpften Frieden in Afghanistan zu schließen. Mit alten Freunden und ehemaligen Feinden werden wir unermüdlich daran arbeiten, die atomare Gefahr zu verringern und das Schreckgespenst eines sich aufheizenden Planeten zu verbannen. Wir werden uns nicht für unsere Art zu leben entschuldigen, noch werden wir bei dessen Verteidigung nachlassen. Und denjenigen, die ihre Ziele mit Terror und der Ermordung von Unschuldigen verfolgen wollen, sagen wir jetzt, dass unser Geist stärker ist und nicht gebrochen werden kann. Ihr könnt uns nicht überleben und wir werden euch besiegen.
Denn wir wissen, dass unser Patchwork-Erbe eine Stärke und keine Schwäche ist. Wir sind eine Nation von Christen und Muslimen, Juden und Hindus – und von Nichtgläubigen. Wir sind geformt von jeder Sprache und Kultur von jedem Ende dieser Erde. Und weil wir das bittere Gesöff des Bürgerkriegs und der Trennung gekostet haben und aus diesem dunklen Kapitel stärker und geeinter hervorgegangen sind, können wir nicht anders als zu glauben, dass der alte Hass eines Tages verschwindet, dass die Trennlinien der Stämme sich bald auflösen, dass unsere gemeinsame Menschlichkeit zum Vorschein kommt, während die Welt kleiner wird, und dass Amerika seine Rolle spielen muss bei der Förderung einer neuen Ära des Friedens.

Der islamischen Welt sage ich, wir suchen einen neuen Weg nach vorn, gegründet auf gegenseitigem Interesse und Respekt. Denjenigen Führern auf der Welt, die Konflikt säen wollen oder die den Westen für die Krankheiten ihrer Gesellschaft verantwortlich machen, sage ich, wisst, dass euer Volk euch daran messen wird, was ihr bauen könnt, nicht an dem, was ihr zerstört. Denen, die sich mit Korruption, Betrug und der Unterdrückung abweichender Meinungen an die Macht klammern, sage ich, wisst, dass ihr auf der falschen Seite der Geschichte steht, aber dass wir eine Hand reichen, wenn ihr bereit seid, eure Faust zu öffnen.
Den Menschen in armen Nationen versprechen wir, an eurer Seite zu arbeiten, damit eure Felder gedeihen und damit sauberes Wasser fließt, dass ausgehungerte Körper genährt und hungrige Köpfe gefüttert werden. Und den Nationen, die wie wir relative Fülle genießen, sagen wir, dass wir es uns nicht länger leisten können, dem Leid außerhalb unserer Grenzen gleichgültig zuzusehen. Auch können wir die Ressourcen der Welt nicht verbrauchen, ohne auf die Konsequenzen zu achten. Denn die Welt hat sich geändert, und wir müssen uns mit ihr ändern.
Wenn wir die Straße betrachten, die sich vor uns erstreckt, denken wir in bescheidener Dankbarkeit an diejenigen tapferen Amerikaner, die genau zu dieser Stunde in abgelegenen Wüsten und fernen Bergen patrouillieren. Sie haben uns heute etwas zu sagen, genauso wie die gefallenen Helden, die in Arlington begraben sind, durch die Jahrhunderte flüstern. Wir ehren sie nicht nur, weil sie Wächter unserer Freiheit sind, sondern auch weil sie den Geist des Dienstes verkörpern, eine Bereitschaft, einen Sinn in etwas Größerem zu finden, als sie selbst sind. Und es ist genau dieser Geist, der uns alle in diesem Augenblick, einem Augenblick, der eine Generation bestimmen wird, erfüllen muss.
Denn so viel eine Regierung tun kann und tun muss, ist es letztlich der Glaube und die Entschlossenheit des amerikanischen Volkes, worauf diese Nation vertraut. In unseren dunkelsten Stunden erleben wir die Freundlichkeit, einen Fremden aufzunehmen, wenn die Dämme brechen, die Selbstlosigkeit von Arbeitern, die lieber ihre Zeit kürzen als zu sehen, dass ein Freund seine Stelle verliert. Es ist der Mut des Feuerwehrmanns, in ein mit Rauch gefülltes Treppenhaus zu stürmen, aber auch die Bereitwilligkeit von Eltern, ein Kind zu versorgen, welches letztlich unser Schicksal bestimmt.
Die Herausforderungen, vor denen wir stehen, mögen neu sein. Die Instrumente, mit denen wir sie meistern wollen, mögen ebenfalls neu sein. Aber die Werte, von denen unser Erfolg abhängt – harte Arbeit und Ehrlichkeit, Mut und Fair-Play, Toleranz und Neugier, Loyalität und Patriotismus – diese Dinge sind alt. Diese Dinge sind wahr. Sie sind in unserer gesamten Geschichte die stille Kraft des Fortschritts gewesen.
Was dann gefordert ist, ist eine Rückkehr zu diesen Wahrheiten. Was von uns nun verlangt wird, ist eine neue Ära der Verantwortung – eine Anerkennung, von jedem Amerikaner, dass wir Pflichten gegenüber uns selbst haben, gegenüber unserer Nation und gegenüber der Welt, Pflichten, die wir nicht unwillig akzeptieren, sondern eher froh annehmen, fest im Bewusstsein, dass nichts so befriedigend für den Geist, so bestimmend für unseren Charakter ist, als alles für eine schwierige Aufgabe zu geben.

Dies ist der Preis und das Versprechen der Staatsbürgerschaft. Das ist die Quelle unserer Zuversicht, das Wissen, dass Gott uns gerufen hat, ein unbestimmtes Schicksal zu formen.
Das ist die Bedeutung unserer Freiheit und unseres Glaubens, warum Männer und Frauen und Kinder von jeder Hautfarbe und mit jedem Glauben sich der Feier auf dieser prächtigen Straße anschließen können, und warum ein Mann, dessen Vater vor weniger als 60 Jahren noch nicht einmal in einem örtlichen Restaurant bedient worden wäre, nun vor euch stehen kann, um einen heiligsten Eid zu leisten.
So lasst uns nun diesen Tag im Gedenken begehen, wer wir sind und wie weit wir gereist sind. Im Jahr von Amerikas Geburt, im kältesten aller Monate, hat sich ein kleiner Haufen von Patrioten am Ufer eines eisigen Flusses um erlöschende Lagerfeuer gekauert. Die Hauptstadt war verlassen. Der Feind kam näher. Der Schnee war mit Blut befleckt. In einem Augenblick, als das Ergebnis unserer Revolution äußerst zweifelhaft war, haben die Väter unserer Nation angeordnet, dass diese Worte dem Volk vorgelesen werden:
„Lasst der künftigen Welt gesagt sein, dass in der Tiefe des Winters, als nur noch Hoffnung und Tugend überleben konnten, die Stadt und das Land, alarmiert von einer gemeinsamen Bedrohung, herausgekommen sind, um ihr zu begegnen."

Amerika, im Angesicht unserer gemeinsamen Gefahren, in diesem Winter unserer Bedrängnis, lasst uns an diese zeitlosen Worte denken. Lasst uns mit Hoffnung und Tugend einmal mehr den eisigen Strömungen trotzen und ertragen, welche Stürme auch kommen mögen. Mögen noch unsere Urenkel sagen, dass wir, als wir geprüft wurden, uns weigerten, diese Reise enden zu lassen. Dass wir nicht umgekehrt sind oder gewankt haben. Und dass wir mit Augen, die auf den Horizont und Gottes Gnade über uns gerichtet waren, dieses große Geschenk der Freiheit weitergetragen und sicher an künftige Generationen überreicht haben."

*Die Obama-Antrittsrede. Online: https://www.dw.com/de/dokumentation-die-obama-antrittsrede-deutsch/a-3963993 (10.05.2019), mit kleinen orthografischen Korrekturen sowie Abweichungen von der Originalübersetzung; die Rede im Original: https://www.dw.com/de/dokumentation-obamas-antrittsrede-im-wortlaut/a-3963127*

## 3 Aufgabenstellung

●●

Bearbeiten Sie in einer Partnerarbeit die folgenden Arbeitsaufträge:

- Unterstreichen Sie die Appelle in der Rede, mit denen sich Präsident Obama an sein Publikum wendet.
- Finden Sie die Beispiele aus der amerikanischen Geschichte, die Barack Obama zitiert. Recherchieren Sie in einem Geschichtsbuch nach den genauen historischen Zusammenhängen.
- Was finden Sie an dieser Rede besonders interessant? Was hat Sie überzeugt, was eher nicht? Begründen Sie Ihre Antworten.

## 4 Aufgabenstellung

●

Recherchieren Sie den beruflichen Werdegang und die politische Karriere des ersten schwarzen Präsidenten der USA und erstellen Sie einen Beitrag darüber für Ihr Kulturportfolio.

## 5 Aufgabenstellung

●

Lesen Sie einen Teil der Rede von Barack Obama laut vor. Was muss Ihrer Meinung nach besonders betont werden?

## 6 Aufgabenstellung

●

Suchen Sie weitere historisch wichtige Reden. Wählen Sie zwei aus und analysieren Sie diese.
Klären Sie jeweils Thema und zentrale Aussage, zitieren Sie eventuell einen kleinen Ausschnitt oder ein berühmtes Zitat aus der Rede.
Erläutern Sie, was Sie an der Rede überzeugt hat und was weniger überzeugend war.

**Beispiele:**

- Rede von J. F. Kennedy, die er 1961 anlässlich seines Berlin-Besuches hielt
- Rede von Marie Curie über die Entdeckung des Radiums, anlässlich der Überreichung des Nobelpreises für Chemie im Jahr 1911 (Plädoyer für die vermeintliche Wunderkraft der Radioaktivität zur Krebsbekämpfung)
- Rede von Martin Luther King im August 1963 vor dem Kapitol in Washington

**Marie Curie** *(1867–1934), Physikerin und Mehrfach-Nobelpreisträgerin*

**Martin Luther King** *(1929–1968), US-amerikanischer Bürgerrechtler, Kämpfer gegen soziale Unterdrückung und Rassismus*

**John Fitzgerald Kennedy** *(1917–1963), 35. Präsident der USA (von 1961 bis 1963)*

## 2.1.2 Rhetorische Mittel – wie man andere überzeugt

*siehe Band 1, Kapitel „Sprache“*

Eine Rednerin bzw. ein Redner setzt **rhetorische Mittel und sprachliche Figuren** auf Wort- und Satzebene (Stil- und Redefiguren) ein, um die Wirkung des Gesagten zu erhöhen und das Publikum zu überzeugen. Oft sind dies sprachliche Bilder (Metaphern, Vergleiche, Symbole, Neologismen) oder Wiederholungen (Anaphern, Alliterationen, Wortspiele, Aufzählungen etc.).

### Rhetorische Figuren

| | |
|---|---|
| **Adynaton** | Betonung eines Inhalts durch einen Vergleich mit etwas Unmöglichem<br>*Eher geht die Welt unter, als dass …* |
| **Allusion** | Anspielung, Andeutung (von etwas)<br>*Sie wissen, was ich meine.* |
| **Alliteration** | Der erste Buchstabe oder das erste Wort des Satzes wird wiederholt.<br>*mit **K**ind und **K**egel …* |
| **Anapher** | Wiederholung am Satzbeginn<br>***Ich fordere mehr** Transparenz. **Ich fordere mehr** Einsatz.* |
| **Epipher** | Wiederholung am Satzende<br>*Ich fordere **mehr Mut**. Ich lebe **mehr Mut**.* |
| **Antitheton** | Gegenüberstellung entgegengesetzter Gedanken, die aber keinen Widerspruch bedeuten<br>*Das wird Schaden und keinen Nutzen bringen.* |
| **Correctio** | Die Sprechende bzw. der Sprechende verbessert sich.<br>*Es war eine Katastrophe, was sage ich, es war der Weltuntergang!* |
| **Symbol** | ein Bild, das auf eine abstrakte Vorstellung verweist<br>*Weiße Taube* (als Sinnbild des Friedens) |
| **Epitheton** | Verwendung eines stehenden Beiworts, das eigentlich nicht notwendig ist<br>*der listenreiche Odysseus, bunte Blumen, tapferer Held* |
| **Klimax** | stufenweise Steigerung in einem Satz<br>*Ich arbeite zehn, nein zwölf, vierzehn Stunden am Tag.*<br>*Ich kam, sah und siegte. (Caesar)* |
| **Neologismus** | neue sprachliche Wortschöpfung<br>*Alkopops* |
| **Paraphrase** | erklärende Umschreibung, Ersatzwort<br>*Erdöl, das schwarze Gold* |
| **Paronomasie** | Wortspiel; Verbindung zweier von der Bedeutung her unterschiedlicher, aber ähnlich klingender Begriffe<br>*Wer rastet, der rostet.* |
| **Metapher** | bildlicher Vergleich<br>*Wüstenschiff (Kamel), Schnee von gestern (unaktuell), Mauer des Schweigens, Rabeneltern* |
| **Onomatopoesie** | Lautmalerei; der Klang des Wortes betont dessen Bedeutung<br>*Bumm! Peng!* |
| **Pleonasmus** | überflüssige Häufung sinngleicher, der Wortart nach verschiedener Wörter, da beide Wörter bereits die Bedeutung des Gesamtbegriffs beinhalten<br>*eine runde Kugel, ein weißer Schimmel* |
| **Tautologie** | Häufung verwandter Begriffe, bestehend aus Wörtern derselben Wortart, dies dient der Betonung und dem Nachdruck des Gesagten.<br>*in Reih und Glied, gang und gäbe, angst und bange, nie und nimmer* |

*Lexikon: Rhetorische Figuren. Online: http://www.uni-protokolle.de/Lexikon/Rhetorische_Figuren.html (10.05.2019), gekürzt*

Um sein Publikum von eigenen Ideen oder Ansichten zu überzeugen, werden in der appellativen Rede noch weitere Stilmittel eingesetzt:

| | |
|---|---|
| **Rhetorische Frage** | Frage, auf die man eigentlich keine Antwort erwartet<br>*Und warum tun wir uns das an?* |
| **Antithese** | Gegenüberstellung, gedanklicher Gegensatz<br>*alt und jung, arm und reich; sein Einsatz war groß, doch klein sein Gewinn* |
| **Hyperbel** | Übertreibung<br>*zu Tode betrübt sein; fuchsteufelswild; im Schneckentempo* |
| **Parenthese** | Einschub<br>*Er ist – wie gesagt – nicht dumm.* |
| **Periphrase** | erweiternde Umschreibung eines Begriffs, einer Person, eines Sachverhaltes<br>*in die ewigen Jagdgründe eingehen (sterben)* |
| **Pointe** | Zuspitzung |
| **Ironie** | das Gegenteil dessen sagen, was man meint<br>*z. B. ein als Lob verkleideter Tadel* |
| **Prämunitio** | Vorwegnahme eines Einwandes<br>*Sie werden jetzt sicher sagen, dass …* |
| **Präteritio** | scheinbares Auslassen oder Übergehen eines Gedankens<br>*Ganz zu schweigen davon, dass …; Ich will ja nichts sagen, aber …* |

*In Anlehnung an: Sprachliche Mittel von Werbeanzeigen: Rhetorische Mittel. Online: http://www.teachsam.de/pro/pro_werbung/werbesprache/anzeigenwerbung/pro_werbung_spr_anz_3_4_2_3_1.htm (10.05.2019)*

Vermeiden sollte man in seiner Rede „Phrasendrescherei", also oberflächliche sowie banale Bemerkungen, aber vor allem polemische und manipulative Ausdrucksmittel.

Polemisieren heißt, gegen eine andere Ansicht zu argumentieren, dabei wird aber nicht zwingend der Konsens gesucht, sondern versucht, seinen Argumenten zum Durchbruch zu verhelfen. Eine Rechtfertigungs- bzw. Verteidigungsrede kann durchaus polemisch sein. Kennzeichen von Polemik sind oft scharfe und direkte Äußerungen, teilweise auch persönliche Angriffe, um die Gegnerin bzw. den Gegner bloßzustellen. Häufig wird mit den Mitteln der Übertreibung, der Schwarz-Weiß-Malerei, der Verallgemeinerung, der Ironie oder des Sarkasmus bzw. Zynismus sowie mit negativ besetzten Wörtern gearbeitet.

Ähnlich ist auch das Wort Demagogie zu verstehen. Der Begriff bedeutet im abwertenden Sinn ideologische Hetze, besonders im politischen Bereich. Ursprünglich war der Begriff allerdings positiv besetzt. Der griechische Demagoge war ein angesehener Redner und Führer des Volkes bei politischen Entscheidungen. Im Zeitalter des Absolutismus galt dann Demagogie als Aufhetzung des Volkes und damit als Gefahr für die Stabilität der Monarchie. Im 20. Jahrhundert wurde die Demagogie als Mittel der Ideologisierung der Massen sowie der Propaganda verwendet und spielte durch den Einsatz in den Massenmedien (Zeitung, Radio, Flugblatt, Plakat) eine wesentliche Rolle in den totalitären Regimen des Faschismus. Dadurch wurde der Begriff vollständig zu einem negativen, abwertenden Wort.

*banal:* gedanklich unbedeutend

*Polemik, die (griech.):* Feindseligkeit, Krieg, Streit. Heute: ein scharfer Meinungsstreit im Rahmen politischer, literarischer oder wissenschaftlicher Diskussionen

*Konsens, der:* Übereinstimmung der Meinungen, Zustimmung

*Zynismus, der:* beißender und verletzender Spott

*Demagogie, die (griech. „demos" für „Volk", „agein" für „führen"):* Volksverführung

**7 Aufgabenstellung**

●●

Analysieren Sie den Einsatz rhetorischer Mittel in der Rede Obamas. Welche der auf S. 38 f. angeführten Stilfiguren benutzt er, welche vermeidet er?

abc

### 2.1.3 Vorbereitung einer Rede

Bei der Vorbereitung einer Rede unterscheidet die antike Rhetorik **fünf Phasen**, die auch heute noch eine Orientierungshilfe bieten.

#### Vorbereitung einer Rede bzw. eines Vortrags

1. **Ideensammlung:** Dies ist die Sammlung der wesentlichen Gedanken, vor allem der Aspekte und der Argumente.
2. **Gliederung:** Die Gliederung ist die bewusste Anordnung der einzelnen Redeteile. Diese orientiert sich sowohl an der Sache als auch an den Zuhörerinnen und Zuhörern.
3. **Sprachgestaltung:** Unter Sprachgestaltung versteht man das Ausformulieren der Rede – in schriftlicher und mündlicher Form. Die Rednerin bzw. der Redner sucht in Wortwahl, Satzbau und Stil nach der angemessenen Ausdrucksweise.
4. **Merkphase:** Sie ist die Aneignung der Rede durch das Gedächtnis. Meist stützt sich die Rednerin bzw. der Redner auf eine Textvorlage oder einzelne Stichworte. Gut einprägen sollte man sich insbesondere Anrede und Einleitung, einzelne Höhepunkte der Rede und den gezielten Schlusssatz.
5. **Probesprechen:** Beim abschließenden Probesprechen werden Lautstärke, Betonung und Pausentechnik sowie Gestik, Mimik und Haltung geübt. Auch das Ausprobieren der Medien und eine Zeitkontrolle gehören zu dieser letzten Vorbereitungsphase.

   Die **Visualisierung** kann in jeder Phase der Vorbereitung erfolgen.

#### Präsentationsmittel und deren Funktion

- **Tafel, Whiteboard:** um Anregungen aus dem Publikum unmittelbar aufzugreifen
- **Flipchart:** um eine Struktur vorzugeben, sie mit Inhalten zu füllen, um anschließend das Ergebnis präsentieren zu können
- **Pinnwand (oder Magnetwand):** um Ideen vor den Augen der Zuhörerinnen und Zuhörer zu ordnen oder zu gewichten
- **Lernplakat:** um ansprechend gestaltete Inhalte zu präsentieren, die nach dem Vortrag dauerhaft im Raum präsent sein sollen
- **Modell:** um anschaulich die Funktionsweise bzw. den inneren Zusammenhang zu erläutern
- **Overheadprojektor:** um viel Text oder vorbereitete Grafiken mit geringem Aufwand zu visualisieren
- **PC und Beamer:** um Präsentationen möglichst kleinschrittig oder multimedial (Bilder, Videos und Audios) zu zeigen

*In Anlehnung an:*
*Schule der Rhetorik: Rede-Vorbereitung. Online: http://www.schule-der-rhetorik.de/redevorbereitung.html (10.05.2019);*
*Präsentationstechniken. Online: http://www.schule-der-rhetorik.de/praesentationstechniken.html (10.05.2019)*

8 **Aufgabenstellung**

O

Diskutieren Sie in einem Klassengespräch, welche Präsentationstechniken Sie für welche Art von Vortrag, Rede, Referat oder Präsentation in der Klasse verwenden würden. Begründen Sie Ihre Wahl.

In der Schule und im privaten Umfeld gibt es zahlreiche Anlässe, eine Rede zu halten, sei es die Teilnahme an einem Redewettbewerb, ein Redebeitrag einer Schülerin bzw. eines Schülers bei einem Schuljubiläum oder einer Schulfeier, sei es die Begrüßungsrede an einem Eltern- oder Informationsabend, eine Rede bei der Weihnachtsfeier, die Verabschiedungsrede bei der Abschlussfeier, eine Eröffnungsrede im Sportverein, die Rede anlässlich einer Ausstellungseröffnung etc.
Sie können nie früh genug damit beginnen, Ihre Rede vorzubereiten. Sie sollten sich dabei immer die folgenden Fragen stellen:

- Was ist mein **Thema**?
- Was sind meine Vortrags**ziele**? Welches Anliegen habe ich? Welche Wirkung möchte ich erzielen? Wer ist mein Publikum? Welche Voraussetzungen bringt es mit?
- Welche **wesentlichen Inhalte** möchte ich vermitteln (Ideen- und Stoffsammlung)?
- In welcher **Reihenfolge** bringe ich meine Einzelthemen vor (Dramaturgie, Zeitabfolge)? Was gehört in die Einleitung, den Hauptteil, den Schlussteil (siehe S. 42)?
- Setze ich **Medien** ein – falls ja, welche? Was steht auf den **Unterlagen**, die ich den Zuhörerinnen und Zuhörern meiner Rede austeile?

Reden lernt man nur durch Reden, und das kann man lernen, wenn man einige **grundlegende Regeln** beachtet:

## Regeln für Reden

- Wählen Sie vor allem Themen, die Sie persönlich ansprechen und von denen Sie glauben, etwas dazu sagen zu können.
- Seien Sie sorgsam bei der Formulierung des Themas. Setzen Sie **Schwerpunkte**, etwa durch die Fragestellung oder durch Untertitel.
- Vergessen Sie nie Ihr **Publikum**! Welche Voraussetzungen, Interessen und Erwartungen bringt es mit? Was könnte für die Zuhörerinnen und Zuhörer relevant sein? Mit welchen Widerständen (Bedenken, Zweifeln, Gegenpositionen) müssen Sie eventuell rechnen?
- Wie viel **Zeit** ist für das Thema angemessen? Bedenken Sie immer, dass es für die Zuhörerinnen und Zuhörer schwer ist, lange und konzentriert zuzuhören.
- Versuchen Sie nie, durch den häufigen Gebrauch von Fremdwörtern, Fachbegriffen und Abkürzungen mit Ihrem Wissen zu protzen!
- Verwenden Sie die **Rhetorik** als Kommunikationshilfe und spielen Sie bewusst mit passenden rhetorischen Stilmitteln.
- Setzen Sie Mindmap und Cluster zur Gedankensammlung ein. Recherchieren Sie, um Ihren Wissenstand zu erweitern.
- Erstellen Sie eine Art Drehbuch für Ihre Rede.
- Formulieren Sie Ihre Reden immer schriftlich aus. Dies bedeutet jedoch nicht, Ihr Redemanuskript als Lesetext einzusetzen. Die Rede sollte immer frei gesprochen werden. Bedenken Sie daher bei der sprachlichen Ausformulierung, einen möglichst einfachen Satzbau einzusetzen.

*„Man kann über alles reden, nur nicht über eine halbe Stunde!" (Anonym)*

*„Eine gute Rede soll das Thema erschöpfen, nicht die Zuhörer." (Winston Churchill, 1874–1965, bedeutender englischer Politiker)*

## 2.1.4 Verfassen einer erfolgreichen Rede

**Anfang** und **Schluss** der Rede sind ausschlaggebend für deren Gelingen. Sie zielen daher in erster Linie auf die Beziehungsebene. Besonders die ersten Minuten einer Rede sind entscheidend dafür, ob es Ihnen gelingt, die Aufmerksamkeit des Publikums auf Sie und Ihr Thema zu lenken.

Die **Einleitung** dient dazu, Ihr Publikum (eventuell mit Anrede) zu begrüßen, sich selbst vorzustellen und das Interesse der Zuhörerinnen und Zuhörer zu wecken bzw. sie zum Thema hinzuführen. Beginnen Sie daher mit einem Zitat, einer kleinen Geschichte, einer rhetorischen Frage oder nehmen Sie auf ein aktuelles Ereignis Bezug. Sprechen Sie Ihr Publikum persönlich an und halten Sie Blickkontakt mit ihm. Die Einleitung sollte nicht zu lang sein. Stellen Sie als Überleitung zum Hauptteil die Gliederung Ihrer Rede kurz vor.

*Das Muster des gezielten Schlusssatzes stammt von Aristoteles: „Ich habe gesprochen, ihr habt es gehört, ihr kennt die Fakten, trefft eure Entscheidung.“ (Aristoteles, 384–322 v. Chr.)*

Der **Hauptteil** dient der Abfolge Ihrer Argumente und Aussagen und sollte klar gegliedert sein. Hier sollten Sie sich die Frage stellen, wie Sie Ihre Argumentation aufbauen: Welches Argument ist besonders überzeugend? An welcher Stelle sollten Sie auf Gegenargumente eingehen, um diese abzuschwächen oder zu widerlegen?

Welche Passagen müssen besonders verständlich formuliert sein? Welche müssen besonders wirkungsvoll ausgestaltet sein? Wo soll gekürzt, wo vertieft oder durch Beispiele veranschaulicht werden?

Ist die Rede oder der Vortrag zielgerichtet, ist der Standpunkt für die Zuhörerinnen und Zuhörer klar erkennbar?

Bemühen Sie sich um größtmögliche Verständlichkeit und achten Sie auf logische Gliederung, Kürze und Prägnanz sowie eine klare Sprache.

Der **Schlussteil** bringt die Botschaft der Rede nochmals auf den Punkt, fasst die wichtigsten Inhalte und Hauptgedanken kurz zusammen. Ein Appell, ein Ausblick in die Zukunft oder offene Fragen eignen sich ebenfalls dafür, die Rede abzurunden. Dieser Schlusssatz sollte einprägsam und positiv formuliert sein.

### 9 Aufgabenstellung

●●

a. Fassen Sie in einer Partnerarbeit die wesentlichen Elemente einer guten Rede zusammen. Erstellen Sie dafür ein Plakat.

b. Füllen Sie die Tabelle mit den wesentlichen Merkmalen und Anforderungen einer guten Rede.

| Einleitung | Hauptteil | Schlussteil |
|---|---|---|
| | | |

## 10 Aufgabenstellung

●●

Untersuchen Sie in einer Partnerarbeit die folgenden Rede-Beispiele hinsichtlich ihrer Wirkung auf Sie. Welche Formulierungen darin sprechen Sie an, welche gefallen Ihnen eher nicht?

Welche Rede regt Sie an, diese weiterzulesen?

- Am 10. Dezember 1989 hielt der 14. Dalai Lama in Oslo seine Nobelpreis-Rede:

„Eure Majestät, Mitglieder des Nobel-Komitees, Brüder und Schwestern,

ich schätze mich sehr glücklich, heute hier bei Ihnen zu sein, um den Friedensnobelpreis entgegenzunehmen. Ich fühle mich geehrt und demütig bewegt, dass Sie diesen wichtigen Preis einem einfachen Mönch aus Tibet geben wollen. Ich bin niemand Besonderes. Aber ich glaube, der Preis ist eine Anerkennung für den wahren Wert von Uneigennützigkeit, Liebe, Mitgefühl und Gewaltlosigkeit, die ich in Übereinstimmung mit den Lehren Buddhas und den großen Weisen Indiens und Tibets zu praktizieren versuche.

Im Namen der Unterdrückten überall auf der Welt und für alle, die um Freiheit kämpfen und für den Frieden in der Welt arbeiten, nehme ich den Preis in tiefer Dankbarkeit entgegen. Ich nehme ihn an als eine Ehrung für den Mann, der die moderne Tradition der Veränderung durch gewaltloses Handeln begründete: Mahatma Gandhi, dessen Leben mich belehrte und begeisterte. Natürlich nehme ich ihn auch im Namen der sechs Millionen Tibeter und Tibeterinnen an, meiner tapferen Landsleute im Inneren Tibets, die so sehr gelitten haben und immer noch leiden müssen. Sie sind einer überlegten und systematischen Strategie ausgesetzt, die auf die Zerstörung ihrer nationalen und kulturellen Identität abzielt. Der Nobelpreis bestärkt unsere Überzeugung, dass mit Wahrheit, Mut und Entschlossenheit als unseren Waffen Tibet wieder befreit werden wird. [...]"

*Nobelpreis-Rede des 14. Dalai Lama vom 10. Dezember 1989.*
*Online: http://www.tibetoffice.ch/web/dalailama/nobel_speech.htm (10.05.2019), Textausschnitt*

**Tenzin Gyatso**
*(geb. 1935),*
*14. Dalai Lama*

- Der österreichische Dichter Raoul Schrott hielt am 11. Februar 2012 bei der Eröffnung der Tage der deutschsprachigen Literatur die „Klagenfurter Rede zur Literatur". Lesen Sie diesen kurzen Ausschnitt aus seinem Redemanuskript:

### 30 PARADOXA

„Sie haben mir die ehrenvolle Aufgabe übertragen, zu Ihrem 30-Jahre-Jubiläum eine Rede zu halten, wohl wissend, daß Sie in mir einen Bock zum Gärtner bestellen. Seien Sie mir deshalb nicht gram, wenn ich mich für diese paradoxale Verpflichtung mit 29 weiteren Paradoxa bedanke. ‚Bock' sage ich deshalb, weil mir die Art, wie zu meiner Zeit bei dieser literarischen Landwirtschaftswoche die Leithammel von den Schafen getrennt wurden, stets recht zuwider war. Das Reglement der Leistungsschau widersprach ja allem, was Geschriebenes zunächst erreichen will: Momente gedankenvoller Überraschung. Denn wer wie die Juroren damals über einen zum ersten Mal gehörten Text, kaum daß sein Autor beim letzten Satz angelangt ist, schon zu einem Urteil ansetzt, verneint damit entweder, daß er oder daß die Literatur etwas zu sagen hat, worüber es sich nachzudenken lohnt. Trotzdem habe ich diesem Wettbewerb – Paradoxon Nr. 5 – einen wesentlichen Teil meiner Schriftstellerkarriere zu verdanken. [...]"

*Schrott, Raoul: Siebente Klagenfurter Rede zur Literatur vom 11. Februar 2012.*
*Online: http://archiv.bachmannpreis.orf.at/bachmannpreis/texte/stories/117527/index.html (10.05.2019), Textausschnitt, Originalschreibweise*

**Paradoxon, das:** *scheinbar falsche Aussage, die aber auf eine höhere Wahrheit hinweist*

## 11 Aufgabenstellung

●●

Verfassen Sie in einer Partnerarbeit drei mögliche Eröffnungen von Reden zu einer Veranstaltung Ihrer Wahl. Gestalten Sie die Einleitung jedes Mal anders. Beginnen Sie mit einer zu Ihren Ausführungen passenden Frage, einem aktuellen Ereignis oder einer kurzen Geschichte etc.

## 12 Aufgabenstellung

●

Gestalten Sie eine kurze Rede mit einer Dauer von maximal fünf Minuten über ein beliebiges Thema. Wählen Sie ein aktuelles Thema, das die Klasse interessieren könnte, und beachten Sie dabei die folgende Checkliste.

*siehe Band 2, Kapitel „Schreibhandlungen"*

**CHECKLISTE – Verfassen einer Meinungsrede**

- **Redeanlass:** Wer ist das **Publikum**? In welchem **Rahmen** wird die Rede gehalten?
- **Redeabsicht:** Was ist das **Ziel** der Rede?
- **Planen** der Rede (Konzept)
- **Aufbau** der Rede: Einleitung – Hauptteil (Abfolge der Argumente und Aussagen) – Schluss (Zusammenfassung und Appell)

Formulieren Sie Ihre Rede schriftlich aus und setzen Sie gezielt mindestens eine rhetorische Frage und eine Wiederholung (Anapher oder Epipher) ein.

## 13 Aufgabenstellung

●

*Parodie, die: komisch-satirische Nachahmung*

Lesen Sie die folgende Parodie auf eine Rede, die nur aus Leerformeln und Allgemeinplätzen besteht. Gestalten Sie selbst eine Redeparodie zu einem Redeanlass Ihrer Wahl (z. B. Rede zum runden Geburtstag Ihrer Großmutter) und setzen Sie dabei möglichst viele Allgemeinplätze ein.

### Otto Heinrich Kühner – **Meine Damen und Herren!**

Im Namen, willkommen heißen, Ausdruck verleihn,
Echtes Bedürfnis, bedanken und Meilenstein;
Prioritäten setzen, sich aufdrängende Fragen,
Denkanstöße, wesentlich dazu beitragen;
Suche nach Identität, ins Auge fassen,
Stellung beziehen und Pläne reifen lassen;
Optimale Lösung, Position und Transparenz,
Plattform, Entschiedenheit und Konsequenz,
Fragenkomplex, Problematik und Kriterium,
Zu erkennen geben, Anliegen und Wissen um;
Unverzichtbar, weitgehend und beispielhaft.
Wichtige Impulse, Initiative, Errungenschaft,
Spielraum, dringende Bitte, der Sache dienen,
Gegenwärtige Situation. Ich danke Ihnen.

*Kühner, Otto Heinrich: Meine Damen und Herren. In: Schneider, Wolf: Deutsch für Kenner. Die neue Stilkunde. 7. Auflage, München, Zürich, Piper, 2011, S. 97*

## 2.1.5 Argumentieren – wie überzeuge ich? (sRDP-Textsorte: Meinungsrede)

Die Fähigkeit zu **argumentieren** ist in persönlichen und beruflichen Situationen sehr wichtig. Dies gilt für die mündliche Kommunikation im Hinblick auf die argumentativen Rede- und Vortragsformen, aber auch bei Gesprächen, Verhandlungen, Diskussionen und Debatten.

Auch bei den schriftlichen Formen des Argumentierens oder Erörterns geht es darum, Argumentationsformen zu erkennen, persönlich Stellung zu nehmen, Pro- und Kontra-Zusammenhänge aufzuzeigen, begründet zu beurteilen und den eigenen Standpunkt zu verdeutlichen.

*siehe Band 1 und 2, Kapitel „Schreibhandlungen"*

Aus den vergangenen Jahren wissen Sie bereits, wie eine **Argumentation** idealerweise aufgebaut sein sollte:

Ausgangspunkt ist eine **Behauptung**, eine Forderung oder eine strittige **These**.

→ Ein **Argument** ist eine Äußerung, die eine These stützt. Es ist also eine **Begründung**, die andere davon überzeugen soll, dass die Behauptung richtig ist.

→ Argumente sollen überzeugen, daher sollten sie durch einen sogenannten **Beleg**, der das Argument unterstreicht und veranschaulicht, unterstützt werden.

### 14 Aufgabenstellung

●●

Formulieren Sie zu den unten angeführten Behauptungen Argumentationslinien nach dem folgenden Muster:

- Stellen Sie die **eigene** Behauptung, Forderung, These auf.
- So lautet das Argument der **anderen** Seite.
- Ja, darin liegt etwas Wahres.
- **Aber** man kann die Sache auch anders sehen.

**Behauptungen:**

- *Die Informationen im Internet sind unzuverlässig.*
- *Das Internet ist eine Gefahr für Kinder.*
- *Das Internet ist nur etwas für junge Leute.*
- *Das Internet vernichtet Arbeitsplätze.*

### 15 Aufgabenstellung

●●

Lesen Sie das Interview mit Russell Belk über die Raffsucht der Menschen. Fassen Sie die wesentlichen Informationen mit eigenen Worten zusammen. Analysieren Sie, welche Argumente Russell Belk im Interview anführt.

## „Wir können die Raffsucht überwinden“

**Was teilen wir gerne, was wollen wir unbedingt besitzen? Der kanadische Konsumforscher Russell Belk hält das Haben-Wollen für ein Auslaufmodell und erklärt, warum er sein liebstes Kaffeehäferl dennoch nie hergeben würde.**

**Besitzen Sie ein eigenes Auto?**

**Russell Belk:** Ja.

**Warum sind Sie das denn noch nicht losgeworden? In Ihren Studien schreiben Sie doch ständig, dass ein Auto in Nordamerika im Schnitt nur acht Prozent seines Lebens genutzt wird.**

Ich lebe am Land mit wenig Nachbarn und da ist es schwierig, öffentliche Verkehrsmittel oder Uber zu nutzen. Auch eine Bohrmaschine wird übrigens in Summe nur 13 Minuten lang aktiv genutzt. Es gibt also gute Gründe, zu teilen.

**Zuletzt gab es einen regelrechten Hype um die sogenannte Sharing-Economy. Ist das klassische Besitzen von Dingen wirklich ein Auslaufmodell?**

Das hängt stark davon ab, welche Generation wir betrachten. Seit der Finanzkrise 2008 gibt es einen Trend hin zum Teilen. Das hat finanzielle Gründe, aber nicht nur. Die Millennials, die zwischen 1980 und 2000 geboren wurden, sind mit dem Selbstverständnis aufgewachsen, dass es wichtiger ist, Zugriff auf etwas zu haben, als es zu besitzen. Sie haben viel seltener ein eigenes Auto oder einen Führerschein. Das ist in Europa nicht anders als in den USA. Ob der Trend anhält, wird sich weisen, wenn sie in eine neue Lebensphase treten und Kinder bekommen. Aber vieles deutet darauf hin, dass diese Generation nicht mehr so stark am Besitz hängt.

**Was ist daran wirklich neu? Menschen teilen doch, seit es sie gibt.**

Das Phänomen ist neu, weil es kommerzialisiert wird. Über die digitalen Medien haben sich Mittelsmänner ins Spiel gebracht, die Menschen zusammenbringen, die gerne etwas verborgen oder ausleihen würden. Denn im Grunde ist Sharing-Economy ein irreführender Begriff. Echtes Teilen ohne Profit, so wie in der Familie, ist das nicht. Wir sehen eher, dass Kurzzeitmieten den Besitz in manchen Bereichen ablösen. Der positive Effekt auf die Umwelt bleibt aber dennoch bestehen.

**Ist das so? Wir wissen nicht erst seit dem Kommunismus, dass Menschen unachtsamer mit Dingen umgehen, die allen – also niemandem so richtig – gehören. Dass das in der Sharing Economy ähnlich ist, zeigen Chinas Müllhalden voll kaputter Leihräder.**

Der Carsharing-Anbieter Zipcar hat versucht, das Problem zu lösen. Er wollte eine Gemeinschaft aus seinen Nutzern aufbauen – und ist gescheitert. Die Menschen wollen nicht wissen, wer vor ihnen im Auto gesessen hat, sie wollen das Auto nutzen und das war‘s. In Schweden gibt es ein Gegenbeispiel: Dort haben 300 Menschen ein privates Carsharing gegründet und kümmern sich abwechselnd um Wartung und Pflege der Autos.

**Das Problem ist also die Kommerzialisierung einer guten Idee?**

Die Kommerzialisierung ist ein Teil des Problems, weil es alles so unpersönlich und Menschen unachtsamer macht. Aber auch private Tauschkreise etwa für Werkzeug stoßen oft an Grenzen. Teilen funktioniert meist nur für eine gewisse Zeit, bis die Menschen aus der Phase herauswachsen.

**Sie forschen seit Jahrzehnten darüber, warum Menschen besitzen, sammeln, teilen und schenken. Was teilen wir gerne mit anderen – und wo ist die Grenze?**

Männer und Frauen sind sehr unterschiedlich darin, was sie besitzen und was sie teilen wollen. Unsere Studien haben gezeigt, dass es tatsächlich nicht unüblich ist, dass Frauen hundert Paar Schuhe besitzen. Sie haben in der Tendenz eine stärkere emotionale Bindung zu diesen Gegenständen als Männer. Die hängen wiederum stärker an ihren elektronischen Spielzeugen. Wir haben für eine Studie etwa eine Ballerina kennengelernt, die säckeweise alte Tanzschuhe daheim hatte. Die waren für nichts mehr gut, aber sie konnte sie nicht weggeben, weil in ihnen so viel Schweiß und Blut von ihr steckte.

**Gibt es einen Gegenstand, an dem Sie wirklich hängen?**

Ich habe einen Lieblingskaffeebecher. Den würde ich mit niemandem teilen. Aber wo diese Grenze genau zu ziehen ist, ist schwer zu sagen. Musik ist ein Grenzfall. Wer Musik kennenlernen will, ist bei Streamingdiensten wie Spotify oder Google Music gut aufgehoben. Aber sobald Menschen sich in einen Künstler oder eine Musikrichtung verlieben, haben sie oft das Verlangen, etwas in Händen halten zu wollen. Der große Vorteil der Sharing Economy ist wiederum, dass man damit – zumindest in einer anonymen Großstadt – so wirken kann, als hätte man mehr, als man tatsächlich besitzt. Es gibt zum Beispiel ein Unternehmen, das Luxushandtaschen und Sonnenbrillen tageweise vermietet. Heute Gucci, morgen Prada, übermorgen Louis Vuitton. So kann sich jeder fühlen, als hätte er eine große Garderobe, obwohl es gar nicht so ist. Das ist vielen Menschen wichtig. Die Raffsucht können wir jedoch überwinden.

**Und was wird das ändern, wenn wir Dinge nur noch kurzfristig besitzen?**

Es ist besser für die Umwelt und für das Individuum.

**Warum?**

Wir haben viel darüber geforscht, was Besitz mit Menschen macht. In den USA geht es traditionellerweise so: Man verdient Geld, kauft ein Haus und füllt es mit Zeug.

Dann verdient man etwas mehr, kauft ein größeres Haus und füllt es wieder mit Zeug. Und so weiter und so fort. Wir haben in Kalifornien Menschen besucht, die hatten eine Garage für drei große Autos und konnten nicht einmal ein Fahrrad hineinstellen, weil sie so vollgestopft war. Niemand braucht das Zeug, aber wir können es nicht loslassen. Als die Menschen 2008 ihre Häuser verloren haben, haben viele ihre Einrichtung in Lagern geparkt. Heute haben sie wieder Häuser und merken, nichts davon geht ihnen ab. Besitz gibt eine psychologische Sicherheit. Zum persönlichen Wohlbefinden trägt er nichts bei. Da sind die digitalen Modelle, die nur Zugang zu gewissen Diensten bieten, schon besser. Für die Musiksammlung auf Spotify braucht man weder einen Plattenspieler noch sonderlich viel Platz im Wohnzimmer.

**Dafür ein gesundes Vertrauen in die Vitalität der Unternehmen, die unsere Musik, Bilder und Kontakte speichern.**

Das stimmt. Gehen die Unternehmen bankrott, können wir alles wieder verlieren.

**Zur Person**

**Russell W. Belk** (*1945) ist ein kanadischer Ökonom, der sich seit Jahrzehnten damit beschäftigt, warum Menschen besitzen, sammeln, teilen und schenken. Der Konsumforscher hält den Kraft Foods Canada Lehrstuhl an der Schulich School of Business und war auf Einladung von A1 in Wien.

*Auer, Matthias: „Wir können die Raffsucht überwinden". In: Die Presse, 07.02.2018. Online: https://diepresse.com/home/wirtschaft/verbraucher/5367726/Wir-koennen-die-Raffsucht-ueberwinden (10.05.2019)*

## 16 Aufgabenstellung sRDP

Lesen Sie noch einmal das Interview mit Russell Belk und verfassen Sie anschließend eine **Meinungsrede**, die Sie im Rahmen eines Redewettbewerbs an Ihrer Schule halten. Bearbeiten Sie dabei folgende Schreibaufträge:

- **Beschreiben** Sie die im Text dargestellte Problematik.
- **Analysieren** Sie das Problem, das sich im Zusammenhang mit „Sharing" ergibt.
- **Bewerten** Sie den Umgang mit „Besitzen – Sammeln – Teilen – Schenken" aus Ihrer persönlichen Erfahrung.
- **Appellieren** Sie an Ihre Zuhörerinnen und Zuhörer, im Sinne des wirtschaftlichen Handelns achtsamer mit Konsumgütern umzugehen.

Schreiben Sie ca. 500 Wörter.

*bundes- oder landesweites Schülerparlament, das:*
*Sitzungen der Schülervertretungen, die entweder ins Parlament oder ins Rathaus bzw. in den Landtag eines Bundeslandes eingeladen werden, um politische Themen etc. zu diskutieren*

## 17 Aufgabenstellung

Als Schülervertreterin bzw. Schülervertreter sind Sie eingeladen, an einer Sitzung des Schülerparlaments Ihres Bundeslandes teilzunehmen. Sie nützen diese Gelegenheit, um eine Rede zum Thema „Sharing – ein Modell der Zukunft?" zu halten.

**Tipps:**

- Ihre Argumente sollten logisch nachvollziehbar, eventuell empirisch untermauert (... *laut einer Studie* ...) sein und die Bedürfnisse Ihrer Zuhörerinnen und Zuhörer ansprechen.
- Vermeiden Sie Verallgemeinerungen. Setzen Sie dafür Formulierungen wie: *Ich glaube, meiner Meinung nach, wir sollten darüber nachdenken ..., dass/ob ...* ein.
- Wichtig ist es auch, Gegenargumente miteinzubeziehen. Mögliche Formulierungen sind: *Dagegen könnte man einwenden, dass .../Zugestehen müsste man allerdings, dass ...*

### 2.1.6 Der Vortrag

Bei einem **Vortrag (Referat)** werden Informationen zu einem bestimmten Thema mündlich weitergegeben. Es geht dabei aber nicht nur um die fachlich richtige Darstellung der Inhalte, sondern auch um die Art der Vermittlung, d. h. um die **Präsentation** dieser Inhalte.

*siehe Band 1, Kapitel „Sprechen"*

Sie haben bereits gelernt,

- wie Sie Informationen beschaffen und bewerten,
- wie Sie diese Informationen bearbeiten (Gliederung, Ausformulierung des Referates, Karteikärtchen, Visualisierung),
- wie Sie angemessen vortragen (Aussprache, Lautstärke, Sprechtempo etc.).

Wichtig beim Vortrag ist es, dass Ihre Informationen bei den Zuhörerinnen und Zuhörern auch ankommen und dass Ihnen diese gerne und interessiert folgen.

Achten Sie bei einem Vortrag auf folgende Punkte:

- Formulieren Sie einfach.
- Gliedern Sie übersichtlich.
- Sprechen Sie Ihr Publikum an.
- Fassen Sie sich kurz.

Bei einem Vortrag sollten Sie die Möglichkeiten der Präsentation nutzen und die Inhalte Ihres Vortrages mittels Overheadprojektor, Powerpoint-Präsentation, Flipchart, Whiteboard etc. visualisieren. Bei einer Powerpoint-Präsentation sollten Sie folgende Punkte beachten:

#### Gestaltung von Powerpoint-Präsentationen

- **Folien:** Diese sollen Ihren **Vortrag ergänzen**, nicht ersetzen.
- **Textmenge:** Zu viel Text lenkt die Aufmerksamkeit der Zuhörerinnen und Zuhörer vom Vortrag ab. Als Regel gilt: Weniger ist mehr!
- **Sprache:** Sie muss adressatenadäquat, also dem Publikum angepasst, sein.
- **Layout:** Eine wichtige Rolle spielen die Wahl und Größe der Schrift, die Größe der Bilder auf einer Seite, die Gestaltung von Überschriften, Texten und Bildern.
- **Schrift:** Die Schrift muss zum Inhalt passen. Verwenden Sie nie mehr als zwei Schriftarten auf einer Seite.
- **Farben:** Setzen Sie Farben nur ein, um Wichtiges hervorzuheben.
- **Folienübergang:** Sie können die Präsentation automatisch ablaufen lassen oder einen individuellen Ablauf gestalten, durch den Sie Ihren Vortrag steuern können.
- **Animation:** Sie haben eine Vielzahl an Möglichkeiten, um Buchstaben, Textblöcke etc. zu bewegen. Übertreiben Sie es jedoch nicht beim Einsatz solcher Mittel.
- **Vorlesen verboten:** Das, was das Publikum auf den Folien sieht, und das, was es hört, darf nicht identisch sein. Daher dürfen Folien niemals wörtlich vorgelesen werden. Freisprechen ist ein Muss beim Präsentieren. Als Unterstützung hierfür dienen Ihnen **Karteikärtchen**.

## 18 Aufgabenstellung

●

Fassen Sie die zuvor genannten Kriterien einer erfolgreichen Powerpoint-Präsentation mit Hilfe einer Mindmap zusammen.

**CHECKLISTE – Präsentation**

- **Inhalt**
  - Ist die Information sachlich richtig?
  - Ist alles verständlich dargestellt?
  - Ist die Informationsmenge angemessen?
- **Medien**
  - Sind die Visualisierungen sachlich richtig?
  - Unterstützen die Visualisierungen das Verstehen?
  - Passen die Medien zum Inhalt?
  - Sind die Folien lesbar?
- **Vortragsweise**
  - Ist die Aussprache deutlich?
  - Sind die Lautstärke, die Betonung, das Sprechtempo und die Pausen angemessen?
  - Ist die Körpersprache adäquat?
  - Wird die Zeit eingehalten?

## 19 Aufgabenstellung

a. ● ●

Erarbeiten Sie in einer Partnerarbeit eine Präsentation zu einem literarischen Werk Ihrer Wahl. Entscheiden Sie sich für eine passende Darstellungsform und die geeigneten Medien und stellen Sie die Autorin bzw. den Autor sowie den Inhalt des Werkes dar.

Überlegen Sie, wer welche Aufgaben bei der Präsentation übernimmt.

b. ○

Führen Sie einige Präsentationen im Plenum vor und geben Sie dazu Feedback. Benutzen Sie dafür die Kriterien aus dem Merkkasten für die Gestaltung von Powerpoint-Präsentationen (siehe S. 48).

Nicht alle Präsentationen müssen als Einzelvortrag durchgeführt werden. Manchmal bietet sich auch ein **Expertengespräch** oder eine **szenische Darbietung** als Variation an:
In einem Expertengespräch entwickeln mindestens zwei Expertinnen bzw. Experten eine Art Interview zu einem Thema.
Eine szenische Darstellung ist etwa ein Dialog mit verteilten Rollen.
Einige Übung erfordert die Collage aus Vortrag, Interview und Dialogszenen.

## 20 Aufgabenstellung

● ●

Überlegen Sie in einer Partnerarbeit, bei welchen Themen und Präsentationssituationen sich welche Darstellungsformen anbieten und welche Vorzüge diese jeweils haben.

# 2.2 Miteinander reden

## 2.2.1 Die Debatte

Die **Debatte** ist eine Auseinandersetzung, eine Diskussion bzw. ein Streitgespräch über ein bestimmtes Thema. Bei der politischen Meinungsbildung im Parlament ist sie unabdingbar. Steht etwa auf der Tagesordnung ein Thema, das grundsätzlich geklärt werden muss, ist sie das Mittel der Auseinandersetzung. Kennzeichnend sind Entscheidungsfragen wie „Sollen die Steuern für kinderlose Ehepaare erhöht werden?“ oder „Soll eine Studiengebühr eingeführt werden?“. Die Begründung spielt demnach in Debatten eine wichtige Rolle, denn die überzeugendste Begründung trägt zumeist auch den „Sieg“ in der Debatte davon.

### 21 Aufgabenstellung

●●

**a.** Lesen Sie den Text von Sönke Senff über die Aufgabe einer Debatte und markieren Sie die wichtigsten Aussagen darin.

**b.** Stellen Sie der Debatte den Streit gegenüber und finden Sie heraus, worin sich beide Formen der Auseinandersetzung unterscheiden.

**c.** Was sind laut Sönke Senff Eigenschaften einer guten Debatte?

**d.** Überlegen Sie, wo Debatten im öffentlichen Leben eine große Rolle spielen.

### Sönke Senff – **Das Debattieren**

**Demokratischer Streit**

Neben Sterbehilfe, Folter und Todesstrafe ist die Frage nach der geeignetsten Regierungsform eines jener immergrünen Themen, zu denen sich jederzeit eine lebhafte und interessante Debatte führen lässt. Was ist besser – eine starke Diktatur oder eine schwache Demokratie? Für einen Diktator vielleicht keine schwierige Frage.

**Geregelte Auseinandersetzung**

Streit kann demokratisch sein, muss es aber nicht. Wer da etwa herginge und behauptete, die Prügelei sei nur eine Fortsetzung der Debatte mit anderen Mitteln, vernachlässigte den großen Unterschied zwischen den beiden: Während bei ersterer ohne klare Regelvorgaben gestritten wird und am Ende meist physische Kraft über den Ausgang entscheidet, geht es bei letzterer vor allem darum, gegenläufige Vorstellungen in einen inhaltlichen Wettstreit miteinander treten zu lassen. In der Gesellschaft soll eine Debatte ein Austausch von Argumenten sein, ein Prozess, in dem beide Seiten an Einsicht gewinnen und an dessen Ende möglichst ein sinnvolleres Ergebnis steht, als es ohne Debatte der Fall gewesen wäre. Jeder soll dabei die Möglichkeit haben, sich an diesem Prozess zu beteiligen und ihn um eine Stimme zu bereichern.

Was in der demokratischen Gesellschaft im großen Rahmen die Geschicke aller bestimmt, wird bei uns im Kleinen auf freundschaftlich-sportliche Weise praktiziert. Im englischen Raum können debating societies[1] bereits auf eine lange Tradition zurückblicken, aber auch in Deutschland gewinnt die Debattierszene an öffentlicher Wahrnehmung, wie zahlreiche Berichte in den Medien belegen.

**Der Gewinn**

Debattieren ist dabei nicht gleich Diskutieren, es geht zunächst darum, einer klaren Prozedur folgend entgegengesetzte Standpunkte aufeinanderstoßen und den Konflikt möglichst klar werden zu lassen. Die eigene Position, die per Losverfahren zugeteilt wurde, muss bis zum Ende der Debatte möglichst überzeugend vertreten werden. Aus einer guten Debatte geht man mit einem besseren Verständnis sowohl der eigenen wie auch der gegnerischen Position hervor – das Feld der Argumente wurde „aufgespannt“. (Der Grieche und die Griechin nennen dieses Vorgehen agonal[2] […].)

In einer demokratischen Gesellschaft ist die Fähigkeit zu debattieren zentral. Um gehört zu werden und positiven Einfluss zu haben, müssen die eigenen Argumente und Standpunkte deutlich und kraftvoll vorgetragen werden. Gleichzeitig zählt die Fairness im Streit und die Bereit-

schaft, Argumente zu überprüfen, anstatt auf ein bloßes Durchboxen von Interessen zu setzen.
Eine lebendige Debattierkultur ist für eine funktionierende, starke Demokratie unabdingbar, denn gerade im offenen Wettstreit der Ideen liegt ja ihr besonderer Vorteil im Vergleich etwa mit einer Diktatur. Mit unseren regelmäßigen und öffentlichkeitswirksamen Aktivitäten wollen wir gemeinsam mit anderen Clubs dazu beitragen, dass die Entwicklung in diese Richtung an Kraft und Sichtbarkeit gewinnt.

*Senff, Sönke: Das Debattieren. © Copyright 2019 Berlin Debating Union. Berlin Debating Union e.V. – Debattierclub zu Berlin. Online: http://debating.de/node/21 (21.04.2014), gekürzt*

[1] *debating society (engl.): Debattierklub*
[2] *agonal: kämpferisch, streitbar*

Das Besondere an einer Debatte ist, dass beide Seiten (Pro/Kontra) durch eigene, gleichrangige Sprecherinnen bzw. Sprecher vertreten sind. In einer geordneten Debatte sollte auf ein Pro-Argument ein Kontra-Argument folgen, wobei das vorherige Argument kurz zusammengefasst wird, damit man sichergeht, dass es nicht falsch verstanden worden ist. Wer debattiert, muss eindeutig Stellung zu einem Problem beziehen und darf nicht zwischen Meinungen schwanken.

Üblicherweise unterliegen Debatten genauen Regeln, die den Teilnehmerinnen und Teilnehmern bekannt sind (festgesetzte Redezeit, Zeit für offene Anfragen, Statements etc.). Mittlerweile gibt es auch Online-Debattierforen, zum Beispiel betreibt der ORF eine eigene Homepage, auf der zu allgemeinen und aktuellen Themen diskutiert wird.

## 22 Aufgabenstellung

●●●

**a.** Lesen Sie den Beitrag „Was ist debatte.ORF.at?“ und bearbeiten Sie die folgenden Arbeitsaufträge:

- Untersuchen Sie, an wen sich das Forum richtet und welche Interessen es vertritt.
- Benennen Sie, welche Regeln des Debattierens hier festgelegt werden. Beachten Sie dabei auch die Registrierungsbedingungen.
- Lesen und analysieren Sie einen Beitrag zu einer aktuellen Debatte auf http://debatte.orf.at und stellen Sie fest, welche Unterschiede zwischen einer Live-Debatte und einer virtuellen Debatte bestehen.

**b.** Besprechen Sie die Ergebnisse Ihrer Recherche mit Ihren Mitschülerinnen und Mitschülern.

***https://debatte.orf.at/***

### Was ist debatte.ORF.at?

Unsere Foren richten sich an Menschen aller Altersgruppen und Bildungsschichten, die Interesse an einem ernsthaften Meinungsaustausch zu aktuellen politischen und gesellschaftlichen Themen haben.
Um den unterschiedlichen Interessen Rechnung zu tragen, sind wir darum bemüht, ein möglichst breites Spektrum an aktuellen Themen zur Diskussion zu stellen.
Jede sachlich begründete und den Registrierungsbestimmungen entsprechende Meinung ist uns willkommen.
Themenfremde Beiträge, Beleidigungen, Spam und Provokationen werden nicht geduldet. Bitte beachten Sie in diesem Zusammenhang die aktuellen *Registrierungsbedingungen* sowie die *Häufig gestellten Fragen*.

*Was ist debatte.ORF.at? Online: https://debatte.orf.at/stories/ueber (10.05.2019)*

Eine der Debatte sehr ähnliche Gesprächsform ist die **Verhandlung**, denn auch hier wird auf die Beantwortung einer Entscheidungsfrage gezielt. Im Unterschied zur Debatte muss in einer Verhandlung jedoch, damit sie als erfolgreich gilt, eine Einigung erreicht werden (z. B. ein Vertragsabschluss, eine Resolution). Deshalb dienen Debatten auch häufig dazu, Verhandlungen vorzubereiten; strittige Fragen werden im Vorfeld diskutiert.

Das Gegenstück zur Debatte ist die **Diskussion**. Bei ihr ist die Fragestellung nicht geschlossen und die formellen Regeln der Gesprächsführung werden weniger streng gehandhabt.

Das Debattieren wird zuweilen oft in Form eines Wettbewerbs von Rednerinnen und Rednern durchgeführt; es gibt Debattierclubs und Debattierturniere. Vergleichbar mit einem sportlichen Wettbewerb treten zumindest zwei Rednerinnen bzw. Redner gegeneinander an, es können aber auch Teams sein. Für solche Debatten gibt es feste Regeln.

## 23 Aufgabenstellung

**a.** ●●●

Recherchieren Sie Beispiele für unterschiedliche Regeln von Debattierclubs und vergleichen Sie die Ergebnisse in einem Klassengespräch.

*http://afa.at/debattierclub/index.html*
*www.vdch.de*
*www.debattierklubwien.at*

**b.** ●●●

Analysieren Sie, welche Debattierregeln durch die Grafik dargestellt werden. Beschreiben Sie, wie die Debatte gemäß dieser Grafik ablaufen könnte.

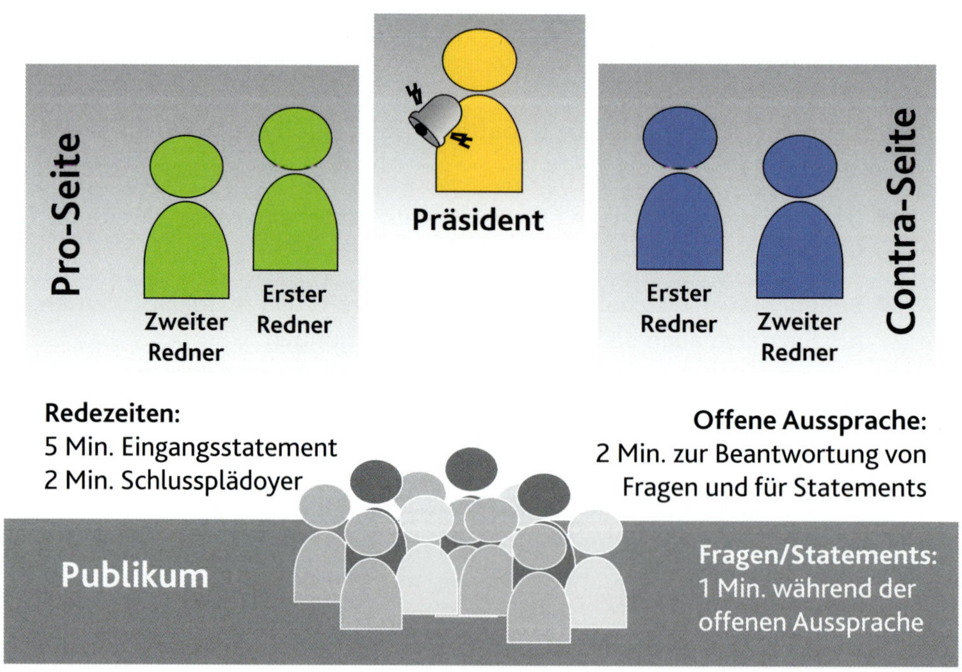


*O. V.: Die Publikumsdebatte. Online: http://www.vdch.de/europadebatten/projekt-europadebatten/die-publikumsdebatte/ (10.05.2019)*

**c.** ○

Diskutieren Sie in einem Klassengespräch, welche Gründe es dafür geben könnte, dass sich Jugendliche und Erwachsene freiwillig Debattierwettbewerben stellen. Was könnte Sie dazu motivieren, Mitglied in einem Debattierclub zu werden?

## 24 Aufgabenstellung

○

a. Erstellen Sie Regeln, die bei einer Debatte im Klassenverband zum Einsatz kommen sollen (z. B. Rededauer, Bewertung).

b. Überlegen Sie sich Ihre Argumente und welcher Seite (Pro/Kontra) Sie sich zugehörig fühlen.

c. Legen Sie fest, wer die Debatte leitet und wer die Beobachtung der Debatte übernimmt.

d. Führen Sie die Debatte (mit zwei Teilnehmerinnen bzw. Teilnehmern oder als Gruppe) durch. Der Rest der Klasse hält die Beobachtungen pro Argument mittels des Beobachtungsblattes fest.

e. Bestimmen Sie im Anschluss eine Siegerin bzw. einen Sieger. Die Beobachtungsgruppe teilt ihr Feedback mit. Achten Sie dabei auf die Regeln des Feedback-Gebens.

*siehe Band 1, Kapitel „Sprechen", und Band 2, Kapitel „Kommunikation"*

| **Beobachtungsblatt zur Debatte** | Argument Pro 1 | Argument Kontra 1 | Argument Pro 2 | Argument Kontra 2 | Argument Pro 3 | Argument Kontra 3 |
|---|---|---|---|---|---|---|
| **Name der Rednerin bzw. des Redners** | | | | | | |
| **Verständlichkeit** | | | | | | |
| **freie Rede** | | | | | | |
| **vollständige Sätze** | | | | | | |
| **Sachlichkeit** | | | | | | |
| **Beispiele** | | | | | | |
| **Berücksichtigung der Argumente der Vorrednerin bzw. des Vorredners** | | | | | | |
| **Mimik** | | | | | | |
| **Körpersprache** | | | | | | |
| **Summe der Punkte** | | | | | | |

## 25 Aufgabenstellung

●●●

Versuchen Sie es selbst! Debattieren Sie in Gruppen zu einem der folgenden Themen:

- Sollen Fehlstunden im Zeugnis ausgewiesen werden, um das Schulschwänzen einzudämmen?
- Sollen Schülerinnen und Schüler mehr Mitbestimmung bei der Wahl ihrer Lehrkräfte bekommen?
- Soll an Schulen verstärkt überwacht werden (z. B. durch Kameras), um der steigenden Kriminalität Einhalt zu gebieten?
- Soll es mehr Möglichkeiten an schulautonomen Bestimmungen geben (Ferienordnung, Stundenplan etc.)?
- Finden Sie ein aktuelles Thema, das für die Klassengemeinschaft interessant ist!

## 2.2.2 Die Diskussion

*discutere (lat.): auseinandersetzen, zerlegen, zerschlagen*

Bei einer **Diskussion** stellen zumeist mehrere Rednerinnen und Redner ihre Meinung zu einem aktuellen gesellschaftskritischen, politischen oder wirtschaftlichen Thema argumentativ dar. Diskussionen können aus verschiedenen Anlässen und in unterschiedlichem Kontext erfolgen: Es gibt die rein private bzw. persönliche – vermutlich informeller ablaufende – Diskussionen, Diskussionssendungen im Radio oder im Fernsehen, aber auch schriftliche Diskussionen in Zeitungen in Form des Leserbriefs und in Internetforen.

Ziel einer Diskussion ist nicht der Konsens, sondern lediglich der Austausch von Meinungen und Gedanken. Dieses Diskussionsziel wird sehr häufig aus den Augen gelassen, wenn die Teilnehmerinnen und Teilnehmer aus Überzeugung diskutieren. Zu einem guten Diskussionsstil gehört der **unabdingbare Respekt** vor der Meinung der Mitdiskutierenden. Es geht hier nicht um Gewinnen oder Verlieren, sondern darum, ein Thema aus unterschiedlichen Blickwinkeln wahrzunehmen und verschiedene persönliche Standpunkte kennenzulernen.

**Regeln eines guten Diskussionsstils**

- Sich gegenseitig respektieren!
- Zuhören und ausreden lassen!
- Auf das Gegenüber eingehen!
- Sachlich bleiben!
- Andere Meinungen zulassen!

*panel discussion (engl.): Diskussion einer Expertinnen- bzw. Experten- oder Sachverständigengruppe*

Es gibt viele Arten von Diskussionen. Allen gemeinsam ist, dass die eigentliche Diskussion erst nach einem einführenden Vortrag in das Thema beginnt. Es gibt **Podiumsdiskussionen**, an denen Fachleute auf dem Podium einführende Statements abgeben und im Anschluss mit dem Publikum diskutieren. Im **Panelgespräch** werden Fachleute zu einem Themenkreis mehrmals befragt, damit das Problem von vielen Seiten beleuchtet wird. Beliebt sind **Fernseh-** und **Radiodiskussionen** zu politischen Themen, beispielsweise vor Wahlen, die vor allem das Ziel haben, die Meinungsbildung zu fördern, offene Kritik an der Gegenseite zu üben und die eigenen Standpunkte einer breiten Öffentlichkeit darzulegen. Die **Diskussion in diversen Foren** fördert den Meinungsaustausch und soll auch dazu dienen, Wissenslücken durch Informationsbeschaffung zu schließen.

### 26 Aufgabenstellung

**a. ●**

Analysieren Sie eine Fernsehdiskussion Ihrer Wahl. Beobachten Sie das Diskussionsverhalten der Teilnehmerinnen und Teilnehmer aufgrund ihrer Sprache, Körpersprache, Sachlichkeit sowie Adressatenbezogenheit (= Eingehen auf die Mitdiskutierenden).

**b. ○**

Diskutieren Sie Ihre Beobachtungen in einem Klassengespräch.

Jede organisierte Diskussion sollte von einer Gesprächsleiterin bzw. einem Gesprächsleiter geführt werden – das Gespräch wird **moderiert**. Die Moderatorin oder der Moderator darf sich an der Diskussion nicht direkt beteiligen, sondern soll diese nur leiten bzw. mäßigend eingreifen:

## Aufgaben der Moderatorin bzw. des Moderators

- Eröffnung der Diskussion
- Einführung in das Thema
- Begrüßung und Vorstellung der Diskutantinnen und Diskutanten
- Lenkung des Gesprächsverlaufs
  - Rednerliste führen
  - Redezeit kontrollieren
  - Themenbezug herstellen
  - auf Verstöße gegen Diskussionsregeln hinweisen
  - klärende Fragen stellen
- Beendung der Diskussion
  - Fazit der Diskussion ziehen
  - Diskutantinnen und Diskutanten verabschieden

### 27 Aufgabenstellung

O

a. Einigen Sie sich in der Klasse auf eines der nachstehenden Diskussionsthemen:

- Sollen Killerspiele/Ego-Shooter-Spiele verboten werden?
- Wie sollte eine leistungsgerechte Bezahlung von Arbeit aussehen?
- Sollte der Konsum von Alkopops durch Verbote reglementiert werden?
- Kann Shoppen zu einem gefährlichen Hobby werden?
- Wie kann man der Politikverdrossenheit der Jugend gegensteuern?

*siehe Band 2, Kapitel „Kommunikation“*

b. Stellen Sie anschließend im Klassenverband eindeutige Diskussionsregeln auf.

c. Diskutieren Sie in einer Gruppe von sechs Teilnehmerinnen oder Teilnehmern das von Ihnen vorbereitete Thema. Eine Schülerin bzw. ein Schüler übernimmt die Moderation der Diskussion.

d. Die anderen Schülerinnen bzw. Schüler beobachten die Diskussion und das Verhalten der Moderatorin bzw. des Moderators. Sie können das „Beobachtungsblatt zur Debatte“ (siehe S. 53) als Hilfe verwenden.

e. Besprechen Sie, wie Sie sich in der Rolle der Diskutantin bzw. des Diskutanten, der Moderatorin bzw. des Moderators gefühlt haben.

f. Die Gruppe der Beobachtenden gibt den Teilnehmerinnen und Teilnehmern der Diskussion Feedback nach den bereits bekannten Feedbackregeln.

### 2.2.3 Die Moderation

Sie haben in der Diskussion bereits die Aufgabe der Moderatorin bzw. des Moderators kennengelernt. Das Wort „moderat" bedeutet „gemäßigt" und beschreibt somit die Rolle sehr gut: Wenn man als **Moderatorin** oder als **Moderator** eine Sitzung, eine Diskussion, eine Gesprächsrunde oder sogar eine Veranstaltung leiten muss, dann ist es notwendig, eine gemäßigte, neutrale Haltung einzunehmen und weder Parteilichkeit zu zeigen, noch seine eigene Meinung zum Thema kundzutun. Dennoch dürfen Moderatorinnen bzw. Moderatoren ihre Meinung neutral zum Thema einbringen, indem sie gezielte Fragen stellen, z. B. „Könnte es sein, dass ...?" oder „Wäre auch dieser Aspekt interessant ...?".

Besonders verantwortungsvoll wird die Rolle der Moderatorin bzw. des Moderators bei einer Diskussion, wenn ein Konflikt zwischen den Diskutierenden auszubrechen droht. Hierbei ist es hilfreich, wenn die Moderatorin bzw. der Moderator mit Konfliktlösungsinstrumenten vertraut ist, diese souverän anwenden und dadurch die Diskussion auf die sachliche Ebene zurückführen kann.

abc

**28 Aufgabenstellung**

●●●

Überlegen Sie, mit welchen Methoden man als Moderatorin bzw. als Moderator folgende konfliktträchtige Situationen retten könnte, um wieder eine sachliche Ebene herzustellen.

| Verhalten einer Diskutantin bzw. eines Diskutanten | Reaktion der Moderatorin bzw. des Moderators |
|---|---|
| Eine Diskutantin bzw. ein Diskutant wird beleidigt. | |
| Eine Diskutantin bzw. ein Diskutant weicht vom Thema ab. | |
| Eine Vielrednerin bzw. ein Vielredner lässt andere kaum zu Wort kommen. | |
| Jemand unterbricht andere Diskutantinnen bzw. Diskutanten. | |
| Es entsteht eine Gesprächspause. | |
| Das Thema dreht sich im Kreis. | |
| Zwei Diskutantinnen bzw. Diskutanten sprechen während des Redebeitrags einer Diskussionsteilnehmerin bzw. eines -teilnehmers miteinander. | |
| Eine introvertierte Diskutantin bzw. ein introvertierter Diskutant meldet sich nicht zu Wort. | |

## 29 Aufgabenstellung

●●●

Üben Sie in einem Rollenspiel konfliktträchtige Situationen (siehe dazu die Beispiele in Aufgabenstellung 28, S. 56), wobei die Moderatorin bzw. der Moderator nicht erfahren sollte, welches Verhalten auf sie bzw. ihn zukommt. Die Beobachterinnen bzw. Beobachter geben im Anschluss an die Diskussion Feedback über die Reaktionen der Moderatorin bzw. des Moderators.

Auch größere Besprechungen werden von Moderatorinnen bzw. Moderatoren geleitet. Hierfür gilt es ebenfalls, sich optimal auf die Situation vorzubereiten und während der Moderation neutral, offen, freundlich lenkend und flexibel zu bleiben. Demnach ist die perfekte Vorbereitung für eine derartige Veranstaltung ein absolutes Muss!

### CHECKLISTE – Vorbereitung und Ablauf einer Moderation

- **Einstieg**
  - Begrüßung
  - Interesse wecken
  - Orientierung bieten (Wünsche, Erwartungen, Ziele)
  - Tagesordnung vorstellen (Programm, derzeitiger Stand, Ziel und Zeitplan, Prioritäten)
- **Bearbeitung der Themen**
  - Tagesordnungspunkte durcharbeiten
  - Meinungen einholen
  - Ansichten klären
  - Lösungsalternativen gegenüberstellen oder Zwischenergebnisse zusammenfassen
  - Ergebnisse festhalten
  - Maßnahmen planen
- **Abschluss der Moderation**
  - Resultate zusammenfassen und reflektieren
  - Ausblick auf weitere Treffen geben
  - Dank aussprechen und die Teilnehmerinnen und Teilnehmer verabschieden

30 **Aufgabenstellung**

●●●

Bereiten Sie ein Arbeitsgespräch (Diskussion in einer kleinen Runde) zum Thema „Klassenprojekttage in einer Landeshauptstadt“ vor:

- Auswahl des Ortes
- mögliche Betriebsbesichtigungen
- kulturelle Aktivitäten
- Unterkunft
- Anreise

Diskutieren Sie die Fragen in Form eines Arbeitsgesprächs, an dem sechs bis acht Schülerinnen bzw. Schüler teilnehmen.

Eine Schülerin bzw. ein Schüler übernimmt die Rolle der Moderatorin bzw. des Moderators.

Die übrigen Mitschülerinnen bzw. Mitschüler beobachten das Geschehen und geben im Anschluss ein den Regeln entsprechendes Feedback.

Zwei bis drei Mitschülerinnen bzw. Mitschüler analysieren mittels Beobachtungsbogen, ob die Moderatorin bzw. der Moderator ihrer bzw. seiner Rolle gerecht wird.

### Beobachtungsbogen: Moderation

| **Die Moderatorin bzw. der Moderator ...** | ☺ | 😐 | ☹ |
|---|---|---|---|
| ... begrüßt die Anwesenden. | | | |
| ... erklärt die Tagesordnungspunkte. | | | |
| ... arbeitet die Tagesordnungspunkte ab. | | | |
| ... holt die Meinung Einzelner ein. | | | |
| ... stellt Lösungsalternativen gegenüber. | | | |
| ... hält Ergebnisse fest. | | | |
| ... fasst die Resultate am Ende der Diskussion zusammen. | | | |
| ... dankt den Teilnehmerinnen und Teilnehmern. | | | |

## 2.2.4 Die Fishbowl-Methode

Um eine Einigung in strittigen Fragen zu erreichen, wurden viele gruppendynamische Prozesse und Diskussionsmethoden entwickelt. Eine sehr bekannte Form, die auch in mediativen Prozessen verwendet wird und der Debatte sehr ähnlich ist, jedoch auch Ansätze der Diskussion in sich trägt, ist die **Fishbowl-Methode**. Ziel dieser Methode ist es, durch aktives Diskutieren und Beobachten Strategien zu entwickeln, wie man fair und überzeugend diskutiert und dabei zu einem Konsens gelangt.

*Mediation, die:* *aussöhnende Vermittlung*

*fishbowl (engl.):* *Goldfischglas*

**Durchführung der Fishbowl-Methode**

- Zu einem vorgegebenen Thema werden **Pro- und Kontra-Argumente** vorbereitet und entsprechende Gruppen gebildet.
- Die Gruppen bestimmen eine **Sprecherin** bzw. einen **Sprecher**.
- Um einen **freien Stuhl** in der Mitte herum nehmen die Gruppensprecherin bzw. der Gruppensprecher Platz.
- Alle übrigen Schülerinnen und Schüler bilden einen **Sesselkreis**.
- Die Sprecherin bzw. der Sprecher der Pro- und der Kontra-Gruppe diskutieren nun stellvertretend für diese über das strittige Thema.
- Während der Diskussion haben die Schülerinnen und Schüler aus dem Sesselkreis **die Möglichkeit, sich auf den freien Stuhl in der Mitte zu setzen**. Sie haben damit sofortiges Rederecht. Nach ihrem Beitrag kehren sie in den Außenkreis zurück.
- Nach der Debatte wird das **Redeverhalten bewertet**.

### 31 Aufgabenstellung

O

a. Diskutieren Sie in Form der Fishbowl-Methode eines der folgenden Themen:

- Soll für kleinere Verfehlungen eine Geldbuße in die Klassenkasse bezahlt werden? Der Ertrag käme gemeinsamen Anschaffungen zugute.
- Soll ein gemeinsames karitatives Projekt gestartet werden, um das Gemeinschaftsgefühl der Klasse zu stärken?

b. Überlegen Sie sich Ihre Argumente und welcher Seite (Pro/Kontra) Sie sich zugehörig fühlen.

c. Legen Sie fest, wer die Debatte leitet und wer die Beobachtung der Debatte übernimmt.

d. Führen Sie die Debatte nach der Fishbowl-Methode durch.

e. Im Anschluss teilt die Beobachtungsgruppe den Teilnehmerinnen und Teilnehmern an der Debatte ihr Feedback mit. Achten Sie dabei auf die Regeln des Feedback-Gebens.

# Ihr persönlicher Lernerfolg

**Schätzen Sie selbst ein, was Sie jetzt wissen und können:**

✓ oder ✗

| | | LESEN | ÜBEN |
|---|---|---|---|
| Sie kennen rhetorische Mittel und können einige auch gezielt bei einer Rede einsetzen. | ○ | S. 38 | S. 39 |
| Sie können eine Meinungsrede halten. | ○ | S. 33-36; 40, 41 | S. 42, 47 |
| Sie können Präsentationstechniken bei einem Vortrag oder einem Referat einsetzen. | ○ | S. 48, 49 | S. 49 |
| Sie können zwischen Debatte und Diskussion unterscheiden. | ○ | S. 50, 51, 54 | S. 53, 55 |
| Sie wissen, welche Gesprächsregeln bei diskutierenden Gesprächsformen einzuhalten sind. | ○ | S. 54 | S. 55 |
| Sie kennen die Fishbowl-Methode. | ○ | S. 59 | S. 59 |
| Sie wissen, welche Aufgaben eine Moderatorin bzw. ein Moderator hat. | ○ | S. 56 | S. 57, 58 |
| Sie kennen wesentliche Faktoren, die Kommunikation stören, und können damit umgehen. | ○ | S. 55, 56 | S. 56 |

# 3

## LESEN

### In diesem Kapitel lernen Sie, ...

... mit welchen Lesetechniken Sie Ihre Lesekompetenz optimieren,

... wie Sie Sachtexten relevante Informationen entnehmen,

... wie Sie Sachtexte analysieren und deren Inhalt reflektieren,

... wie Sie interpretierend literarische Texte lesen,

... wie Sie laut und gestaltend lesen,

... wie Sie Ihre Lektüre in einer Lesemappe dokumentieren.

Kompetenzen hier entlang ▶▶▶

# 3.1 Lesen – Verstehen – Analysieren

## 3.1.1 Was Sachtexte aussagen (sRDP-Textsorten: Zusammenfassung, Leserbrief, Textanalyse)

Sachtexte können aus wenigen Sätzen bestehen oder die Seiten eines Sachbuches füllen. Von der Intention der Verfasserin bzw. des Verfassers ausgehend, unterscheidet man

- darstellende, informierende und instruierende Sachtexte, die klare Handlungsanweisungen enthalten können (Gebrauchsanweisungen, Beschreibung eines Experiments, Rezept etc.),
- argumentative, erörternde Sachtexte, die Fakten und Wissensstände interpretieren (Feuilleton etc.) und
- appellierende Sachtexte (Rede etc.).

**Tipp:**
Nehmen Sie sich genügend Zeit und Ruhe für das Lesen eines Textes!

Außerdem gibt es zahlreiche Mischformen zwischen Sachtexten und literarischen Texten wie Reisereportagen, Tagebücher etc.

In Schule und Beruf werden Sie häufig mit Sachtexten konfrontiert, deren Informationsgehalt Sie analysieren und bewerten müssen. Daher ist es sehr wichtig, auch schwierige und lange Texte schnell und effizient zu erschließen. Mit Hilfe der bereits gelernten Lesetechnik der **SQ3R-Methode** wird es Ihnen leicht fallen, stets den Überblick zu behalten. Diese Methode ist zwar zeitintensiv und aufwändig, hilft aber, einen Text systematisch zu erarbeiten und ihn zu verstehen. Führen Sie daher die **fünf Schritte** immer in exakt dieser Reihenfolge durch!

*siehe Band 1 und 2, Kapitel „Lesen“*

| | | |
|---|---|---|
| 1 | **S**urvey | **Überblick gewinnen**<br>Überfliegen Sie den Text oder blättern Sie das Buch durch. So bekommen Sie einen ersten Eindruck vom Thema, vom Umfang, von der Struktur des Textes, vom Einsatz von Bildern und Grafiken etc. |
| 2 | **Q**uestion | **Fragen stellen**<br>Formulieren Sie auf einem eigenen Blatt Fragen, die Sie mittels des Textes gerne beantworten möchten oder die Ihnen beim Durchblättern in den Sinn kommen. |
| 3 | **R**ead | **Lesen**<br>Beginnen Sie, den Text intensiv zu lesen, markieren Sie wichtige Textstellen und unklare Begriffe. Notieren Sie wichtige Informationen des Textes oder Antworten, die Sie bereits auf Ihre Fragen gefunden haben. Arbeiten Sie mit Randnotizen oder Symbolen. |
| 4 | **R**ecite | **Erinnern**<br>Nehmen Sie Ihre Notizen zur Hand und versuchen Sie, sich den gelesenen Text als Ganzes in Erinnerung zu rufen. Notieren Sie eventuell neue Erkenntnisse. |
| 5 | **R**eview | **Wiederholen**<br>Lesen Sie den Text noch einmal, erstellen Sie nun eine Mindmap zum Thema oder verfassen Sie eine Zusammenfassung des Textes. |

## 1 Aufgabenstellung

a. Bevor Sie den Text durchlesen, überlegen Sie – ausgehend vom Titel –, wovon der Text handeln könnte. Halten Sie Ihre Überlegungen in Stichworten fest.

b. Lesen Sie den Zeitungstext nach der SQ3R-Methode. Klären Sie die Wörter im Text, die Ihnen unbekannt sind. Verwenden Sie dazu ein Wörterbuch.

c. Kennen Sie die im Text genannten Schuhe? Beschreiben Sie die Schuhmodelle Sneaker, High Heels, Pumps sowie Sneaker Wedges.

## Von Chucks bis Adidas: Ohne Turnschuh geht nichts

**Kein Sommer ohne Turnschuhmode: Immer noch grassiert das Retro-Modell[1] – und die Vorstellung, dass die schnieken[2] Sneakers alles über ihren Träger verraten. Die sportlichen Treter in knalligen Farben wie Rot, Blau und Grün sind in diesem Sommer gefragt.**

Selbst Regen und Wind konnte den Hunderten von jungen Menschen nichts anhaben, die Anfang Juni auf den Gehsteigen kampierten. Mehr als eine Woche harrten Sneaker-Freaks in Berlin, Hamburg und Köln aus. Und das alles nur, um ein Paar „Nike Air Yeezy 2“ zu bekommen, designt vom Rapper Kanye West. Mit einem Karton unterm Arm – oder dem Sehnsuchtsmodell gleich an den Füßen – sah man dann aber bloß etwa zweihundert glückliche Käufer aus den Läden kommen, jeder von ihnen um 260 Euro ärmer. Das Modell war streng limitiert, nicht nur in Deutschland. So schürt man die Nachfrage.
Solche schuhfixierten Kampf-Camper sind natürlich nur die marketingoptimierte Speerspitze in der Erfolgsgeschichte des sportiven Alltagsschuhs. Einst funktional als Turn- oder Sportschuhe bezeichnet, sprechen heute selbst Senioren von Sneakers, die bei den Unter-Dreißigjährigen auch als „Schnieks“ wieder eingedeutscht werden. Neue Schnieks trägt man nicht nur – man liebt sie. Mindestens zwei Wochen lang sehr innig, einen Sommer lang durchaus mit Hingabe, und bestenfalls hält die Begeisterung ein Jahr. Dann drängt sich meist ein neues Objekt des Begehrens in das Bewusstsein.

### Turnschuhe als Statussymbol

In kreischenden Farben warten die Modelle der Sportartikelhersteller derzeit in den Schaufenstern großer Sportartikelhersteller auf die Shopping-Flaneure. Wenigstens die Hochphase der Neonfarben, so scheint es, ist überwunden. Nun haben Reinfarben Saison: sattes Blau, kräftiges Rot, starkes Grün – oftmals auch mit Akzenten in Gelb, Lila, Türkis oder Pastell tollkühn angerichtet.

Mehr als jedes andere Kleidungsstück ist der Sneaker ein Markenprodukt, ein Statussymbol, ein Statement. Die drei Adidas-Streifen, der Nike-Swoosh, die Puma-Raubkatze oder die Asics-Tigerstreifen definieren das Lebensgefühl des Trägers. Das Wertesystem verläuft auch weit unterhalb des Markenlogos – das Modell ist entscheidend, seine Geschichte, und, in Zeiten des perpetuierenden[3] Retrotrends, das Zitat. Subtile Distinktionsmechanismen[4] ordnen den Sneaker-Freund in entsprechende gesellschaftliche Kontexte ein. Und die Trottoirs der Metropolen sind die Catwalks[5], auf denen die Sneakers vorgeführt werden.

### RunDMC macht Adidas zum Kult

Tatsächlich begann der Aufstieg des funktionalen Sportschuhs zum Lifestyle-Schuh auch ebendort, auf der Straße. Anfang der Siebziger tanzten in den sozialen Brennpunkten New Yorks die B-Boys[6] zu frühem HipHop[7] ihre halsbrecherischen Breakdance-Moves. Gutes Schuhwerk mit genügend Halt und tadellosem Design gehörte zum Style jener Straßengangs, die in Form von Breakdance-Battles ihre Meinungsverschiedenheiten tänzerisch austrugen.
Doch erst die HipHop-Combo Run DMC verschaffte dem Sportschuh wahrhaftige Street Credibility[8], wie der Dokumentationsfilm „Sneakers – Der Kult der Turnschuhe“ von Thibaut de Longeville und Lisa Leone (2005) darlegt. Anfang der Achtziger erhoben die drei MCs aus Queens den „Adidas Superstar“ zum Kultobjekt, indem sie den Basketballschuh mit der Muschelkappe auf der Bühne ohne Schnürsenkel tragen – eine Reverenz an alle Knastbrüder, denen im

Bau[9] die Schuhbänder aus Sicherheitsgründen abgenommen wurden.

Der rappende Arzt Dr. Gerald Deas reagierte umgehend auf den in seinen Augen modischen Fauxpas[10] und schrieb 1985 den Rapsong „Felon Sneakers“: In diesen Schuhen werde man nie erwachsen, diagnostizierte er, mit diesen Schuhen komme man in den Knast, aber nicht in der Mitte der Gesellschaft an. Run DMC konterten mit einer Liebeserklärung an ihr bevorzugtes Schuhwerk – und landeten einen ihrer größten Hits: „My Adidas“, von dessen Popularität der deutsche Sportartikelhersteller aus Herzogenaurach noch heute profitiert.

Als der damalige Adidas-Marketing-Chef Angelo Anastacio bei einem Konzert von Run DMC in New York mit 20000 Menschen sah, wie die Menge zu dem Song ihre Adidas-Schuhe durch die Luft schwenkte, erkannte er das Potenzial und bot Run DMC einen Sponsorenvertrag über eine Million Dollar an. Die drei MCs waren die ersten Werbeträger für die Sportmarke, ohne selbst Sportler zu sein. Und die Brücke zum Lifestyle war geschlagen.

**Hymnen auf Turnschuhe**

Nachahmer ließen nicht auf sich warten, so rappte Flash Gordon den Song „My Filas“, Heavy D huldigte Nike und Busy Bee sang eine Hymne auf Converse. Hip-Hopper machten den Turnschuh zum internationalen Kult. Der Schuh, das Modell, die Schnürsenkel – jedes Detail war Zeugnis der Identität seines Trägers. Und dann kam Michael Jordan.

Durch die Zusammenarbeit mit dem Basketball-Newcomer der NBA[11] übernahm Nike, damals noch ein überschaubares Unternehmen aus Oregon, 1985 die Macht. Auf dem Spielfeld verstieß Michael Jordan mit seinen schwarz-roten Basketballstiefel „Air Jordan 1“ zwar gegen die Kleidungsvorschriften der NBA, die einheitliches Schuhwerk verlangte, doch jedes Bußgeld, das selbstredend Nike beglich, förderte den Ruhm des Schuhs, dessen Trägers und der Marke.

**Schmuckstücke an den Füßen**

Nur wenige Jahre später, 1989, übernahm Nike die weltweit führende Position als Sportartikelanbieter – bis heute. Der „Air Jordan“ mit der Silhouette des Spielers auf der Sohle ging in Serie, erschien mal ohne Markenlogo, mal in futuristischen Designs oder mit außergewöhnlichen Materialien. Der straßentaugliche Basketballschuh begründete als Ikone die Geschichte der Sneakers. Seither sind sie mehr als nur Schuhe, sie sind Schmuckstücke.

In den vergangenen Jahrzehnten sind die beiden Branchenriesen Nike und Adidas zahlreiche umsatzsteigernde Kooperationen mit Musikern und Sportlern eingegangen: Jay-Z, Tiger Woods oder Christiano Ronaldo warben für Nike, Adidas wartete mit Missy Elliott, Katy Perry oder David Beckham auf. Und mit limitierten Modellen wie eben Kanye Wests „Nike Yeezy 2“ befördert man den Hype, erhöht man die Marke – auch die des als unsportlich geltenden Rappers.

Die Schuhe, die diesen Sommer problemlos auch ohne Campingausrüstung in den Schuhläden zu erwerben sind, wirken weit weniger futuristisch als der „Yeezy 2“. Eher zeichnet sich hier das Gegenteil, ein aufgefrischter Retrotrend, ab. Während bei Nike der „Air Max“, erstmals 1987 auf dem Markt gekommen, in allen erdenklichen Farbkombinationen das Frühjahrs- und Sommergeschäft dominiert, bestimmen bei Adidas klassische Laufschuhmodelle wie der „Adistar Racer“, „L.A. Trainer“ oder „München“ die Kollektionen, aufgefrischt in knackigen Farben und neuartigen Materialien.

Auf dem Markt kursieren außerdem des Längeren schon sogenannte Sneaker Heels, ein Hybrid[12] aus Turnschuh und Pumps. Nike, Adidas und Converse haben es damit versucht, doch der Sprung zu den Massen gelang nicht – zu groß waren offenbar die stilistischen Hürden. Auch dieses Jahr gibt es wieder ähnliche Modelle, allerdings mit eingelagertem Keilabsatz, der sich etwa durch die Färbung des Leders außen andeutet, sogenannte Sneaker Wedges. Auch Luxushäuser wie Marc Jacobs oder Chloé haben den von Isabel Marant lancierten Trend adaptiert. Bis zu 800 Euro zahlt man für deren knöchelhohe Freizeitschuhe, die den Stilbruch klumpfüßig abbilden. Immerhin noch günstiger als ein paar „Nike Yeezy 2“. Die sind bei Ebay derzeit mit der Sofortkauf-Option für 1500 Euro zu haben.

*Janovsky, Silke: Von Chucks bis Adidas: Ohne Turnschuh geht nichts. In: Berliner Zeitung, 14.07.2012. Online: https://www.berliner-zeitung.de/panorama/schuhmode-von-chucks-bis-adidas--ohne-turnschuh-geht-nichts-3730040 (10.05.2019)*

[1] *Retro-Modell: Modell bzw. Stil, der in Form und Farbe an vergangene Stilepochen anschließt*
[2] *schnieke (berlinerisch): elegant, schick*
[3] *perpetuierend (lat. perpetuare, perpetuus): bewirken, dass sich etwas fortsetzt*
[4] *Catwalk (engl.): Laufsteg bei Modeschauen*
[5] *Distinktion: Unterscheidung*
[6] *B(reakdance)-Boys: afroamerikanische Jugendliche der frühen 1970er-Jahre, die in den New Yorker Stadtteilen Bronx und Manhattan die Breakdance-Tanzkultur als Teil der Hip-Hop-Bewegung geschaffen haben*
[7] *HipHop: korrekt Hip-Hop geschrieben*
[8] *Street Credibility (engl.): wenn jemand Respekt auf der Straße hat (Zusammenhang mit Breakdance, eine ursprünglich auf der Straße ausgeübte Tanzform)*
[9] *im Bau: umgangssprachlich für im Gefängnis, Knast*
[10] *Fauxpas (franz. falscher Schritt): Fettnäpfchen, Tabubruch*
[11] *NBA (National Basketball Association): nordamerikanische Basketball-Profiliga*
[12] *Hybrid: Mischung*

**d.** Lesen Sie den Text noch einmal genau. Welchen Abschnitt finden Sie am interessantesten? Begründen Sie Ihre Entscheidung.

**e.** Markieren Sie die Aussagen, die Ihnen relevant erscheinen. Vermeiden Sie es, vollständige Sätze zu unterstreichen!

**f.** Stellen Sie die Entwicklung der Sneakers mit Hilfe einer Zeitleiste grafisch dar und erklären Sie auch den Zusammenhang mit den Tanzbewegungen der 1970er- und 1980er-Jahre (Hip-Hop, Breakdance, Rap), aber auch mit dem Sport. Welcher neue Trend lässt sich derzeit feststellen?

**g.** Recherchieren Sie im Internet, was Sie zu „Breakdance“, „B-Boys“ und „Hip-Hop“ finden. Erklären Sie auch den Begriff „Battle“ als Wettbewerbsformat beim Breakdance.

**h.** Machen Sie eine Aufstellung der im Text zitierten Schuhmarken und Modelle, aber auch der berühmten Namen aus der Welt der Mode, des Sports, der Musik und des Films.
Beschreiben Sie einige Modelle.

Lesen und Schreiben sind zwar unterschiedliche Kompetenzbereiche, die aber in der Praxis kaum voneinander zu trennen sind. Lesen ist eine wichtige Voraussetzung für die anschließende Textarbeit, die sich mit dem **Inhalt und der Sprache eines Textes** auseinandersetzt.

## 2 Aufgabenstellung sRDP

●

Verfassen Sie eine **Zusammenfassung** des Zeitungstextes „Von Chucks bis Adidas: Ohne Turnschuh geht nichts“. Bearbeiten Sie die folgenden Arbeitsaufträge:

*siehe Band 2, Kapitel „Schreibhandlungen“*

- **Beschreiben** Sie die im Zeitungsbericht skizzierte Entwicklung des Sneakers vom funktionalen Sportschuh zum Kultobjekt.
- **Erklären** Sie, warum Turnschuhe seit den 1970er-Jahren derart populär geworden sind.

Achten Sie darauf, nur die wesentlichen Gedanken ohne persönlichen Kommentar knapp und in eigenen Worten wiederzugeben. Klären Sie auch die journalistische Textsorte des Artikels und geben Sie Name der Zeitung, Ort sowie Datum des Erscheinens an.

Schreiben Sie ca. 300 Wörter.

## 3 Aufgabenstellung

**a.** ● ●

Der Text „Von Chucks bis Adidas: Ohne Turnschuh geht nichts“ enthält viele Ausdrücke, die aus dem Englischen stammen. Sammeln Sie möglichst viele Anglizismen oder neue Wortkreationen, die aus englischen und deutschen Wörtern kombiniert werden („Denglisch“). Es wurden auch französische Begriffe eingestreut. Versuchen Sie in einer Partnerarbeit, eine deutschsprachige Übersetzung für diese Ausdrücke zu finden.

*siehe Band 1, Kapitel „Sprache“*

**b.** ●

Welche Besonderheiten bezüglich der Wortwahl fallen Ihnen noch auf? Ist der Text für Sie rein informativ oder trivial? Welche Intention verfolgt Ihrer Meinung nach die Autorin mit diesem Text?

*trivial: alltäglich, gewöhnlich*

## 4 Aufgabenstellung sRDP

●

Als Schulsprecherin bzw. Schulsprecher verfassen Sie einen Beitrag für die nächste Ausgabe der Schülerzeitung, in dem Sie Ihre Leserinnen und Leser über das Statussymbol Turnschuhe informieren wollen. Sie stoßen bei Ihrer Recherche auf den Zeitungsbericht „Von Chucks bis Adidas: Ohne Turnschuhe geht nichts“.

Verfassen Sie dazu eine **Textanalyse** und bearbeiten Sie dabei die folgenden Teilaufgaben:

- **Fassen** Sie die Basisinformationen des Textes **zusammen**.
- **Untersuchen** Sie Aufbau und sprachliche Gestaltung des Textes.
- **Analysieren** Sie die Argumentationslinie und Intention der Autorin.

Schreiben Sie zwischen 400 und 450 Wörter.

## Analyse eines Sachtextes (Wiederholung)

sRDP

- **Textwiedergabe**
  - Angaben zu Textsorte, Ort und Form des Erscheinens des Sachtextes
  - Angabe des Themas (Sachverhalt, Problemstellung)
  - strukturierte Zusammenfassung des Inhaltes (zentrale Aussage)
- Auseinandersetzung mit der **Textfunktion** sowie der **formalen** und der **sprachlichen Gestaltung** des Textes
  - Merkmale der Textsorte sowie Funktion des Textes beschreiben (informieren, erzählen, erklären, überzeugen)
  - Merkmale des Satzbaus, der Wortwahl, des Stils und der rhetorischen Mittel herausarbeiten
  - Gedankengänge bzw. die argumentative Struktur (Thesen, Argumente, Schlussfolgerungen) erschließen
  - Zusammenhänge von Inhalt und Aussage, Intention, Wirkung des Textes beschreiben und erläutern
- sachliche **Bewertung** der Analyse der Textqualität anhand von Analysekriterien
- Die Textanalyse ist eine Textsorte, die vor allem Schreibkompetenzen der Reorganisation und des Transfers verlangt.

### 5 Aufgabenstellung

○

**a.** Veranstalten Sie eine Umfrage in Ihrer Klasse zum Thema, welche Modemarken derzeit „cool" bzw. „in" sind.
Erstellen Sie als Vorbereitung dazu in einer Gruppenarbeit Mindmaps zum Thema „Mode". Sie können auch ein Clustering durchführen.

*siehe Band 1, Kapitel „Ideen finden"*

**b.** Diskutieren Sie in einem Klassengespräch die Wertigkeit und damit verbundene Wirkung, die Markenprodukte, im Gegensatz zu billigeren No-Name-Waren, für viele Jugendliche haben.

### 6 Aufgabenstellung sRDP

●

Reagieren Sie auf den Zeitungsbericht aus der Berliner Zeitung über das Markenprodukt Sneaker und verfassen Sie einen **Leserbrief**. Bearbeiten Sie dabei die folgenden Schreibaufträge:

- **Benennen** Sie die Hauptaussagen des Zeitungsberichts, auf den Sie sich beziehen.
- **Nehmen** Sie kritisch **Stellung** zu der im Text angesprochenen Problematik, dass sich Jugendliche meist über bestimmte Markenprodukte, ja sogar über bestimmte Schuhmodelle definieren.
- **Bewerten** Sie das Verhalten Jugendlicher, ihre Gruppenzugehörigkeit über Markenprodukte zu zeigen.

*siehe Band 2, Kapitel „Schreibhandlungen"*

Schreiben Sie ca. 200 Wörter.

### 7 Aufgabenstellung

●

Recherchieren Sie im Internet über das Thema „Schuhmode im Wandel der Zeit" und verfassen Sie einen Beitrag für Ihr Kulturportfolio.

### 8 Aufgabenstellung

●

Verfassen Sie weitere Beiträge für Ihr Kulturportfolio. Mögliche Ideen und Anregungen können folgende Themen sein:

- Darstellung der Geschichte des Breakdance oder Hip-Hop
- Geschichte eines Unternehmens, das Sportschuhe herstellt (Adidas, Nike, Puma etc.)
- Product Placement (Produktwerbung) im Sport und die Vorbildwirkung auf die Jugend

## 3.1.2 Sachtexte analysieren (sRDP-Textsorten: Leserbrief, Meinungsrede, Erörterung)

Zur Textanalyse gehört nicht nur die zusammenhängende Darstellung der formalen, sprachlichen und inhaltlichen Aspekte eines Textes, sondern auch die **Bewertung** der Textqualität.

### 9 Aufgabenstellung

●

**a.** „Für Jugendliche zählt Glück mehr als Reichtum": Wenn Sie spontan auf einen Zeitungsbericht mit diesem Titel reagieren müssten, würden Sie dieser Aussage zustimmen oder diese verneinen? Begründen Sie Ihre Antwort.

**b.** Lesen Sie den folgenden Zeitungsbericht und setzen Sie dabei die gelernte Lesetechnik SQ3R ein.

**c.** Welche Aussage des Textes finden Sie besonders interessant?

**Für Jugendliche zählt Glück mehr als Reichtum**

| Absatz | |
|---|---|
| 1 | Innsbruck – Der Papa ist „peinlich". Die Mama „uncool". Und interessieren tun sich die „Kids" ohnehin für gar nichts – so die gängigen Klischees über die Tiroler Jugendlichen. Doch die aktuelle Jugendstudie des Landes räumt damit gehörig auf und zeichnet ein ziemlich anderes Bild der Zwölf- bis 19-Jährigen. |
| 2 | Demnach ist etwa 97 Prozent der Teilnehmer einer Online-Befragung die eigene Familie wichtig. Ebenso viele fühlen sich von dieser auch unterstützt. 88 Prozent fühlen sich von den Erwachsenen ernst genommen. Lieber arm und glücklich als reich und einsam, das sehen stolze 86 Prozent so. 60 Prozent kämen eine Woche ohne Handy aus, 87 Prozent ohne Facebook. Tirol, ein Land voller Vorzeigejugendlichen? Nein, sagt die zuständige Landesrätin Patrizia Zoller-Frischauf. Aber die Probleme seien oft auch „Einzelfälle". |
| 3 | Diese präsentierten Zahlen lösten bei der Pressekonferenz unter den Journalisten Stirnrunzeln aus und warfen die Frage auf, wie repräsentativ diese Studie ist. Die von Alterskollegen ausgewählten Fragen beantworteten 3 400 Jugendliche. Herangetreten sei man an die Jugendlichen über Schülervertretungen und alle Jugendverbände. Dass dadurch ein Teil der Heranwachsenden (etwa Migranten, Jugendliche, die sich keiner Organisation anschließen) nicht in der Studie erfasst seien, wollte Studienleiter Peter Egg so nicht sehen. Im Gegenteil. Man habe auch über Sozialarbeiter den Kontakt zu der Jugend gesucht – und gefunden, was einzigartig für derartige Zahlen sei. |
| 4 | „Die Studie ist repräsentativ, weil sie sehr detailliert ist", sagte Zoller-Frischauf. Nachsatz: „Wir sind hocherfreut über eine derart starke Beteiligung." Auch sie sei von einigen Ergebnissen überrascht gewesen. Diese sollen nun breit diskutiert werden und in die politische Arbeit einfließen, erklärte die Landesrätin durchaus zufrieden. Vor allem mit den Eltern will man noch mehr in Kontakt treten. |
| 5 | Geht es nach der Studie, so sind 49 Prozent der Tiroler Jugendlichen an Politik interessiert. Ein Wert, der Zoller-Frischauf weder überrascht noch schockiert. 53 Prozent würden für ihre Anliegen auch protestieren. |

*Witting, Marco: Für Jugendliche zählt Glück mehr als Reichtum. In: Tiroler Tageszeitung, 27.07.2012*

**d.** Wovon handelt der jeweils gekennzeichnete Absatz? Finden Sie für jeden Absatz eine geeignete Überschrift. Notieren Sie in der rechten Spalte Ihre Anmerkungen und Notizen. Verwenden Sie für diese Textarbeit die vorgegebene Tabelle und übertragen Sie diese in Ihr Heft.

| | Überschrift und Inhalt des Absatzes | Meine Notizen dazu ... |
|---|---|---|
| **Absatz 1** | | |
| **Absatz 2** | | |

## 10 Aufgabenstellung

Zur Visualisierung der Ergebnisse einer Umfrage eignet sich ein Schaubild. Wählen Sie ein Format (Balken-, Säulen-, Kreis- oder Tortendiagramm), in dem Sie für jedermann gut nachvollziehbar die Ergebnisse der Umfrage des Zeitungsberichtes „Für Jugendliche zählt Glück mehr als Reichtum" grafisch darstellen. Verwenden Sie dazu z. B. das Tabellenverarbeitungsprogramm Excel.

## 11 Aufgabenstellung

Sie haben den Zeitungsbericht „Für Jugendliche zählt Glück mehr als Reichtum" online gelesen und nützen die Gelegenheit, einen Kommentar dazu im Webforum der Zeitung abzugeben.

*siehe Band 2, Kapitel „Schreibhandlungen"*

Verfassen Sie ein Posting, in dem Sie die Aussagen dieses Berichts bewerten und Ihre persönliche Meinung dazu abgeben. Achten Sie dabei auf die Posting-Regeln, die Sie unbedingt einhalten müssen, damit Ihr Beitrag auf der Website der Zeitung veröffentlicht wird.

### Allgemeine Posting-Regeln

Postings in Internetforen unterliegen allgemeinen Gesetzen und Rechtsvorschriften.

- Andere Userinnen und User dürfen weder diskriminiert noch beleidigt werden, besonders nicht aufgrund ihrer politischen, religiösen und sexuellen Einstellung, Nationalität, Herkunft, ihres Alters und Geschlechts.
- Auch Meinungsfreiheit hat ihre Grenzen. Andere Userinnen und User haben gleichfalls Rechte, wie den Schutz der persönlichen Ehre gegen Beleidigung oder Verleumdung.
- Offene Diskussionen sind erwünscht, allerdings nur unter Einsatz eines freundlichen und respektvollen Umgangstons. Der Gebrauch von hasserfüllter oder vulgärer Sprache ist untersagt.
- Kommentare sollten sich ausschließlich auf das Thema des jeweiligen Artikels beziehen. Die eigene Meinung sollte mit stichhaltigen und nachvollziehbaren Argumenten gestützt werden. Verallgemeinerungen sowie nicht prüfbare Behauptungen sollen vermieden werden.
- Beachtet eine Userin bzw. ein User die Regeln des Forums nicht, kann die Moderation dieses Forums die Kommentare dieser Person löschen und ihr gegebenenfalls sogar den Zugang zur Kommunikationsfunktion sperren.

**12 Aufgabenstellung**

**a.** ●

Textarbeit ist eine wichtige Vorarbeit, um einem Text bestimmte Informationen zu entnehmen und diese anschließend zu analysieren. Lesen Sie den folgenden Zeitungsbericht mittels der fünf Schritte der SQ3R-Methode.

## World Happiness

## Das Glück ist skandinavisch

**Das Glück der gebürtigen Einwohner und jenes der Einwanderer nähert sich überraschend stark an.**

New York. (wak) „Hygge" war unlängst international der letzte Schrei. Es ist das dänische Wort für das dortige Befinden von Gemütlichkeit. In Decken einkuscheln, den Flammen zusehen. Dann eroberte das schwedische Wort „Lagom" die Lifestyle-Seiten im Sturm: Lagom, das wusste schon Astrid Lindgren, ist das, was genau gut genug ist, genau so, wie es sein muss – und kein bisschen mehr. Trendsetter haben aber schon längst das nächste Wort ausgemacht. Das finnische „Kalsakarikännit" beschreibt das Hochgefühl in und um Helsinki herum. „Kalsakarikännit" wird von der Webseite finland.fi folgendermaßen beschrieben: „Das Gefühl, wenn man sich allein zu Hause, nur mit Unterwäsche bekleidet, betrinkt – ohne jegliche Absicht, noch auszugehen."

Und dort, in diesem Land, ist das Glück zuhause. Das glaubt zumindest der aktuelle World Happiness Report 2018 der Vereinten Nationen: Finnland ist erstmals das glücklichste Land der Welt. Im vergangenen Jahr noch auf Platz fünf, holte es nun sogar den Vorjahressieger Norwegen ein – Norwegen ist nun auf Platz zwei. Platz drei und vier gehen an Dänemark und Island, auf Platz fünf kommt die Schweiz – für viele das skandinavistische Land Mitteleuropas. Diese Studie untersuchte 156 Länder auf das Glücklich-Sein, 117 davon wurden weiters noch besonders auf das Wohlergehen der Einwanderer in diese Länder untersucht – die Spezialität des diesjährigen Reports.

Weshalb sitzen nun so viele Länder aus dem finsteren Norden am Quell der Glücklichkeit? Hieß es nicht lange, dass das buddhistische Königreich Bhutan in Südasien das „glücklichste Land der Welt" ist, sogar mit eigenem Glücksminister? Nun, die Studie, die Bhutan gekrönt hat, befragt die Einwohner nach ihrem Befinden, ihrer Selbsteinschätzung. Der UN-Report hingegen macht das Glücklichsein an sechs Parametern fest, die einen Anschein der Objektivität versuchen. Einkommen. Soziales Gefüge. Gesundheit und Lebenserwartung. Freiheit. Spendenfreudigkeit. Abwesenheit von Korruption. Damit verbindet der Report Länderdaten mit Befragungen über die Selbstwahrnehmung. Für den UN-Report werden in den meisten Ländern rund 1000 Menschen pro Jahr befragt, also über die aktuelle Periode (2015 bis 2017) rund 3000.

Die Top-5-Länder haben alle fast gleich hohe Werte bei den Parametern erzielt. Finnland war schon bei den vergangenen Untersuchungen stets vorne dabei, genauso wie Dänemark, die Schweiz und Norwegen. Finnland hat auch laut der Studie die glücklichsten Einwanderer. John Helliwell, Mitherausgeber der Untersuchung, ein emeritierter Professor der Universität von British Columbia, erklärte dazu in einer Aussendung: „Die bemerkenswerteste Aussage der Studie ist die Übereinstimmung des Glücks der Einwanderer und jener, die gebürtig aus diesen Ländern sind." Die Top5 der glücklichsten Länder finden sich nahezu vollständig in den Top 5 für die glücklichsten Einwanderer wieder. „Auch wenn Immigranten aus Ländern mit sehr unterschiedlichen Glücksstufen kommen, verschmelzen ihre Lebenseinschätzungen mit jenen der anderen Bewohner in dem neuen Land", so Helliwell: „Jene, die in glücklichere Länder ziehen, gewinnen, während jene, die in weniger glückliche Länder ziehen, verlieren."

**Österreich wieder auf Platz zwölf**

Österreich belegt die Platz zwölf im Glücksranking – zwischen Israel (Platz 11) und Costa Rica (13). Damit verbessert sich die Alpenrepublik wieder um einen Platz. 2017 war Österreich auf Platz 13 gerutscht, 2016 war Österreich bereits auf Platz 12. Das eingangs erwähnte Bhutan befindet sich aktuell auf Platz 97.

Untersucht man das Glück der Einwanderer (die Periode dazu war von 2005 bis 2017, bei 117 untersuchten Länder), so landet Österreich auf Platz 14 – zwischen Irland (13) und dem Land der unbegrenzten Möglichkeiten – den USA (15).

„Dort, wo Immigranten willkommen geheißen werden und wo sie sich gut integrieren, funktioniert die Immigration am besten", heißt es in dem Report. „Aber es gibt auch klare Limits für den jährlichen Zuzug, damit der ohne Schaden für das soziale Gewebe verdaut werden kann." Eine augenscheinliche Lösung sei, die Situation in den potenziellen Herkunftsländern zu verbessern.

Die unglücklichsten Menschen leben alle in afrikanischen Staaten – mit Tansania, Südsudan, der Zentralafrikanischen Republik und Burundi als Schlusslichter. Bei Immigranten bildet Syrien das Schlusslicht.

Ein besonderes Kapitel widmete der Bericht des UN-Netzwerks für Nachhaltige Entwicklung dem Paradox in den USA: Dort steigt zwar seit den 1970er Jahren stetig das Einkommen, doch die Zufriedenheit verändert sich kaum oder nimmt sogar ab. Das Land rutschte im diesjährigen Report um vier Plätze auf Rang 18. Gründe seien „epidemische Krankheiten" wie Fettleibigkeit, Medikamentenmissbrauch und Depressionen.

„Wir haben offensichtlich eine soziale Krise in den USA: mehr Ungleichheit, weniger Vertrauen in die Institutionen, in die Regierung", erklärt der Ökonom Jeffrey Sachs, der ebenfalls am Report mitgearbeitet hat. Sein Urteil: „Die Zeichen stehen nicht gut für die US-Amerikaner. Sie werden reicher und reicher, aber nicht glücklicher."

*wak: Das Glück ist skandinavisch. In: Wienerzeitung, 14.03.2018. Online: https://www.wienerzeitung.at/nachrichten/welt/weltchronik/952693_Das-Glueck-ist-skandinavisch.html (10.05.2019)*

**b.** ○

Was fanden Sie an diesem Text besonders interessant? Welche Aussage des Textes hat Sie am meisten überrascht? Tauschen Sie in einem Klassengespräch Ihre Ergebnisse aus und fassen Sie die wichtigsten Punkte schriftlich zusammen.

Überraschende Aussagen des Textes:

________________________________________

________________________________________

________________________________________

________________________________________

________________________________________

________________________________________

________________________________________

**c.** ●

Der Zeitungsbericht beinhaltet auch eine grafische Darstellung der Umfrageergebnisse. Beschreiben Sie die wichtigsten Eckdaten der Umfrage. Welche Daten erscheinen Ihnen besonders relevant? Welche Schlussfolgerungen ziehen Sie aus den Umfragewerten?

**d.** ●●

Was bedeutet Glück für Sie? Erstellen Sie eine Reihung von persönlichen Glücksfaktoren. Tauschen Sie sich in einem Partnergespräch darüber aus. Führen Sie auch in der Klasse eine Umfrage darüber durch, was glücklich macht. Wie würde das Ergebnis in Ihrer Klasse lauten?

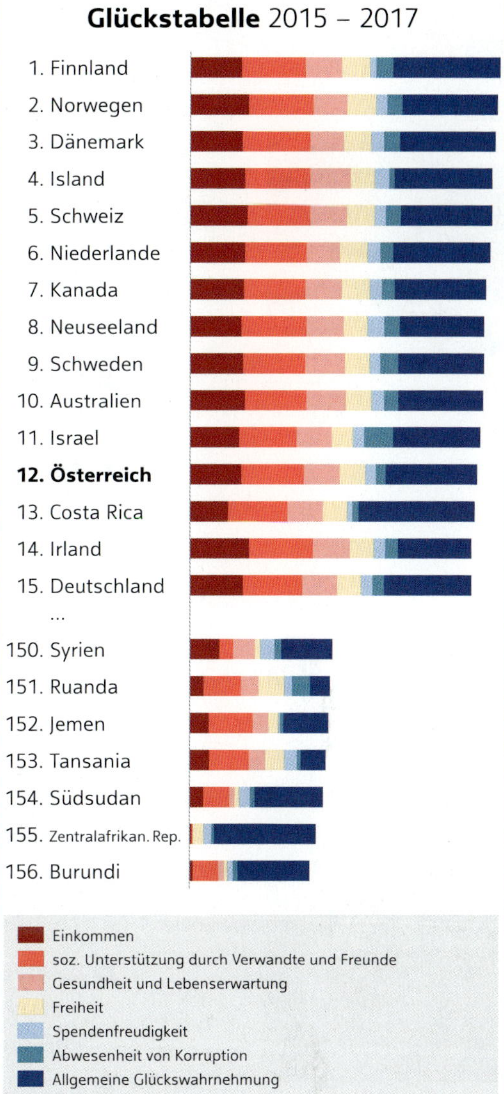


**Quelle Zahlen:** Helliwell, J., Layard, R., & Sachs, J. (2018). World Happiness Report 2018, New York: Sustainable Development Solutions Network.

*World Happiness Report 2018. Online: https://worldhappiness.report/ed/2018/ (01.07.2019)*

## 13 Aufgabenstellung

●

Verfassen Sie einen Tagebucheintrag und beschreiben Sie eine Situation, in der Sie besonders glücklich oder unglücklich waren.

## 14 Aufgabenstellung sRDP

Bei Ihrer Recherche zum Thema „Was glücklich macht“ sind Sie auf den Zeitungsbericht „Das Glück ist skandinavisch“ (S. 70) gestoßen. Verfassen Sie einen **Leserbrief**, in dem Sie Ihre Zustimmung oder Ablehnung zu den im Text vertretenen Ansichten äußern.

Lesen Sie dazu nochmals den Zeitungsbericht und bearbeiten Sie anschließend folgende Arbeitsaufträge:

- **Beschreiben** Sie in wenigen Sätzen die im Text angeführte Thematik.
- **Setzen** Sie den Zeitungsbericht (S. 70) und die Grafik „Glückstabelle 2015-2017“(S. 71) miteinander **in Beziehung**.
- **Bewerten** Sie in Ihrem Leserbrief Szenarien unterschiedlicher Lebensformen und wie Sie persönlich zu dieser Frage stehen.

Schreiben Sie ca. 250 Wörter.

## 15 Aufgabenstellung sRDP

Als Vorbereitung für den Redewettbewerb an Ihrer Schule zum Thema „Glück“ sind Sie auf den Zeitungsbericht „Das Glück ist skandinavisch“ (S. 70) und die dazugehörende Grafik „Glückstabelle 2015-2017“ (S. 71) gestoßen. Verfassen Sie das Manuskript einer **Meinungsrede** und bearbeiten Sie dabei die folgenden Teilaufgaben:

- **Fassen** Sie die im Zeitungsbericht genannten Ergebnisse der Umfrage zum Thema „Glücklichsein“ **zusammen**.
- **Analysieren** Sie mögliche Zusammenhänge von Glücksfaktoren mit den wirtschaftlichen Grundlagen der Menschen sowie dem Alter der befragten Personen.
- **Bewerten** Sie die wichtigsten Aussagen des Textes und beziehen Sie dafür auch die Grafik mit ein.
- **Appellieren** Sie an Ihr Publikum, ihre persönlichen Glücksfaktoren zu definieren.

Schreiben Sie ca. 500 Wörter.

## 16 Aufgabenstellung sRDP

Verfassen Sie eine **Erörterung** zum Thema: „Was ist Glück?“

- **Fassen** Sie dafür wichtige Sachverhalte der beiden Sachtexte „Für Jugendliche zählt Glück mehr als Reichtum“ (S. 68) sowie „Das Glück ist skandinavisch“ (S. 70) **zusammen**.
- **Analysieren** Sie den unterschiedlichen Stellenwert der Glücksfaktoren Geld und Gesundheit.
- **Bewerten** Sie mögliche Gründe für den Paradigmenwechsel vom Geld zum Glück in Zeiten einer Wirtschaftskrise.
- **Nehmen** Sie persönlich **Stellung** zum Thema. Wie definieren Sie „Glück“?

Schreiben Sie ca. 550 Wörter.

## 17 Aufgabenstellung

**a.** ●

Lesen Sie nur den Titel des folgenden Zeitungsberichtes und stellen Sie Mutmaßungen über den möglichen Inhalt an. Halten Sie Ihre Überlegungen in Stichworten fest.

**Rassismus: Das Vorurteil als täglicher Begleiter**

**b.** ● ●

Schreiben Sie in einer Partnerarbeit einen eigenen Vorspann von etwa 50 bis 70 Wörtern, in dem Sie den Leserinnen und Lesern Lust aufs Weiterlesen des Textes machen.

**c.** ●

Lesen Sie nun den Vorspann des Zeitungsberichtes und vergleichen Sie ihn inhaltlich mit Ihrer Version. Welche Unterschiede und Gemeinsamkeiten finden Sie?

**Rassismus: Das Vorurteil als täglicher Begleiter**

**Vorurteile dienen unter anderem dazu, das Verhalten anderer im Vorhinein einzuschätzen. Durch sie ergeben sich aber auch Gefahren – und das nicht nur, wenn sie in einem negativen Kontext verwendet werden.**

**d.** ●

Lesen Sie nun den Gesamttext. Welchen Abschnitt finden Sie am interessantesten? Begründen Sie Ihre Wahl.

**Rassismus: Das Vorurteil als täglicher Begleiter**

**Vorurteile dienen unter anderem dazu, das Verhalten anderer im Vorhinein einzuschätzen. Durch sie ergeben sich aber auch Gefahren – und das nicht nur, wenn sie in einem negativen Kontext verwendet werden.**

**Wien.** „Zugespitzt gesagt, sind Vorurteile für einen Menschen lebensnotwendig", sagt Helga Amesberger, wissenschaftliche Mitarbeiterin des Wiener Instituts für Konfliktforschung. Wenn man etwa über die Straße geht, geht man davon aus, dass sich die anderen Verkehrsteilnehmer den Regeln entsprechend verhalten. Aber letztlich weiß man nicht, ob sie es tatsächlich tun – daher ist es ein Vorurteil. „Problematisch wird es, wenn das Vorurteil mit Abwertungen einhergeht, wenn das Eigene höher als das Andere gestellt wird", sagt Amesberger. „Und wenn die vermeintlichen Eigenschaften der anderen von Natur aus, oder kulturbedingt gegeben, also als unveränderlich gesehen werden." Vorurteile zeichnen sich dadurch aus, dass Menschen zu homogenen Gruppen zusammengefasst werden, ohne jegliche Differenzierung. Zugeschriebene Eigenschaften treffen dann unterschiedslos auf alle Gruppenmitglieder zu.

*Ein Beispiel dafür ist etwa die Verbindung von schwarzer Hautfarbe mit Drogendealen – und das kann direkte Folgen haben. „Wenn ein Polizist das glaubt, wird er sich auch entsprechend verhalten", meint die Politikwissenschaftlerin, „und bei einer Kontrolle diesen Menschen genauer checken." Vorurteile sind ein Teil unserer Sozialisation, etwas lang Gewachsenes, sagt Amesberger. „Und viele Vorurteile sind uns nicht bewusst, so sehr sind sie Teil unserer Geschichte." Das Interessante dabei ist, dass die meisten rassistischen Bilder von Menschen zwei Seiten aufzeigen: eine positive Überhöhung und eine negative Abwertung. So liege demnach „Zigeunern" und Schwarzen Musik und Tanz im Blut. Gleichzeitig werden sie als faul, naiv, betrügerisch stigmatisiert.*

**Transportvehikel Israelkritik**

Aber es gibt auch Vorurteile, die subtiler auftreten. So wird etwa Kritik an der israelischen Politik gerne als Transportvehikel antisemitischer Ressentiments benutzt. „Ich erlebe es in vielen Diskussionen, wenn wir über die Benachteiligung von Minderheiten und den Rassismus in Österreich reden, dann kommt sehr schnell der Vergleich mit Israel: Sie würden es mit den Palästinensern auch nicht anders machen", sagt Amesberger.

*Ähnlich verbreitet sei das Bild des „intellektuellen, gebildeten Juden", der aber gerade durch seine „Schläue" gefährlich erscheint. Es sind also bestimmte Bilder, die sich schnell dekodieren lassen – vorausgesetzt, das Wissen ist vorhanden. Einen Beitrag will das Buch „Kompetenz im Umgang mit Vorurteilen", herausgegeben vom Sir-Peter-Ustinov-Institut, leisten. Primär für den Schulunterricht gedacht, beinhaltet die Publikation Tipps, Übungen und Abhilfen, etwa in Form rhetorischer Techniken oder Gegenargumentation. Ein großes Problem dabei ist, dass auch im Zuge der antirassistischen Bildung und Aufklärung durch das wiederholte Aufzählen von Vorurteilen die Gefahr besteht, diese gleichzeitig zu tradieren und zu zementieren. Es ist also schwierig. Was laut Experten wie Amesberger hilft, ist dennoch: „Bewusstsein schaffen, Bildung und sensibler Umgang."*

**Psychischer Stress**

Wenn rassistische Vorurteile nicht erkannt und reflektiert werden, bestimmen sie oft das Verhalten. „Es ist durch zahlreiche Studien erwiesen, dass die wiederholte Erfahrung von rassistisch motivierter Abwertung und Diskriminierung zu erhöhtem psychischen Stress führt und sich negativ auf die psychische Gesundheit auswirken kann, bis hin zu Depressionen und Angstzuständen", sagt Leonore Lerch, Vorsitzende des Wiener Landesverbandes für Psychotherapie. „Rassistische Erfahrungen thematisieren alle Patienten mit Migrationshintergrund, die zu mir in die Praxis kommen."

Auch wenn die Lebenssituationen dieser Menschen sehr komplex und unterschiedlich sind; manche Patienten sind in Österreich geboren und aufgewachsen, manche als Jugendliche oder Erwachsene nach Österreich gekommen – weil sie vor Krieg und Verfolgung fliehen mussten. Sind sie mit Vorurteilen konfrontiert, so können sie erneut traumatisiert werden.

**„Es krankt die Gesellschaft"**

„In der Psychotherapie ist es gerade bei Patienten, die von Rassismus betroffen sind, wichtig, sie in ihrem Selbstwert zu stärken, denn obwohl sie es sind, die unter Rassismuserfahrungen leiden, haben nicht sie das eigentliche Problem, sondern die, die aufgrund von Hautfarbe oder Herkunft diskriminieren." Die Psychotherapeutin ist sich sicher, dass es immer noch an Bewusstseinsbildung und Aufklärung fehle. „Es sind die Patienten, die leiden, aber im Grunde krankt die Gesellschaft."

*Haar, Ania: Rassismus: Das Vorurteil als täglicher Begleiter. In: Die Presse, 31.07.2012. Online: https://diepresse.com/home/panorama/integration/1273789/Rassismus_Das-Vorurteil-als-taeglicher-Begleiter (10.05.2019)*

**e.** ●

Geben Sie den beiden mit kursiver Schrift gekennzeichneten Abschnitten eine eigene aussagekräftige Überschrift.

**f.** ●●

Klären Sie Ihnen unbekannte Wörter. Schlagen Sie diese in einem Wörterbuch nach. Suchen Sie insbesondere eine Erklärung für die Begriffe „Rassismus", „Sozialisation", „Vehikel", „Ressentiment", „Antisemitismus", „stigmatisieren", „subtil" sowie „dekodieren".

**g.** ●

Gliedern Sie den Text in Sinneinheiten und fassen Sie diese in wenigen Sätzen zusammen.

Um den Gedankengang eines Textes zu erfassen, soll Ihnen der folgende Fragenkatalog helfen:

**Fragen zur Argumentationslinie eines Textes**

- Welche Behauptungen bzw. Thesen werden aufgestellt?
- Wie werden diese Behauptungen begründet bzw. untermauert?
- Welche Beispiele belegen die Argumentation?
- Welche Schlussfolgerungen werden aus der Argumentation gezogen?
- Welche Behauptungen werden nur aufgestellt, aber nicht begründet?

**h.** ●

Definieren Sie anhand der Aussagen des Textes den Begriff „Vorurteile". Finden Sie auch Antworten zu folgenden Fragen:

- Was erfahren Sie über die Gefahren, die von Vorurteilen ausgehen?
- Welche Beispiele von rassistischen Vorurteilen werden im Text genannt?
- Welche Lösungsmöglichkeiten bzw. welcher Umgang mit Vorurteilen wird von der wissenschaftlichen Mitarbeiterin vorgeschlagen?
- Warum sind Menschen mit Migrationshintergrund besonders von rassistischen Vorurteilen betroffen?
- Sind Sie in Ihrem persönlichen Umfeld schon mit Vorurteilen, insbesondere rassistischen Vorurteilen konfrontiert worden?
- Wie definieren Sie Rassismus?

## 18 Aufgabenstellung sRDP

●

An Ihrer Schule ist eine Informationsveranstaltung zum Thema „Rassismus und Vorurteile" geplant. Ihre Klasse möchte dafür einen Beitrag leisten. Sie sind bei Ihrer Recherche zu diesem Thema auf den Zeitungsbericht „Rassismus: Das Vorurteil als täglicher Begleiter" (S. 73 f.) gestoßen.

Verfassen Sie eine **Erörterung** zu diesem Thema für die Schulwebsite und bearbeiten Sie dabei folgende Teilaufgaben:

- **Geben** Sie einleitend die wichtigsten Aussagen des Zeitungsberichtes zu diesem Thema **wieder**.
- **Erläutern** Sie die Folgen der Verallgemeinerungen von Eigenschaften Einzelner, die auf eine Gruppe von Personen übertragen werden.
- **Kommentieren** Sie abschließend den Satz „Ein Vorurteil ist ein wertendes *Urteil* über einen anderen".

Schreiben Sie ca. 500 Wörter.

## 19 Aufgabenstellung

●

Bereiten Sie ein Referat über einen der folgenden Romane bzw. Filme zum Thema „Rassismus und Vorurteile" vor. Stellen Sie dieses anschließend der Klasse vor.

***Lesetipps/Filmtipps:***

- ***Die Farbe Lila****, Roman von Alice Walker (1982), Verfilmung 1985 von Steven Spielberg*
- ***Wer die Nachtigall stört****, Roman von Harper Lee (1960), Verfilmung 1962*
- ***Kick it like Beckham****, britische Filmkomödie (2002), 2003 auch als Lektüre erschienen*
- ***Die Welle****, veröffentlichte Kurzgeschichte von Morton Rhue (1972), Verfilmung 1981*
- ***Andorra****, Stück in 12 Bildern von Max Frisch (1961)*
- ***American History X****, amerikanisches Filmdrama (1998)*
- ***L. A. Crash****, amerikanisches Episodenfilm-Drama (2004)*

# 3.2 Das Lesen literarischer Texte

## 3.2.1 Zwischen den Zeilen lesen (sRDP-Textsorte: Textinterpretation)

*Syntax, die:* *Satzbau*

*Semantik, die:* *Lehre der Bedeutung von Wörtern*

*ästhetisch:* *(hier) künstlerische Wirkung*

Literarische Texte haben eine andere Funktion als Sachtexte und verfolgen auch nicht dieselben Ziele. **Literarische Texte** wie eine Erzählung, ein Roman, ein Gedicht oder ein Drama wollen einerseits unterhalten, sie bilden andere Zeiten oder Orte und Charaktere von Personen ab, andererseits transportieren sie aber auch Werte und Haltungen. Sie beschreiben nicht unbedingt die reale Welt, sondern bauen mit der Sprache eine **fiktive Welt** auf. Sie spielen und gestalten mit der Sprache und bedienen sich dabei literarischer und stilistischer Mittel, die syntaktisch und semantisch von der Norm abweichen können. Neben dem Inhalt gilt es, die ästhetische Wirkung eines Textes zu erfassen.

### 20 Aufgabenstellung

●

a. Lesen Sie die beiden Kapitel aus dem Roman „Agnes" von Peter Stamm und setzen Sie dabei die Lesetechnik SQ3R ein.

### Peter Stamm – **Agnes**

… 2 …

Ich saß in der Public Library und studierte, wie schon seit Tagen, alte Bände der *Chicago Tribune*, als ich Agnes zum erstenmal sah. Es war im April letzten Jahres. Sie setzte sich im großen Lesesaal mir gegenüber, zufällig wohl, die meisten Plätze waren besetzt. Sie hatte ein Sitzkissen mitgebracht, einen Schaumstoffkeil. Vor sich, auf dem Tisch, legte sie einen Schreibblock, daneben einige Bücher, zwei oder drei Stifte, einen Radiergummi, einen Taschenrechner. Als ich von meiner Arbeit aufschaute, traf ich ihren Blick. Sie senkte die Augen, nahm das oberste Buch vom Stapel und begann zu lesen. Ich versuchte, die Titel der Bücher zu entziffern, die sie mitgebracht hatte. Sie schien es zu bemerken und zog den Stapel mit einer leichten Drehung gegen sich.

Ich arbeitete an einem Buch über amerikanische Luxuseisenbahnwagen und war gerade dabei, die Stellungnahme eines Politikers zum Armee-Einsatz während des Pullman-Streiks[1] zu lesen. Ich hatte mich verrannt in diesen Streit, er spielte für mein Buch keine Rolle, aber er faszinierte mich. Ich habe mich in meiner Arbeit immer von meiner Neugier leiten lassen, und diesmal hatte sie mich weit von meinem Thema weggeführt.

Seitdem Agnes sich mir gegenüber gesetzt hatte, konnte ich mich nicht mehr konzentrieren. Ihr Äußeres war nicht auffallend, sie war schlank und nicht sehr groß, ihr Haar war schulterlang und dicht, ihr Gesicht bleich und ungeschminkt. Nur ihr Blick war außergewöhnlich, als könnte sie mit den Augen Worte übermitteln.

Ich kann nicht behaupten, ich hätte mich schon da in sie verliebt, aber sie interessierte mich, beschäftigte mich. Immer wieder schaute ich zu ihr hinüber, es war mir bald selbst peinlich, aber ich konnte nicht anders. Sie reagierte nicht, sah nie auf, dennoch war ich mir sicher, daß sie meine Blicke bemerkte. Endlich stand sie auf und ging hinaus. Ihre Sachen ließ sie auf dem Tisch liegen, nur den Taschenrechner steckte sie ein. Ich folgte ihr, ohne recht zu wissen weshalb. Als ich in die Eingangshalle kam, war sie nicht mehr zu sehen. Ich verließ das Gebäude und setzte mich draußen auf die breite Freitreppe, um eine Zigarette zu rauchen. Obwohl es nicht kalt war, fröstelte mich nach dem stundenlangen Sitzen in der überheizten Bibliothek. Es war vier Uhr nachmittags, und auf den Gehsteigen mischten sich unter die Touristen und Shopper erste Büroangestellte auf dem Nachhauseweg.

Ich spürte schon die Leere des Abends, der vor mir lag. Ich kannte kaum jemanden in der Stadt. Niemanden, um genau zu sein. Ein paarmal hatte ich mich verliebt in ein Gesicht, aber ich hatte gelernt, solchen Gefühlen auszuweichen, bevor sie zu einer Bedrohung wurden. Ich hatte einige gescheiterte Beziehungen hinter mir und hatte mich, ohne wirklich einen Entschluß zu fassen, für den Moment mit meinem Alleinsein abgefunden. Dennoch wußte ich, daß ich nicht mehr in Ruhe würde arbeiten können, solange mir die unbekannte Frau gegenübersaß, und so beschloß ich, nach Hause zu gehen.

Ich drückte meine Zigarette aus und wollte eben aufstehen, als die Frau sich kaum einen Meter entfernt neben mir auf die Treppe setzte, in der Hand einen Pappbecher mit Kaffee. Im Gehen hatte sie etwas Kaffee verschüttet, und sie stellte den Becher neben sich auf die Stufe und wischte sich mit einem zerknüllten Papiertaschentuch umständlich die Finger trocken. Dann nahm sie ein Paket Zigaretten aus dem kleinen Rucksack, den sie bei sich trug, und

begann, nach Streichhölzern oder einem Feuerzeug zu suchen. Ich fragte sie, ob sie Feuer brauche. Sie wandte sich mir zu, als sei sie überrascht, aber in ihren Augen sah ich keine Überraschung, sah ich etwas, was ich nicht verstand.
„Ja, bitte", sagte sie.
Ich zündete ihre Zigarette an und mir selbst eine zweite, und wir rauchten nebeneinander, ohne zu sprechen, aber einander zugewandt. Irgendwann stellte ich eine belanglose Frage, und wir begannen zu reden, über die Bibliothek, die Stadt, das Wetter. Erst als wir aufstanden, fragte ich sie nach ihrem Namen. Sie sagte, sie heiße Agnes.
„Agnes", sagte ich, „ein seltsamer Name."
„Sie sind nicht der erste, der das sagt."
Wir gingen zurück in den Lesesaal. Das kurze Gespräch hatte meine Spannung gelöst, und ich konnte wieder arbeiten, ohne dauernd zu ihr hinüberzuschauen. Tat ich es dennoch, erwiderte sie meinen Blick freundlich, aber ohne zu lächeln. Ich blieb länger, als ich vorgehabt hatte, und als Agnes endlich ihre Sachen zusammenpackte, fragte ich sie flüsternd, ob sie morgen wieder hier sein werde.
„Ja", sagte sie und lächelte zum erstenmal.

... 3 ...

Am nächsten Tag war ich schon früh in der Bibliothek, und obwohl ich Agnes erwartete, hatte ich keine Mühe, mich auf die Arbeit zu konzentrieren. Ich wußte, daß sie kommen würde und daß wir reden würden miteinander, eine Zigarette rauchen, einen Kaffee trinken. In meinem Kopf war unsere Beziehung schon viel weiter gediehen als in Wirklichkeit. Ich begann schon, mir über sie Gedanken zu machen, hatte schon Zweifel, dabei hatten wir uns noch nicht einmal verabredet.
Ich kam mit der Arbeit gut voran, las, machte mir Notizen. Als Agnes gegen Mittag erschien, nickte sie mir zu. Wieder legte sie ihren Schaumstoffkeil auf einen Stuhl in meiner Nähe, breitete ihre Sachen aus wie am Tag zuvor, nahm ein Buch und begann zu lesen. Nach vielleicht einer Stunde zog sie ihre Zigaretten aus dem Rucksack, blickte kurz darauf und dann zu mir herüber. Wir standen beide auf und gingen, den breiten Tisch zwischen uns, auf den Hauptgang zu, der die Mittelachse des Raumes bildet. Ich begleitete sie zum Kaffeeautomaten, wieder verschüttete sie etwas Kaffee, wieder setzten wir uns auf die Treppe vor der Bibliothek. Am Tag zuvor war Agnes eher scheu gewesen, jetzt sprach sie viel und mit einer Hast, die mich erstaunte, da wir über belanglose Dinge redeten. Sie war unruhig, und doch schienen wir – ohne mehr zu wissen als unsere Namen – über Nacht vertrauter miteinander geworden zu sein.
Agnes sprach von einem Freund, Herbert, ich weiß nicht mehr, wie wir auf ihn kamen. Dieser Herbert hatte kürzlich ein seltsames Erlebnis gehabt. Er habe, erzählte Agnes, in einem Café in der Lobby eines großen Hotels etwas getrunken. An einem Nachmittag.
„Ich bin selbst ein paarmal mit ihm dort gewesen", sagte Agnes, „es gibt einen Pianisten und die besten Cappuccinos der Stadt. Von der Lobby führen ein paar Stufen ins Café hinunter, an einem Springbrunnen vorbei, und als Herbert die Treppe hinabging, kam ihm eine Frau entgegen. Sie war nicht älter als er und trug ein schwarzes Kleid. Als er die Frau gesehen habe, sagte Herbert, habe er sich ganz seltsam gefühlt. Eine Art Traurigkeit, aber auch Geborgenheit. Es sei ihm gewesen, als kenne er die Frau. Dabei sei er sicher gewesen, sie noch nie zuvor gesehen zu haben. Er habe sich jedenfalls ganz schwach gefühlt und sei auf der Stelle stehengeblieben."
Agnes drückte ihre Zigarette auf der Treppe aus und warf den Stummel in den leeren Kaffeebecher.
„Auch die Frau blieb stehen", erzählte sie weiter. „Einige Sekunden lang standen die beiden sich so gegenüber. Dann ging die Frau langsam auf Herbert zu. Dicht vor ihm hob sie die Hände, legte sie auf seine Schultern und küßte ihn auf den Mund. Er habe seine Arme um sie gelegt, sagte Herbert, aber sie habe sich losgemacht und sei einen Schritt zurückgetreten. Herbert trat zur Seite, und die Frau lächelte und ging weiter, die Treppe hinauf. Als sie an ihm vorbeiging, strich sie kurz mit der Hand über seinen Arm."
„Eine seltsame Geschichte", sagte ich, „hat er versucht herauszufinden, wer sie war?"
„Nein", sagte Agnes und plötzlich schien es ihr peinlich zu sein, daß sie mir die Geschichte erzählt hatte, und stand auf und sagte, sie müsse jetzt wieder zurück an die Arbeit.
Als wir uns tags darauf zum drittenmal trafen, fragte ich sie, ob sie nicht Lust habe, mit mir in den Coffee Shop gegenüber zu gehen. „Dort wird der Kaffee serviert", sagte ich, „dann machst du dir einmal nicht die Hände schmutzig."
Wir gingen über die Straße. Agnes bestand darauf, den Fußgängerstreifen zu benutzen und bei der Ampel zu warten, bis diese auf *Walk* wechselte.
In dem Coffee Shop trank ich seit Wochen fast jeden Morgen meinen Kaffee und las die Zeitung. Er war ziemlich schäbig, und die dicken roten Kunstlederbänke waren sehr weich und unangenehm tief angebracht. Der Filterkaffee war dünn und oft bitter, weil er zu lange auf der Wärmeplatte gestanden hatte, aber ich mochte das Lokal, weil mich noch immer keine der Kellnerinnen kannte und mit mir zu plaudern versuchte, weil mir kein Lieblingstisch freigehalten wurde und weil ich jeden Morgen gefragt wurde, was ich wünsche, obwohl es immer dasselbe war.
Ich fragte Agnes, woran sie arbeite. Sie sagte, sie habe Physik studiert und schreibe an ihrer Dissertation. Über die Symmetrien der Symmetriegruppen von Kristallgittern. Sie

habe eine Teilzeit-Assistentenstelle am Mathematischen Institut der Chicago University. Sie sei fünfundzwanzig Jahre alt.

Sie sagte, sie spiele Cello, liebe Malerei und Gedichte. Sie sei in Chicago aufgewachsen. Ihr Vater war vor einigen Jahren in Pension gegangen, und ihre Eltern waren nach Florida gezogen und hatten sie alleine zurückgelassen. Agnes bewohnte ein Studio in einem der Außenviertel der Stadt. Sie hatte kaum Freunde oder Freundinnen, nur drei Streicherinnen, die sie jede Woche traf und mit denen sie Quartett spielte.

„Ich bin kein sehr sozialer Mensch", sagte sie.

Ich erzählte Agnes, daß ich schreibe. Sie ignorierte es, stellte mir keine Fragen über meine Arbeit, und ich erwähnte nicht, daß ich Bücher veröffentlicht hatte. Eigentlich war ich froh über ihr Desinteresse. Ich bin nicht besonders stolz darauf, Sachbücher zu schreiben, und es gibt interessantere Gesprächsthemen als Zigarren, die Geschichte des Fahrrads oder der Luxuseisenbahnwagen.

Wir sprachen nur stichwortartig über uns selbst, diskutierten statt dessen über Kunst und Politik, über die Präsidentschaftswahlen im Herbst und über die Verantwortung der Wissenschaft. Agnes hatte eine Vorliebe, über Ideen zu reden, auch später, als wir uns besser kannten. Ihr Privatleben beschäftigte sie damals nur wenig, zumindest sprach sie nicht darüber. Wenn wir diskutierten, lag in allem, was Agnes sagte, ein seltsamer Ernst, ihre Ansichten waren streng. Wir blieben lange im Coffee Shop. Erst als gegen Mittag immer mehr Gäste kamen, wurde die Kellnerin ungeduldig und wir gingen.

*Stamm, Peter: Agnes. 7. Auflage, Frankfurt am Main, Fischer Taschenbuch Verlag, 2012, S. 13–21, Originalschreibweise*

[1] *Georges M. Pullman: amerikanischer Industrieller, der 1864 die ersten wohnlich ausgestatteten Schlafwagen baute. 1880 erbaute er die Chicagoer Vorstadt Pullman als Arbeitersiedlung für seine Pullman-Werke.*

**Peter Stamm**
*(geb. 1963 in der Schweiz), ab 1990 freier Schriftsteller, Journalist; verfasste mehrere Hörspiele, Romandebüt mit „Agnes" (1998)*

**b.** Formulieren Sie Antworten auf die folgenden Fragen:

- Was ist das Thema der Geschichte?
- An welchem Ort, in welcher Stadt spielt diese Geschichte?
- Wie viele Personen kommen in den beiden Kapiteln vor?
- Wer ist Agnes? Wie alt ist sie? Was ist sie von Beruf?
- Was erfahren Sie in den beiden Kapiteln über den Ich-Erzähler? In welchem Verhältnis steht er zu Agnes?

Im Text finden sich einige Anspielungen, dass es zwischen Agnes und dem Ich-Erzähler zu einer Liebesbeziehung kommen wird. Finden Sie diese.

**c.** Agnes wird – im Gegensatz zum Ich-Erzähler – in diesen beiden Kapiteln sehr genau beschrieben. Wie sieht sie aus? Wie beschreibt sie der Ich-Erzähler? Was erfahren Sie über ihre Familienverhältnisse? Welche Hobbys hat sie?

**d.** Legen Sie Steckbriefe von Agnes und vom Ich-Erzähler an.

**e.** In die Geschichte wird eine zweite, sehr kurze Erzählung eingeschoben. Wer erzählt diese? Wovon handelt diese?

**f.** Verfassen Sie eine Inhaltsangabe zu den beiden Kapiteln aus „Agnes".

**g.** Analysieren Sie die formalen Aspekte des Romanausschnitts:

- Bestimmen Sie Erzählform und Erzählperspektive. Ist der Erzähler selbst Betroffener des Geschehens?
- Bestimmen Sie Erzählzeit und erzählte Zeit.
- Untersuchen Sie den Schauplatz und die Bedeutung des Raumes.
- Beschreiben Sie die Personen und ihre Stellung zueinander sowie das soziale Milieu der handelnden Personen.

**h.** Untersuchen Sie die sprachlichen Merkmale des Textes. Was soll durch die Art der sprachlichen Darstellung bewirkt werden? Zitieren Sie die Textstellen, die Ihnen besonders wichtig oder interessant erscheinen.

**i.** Welche Wirkung hat der Text auf Sie? Welche Fragen bleiben für Sie offen? Welchen weiteren Handlungsverlauf könnte der Roman nehmen?

**j.** Recherchieren Sie im Internet nach Informationen über den Autor.

## 21 Aufgabenstellung

●

Legen Sie in Ihrem Kulturportfolio eine Lesemappe über den Roman „Agnes" an und dokumentieren Sie dort alle bearbeiteten Schreibaufträge:

- Schreiben Sie die Geschehnisse, die Sie in den beiden Kapiteln erfahren haben, aus der Perspektive von Agnes.
- Agnes führt Tagebuch über die ersten drei Tage der Beziehung. Schildern Sie ihre Gedanken und Gefühle, als sie in der Bibliothek diesem Mann begegnet. Geben Sie ihm einen Namen, erfinden Sie eine Identität und ergänzen Sie Details, die Sie in den beiden Kapiteln nicht erfahren haben.
- Verfassen Sie ein Fortsetzungskapitel des Romans.

## 22 Aufgabenstellung

●

Schließen Sie Ihre Arbeit mit einer kurzen Selbstreflexion ab: Wie ist es Ihnen beim interpretierenden Lesen und Dokumentieren gegangen? Wo hatten Sie Schwierigkeiten, den Text zu verstehen?

Holen Sie sich auch den Kommentar einer Mitschülerin oder eines Mitschülers bzw. von Ihrer Lehrkraft zu Ihren Anschlussarbeiten.

## 23 Aufgabenstellung sRDP

●

Führen Sie alle Ihre Vorarbeiten der Analyse und Interpretation zum Romanausschnitt „Agnes" von Peter Stamm zusammen und verfassen Sie eine **Textinterpretation**. Bearbeiten Sie die folgenden Teilaufgaben:

- **Fassen** Sie die wesentlichen Aussagen des Textausschnitts **zusammen**.
- **Untersuchen** Sie den formalen Aufbau (Erzählform, Erzählperspektive, Handlungsorte, Erzählzeit, erzählte Zeit etc.).
- **Analysieren** Sie die sprachliche Gestaltung des Romans.
- **Charakterisieren** Sie die Protagonisten und ihre Stellung zueinander.
- **Deuten** Sie den Inhalt des Textes und stützen Sie Ihre Interpretation mit Belegen aus dem Text.

Schreiben Sie ca. 400 Wörter.

24 **Aufgabenstellung** sRDP

a. Lesen Sie die Erzählung „Mondgeschichte" von Ilse Aichinger. Dokumentieren Sie Ihre persönlichen Eindrücke. Machen Sie sich bereits beim Lesen Notizen, formulieren Sie Fragen zur Handlung und zu den Personen. Markieren Sie Unklarheiten mit einem Fragezeichen. Kennzeichnen Sie Sinneinheiten (Einleitung, Hauptteil, Schluss) mit unterschiedlichen Farben.

## Ilse Aichinger – **Mondgeschichte**

Niemand wußte, ob sie die Schönste in ihrem Heimatort war. Man kannte sie dort schon zu lange, um ein Urteil zu wagen.

Aber sie war jedenfalls die Schönste ihres Landes, sie war Miß Finnland oder Miß England – wie das Land eben hieß –, und daran zweifelte keiner. Dem Einwand, daß nicht alle Schönen zur Wahl erschienen waren, konnte man entgegenhalten, daß nicht alle Schönen schön wären. Wer die Entscheidung fürchtet, fürchtet sie meistens mit Recht, und alle hatten das Recht zu kommen. Bei der Wahl der Schönsten des Erdteils fiel dieses Recht weg, hier kamen nur die Schönsten der Länder zusammen. Es fehlte eine einzige, die auf dem Flug abgestürzt war, vielleicht wäre diese eine schöner gewesen, aber die Toten schieden aus, schon deshalb, weil sie kurz nach dem Tode zumeist schöner waren als die Lebendigen. In diesem Augenblick hätten sie ihnen gefährlich werden können. Aber von den Lebendigen war keine schöner als sie, und deshalb wurde sie auch zur Schönsten ihres Erdteils gewählt, sie war jetzt Miß Europa oder Miß Amerika, und die Idee, eine Schönheitskonkurrenz zu veranstalten, lag sehr nahe.

Mit einem Sonderzug und einem Dampfer, den drei Geleitboote begleiteten, wurde sie an den Ort der letzten Wahl gebracht. Jetzt hatten nicht einmal mehr die Schönsten der Länder das Recht zu kommen, sie mußten wie alle anderen Schönen zurückstehen. Die Salutschüsse und der Jubel der Menge auf dem Pier wurden über alle Rundfunkstationen gesendet.

Als sie zur Schönsten der Erde gewählt wurde, trat eine feierliche Stille ein. Dann sagte die bewegte Stimme des Sprechers: „Wir stellen Ihnen Miß Erde vor!" Und dann lachte jemand in der Nähe des Mikrophons. In demselben Augenblick sagte der erste Sprecher wieder: „Wir sehen uns gezwungen, die Sendung wegen technischer Störungen zu unterbrechen!"

Die Hörer aller Länder machten sich ihren Reim darauf. Die Schönste der Erde wollte nicht Miß Erde heißen. Sie erklärte, daß sie alle Mühe nicht um einer so lächerlichen Bezeichnung willen auf sich genommen hätte. Denn Miß Erde klang degradierend, es ließe sie an den Garten um ihr Elternhaus denken, an Kraut und Regenwürmer und an die runden, roten Wangen, die sie als Kind gehabt hatte. Wenn es nicht überhaupt an Friedhöfe erinnerte! Sie gab noch an diesem Abend eine Erklärung durch den Rundfunk, die sie nicht weiter begründete. Es schien ihr, daß allen Bewohnern der Erde ohne weiteres klar sein müsse, daß Miß Erde keine Schmeichelei war.

Und den meisten war es auch ohne weiteres klar. Das Preisrichterkollegium einigte sich deshalb auf „Miß Universum".

Dagegen machte ein einziger Preisrichter den Einwand geltend, daß man zur Welt auch Sonne, Mond und Sterne zählen müsse und daß niemand sicher wisse, ob nicht doch ein Stern bewohnt sei. Man könne nicht einen Menschen zur „Miß Universum" erklären, ehe er sich nicht mit den Sternenmenschen gemessen habe.

Der Versuch, diesen Einwand als unsinnig abzutun, mißlang. Er erregte zuerst Gelächter, später Unwillen und stürzte zuletzt das Preisrichterkollegium in große Verwirrung. Man konnte schließlich nicht die Milchstraße absuchen. Es ging im Grunde nur um eine Geste, darüber waren sich alle einig – eine Geste an das Weltall –, und man fand diese Geste.

Die Preisrichter beschlossen, die Schönste der Erde der Form halber auf den Mond zu schießen. Dort sollte sie eine Nacht lang bleiben. Wenn diese Nacht vorüber war und sich niemand gezeigt hatte, war der Form Genüge getan, und sie hieß Miß Universum.

Als es dämmerte, mußte die Polizei Kordons bilden, um dem Auto, worin die Schönste saß, sicheres Geleit zu geben. Auf dem großen Platz, im halben Wind, unter dem hellroten Abendhimmel, auf dem schon der Mond stand, ergriff sie etwas wie Angst, aber sie gab nicht nach.

Die Mondflüge waren damals noch in ihren Anfangsstadien, und die Techniker und Arbeiter, die vorausgeschickt worden waren, um die ersten Landungsplätze zu bauen, beobachteten gespannt das Landen der Rakete. Sie überschlug sich, um den Sturz zu mildern, kam auf und stand still. Sie hoben die Schönste der Erde auf den Mond, und die Preisrichter sprangen nach. Sie schlugen mit den Armen um sich, sagten einige laute und fröhliche Dinge, fragten, wo die Erde sei, und verstummten endlich. Wie große fremde Vögel lehnten sie an einem Gerüst aus leichtem Holz und wunderten sich, daß es in den Fugen sang.

Der Aufenthalt auf dem Mond rief in der Schönsten der Erde die Empfindung großer Einsamkeit hervor. Sie war schon auf Erden zur Zeit des Neumondes Anfällen von Traurigkeit unterworfen gewesen, aber da unten machte der Mondenschein von Nacht zu Nacht alles besser. Sie überdachte, daß es ein einziger Umstand war, der die Einsamkeit hier unerträglich werden ließ: es gab keine Hoffnung, vom Mond den Mond zu sehen. Und das Heer der Sterne tröstete darüber nicht hinweg.

Um sich die Zeit zu vertreiben, ließ sie sich ein wenig auf den Wegen zwischen den Felsen umherführen, aber die Landschaft war eintönig. Die Preisrichter, ihre Begleiter, erbitterten sie im insgeheimen. Sie gingen an den Rändern der Krater dahin und ereiferten sich, weil hier nirgends Geländer angebracht waren. Oder sie sprachen von Plänen, die sie für morgen hatten, von Wiedersehensfesten, die sie auf der Erde feiern würden, aber ihre Reden klangen der Schönsten hier nur wie Gestammel sehr alter Männer, wie Erinnerungen, die allen Bemühungen zum Trotz nicht mehr deutlich wurden, wie die Sucht, es hinter sich zu bringen. Sie waren hier überflüssig.

Denn, wenn der Mond wirklich unbewohnt ist – und keiner wagt, etwas anderes zu hoffen –, was haben sie dann hier noch zu entscheiden? Dachte sich das Mädchen. Wer ist die Schönste? Ich oder ich? Und wenn ich die Schönste wäre, könnte doch ich sie nicht mehr sein. Plötzlich wechselte ihre Angst in den tiefsten Wunsch hinüber, der Mond möchte bewohnt sein.

Aber je länger sie schwieg, desto eifriger bemühten sich die Preisrichter, sie zu erheitern. Nur der eine, der den Rat gegeben hatte, sie auf den Mond zu schießen, ging voraus und sprach so wenig wie sie. Er erbitterte sie mehr als alle anderen, und sie verdächtigte ihn längst, nur seinen Spott mit ihr getrieben zu haben. Er war es auch, der als erster das Unglaubliche bemerkte:

Als sie eben wieder in der Nähe des Landungsplatzes ankamen, kurz nachdem alle Uhren neun Uhr Erdzeit zeigten, eine Zeit, zu der man auf Erden die Abendgesellschaften ansetzte, erschien hinter einem Felsblock in einiger Entfernung cin schwacher Schatten, der sich zögernd fortpflanzte und schon ganz sichtbar noch einmal stillstand.

Die Herren von der Jury hofften, nur wenige Augenblicke lang, daß es vielleicht der Schatten einer Mondgrille sei, eines Frosches oder eines Arbeiters auf dem Mond, aber es war deutlich der Schatten eines Mädchens mit gelöstem Haar in einem langen Kleid.

Ophelia bog um den Felsen. Sie trug ein weißes Hemd, wie es Kinder zu Weihnachtsvorstellungen über ihre heilen Glieder ziehen, und die Preisrichter sahen auf die Entfernung hin nicht deutlich, ob ihr das helle Mondlicht oder noch immer abströmendes Flußwasser die Linie gab. Vorsichtig wie von Uferstein zu Uferstein setzte sie einen Fuß vor den anderen, und bei jedem Schritt sprühten Tropfen von ihr. Algen und glänzende Wasserlilien schlangen sich um sie und schleiften hinter ihr her – heftende Jugend, Trauer. Wie hohe Bäume Mistelbüsche tragen, Nester ohne Vögel. Aber kommen nicht einmal im Jahr die Pflücker und holen sie von den Bäumen, damit unter Lampen und Türrahmen die Jugend hinüberwechselt?

Ophelia ging, den Kopf leicht gesenkt, die lange Bahn hinauf, beschrieb, ohne aufzuschauen, kleine Bogen um die Raketen und streichelte sie im Vorbeigehen, als ob es Lämmer wären. Sie wäre auch an den Preisrichtern und Arbeitern so vorübergegangen, aber die umringten sie, boten ihr Tee an, der noch von der Erde heiß war, und wollten mit ihr zu Musik aus den Erdsendern tanzen. Sie fragten sie, woher sie käme und wo sie die letzte Zeit verbracht hätte, wie es denn möglich sei, daß ein Mädchen wie sie hier so verlassen lebe – und ähnliche sinnlose Fragen. Und der eine, der geraten hatte, die Schönste der Erde auf den Mond zu schießen, sagte, das hätte er gleich gewußt.

Von Angst ergriffen, rief die Schönste der Erde, daß man nicht einmal Ophelia ohne richtige Wahl zur Schönsten der Welt erklären könne. Aber damit verriet sie sich. Als sie neben ihr stand, sahen alle, um wieviel schöner Ophelia war. Es wäre sinnlos gewesen, ihre Maße nachzumessen, sie erschienen ja von Atemzug zu Atemzug selbst als das Maß, nach dem die Schönste der Erde nur mühsam gemessen war – allein ihre bloßen Füße unter dem Hemdsaum!

Ophelia selbst war die einzige, die keinen Blick von der Schönsten der Erde abwandte. Und als der erste Preisrichter sich vor ihr verneigte und sie bat, ihren verräterischen Namen abzulegen – sie hieße von heute nacht ab Miß Universum –, erwiderte sie ängstlich, sie könne ihren Namen nicht ablegen, wenn ihn nicht eine andere annehme, ihr nasses Hemd und die Wasserlilien, die daran hafteten, und für sie in der Verbannung bleibe.

Das hieße – rief die Schönste der Erde zornig und schon im Einsteigen begriffen –, sie solle noch als Geschlagene in einem nassen Hemd, mit Wasserpflanzen, die sich bei jedem Schritt um ihre Füße schlängen, allein auf dem Mond bleiben?

Nein – sagte Ophelia und nahm sie bei den Händen –, das hieße – und dann lächelten beide über die ahnungslosen Preisrichter, die nicht wußen, daß der Titel der Miß Universum für immer mit dem Namen Ophelia verknüpft war, mit der Einsamkeit des Gestirns und mit dem Mondlicht, das wie fließendes Wasser über ihrem Gesicht lag. Aber – flüsterte Ophelia der Schönsten der Erde zu – sie würde ihr gerne ihren Namen lassen, wenn sie die

Schönste des Weltalls sein wolle, die Algen und das Hemd!

Sie zog sie aus dem Kreis der Preisrichter, und eh sie Zeit zu überlegen hatte, flogen der Schönsten der Erde die Ranken um Haar und Hals, schon roch sie den süßen Tang, sie ging einige Schritte auf dem brüchigen Stein und hörte das Schleifen der Algen hinter sich, sie ging der kalten, offenen Landschaft entgegen, die ihr Ruhe verhieß – da hörte sie Ophelia hinter sich rufen: „Das Hemd, das Hemd hast du vergessen!“ Sie wandte sich um, sie griff seine Kühle und seine milde Feuchtigkeit, aber jetzt sah sie das Gesicht des Preisrichters, von dem alles abhing, über dem ihren. Er sagte: „Du bist schön!“ Und er sah sie an.

Sie wunderte sich, wie gleichmütig sie blieb. Das Urteil eines Preisrichters, der nicht wußte, worüber er zu Gericht saß, bewegte sie nicht mehr. Sie warf die Algen ab und bat Ophelia, das Hemd zu behalten, sie schüttelte das Flußwasser, das über sie gesprüht war, aus ihren Kleidern.

Sie war entschlossen, sich auf die Erde zurückschießen zu lassen. Sie wollte noch in dieser Nacht im Rundfunk verkünden, daß sie auf den Titel der Miß Universum unter dieser Bedingung verzichte.

Aber Ophelia begleitete sie zur Rakete. Und als sie, schon im Einsteigen, ihr trauriges Gesicht sah, sprang sie noch einmal ab, umarmte sie und riß dabei eine lange Ranke von ihren Schultern, die an ihr haftenblieb. So nahm sie, ehe sie den Schlag zuklappte und die Abschußvorrichtung löste, eine geringe Last ihrer Verlassenheit mit.

Auf dem Flugplatz umringten sie fremde Gestalten, Blitzlichter flammten auf, ihr Blick suchte den Mond, aber den hatte niemand an die Decke des Krankensaals gemalt.

„Weshalb haben Sie es getan?“ fragte sie die Frau im nächsten Bett und neigte sich zu ihr. „Die haben lange gebraucht, ehe sie das Wasser aus ihren Lungen brachten!“ Und als sie sich daraufhin schlafend stellte, hörte sie eine andere Stimme sagen: „Still! Und nehmen Sie ihr das Zeug aus den Fingern, daß sie nicht gleich erinnert wird!“ Aber sie hielt die Ranke so fest, daß sie aus Furcht, sie zu wecken, nicht daran rührten.

Als sie wieder aufsah, waren die Läden schon geöffnet.

„Warum sind Sie ins Wasser gegangen?“ fragte die Neugierige wieder. Das Mädchen dachte an die vielen Preisrichter und an den einen, sie sah sein Gesicht noch einmal, von Flußwasser übersprüht, sie streckte die Arme aus, aber die Tropfen flossen ab. Zurück blieb nur mehr der Mond, der sich zart und deutlich von den Morgenwolken abhob.

„Warum –“ begann die Frau ein drittes Mal.

„Weil ich häßlich bin. Ich war für einen nicht schön genug!“

„Ach –“ sagte die Frau mitleidig.

Das Mädchen schloß die Augen wieder. Wie sollte sie es ihr erklären, daß es mit der Algenranke ein wenig von der Verlassenheit der Ophelia und ein wenig von der Schönheit besaß, die sich Preisrichtern nicht unterwirft?

*Aichinger, Ilse: Mondgeschichte. In: Der Gefesselte. Erzählungen I. 7. Auflage, Frankfurt am Main, Fischer Taschenbuch Verlag, 1996, S. 75–82, Originalschreibweise*

**Ilse Aichinger**
*(1921-2016), österreichische Schriftstellerin, die als bedeutende Repräsentantin der deutschsprachigen Nachkriegsliteratur gilt*

**b.** Formulieren Sie Hypothesen zum Text:

- Was ist das Thema der Erzählung?
- An welchen Orten spielt die Geschichte?
- Was erfahren Sie über die Protagonistin der Geschichte?
- Aus welcher Perspektive wird die Geschichte erzählt?
- Was erfahren Sie über die Misswahl? In welcher Zeit könnte diese stattgefunden haben? Gibt es heute noch derartige Veranstaltungen? Welche Titel werden heute für die Schönsten der Welt vergeben?
- Wie werden die Reise zum Mond und der Aufenthalt dort beschrieben? Erscheint Ihnen diese Darstellung der Ereignisse realistisch?
- Wer ist Ophelia? Wie wird sie beschrieben?
- Gibt es wirklich Wasser auf dem Mond? Der Text spielt auf ein Gemälde von John Millais an, das Ophelia darstellt, die im Fluss ertrinkt. Beschreiben Sie dieses Bild.

- Die Schilderung der Reise zum Mond stellt auch das immer absurder werdende Streben der Menschen nach Schönheit und einem immer neuen Schönheitsideal dar. Begründen Sie diese These mit konkreten Beispielen aus dem Text.
- Wie wird die Geschichte aufgelöst?

*Ophelia von John E. Millais (1852), Tate Britain Museum, London*

**Ophelia** *ist eine Figur in Shakespeares Hamlet, die dem Wahnsinn verfällt und im Fluss ertrinkt. Ophelia ist auch die Bezeichnung für einen der 27 Monde des Planeten Uranus.*

**c.** Verfassen Sie eine Inhaltsangabe der Erzählung.

**d.** Analysieren Sie die formalen Aspekte der Erzählung:
- Erzählform und Erzählperspektive
- Erzählzeit und erzählte Zeit
- Schauplatz, Bedeutung des Raumes
- Personenbeschreibung, die Stellung der Personen zueinander, soziales Milieu der handelnden Personen

**e.** Untersuchen Sie die sprachlichen Merkmale des Textes. Was soll durch die Art der sprachlichen Darstellung bewirkt werden? Zitieren Sie die Textstellen, die Ihnen besonders wichtig oder interessant erschienen sind.

**f.** Welche Wirkung hat der Text auf Sie? Welche Fragen bleiben für Sie offen?

**g.** Recherchieren Sie im Internet nach Informationen über die Autorin.

**h.** Verfassen Sie eine **Textinterpretation** von Ilse Aichingers „Mondgeschichte“ und bearbeiten Sie dabei folgende Schreibaufträge:
- **Fassen** Sie die Handlung der „Mondgeschichte“ **zusammen**.
- **Untersuchen** Sie den formalen Aufbau der Erzählung. Welche Rolle spielt dabei die Reise zum Mond bzw. der Schauplatz des Mondes?
- **Analysieren** Sie die sprachlichen Merkmale des Textes.
- **Bewerten** Sie die mögliche Intention der Autorin bzw. die Wirkung des Textes hinsichtlich der heutigen Praxis von Misswahlen.

Schreiben Sie ca. 500 Wörter.

## 25 Aufgabenstellung
●

Schreiben Sie die Geschichte um und schildern Sie die Geschehnisse aus der Sicht des Mädchens.

## 26 Aufgabenstellung
●

Legen Sie in Ihrem Kulturportfolio eine Lesemappe über die „Mondgeschichte“ an und dokumentieren Sie dort alle Arbeiten. Suchen Sie weitere Erzählungen von Ilse Aichinger.

## 27 Aufgabenstellung
●●●

Tauschen Sie sich im Rahmen einer Lesekonferenz über Ihre jeweilige Interpretation des Romans „Agnes“ oder der Erzählung „Mondgeschichte“ aus.

# 3.3 Vorlesen

## 3.3.1 Lautes Lesen für andere

Einen Text leise für sich zu lesen und ihn zu verstehen, bedeutet nicht, dass man ihn auch laut, deutlich artikulierend, flüssig und betont lesen kann. In der Schule, aber auch am Arbeitsplatz wird es immer wieder einmal erforderlich sein, einen Text oder Textausschnitt laut vorzutragen.

### Kriterien für das Vorlesen

- **angemessenes Sprech- bzw. Lesetempo**
  - Pausen an passenden Stellen setzen
  - kein Stottern oder Stocken
- **Aussprache und Satzmelodie**
  - deutliche Artikulation der einzelnen Wörter
  - flüssiges Sprechen
  - adäquater Tonfall
  - Deutlichkeit der Aussprache
  - angemessene Lautstärke
- **sinngemäße Betonung**
  - Anheben der Stimme vor einem Komma
  - Absenken der Stimmlage vor einem Punkt
  - gleichbleibende Stimmlage bei einem Doppelpunkt
  - kurze Pause bei einem Absatz
  - stärkere Betonung und damit Kennzeichnung einer wörtlichen Rede
- **Mimik, Gestik, Blickkontakt**
  - Einsatz körpersprachlicher (nonverbaler) Mittel zur Unterstützung

Lautes und gestaltendes Lesen will gelernt sein und erfordert intensives Training. Ungeübte Leserinnen bzw. Leser sind oft aufgeregt und nervös, wenn sie einen Text laut vorlesen müssen. Sie verschlucken Endungen, sprechen undeutlich, machen Fehler und der Redefluss kommt ins Stocken.

### 28 Aufgabenstellung

●●

Suchen Sie Zungenbrecher im Internet und lesen Sie diese laut vor. Sprechen Sie schnell und so exakt wie möglich.

**Beispiele:**
*www.heilpaedagogik-info.de/287-zungenbrecher-deutsch-sprueche.html*
*http://sprueche.woxikon.de/zungenbrecher*

**CHECKLISTE – Vorlesen**

- Üben Sie lautes Lesen mit Texten, die Sie interessieren.
- Spielen Sie beim Üben mit der Stimme. Lesen Sie den Text einmal schnell, einmal langsam, einmal leiser, einmal lauter, dann monoton oder sehr melodisch vor. So entwickeln Sie ein Gefühl für Ihre Stimme und werden sicherer beim Vorlesen.
- Lesen Sie den Text, den Sie laut vorlesen sollen, mehrere Male leise durch und stellen Sie sicher, dass Sie ihn inhaltlich verstanden haben.
- Lesen Sie anschließend den Text halblaut und markieren Sie Wörter, deren Aussprache Ihnen schwer fällt. Sprechen Sie diese Wörter so lange laut, bis Ihnen deren Aussprache keine Probleme mehr bereitet.
- Setzen Sie Markierungen, wo Sie Ihre Stimme senken, wo Sie eine Pause machen und welche Wörter Sie betonen wollen.
  Gängige Transkriptionszeichen sind: (.) für Pausen, <<f> für laut, <<p> für leise.
- Wenn Sie den Text sicher laut vorlesen können, probieren Sie, an einigen Stellen den Blick zu heben, ohne dass das Lesen ins Stocken gerät.
- Lesen Sie Ihre Texte auch Freundinnen oder Freunden oder der Familie vor. Nehmen Sie einen Text auf.
- Üben Sie auch vor dem Spiegel.

## 29 Aufgabenstellung

●●

Lesen Sie ein Kapitel aus Peter Stamms „Agnes“ laut vor. Für die Dialoge suchen Sie sich eine Partnerin bzw. einen Partner.

## 30 Aufgabenstellung

○

Führen Sie in der Klasse eine Lesekonferenz durch, bei der jede Mitschülerin bzw. jeder Mitschüler einen vor Kurzem gelesenen Roman vorstellt. Auch eine Leseprobe des Lieblingskapitels ist vorzubereiten.

In Gruppen mit je drei bis vier Schülerinnen bzw. Schülern wird zuerst festgelegt, welcher Roman präsentiert werden soll.

In einem abschließenden Plenum werden ein bis zwei Romane aller Schülerinnen bzw. Schüler ausgewählt, die allen vorgestellt werden. Dabei wird auch jeweils eine Textstelle laut vorgelesen.

## 31 Aufgabenstellung

●●

Das Lesen von Zahlen erfordert eine erhöhte Konzentration. Lesen Sie sich den folgenden Zeitungsbericht gegenseitig laut vor. Achten Sie dabei auf ein flüssiges Tempo und eine deutliche Aussprache. Geben Sie einander Feedback.

### Bauern-Einkommen stiegen 2011 stärker als erwartet

Österreichs Bauern können auf ein erfolgreiches Jahr 2011 zurückblicken. Das durchschnittliche Einkommen einer nicht entlohnten Arbeitskraft ist im Vorjahr auf 23485 Euro gestiegen, ein Plus von 34,1 Prozent.
Der Zuwachs sei einerseits auf die gute Ernte bei wesentlichen agrarischen Produkten und andererseits auf die gute Preisentwicklung im Jahr 2011 zurückzuführen, teilte das Landwirtschaftsministerium am Donnerstag mit. Trotz dieses Einkommenszuwachses sei es aber nicht bei allen Betrieben gelungen, die Einkommensrückgänge des Jahres 2009 auszugleichen.
Basis der Daten sind die Ergebnisse von 2209 freiwillig buchführenden land- und forstwirtschaftlichen Betrieben. Diese weisen für 2011 je Betrieb eine durchschnittliche Einkommenssteigerung von real 28 Prozent auf 25679 Euro auf.
Verantwortlich für den Einkommenszuwachs im Jahr 2011 waren vor allem die höheren Preise und Ertragsmengen für Getreide, Öl- und Eiweißfrüchte sowie Stärkekartoffeln und Zuckerrüben, so das Ministerium. Die gestiegenen Erträge im tierischen Bereich seien vorwiegend auf den höheren Milchpreis und die vergleichsweise gute Preislage für Rinder und Schweine zurückzuführen.
Im Durchschnitt aller Betriebe sei der Ertrag gegenüber 2010 um 15 Prozent gestiegen. Die öffentlichen Gelder verringerten sich dagegen gegenüber 2010 geringfügig.

*APA: Bauern-Einkommen stiegen 2011 stärker als erwartet. Salzburger Nachrichten, 19.07.2012*

## 32 Aufgabenstellung

●●

Im folgenden Text fehlen einzelne Buchstaben oder Endungen (angezeigt durch ☼). Ergänzen Sie diese beim Vorlesen.

### 350.000 Pendler-Autos kommen täg☼ nach Wien

**Die aktuellsten Zahlen zu Pendlerströmen bew☼sen, dass Bus, Schnellbahn oder Zug noch enormen Aufholbedarf ha☼en.**

Wien will mit d☼ Ausweitung der sogenannten Parkpickerl-Z☼ne vor allem eines: die Pendlerströme eind☼mmen. Oder genaugenommen: All jene, die bisher mit d☼ Auto aus dem Umland anreisen, sollen z☼ Umstieg auf die Öffis motiviert werd☼.
Die aktuellsten Zahlen in Sachen Pendlerströme stammen a☼s dem Jahr 2010 – und beweisen eindrucks☼, dass Bus, Schnellbahn o☼er Zug dabei noch enormen Aufholbedarf haben.

**200000 klassische Pendler pro Tag**

Laut der sogenannten Erheb☼ der länderübergreifenden „Planungsgemeinschaft Ost" überqueren an einem normalen Werkt☼ (zwischen 5 und 24 Uhr, Anm.) durchschni☼lich 528000 Personen die Stadtgrenze sta☼einwärts. Rund 200000 Personen sind klassische Pend☼, die zur Arbeit oder zur Schule bzw. Ausbildungsstätte unt☼wegs sind. Der Rest entfällt auf Fahrten für private Erledigungen, zum Einkaufen oder für gesch☼ftliche Zwecke. […]

*APA: 350000 Pendler – Autos kommen täglich nach Wien. In: Die Presse, 19.07.2012. Online: https://diepresse.com/home/panorama/wien/1269059/350000-PendlerAutos-kommen-taeglich-nach-Wien?_vl_backlink=/home/index.do (10.05.2019), gekürzt*

## 33 Aufgabenstellung

●●

Setzen Sie einen Feedbackbogen ein, während eine Mitschülerin bzw. ein Mitschüler einen Text vorliest. Geben Sie anschließend eine kurze Rückmeldung. Beachten Sie dabei die Grundregeln des Feedbacks.

### Feedbackbogen zur Bewertung Ihrer Mitschülerin/Ihres Mitschülers

| Die Leserin/Der Leser ... | ☺ | 😐 | ☹ |
|---|---|---|---|
| ... trägt den Text flüssig, ohne zu stocken, vor. | | | |
| ... liest auch längere Wörter flüssig. | | | |
| ... liest nicht zu schnell. | | | |
| ... liest nicht zu langsam. | | | |
| ... verschluckt nicht die Endungen. | | | |
| ... liest den Text gut verständlich. | | | |
| ... macht keine Fehler. | | | |
| ... spricht so laut und deutlich, dass man alles versteht. | | | |
| ... setzt ihre / seine Stimme passend zum Text ein (unterschiedliche Stimmlage). | | | |
| ... betont angemessen, hebt einzelne Stellen hervor. | | | |
| ... macht an den passenden Stellen Pausen. | | | |
| ... beachtet die Satzzeichen. | | | |
| ... hält regelmäßigen Blickkontakt zu den Zuhörerinnen und Zuhörern. | | | |

Schätzen Sie sich hin und wieder auch selbst ein. Nur so können Sie sich neue Ziele setzen.

### Feedbackbogen zur Selbstbewertung

| Ich kann ... | ☺ | 😐 | ☹ |
|---|---|---|---|
| ... den Text flüssig vortragen. | | | |
| ... auch längere und schwierige Wörter flüssig vorlesen. | | | |
| ... so laut und deutlich vortragen, dass man alles versteht. | | | |
| ... Pausen an den richtigen Stellen setzen. | | | |
| ... meine Stimme passend zum Text einsetzen (laut oder leise, langsam oder schnell etc.). | | | |
| ... regelmäßig Blickkontakt zu meinen Zuhörerinnen und Zuhörern aufnehmen. | | | |

# ▶▶▶ Ihr persönlicher Lernerfolg

**Schätzen Sie selbst ein, was Sie jetzt wissen und können:**

✓ oder ✗

| | | LESEN | ÜBEN |
|---|---|---|---|
| Sie können Lesetechniken gezielt einsetzen. | ○ | S. 62 | S. 63–65 |
| Sie können Sachtexte analysieren. | ○ | S. 67 | S. 68–75 |
| Sie können literarische Texte analysieren und interpretieren. | ○ | S. 78–79 | S. 82–83 |
| Sie können die von Ihnen gelesenen Werke durch das Führen einer Lesemappe dokumentieren. | ○ | S. 83 | S. 83 |
| Sie achten beim lauten Lesen und Vorlesen auf Aussprache, sinngemäße Betonung, Lautstärke und Tempo. | ○ | S. 84 | S. 85, 86 |
| Sie können Feedback geben und nehmen. | ○ | S. 87 | S. 87 |

# 4

## SPRACHE

### In diesem Kapitel lernen Sie, ...

... Ihre grammatikalischen, orthografischen und stilistischen Kenntnisse zu vertiefen,

... dass Sprache einem ständigen Wandel unterliegt,

... dass ein bewusster Gebrauch der Sprache Diskriminierung verhindern kann,

... dass Gender Mainstreaming auch in der Sprache seinen Niederschlag hat.

Kompetenzen hier entlang ▶▶▶

*siehe Übungsband 1/2, Kapitel „Rechtschreibung“*

# 4.1 Schreibrichtigkeit

## 4.1.1 Groß- und Kleinschreibung

### 1 Aufgabenstellung

**a. ● ●**

Wiederholen Sie die wichtigsten Regeln der Groß- und Kleinschreibung und ergänzen Sie den folgenden Merkkasten.

**Groß- und Kleinschreibung**

- ________________ schreibt man immer **groß**.

**Großgeschrieben wird**

- das **erste Wort** eines ________________ **Satzes**, in Briefanreden und Grußformeln (wenn ein Rufzeichen folgt),
- das ________________ **Wort** einer **Überschrift**, eines **Titels** oder einer **Schlagzeile**,
- nach einem **Doppelpunkt**, wenn ein ________________ **Satz** folgt,
- das erste Wort der ________________ **Rede**,
- die ________________ **Anrede** (z. B. *Sie*, *Ihnen*, *Ihr*).

**b. ● ●**

Korrigieren Sie die nachfolgenden Sätze. Schreiben Sie die Lösung in Ihr Heft.

der titel des filmes lautet: die fabelhafte welt der amelie. er lernte in der unterstufe die ballade „die bürgschaft“ auswendig. selbstverständlich sollten sie bei der arbeit beachten: tragen sie stets die schutzmaske. sie wusste eines mit sicherheit: nichts übereilen! liebe frau huber! vielen dank für ihre bestellung. wir liefern ihre waren ... die gebühren für sms waren aus ihrem urlaubsort besonders teuer. heuer pflanzten sie viele seltene gemüsesorten im garten: grüne tomaten, strauchbasilikum und andere alte pflanzen. nach dieser reise wussten sie: nirgendwo war es schöner als zu hause. afrika und australien waren kontinente, die die beiden freunde in den nächsten jahren bereisen wollten. die spielgemeinschaft konnte es kaum glauben, eine million im lotto gewonnen zu haben. die erkenntnis aus dem ungeheuren erlebnis lautete: eine gute vorbereitung erspart so manchen ärger. lieber gustav, nochmals dank für deine mühe. plötzlich rief sie entsetzt: „wir haben die eintrittskarten vergessen“, und leitete ein gefährliches bremsmanöver ein. „der fahrer des wagens mit dem kennzeichen ... möge bitte zur kasse kommen“, ertönte es aus dem lautsprecher, „sie blockieren die notausfahrt.“

## 2 Aufgabenstellung

**a. ●●**

Ergänzen Sie den folgenden Merkkasten, der eine weitere Regel der Groß- und Kleinschreibung beinhaltet.

**______________namen**

werden ____________**geschrieben**. Das sind Namen von **Personen, Ländern, geografischen** und **historischen Bezeichnungen, Institutionen** und **Ereignissen.** Ableitungen von **geografischen Namen auf -er** werden ____________**geschrieben**, Ableitungen **auf -isch** werden ____________**geschrieben**.

**b. ●●**

Ergänzen Sie in nachfolgenden Wortgruppen die Anfangsbuchstaben. Schlagen Sie im Zweifelsfall in einem Wörterbuch nach.

der ___weite Weltkrieg, der ___eilige Abend, ein ___tlantisches Tief, der ___tlantische Ozean, ___alzburger Nockerl, ___sterreichische Bundesbahnen, die ___iederösterreichische Landesausstellung, der ___rste Mai, die ___chwarze Mamba, der ___rste ___unische Krieg, der ___panische König Philipp der ___chöne, der ___laue Brief, die ___berösterreichischen Spezialitäten, in den ___iroler Alpen, ___hinesische Waren, die ___orarlberger Landesregierung, das ___sterreichische Schulwesen, die ___ariahilfer Straße, ein Stück ___inzer Torte, der ___ondoner Flughafen, die ___arnischen Alpen, das ___leißige Lieschen (Pflanze), der ___chwarze Freitag, der ___remser Schmidt (österreichischer Maler), die ___panische Hofreitschule, die ___ariazeller Bahn, die ___änische Butter, Heinrich der ___chte, der ___chiefe Turm von Pisa, dein ___chwarzer Humor, das ___eiße Haus, die ___oldene Uhr, das ___oldene Dachl, der ___rste Juli, der ___ngarische Präsident, die ___ohen Tauern, das ___ote Kreuz, der ___ote Halbmond, der grammatikalische ___weite Fall, im ___tillen Ozean, die ___tillen Reserven, das ___wige Licht, die ___ärntner Seen, das ___ote Meer, die ___rabischen Emirate, der ___eilige Leopold

## 3 Aufgabenstellung

**a. ○**

Wiederholen Sie die wichtigsten Regeln der Nominalisierung und ergänzen Sie den Merksatz durch Beispiele.

**Nominalisierungen**

Wenn **Verben, Partizipien, Adjektive, Artikel, Pronomen, Präpositionen, Adverbien, Numerale, Konjunktionen** oder **Interjektionen** als **Nomen** gebraucht werden, spricht man von Nominalisierung.
Es gibt folgende **Möglichkeiten der Kennzeichnung:**

- **bestimmter und unbestimmter Artikel:** z. B. ______________________
- **Pronomen:** z. B. ______________________
- **unbestimmte Numerale:** z. B. ______________________
- **Adjektivattribute:** z. B. ______________________
- **Präpositionen:** z. B. ______________________

**b.** ● ●

Setzen Sie in nachfolgenden Wortgruppen die Anfangsbuchstaben ein.

aufs ___eue überrascht sein, unerwartetes ___iedersehen, das ___nstarren als ___nangenehm empfinden, sämtliches ___nfeuern nützte nichts, ein ___oben und ___chreien vernehmen, das ___ür und ___ider abwägen, es auf ___nglisch sagen, während des ___ortragens nervös sein, im ___ier und ___etzt leben, unerschrockenes ___urchgreifen konnte ___chlimmstes verhindern, fröhliches ___ingen hören, beim ___islaufen frieren, keinen ___eiteren finden, sämtliches ___nbrauchbares wegwerfen, viel ___nteressantes erfahren, das ___ützliche vom ___nnützen trennen, ein ___röhliches ___egrüßen, das ___berraschende ___eenden der Karriere, die ___cheinbar ___nbesiegbaren, ___ein oder ___ichtsein, nichts ___eures besitzen, das ___ber-raschende ___rleben, alles ___ute und ___iebe wünschen, am ___chönsten singen können, am ___uten zwei-feln, sich zum ___uten wenden, der ___aule

**4** **Aufgabenstellung**

○

Wiederholen und ergänzen Sie die wichtigsten Regeln der Schreibung fester Fügungen, indem Sie die Merksätze ergänzen und in nachfolgenden Wortgruppen die Anfangsbuchstaben einsetzen. Im Zweifelsfall schlagen Sie in einem Wörterbuch nach.

## Feste Fügungen

- ______________**geschrieben** werden die Wörter **Angst, Bange, Bankrott, Feind, Freund, Gram, Klasse, Leid, Pleite, Recht, Schuld, Spitze** und **Unrecht** in Verbindung mit den Verben **sein, bleiben** und **werden,** z. B. *pleite sein, schuld sein, schuld bleiben*

- Es gibt viele weitere Nomen, die als **feste Fügungen** in Verwendung sind.

  Häufig ist sowohl die ______________**schreibung** als auch die ______________**schreibung** möglich – man nennt dies **fakultative Schreibung**. Manche dieser Fügungen werden klein- und zusammen-geschrieben!

- **Tipp:**
  Feste Fügung lässt sich mit **Wie?** erfragen → **Kleinschreibung**
  Feste Fügung lässt sich mit **Was?** erfragen → **Großschreibung**

schuldlos ___leite sein, in ___raft treten, in ___etracht ziehen, ___nschuldig verurteilt werden, ___ange sein, zu ___runde gehen, ___mstande sein, ___ustande kommen, mit ___ilfe von, zu ___ate ziehen, ___bhanden kommen, zu ___anden von, etwas jederzeit in ___auf nehmen, zu allem im ___tande sein, von ___eiten der Behörden, etwas ___eid sein, vor vielem ___ngst haben, daran nicht ___chuld sein, damit ___echt haben, von___öten sein, auf ___eiten des Gegners, zu ___unsten der Familie, für immer daran ___chuld bleiben, bestimmt ___leite gehen, jemandes ___eind sein, es allen ___rnstes meinen, ganz sicher ___echt haben, vor ___ram und ___eid beinahe vergehen, es ___ert sein, ihm deshalb ___eind sein, damit im ___nrecht bleiben, wohl zu___ute / zu ___ute sein

## 5 Aufgabenstellung

**a.** ●
Korrigieren Sie folgenden Text hinsichtlich Groß- und Kleinschreibung. Verwenden Sie einen farbigen Stift, um die Fehler zu kennzeichnen.

**b.** ○
Vergleichen Sie Ihr Ergebnis in einem Klassengespräch.

### Hans Lebert – **Die Wolfshaut**

die rätselhaften ereignisse, die uns vergangenen winter beunruhigt haben, begannen, wenn wir es näher betrachten, nicht, wie man allgemein annimmt, am neunten, sondern aller wahrscheinlichkeit nach schon am achten november, und zwar mit jenem sonderbaren geräusch, das der matrose gehört zu haben behauptet. ja. aber werfen wir erst einen blick auf die karte. das hier ist schweigen; hier, südlich davon, liegt kahldorf. das ist die bahnstation „kahldorf-schweigen" und die eingeleisige nebenstrecke, die drei stationen weiter aufhört. von westen her schiebt sich ein hügelrücken, das ebergebirge, an schweigen heran; die straße von kahldorf nach schweigen führt um den berg herum. hier, bei dieser kurve südlich von schweigen, befindet sich der verdächtige ziegelofen. und sonst ...? das hier sind äcker, das hier ist wald; die punkte da bezeichnen einsame höfe, und die striche: wege, die sich im walde verlaufen. es ist eine gottverlassene gegend, eine gegend, die nichts zu bieten hat und deshalb auch kaum bekannt ist. abseits der großen verkehrsadern lebt sie ihr undurchsichtiges leben, und wer sie zu kennen glaubt, so wie ich zum beispiel, weiß letzten endes auch nur, dass sie da ist und dass sich dort die füchse in einer uns schwerverständlichen sprache (klingt wie in den bart gemurmelt) gute nacht sagen. am morgen schleichen sie wieder durchs dickicht, schnuppern nach den gehöften hinüber, wo rauch aus den kaminen aufsteigt und nach verbrannten federn riecht. dann spitzen sie die ohren, und der blick ihrer lichter[1] schweift in die runde: ödnis. die wipfel in wolken verfangen; leise trommelt ein regenschauer auf abgeerntete felder.

und nun zurück zur sache! am achten november, etwa um drei uhr morgens, weckte den matrosen ein unbehagen, ein ekelhaftes, frostiges gefühl, „so, als ob die haustür offen sei". er stand also auf und überzeugte sich, dass sie versperrt war. dann legte er sich wieder hin, vermochte aber nicht mehr einzuschlafen. ärgerlich darüber, stand er nach einer weile abermals auf, rauchte sich eine pfeife an und schaute aus dem fenster. draußen herrschte ein milchiges zwielicht. der mond, im osten hinter den wolken versteckt, malte einen zerrinnenden fleck auf den nebel, einen tümpel aus schwindsüchtig bleicher helle, von dem sich das kahle geäst der obstbäume schattenhaft abhob. das war nicht viel anders als sonst und hatte alles seine richtigkeit. dennoch war dem matrosen auf einmal zumute, als warte er auf irgendein erlebnis; und während er noch dastand und überlegte, was für ein erlebnis das sein könnte, vernahm er plötzlich jenes sonderbare geräusch, das man bis heute nicht zu erklären vermocht hat. es kam, wie er sagt, aus der richtung des ziegelofens und erfüllte allmählich das ganze gewölbe des himmels. es klang wie „ohrenklingen" oder wie eine äolsharfe[2], etwa so, als bebte die luft dort drüben wie eine straffgespannte saite.

*Lebert, Hans: Die Wolfshaut. Hamburg, Wien, Europa Verlag, 2001, S. 7f.*

[1] *Lichter: in der Jagdsprache Augen eines Fuchses*
[2] *Äolsharfe: Windharfe*

**Hans Lebert**
*(1919–1993) war ein österreichischer Schriftsteller und Opernsänger. Sein Hauptwerk „Die Wolfshaut" – ein Antiheimatroman – erschien zuerst 1960 und wurde 1991 und 2008 neu aufgelegt. Lebert kritisiert darin die fehlende Aufarbeitung der NS-Zeit.*

## 4.1.2 Getrennt- und Zusammenschreibung

### 6 Aufgabenstellung

○

Wiederholen Sie die wichtigsten Regeln der Getrennt- und Zusammenschreibung mit Verben, indem Sie die Sätze im Merkkasten ergänzen.

#### Verbindungen mit Verben

Verbindungen mit einem **Verb als zweitem Bestandteil** werden grundsätzlich ______________ **geschrieben**.

- **Nomen und Verb:** z. B. *Auto fahren, Walzer tanzen, Radio hören*
  **Ausnahme:** Zusammenschreibung, wenn die ersten Teile in der Zusammensetzung ihre Eigenschaft als ______________ Nomen weitgehend verloren haben, z. B. *eislaufen, kopfstehen, leidtun*
  **Zusammenschreibung** ist in folgenden vier Fällen möglich: *Acht geben/achtgeben, Acht haben/achthaben, Halt machen/haltmachen, Maß halten/maßhalten*
- **Verb und Verb:** z. B. *schwimmen gehen, liegen bleiben, lesen üben*
- **Adjektiv und Verb:** Zusammenschreibung, wenn Adjektiv und Verb eine neue Gesamtbedeutung bilden, z. B. *jemanden fertigmachen, etwas feststellen, schwerfallen* (Mühe verursachen), *jemanden krankschreiben*
- **Partizip und Verb:** z. B. *geschenkt bekommen, verloren gehen*
- **Verbindungen mit *sein*:** z. B. *schuld sein, fertig sein, vorhanden sein*
- **Achtung: Partikeln** werden mit dem Verb ausnahmslos ______________________ geschrieben, z. B. *abändern, abhandenkommen, überhandnehmen, aufeinanderstapeln*
  Der Verstoß gegen diese Regel ist einer der häufigsten Fehler bei der Getrennt- und Zusammenschreibung.
- Bei der **Nominalisierung** werden beide Wörter zusammen- und ______________ geschrieben, z. B. *das Schifahren, das Überhandnehmen, das Lesenüben*

### 7 Aufgabenstellung

●●

Ergänzen Sie die fehlenden Verbverbindungen in korrekter Schreibweise.

Nach seinem Unfall kann er leider sehr ____________________________ (schlecht + gehen). Sie ließen es sich im Urlaub nicht ____________________________ (schlecht + gehen). Die Geschworenen werden den Verdächtigen vermutlich ____________________________ (frei + sprechen). Es war sehr peinlich, dass er seine Rede nicht ____________________________ (frei + sprechen) konnte. Wohin soll ich die Skulptur in meiner kleinen Wohnung ____________________________ (bloß + stellen)? Ich kann ihn doch nicht wegen dieses dummen Missverständnisses ____________________________ (bloß + stellen). Wir müssen beim Protokollieren die wichtigsten Punkte ____________________________ (fest + halten). Du musst deine kleine Schwester beim Stufensteigen noch ____________________________ (fest + halten). Trotz aller Beteuerungen konnte sie sich von dem Vorwurf nicht ____________________________ (rein + waschen). Die Waschmittelwerbung versprach, mit dem neuen Produkt könne man die Wäsche besonders ____________________________ (rein + waschen). Der Erstklässler kann bereits sehr ____________________________ (gut + schreiben). Der Lieferant wird dem Kunden dann den Rabatt ____________________________ (gut + schreiben).

8 **Aufgabenstellung**

●●

Bilden Sie aus folgenden Nominalisierungen jeweils den Infinitiv, das Partizip I und das Partizip II. Achten Sie dabei auf die Getrennt- und Zusammenschreibung. Übertragen Sie die Tabelle in Ihr Heft und schreiben Sie mit zehn Wörtern Ihrer Wahl Sätze in Ihr Heft. Schlagen Sie im Zweifelsfall in einem Wörterbuch nach.

**Achtung:** Bei einem Beispiel ist der Gebrauch von Partizip I und Partizip II nicht gebräuchlich!

~~das Bergsteigen~~ • das Kopfrechnen • das Sonnenbaden • das Brustschwimmen • das Eislaufen • ~~das Fahrradfahren~~ • das Wettlaufen • das Segelfliegen • das Schutzimpfen • das Fußballspielen • das Schilaufen • das Tennisspielen • das Autofahren • das Seilspringen • das Walzertanzen • das Theaterspielen • das Kunstturnen • das Stabhochspringen

| Infinitiv | Partizip I | Partizip II |
|---|---|---|
| bergsteigen | bergsteigend | berggestiegen |
| Fahrrad fahren | Fahrrad fahrend | Fahrrad gefahren |
| ... | ... | ... |

9 **Aufgabenstellung**

●●

Ergänzen Sie den Merksatz und entscheiden Sie sich in folgenden Wortgruppen für Getrennt- oder Zusammenschreibung der Verben mit der Verbindung „zu“. Beachten Sie dabei, dass Getrennt- bzw. Zusammenschreibung Einfluss auf die Bedeutung hat.

**Infinitiv + „zu“**

- Der Infinitiv (**„zu“** + Verb) ist ______________________________ zu schreiben.
  Beispiel: *Es ist die Frage zu stellen, ob richtig gehandelt worden ist.*
- Entsteht eine neue (übertragene) Bedeutung, so wird **„zu“** vor dem Verb betont und ______________________________ geschrieben. Beispiel: *das Paket zustellen*

das Paket zu / stellen, schwer zu / tragen haben, an Gewicht zu / nehmen, ihm das Recht zu / sprechen, das Gerücht zu / tragen, etwas zu / sehen bekommen, bei der Station zu / steigen müssen, nichts zu / sagen haben, ihr auch das zu / trauen, euch in der Angelegenheit zu / raten, wir haben nichts zu / gestehen, es ihm zu / kommen lassen, nichts zu / kaufen haben, bei der Arbeit tüchtig zu / packen, nichts zu / ordnen können, noch die Arbeit zu / schreiben haben, langsam zu / laufen beginnen, dabei zu / sehen, fremde Lebensmittel zu / kaufen, morgen zu / kommen versprechen, sein Einverständnis zu / sagen, darüber ist noch zu / sprechen, die Dokumente sind zu / ordnen, dem fremden Mann zu / laufen, das Delikt zu / geben, es nicht zu / fassen bekommen, die Tür zu / fallen lassen, bis zum Eingang zu / fahren, beim Essen ordentlich zu / langen, ihr die Anerkennung zu / gestehen, die Schnürsenkel zu / binden, beim günstigen Angebot zu / greifen, das junge Pferd zu / reiten, nichts zu / geben haben, ihr etwas zu / raten aufgeben, es den Freunden zu / sichern, ihnen die Schuld zu / schreiben

### 4.1.3 das/dass

**10 Aufgabenstellung**

**a. ● ●**

Wiederholen Sie die wichtigsten Unterscheidungsmerkmale zwischen den Wörtern **„das"** und **„dass"**, indem Sie die Sätze im Merkkasten ergänzen.

**das – dass**

**„das"** kann **drei Funktionen** erfüllen:

- ____________________**Artikel** (Ersatzwort: *ein*)
Beispiel: ***das** Haus, das Tier*

- ____________________**pronomen** (Ersatzwort: *dies*/*dieses*)
Beispiel: ***Das** (dieses/dies) sind die Schuhe, die mir am besten gefallen.*

- ____________________**pronomen** (Ersatzwort: *welches*)
Beispiel: *Das Gewitter, **das** (welches) gestern wütete, richtete großen Schaden an.*

**„dass"** ist eine ____________________, die einen Nebensatz einleitet (es gibt____________________ Ersatzwort!). Beispiel: *Ich freue mich, **dass** es dir gut geht.*

**b. ●**

Ergänzen Sie **„das"** oder **„dass"** in folgenden Sätzen und bestimmen Sie, ob es sich dabei um einen Artikel (A), ein Demonstrativpronomen (DP), ein Relativpronomen (RP) oder eine Konjunktion (K) handelt.

1. Wir dachten nicht daran, __________ (____) __________ (____) ein wirkliches Problem sein könnte.
2. __________ (____) ist __________ (____) Ergebnis einer langen und intensiven Internetrecherche.
3. __________ (____) du gar nicht daran gedacht hast, __________ (____) wäre mir nie in den Sinn gekommen.
4. Sie dachte, __________ (____) es nicht wieder so enden dürfte.
5. Wir sahen __________ (____) ein, __________ (____) war auch nicht allzu schwer zu verstehen.
6. __________ (____) es den Verlauf der Verhandlungen beeinflussen könnte, __________ (____) war allen klar.
7. Nichts ist schwieriger, als __________ (____) du __________ (____) allen verständlich machst, __________ (____) glaube mir.
8. Denkst du, __________ (____) du __________ (____) auch allein schaffen kannst?
9. Ihr lernt dabei __________ (____) Sprechen der Fremdsprache, ohne __________ (____) es euch bewusst wird.
10. Sucht euch nur __________ (____) aus, was euch am besten gefällt.
11. __________ (____) er sie stundenlang dabei beobachtet hat, __________ (____) ist der wirkliche Skandal.
12. Wir meinen, __________ (____) __________ (____) Ergebnis der Wahl schon vorhersehbar ist.
13. Nichts ist störender, als __________ (____) laute Telefonieren der Menschen im öffentlichen Raum.
14. Kennst du __________ (____) Gesetz, __________ (____) letzte Woche beschlossen worden ist?
15. Freust du dich, __________ (____) du __________ (____) heurige Schuljahr ausgezeichnet abgeschlossen hast?

**c. ○**

Vergleichen Sie die Ergebnisse Ihrer Arbeit!

## 4.1.4 Gleich und ähnlich klingende Lautfolgen

### 11 Aufgabenstellung

●●

Ergänzen Sie in den folgenden Sätzen **„seid“** oder **„seit“**.

1. ______________ zwei Wochen ______________ ihr nun schon in Urlaub auf Mallorca.
2. Weil es ______________ einer Woche regnet, ______________ ihr nur noch niedergeschlagen.
3. Sie dachte sich, ______________ es das neue Straßencafé gibt, ______________ ihr häufiger in der Stadt.
4. Ich will dich ______________her nicht mehr sehen.
5. ______________ ihr euch sicher, dass es ______________ diesem Ereignis bergauf geht?
6. ______________dem er gesund ist, ______________ ihr auch wieder fröhlich.

### 12 Aufgabenstellung

●●

Ergänzen Sie in folgenden Sätzen **„wieder“** oder **„wider“**.

1. ______________ jede Vernunft kletterte er den Abhang hinab, um ______________ einmal seine Sportlichkeit zu beweisen.
2. Es ist ______________sinnig, immer ______________ denselben Fehler zu machen.
3. Wir mussten uns ______________ eingestehen, dass aller ______________ stand leider zwecklos ist.
4. Es war ein so ______________ wärtiger Anblick, dass mir beim Erinnern ______________ die Gänsehaut über den Rücken läuft.
5. Die ______________ holung der Übung wird für viele ein ______________ erinnern bedeuten.
6. Es ______________ strebte ihr, sich ______________ einmal ohne Erfolg dafür einzusetzen.

### 13 Aufgabenstellung

●●

Ergänzen Sie in folgenden Wortgruppen **„d“** oder **„t“**.

den En__spurt beobachten, sich versehen__lich verraten, einen En__wurf zeichnen, en__lich zu Hause ankommen, es wissen__lich beeinflussen, das En__gelt berechnen, einen bedeuten__en En__schluss fassen, sich für die En__runde qualifizieren, sich vollkommen en__spannen, sehr orden__lich zusammenkehren, die passen__en Schuhe suchen, die En__sorgung des Mülls übernehmen, bis zur En__station reisen, sich zugleich lachen__ und weinen__ begrüßen, die Angelegenheit en__lich been__en, dem En__führer Lösegeld anbieten, gelegen__lich über die Stränge schlagen, scheinbar unen__lich lange warten, die En__en__scheidung abwarten, die toben__en Kinder en__schuldigen, es nicht en__ziffern können, im En__effekt Recht behalten, die neue En__deckung bekanntgeben, den heiligen Ort en__weihen, das Thema en__tabuisieren, der unerwartete En__erfolg, das Geheimnis en__ziffern, vollkommen en__nervt sein, die En__verbraucher en__schädigen, das Obst en__saften, sich nicht en__mutigen lassen, die En__silbe betonen, sich nicht en__sinnen können

*siehe Übungsband 1/2, Kapitel „Rechtschreibung“*

## 4.2 Sprachrichtigkeit

### 4.2.1 Der richtige Fall

**14 Aufgabenstellung**

●●

Ergänzen Sie die folgende Tabelle. Achten Sie dabei auf die Endungen.

| Kasus | maskulin Singular | feminin Singular | neutrum Singular | Plural |
|---|---|---|---|---|
| **Nominativ** 1. Fall | der schöne Tag/ ein schöner Tag | die neue Uhr/ eine neue Uhr | das nette Wort/ ein nettes Wort | die lustigen Bücher/ lustige Bücher |
| **Genitiv** 2. Fall | ____ ____ | ____ ____ | ____ ____ | ____ ____ |
| **Dativ** 3. Fall | ____ ____ | ____ ____ | ____ ____ | ____ ____ |
| **Akkusativ** 4. Fall | ____ ____ | ____ ____ | ____ ____ | ____ ____ |

**15 Aufgabenstellung**

●●●

Ergänzen Sie in folgenden Wortgruppen bei Bedarf die richtige Endung und bestimmen Sie den grammatikalischen Fall.

> **Tipp:**
> Ersatzprobe Dativ – ***mir***
> Ersatzprobe Akkusativ – ***mich***
>
> bei Ortsangaben:
> Frage nach dem Dativ: ***Wo?***
> Frage nach dem Akkusativ: ***Wohin?***

ein interessant___ Phänomen (___. Fall), mit groß___ Sorgen (___. Fall), statt ein___ Zugeständniss___ (___. Fall), auf feinkörnig___ weiß___ Strand (___. Fall), wegen unnütz___ Zeitverzögerung (___. Fall), aufgrund unterschiedlich___ Interess___ (___. Fall), dank sein___ wertvoll___ Unterstützung (___. Fall), ohne dies___ belehrend___ Erfahrung (___. Fall), trotz ein___ stark___ Gewitter___ (___. Fall), frisch___ grün___ Salat kaufen (___. Fall), ein wunderschön___ Konzert darbieten (___. Fall), neben rücksichtslos___ Nachbarn wohnen (___. Fall), aus unergründlich___ Quellen schöpfen (___. Fall), den unerwartet___ Sieg erringen (___. Fall), aus unerklärlich___ Trotz handeln (___. Fall), an dies___ genial___ Mensch___ glauben (___. Fall), auf schön___ Zeremonien Wert legen (___. Fall), wegen schlecht___ Wetterverhältniss___ (___. Fall), durch unser___ Fehlverhalten (___. Fall), wohlschmeckend___ fruchtig___ Eis anbieten (___. Fall), mit sommerlich leicht___ Kleid erscheinen (___. Fall), diese besonder___ Stimmung genießen (___. Fall), ohne glänzend___ Leistungen (___. Fall), unter dauernd___ Kopfschmerzen leiden (___. Fall), wegen tropisch___ Temperaturen absagen (___. Fall), gegen widerlich___ Verhalten protestieren (___. Fall), eine matschig___ Wiese durchwandern (___. Fall), vor dies___ groß___ Hund Angst haben (___. Fall)

## 16 Aufgabenstellung

●●●

Ergänzen Sie im folgenden Text die fehlenden Endungen und bestimmen Sie den grammatikalischen Fall der unterstrichenen Nomen.

### Hans Lebert – **Die Wolfshaut** (Fortsetzung)

Dieses Geräusch (___. Fall) verlor sich wieder, versickerte ungewiss in der Weite der Nacht (___. Fall), verirrte sich in den Wäldern, versank in den sumpfig___ Niederungen (___. Fall), wo der Nebel dem Morgen (___. Fall) zu dichter wurde und Raureif an den Gräsern (___. Fall) glänzte. Es wurde schließlich einbezogen in das leise Klingen (___. Fall) der Telefonleitungsdrähte (___. Fall) (mit dem es eine gewisse Ähnlichkeit hatte) und war von diesem nicht länger zu unterscheiden.

Wir anderen schliefen damals schon wieder recht gut. Wir hatten allerdings auch keine Ursache (___. Fall), ungut zu schlafen. Den Krieg (___. Fall) und seine verschieden___ Folgen (___. Fall) glaubten wir überstanden zu haben; im ganz___ Lande (___. Fall) ging es wieder aufwärts, sogar eine Konjunktur (___. Fall) bahnte sich an; und wenn uns etwas quälte, so war es höchstens schon wieder die Langeweile (___. Fall), welche in Friedenszeiten (___. Fall) hierorts daheim ist und wie ein graues, unfassbares Gespenst (___. Fall) zwischen d___ Häusern und zwischen d___ Stacheldrahtzäunen (___. Fall) umgeht.

Mit ihr (der Langeweile) begann auch der Tag wie jeder andere in dies___ Monat (___. Fall). Er sandte eine verweinte Röte (___. Fall) voraus (Röte entzündet___ Bindehaut (___. Fall), die aber schon nach Minuten (___. Fall) verblasste) und kroch dann grau und widerwillig den Hügeln (___. Fall) über die Rücken (___. Fall). Obwohl es ein Samstag (___. Fall) war und in der „Traube" sogar eine Tanzunterhaltung (___. Fall) stattfinden sollte, gab es doch kein___ Grund (___. Fall), von ihm zu erwarten, dass er den lähmend___ Ring (___. Fall) der Eintönigkeit (___. Fall), den Ring aus Ackerbau (___. Fall) und Viehzucht, kahlen Wäldern und braun___ Erdwellen (___. Fall), der sich, wenn es dem Ende (___. Fall) des Jahres (___. Fall) zugeht, besonders eng um unsere Ortschaft legt, mit etwas Ungewöhnlichem (___. Fall) durchbrechen werde.

Alles war wie immer. Lastkraftwagen und Motorräder begannen zu brummen. Die Dampfmaschine des Sägewerks (___. Fall) hob wie ein Fieberkranker (___. Fall) zu keuchen an, und ringsum in den Forsten (___. Fall), die schon der Schlägerung (___. Fall) verfallen waren, erwachten die Holzhauerhacken (___. Fall) mit ihr___ Gebell (___. Fall). Wie jeden Morgen wurden in Schweigen (___. Fall) die Läden geöffnet, der Bäckerladen, der Krämerladen, der Fleischhauerladen (der zur „Traube" gehört); und wie jeden Morgen (___. Fall) rannten die Kinder zur Schule (___. Fall), Wolken von silbern___ Atemhauch (___. Fall) vor den Gesichtern.

Und dennoch! Irgendetwas war anders (muss bereits anders gewesen sein) an dies___ schläferig___ Samstag (___. Fall), der uns erst Wochen (___. Fall) später verdächtig vorkam. Aber das spürte seltsamerweise nur der Matrose (___. Fall), und auch er nur ganz undeutlich, höchstens wie eine Spannung, die an den feinst___ Nervenfasern (___. Fall) riss, und er hätte beim besten Willen (___. Fall) nicht sagen können, was und ob es überhaupt etwas war.

*Lebert, Hans: Die Wolfshaut. Hamburg, Wien, Europa Verlag, 2001, S. 8f.*

### 4.2.2 Der Konjunktiv in der indirekten Rede

**17 Aufgabenstellung**

○

Wiederholen Sie die Verwendung und Bildung des Konjunktivs. Ergänzen Sie die Sätze im Merkkasten.

**Konjunktiv**

- Den **Konjunktiv I** verwendet man vor allem bei der Wiedergabe der direkten Rede als ______________ **Rede**. Damit wird deutlich gemacht, dass die Aussagen _________ von einem selbst stammen.
- Die direkte Rede folgt häufig auf Verben wie ***denken, sagen, erzählen, antworten, behaupten, melden, mitteilen, berichten, meinen, glauben, vermuten*** etc.

| Indikativ | | Konjunktiv I | | Konjunktiv II | |
|---|---|---|---|---|---|
| ich gehe | ich komme | ich **gehe** | ich **komme** | ich ging**e** | ich k**ä**m**e** |
| du gehst | du kommst | du geh**e**st | du komm**e**st | du ging**e**st | du k**ä**m**e**st |
| er geht | er kommt | er geh**e** | er komm**e** | er ging**e** | er k**ä**m**e** |
| wir gehen | wir kommen | wir **gehen** | wir **kommen** | wir gingen | wir k**ä**men |
| ihr geht | ihr kommt | ihr geh**e**t | ihr komm**e**t | ihr ging**e**t | ihr k**ä**m**e**t |
| sie gehen | sie kommen | sie **gehen** | sie **kommen** | sie gingen | sie k**ä**men |

- Eine Besonderheit ergibt sich, wenn sich die konjugierten Formen **nicht vom Indikativ Präsens unterscheiden** – diese sind **grün** gekennzeichnet. Hier weicht man auf den ________________ aus!
- Der **Konjunktiv II** drückt Vorstellungen, Bedingungen oder Wünsche aus, die unwahrscheinlich oder unmöglich sind. Außerdem wird der Konjunktiv II verwendet, um Zweifel an bestimmten Sachverhalten zum Ausdruck zu bringen.

**18 Aufgabenstellung**

●

Lesen Sie das Feuilleton von Robert Sedlaczek und schreiben Sie eine Zusammenfassung, die maximal 180 bis 200 Wörter umfassen sollte. Geben Sie wesentliche Teile des Textes in indirekter Rede wieder.

Sedlaczek am Mittwoch

**Wenn ist doch nicht würde-los!**

- Dieses Mal wollen wir dem Wort „wenn“ seine Würde zurückgeben. Der alte Merksatz „Wenn ist würde-los!“ hat schon längst seine Gültigkeit verloren. Aber wem ist das schon aufgefallen?
- Vortrag in der Lehrredaktion einer großen Tageszeitung. Die drei Dutzend Teilnehmer sind 20 bis 25 Jahre alt. Heute sollen sie etwas über das österreichische Deutsch erfahren, und über die Tücken der Grammatik.

[...] Schon seit einiger Zeit nimmt man die Sache ganz locker. In der Ausgabe des Österreichischen Wörterbuchs aus dem Jahr 1990 steht: „Die oft zitierte Regel ‚*Wenn* ist *würde*-los!‘ lässt sich in dieser Form nicht halten.“

Dafür gibt es mehrere Gründe. Bei manchen Zeitwörtern ist der Konjunktiv II mit dem Indikativ Präteritum (= Imperfekt) ident, z.B. *liebte, sagte, machte*. Bei anderen stimmt der Konjunktiv II lautlich mit dem Indikativ Präsens und mit dem Konjunktiv I überein, z.B. *sähe* und *sehe*, *läse* und *lese*, *träte* und *trete*. Und dann gibt es noch Zeitwörter, bei denen der Konjunktiv II altertümlich klingt, z.B. *flöhe*, *schwände* und *hülfe*.

Na gut, *käme* und *ginge* gehören aber nicht dazu. Macht nichts! „Der Konjunktiv II kommt nur noch ganz selten vor und wird im allgemeinen mit *würde* umschrieben ...“ – das lese ich in der Ausgabe des Österreichischen Wörterbuchs aus dem Jahr 1979. Hinzu kommt, dass wir in unserer Hochsprache mit den Konjunktiven sparsam umgehen, während man im Norden Deutschlands in Konjunktivformen schwelgt. Dort sagt man: „Guten Abend! Ich war so unbescheiden, nachzusehen, ob Sie zu Hause *wären*.“ Wir würden sagen: „Ich bin so unbescheiden, nachzusehen, ob Sie zuhause *sind*.“ Denn sprachlich unterscheiden sich die Österreicher von den Deutschen durch „den fehlenden Konjunktiv und die Abwesenheit des Imperfekts“ – so hat es bereits Hans Weigel in seinem Buch „Das Land der Deutschen mit der Seele suchend“ treffend formuliert.

Nur in der Mundart schwelgen wir in Konjunktivformen. Von manchen Wörtern gibt es bis zu sieben verschiedene Formtypen, wie sich am Beispiel von können zeigen lässt: i *kennt*, i *kenntat*, i *kannt*, i *kanntat*, i *kunnt*, i *kunntat* und i *tat kenna*.

„Wann ane *kamat* und mi *frogat*, ob bei mir a Plotz frei *waa*, i *miaßt* sogn: I sitz da allan, oba es is reserviert fia zwa ...“, hat Willi Resetarits gesungen, damals, als er noch „Ostbahn-Kurti“ genannt wurde – seine Sendung „Trost & Rat“ wird übrigens in wenigen Tagen auf „Radio Wien“ wiederaufgenommen, Fans jubeln, ich mit eingeschlossen. Übersetzt man den Liedtext in Hochsprache, klingen die Konjunktivformen grässlich: „Wenn eine *käme* und mich *früge* / *fragte*, ob bei mir ein Platz frei wäre ...“

Nachbemerkung: Es gibt noch einen anderen Grundsatz, der über Bord geworfen worden ist. Auch im zweiten Teilsatz muss immer der Konjunktiv stehen! So hat man es früher gelehrt. Heute lässt man auch den Indikativ durchgehen: „Wenn er früher kommen würde, *geht* sich noch ein weiterer Termin aus.“

*Sedlaczek, Robert: Wenn ist doch nicht würde-los! In: Wiener Zeitung, 11.10.2006.*
*Online: https://www.wienerzeitung.at/meinung/glossen/111903_Wenn-ist-doch-nicht-wuerde-los.html*
*(10.05.2019), Originalschreibweise*

**Zum Autor:**
Robert Sedlaczek ist Autor des Buches „Das österreichische Deutsch“.

## 19 Aufgabenstellung

●●●

Übertragen Sie folgende Sätze in die indirekte Rede und schreiben diese in Ihr Heft.

1. Sie fragte mich: „Warum hast du diesen ungewöhnlichen Auftrag nicht angenommen?“
2. Wir sagten zu ihr: „Diese Reise wirst du sicher mit großer Freude antreten.“
3. Er sah mich an und beteuerte: „Ich weiß nicht, wie das geschehen konnte, ich habe dafür keine Erklärung parat.“
4. Ich fragte: „Worum geht es in dieser Angelegenheit? Darf ich das endlich auch erfahren?“
5. Meine Großmutter meinte: „Ich bitte dich doch nur um etwas Zeit, das ist alles, was ich von dir verlange.“
6. Die Referenten beteuerten: „Wir haben uns sehr intensiv mit diesem Thema auseinandergesetzt. Trotzdem sind uns mehrere Fehler unterlaufen.“
7. Sie fragten uns: „Wie stellt ihr euch das eigentlich vor? Seid ihr euch der möglichen Konsequenzen bewusst?“
8. Er meinte selbstbewusst: „Selbstverständlich schaffe ich die Prüfung mit links.“
9. Wir überlegten: „Können wir uns auf dieses Abenteuer einlassen oder ist es zu gefährlich?“
10. Sie betonte: „Ich diskutiere sehr gerne noch ein anderes Mal über dieses Problem. Aber für heute lassen wir es gut sein.“

### 4.2.3 Das Komma

**20 Aufgabenstellung**

**a. ●**

Setzen Sie in folgendem Text die fehlenden Beistriche. Verwenden Sie dazu einen farbigen Stift.

## Hans Lebert – **Die Wolfshaut** (Fortsetzung)

Er trat vor sein Haus (die „Töpferhütte“ die einschichtig über der Ortschaft am Waldrand kauert) blickte zu den Wolken auf und verzog das Gesicht zu einer Grimasse. Die Luft war es nicht. Das Licht war es auch nicht. Was war es also –? Nichts. – Er strengte seine Ohren an doch hörte er nur die Gräser rascheln im Wald das dürre Reisig knistern und aus dem Tale jenseits das Sägewerk schnaufen. Am Brunnen füllte er seinen Krug mit Wasser dann ging er ins Haus zurück um Kaffee zu kochen.

Graben wir einen Toten aus! Nicht einen von jenen Namenlosen die der Matrose auszugraben versucht hat sondern einen der uns allen gut bekannt war (und der sich damals noch schönmachen ließ für den Sonntag den er gar nicht mehr erleben sollte) nämlich Hans Höller den Sohn des Großbauern Höller (jenes Gemeindegewaltigen dem der Lindenhof an der Straße nach Kahldorf gehört). Gegen zehn kam er mit seinem Motorrad in die Ortschaft betrat den Frisiersalon des Ferdinand Zitter und warf sich dort breitschenkelig in einen der Stühle. Er war ein hübscher kräftiger Bursche von Kopf bis Fuß in glänzendes Leder gekleidet und passte ausgezeichnet zu seiner Maschine. Auch er sah wie frisch lackiert aus auch an ihm schien alles fabrikneu zu blitzen und als er sich voller Behagen hinlümmelte und die in Kanadierstiefeln steckenden Beine streckte (ich meine wenn man ihn so sah) ahnte man auch in ihm einen starken Motor das heißt man war überzeugt sein Herz sei gesund.

„Rasieren!“ schnauzte er.

Ferdinand Zitter (ein altes zerbrechliches Männchen mit weißen Locken und einer Hornbrille die ihm so tief auf der Nase sitzt dass sie ständig herunterzufallen droht) machte eine Verneigung und rieb sich die Hände.

„Sofort“ sagte er „die Irma kommt gleich. Wollen Sie sich einstweilen die Zeitung ansehen?“

„Eine von heute?“ – „Nein von gestern.“

„Habe ich schon gelesen“ knurrte der Bursch. Er betrachtete sich im Spiegel und pfiff dabei einen Schlager. Ferdinand Zitter erzählte uns später als das Unglück bereits geschehen war:

„Die Irma ließ sich wie immer bitten. Wahrscheinlich aß sie gerade ihr Gabelfrühstück und hatte die Finger voller Käse oder voller Marmelade. Also entschloss ich mich Herrn Höller inzwischen wenigstens einzuseifen obwohl ich wusste dass ihm das wenig Spaß machen würde weil er ja eigentlich wegen der Irma da war. Ich holte also ein frisches Handtuch und steckte es ihm in den Kragen. Dabei strich ich ihm über die Wange um die Härte des Bartes zu prüfen. Und da erschrak ich. Ja. Ich bin direkt erschrocken. Sein Gesicht war wie abgestorben fühlte sich kalt und teigig an – wie das Gesicht einer Leiche. Die Irma ist dann erschienen und hat mir die Arbeit abgenommen. Gott sei Dank! Mir zitterten nämlich die Hände und überhaupt: Ich hatte keine Lust mehr.“

*Lebert, Hans: Die Wolfshaut. Hamburg, Wien, Europa Verlag, 2001, S. 9ff.*

**b.** ○
Wiederholen Sie die wichtigsten Regeln der Kommasetzung und finden Sie zu jedem Merksatz Beispiele. Schreiben Sie diese in Ihr Heft.

## Das Komma hat drei Aufgaben:

- **gleichrangige Teilsätze, Wortgruppen** und **Wörter** zu trennen, wenn keine beiordnende Konjunktion gesetzt wird,
- **nicht gleichrangige Teilsätze** (Hauptsatz – Nebensatz/Gliedsatz/Infinitivgruppe) zu trennen,
- **Einträge, Nachträge** und **Zusätze, Anreden, Ausrufe** u. Ä. abzugrenzen.

### Kommaregeln

1. **Gleichrangige Teilsätze, Wortgruppen** und **Wörter** werden durch Kommas getrennt.
   **Ausnahme:** Sie sind durch anreihende oder ausschließende Konjunktionen (*und, oder, beziehungsweise, wie, sowie, entweder – oder, sowohl – als auch, weder – noch*) verbunden.
2. Ein Komma muss vor *und, oder, beziehungsweise, entweder – oder, nicht/weder – noch* stehen, wenn ein **eingeschalteter Gliedsatz,** eine **Infinitivgruppe** oder eine **eingeschobene direkte Rede** steht, ebenso bei *und zwar, und das*, wenn damit eine genaue Bestimmung eingeleitet wird.
3. **Hauptsätze** und **Gliedsätze/Nebensätze** werden durch Kommas getrennt.
4. **Vergleichssätze** mit *wie* oder *als* werden mit Komma vom Hauptsatz getrennt, einfache Vergleiche (also unvollständige Sätze) werden nicht getrennt.
5. Die **Infinitivgruppe** mit *um, ohne, statt, anstatt, außer, als* wird durch Komma getrennt.
   Hängt die Infinitivgruppe von einem Nomen ab, wird ebenfalls durch ein Komma getrennt.
   Ist die Infinitivgruppe mit dem übergeordneten Satz über ein hinweisendes Wort oder eine Wortgruppe verbunden, folgt ebenfalls ein Komma.
6. Das Komma trennt **Nachträge, Einschübe** und **Zusätze** ab:
   - Partizipialgruppen und Adjektivgruppen können mit Kommas abgegrenzt werden, um die Gliederung des Satzes deutlich zu machen.
   - Appositionen werden durch Kommas getrennt.
7. **Ausrufe, Anreden, Datumsangaben** werden durch Kommas getrennt.

**c.** ●●
Unterziehen Sie nun – nachdem Sie die Kommaregeln wiederholt haben – die von Ihnen gesetzten Kommas im Text „Die Wolfshaut" einer nochmaligen Überprüfung. Bestimmen Sie auch, welche Kommaregeln im Text „Die Wolfshaut" zutreffen.

## 21 Aufgabenstellung

●●●

Setzen Sie in den folgenden Sätzen die fehlenden Kommas und begründen Sie Ihre Entscheidung, indem Sie die Satzteile (Hauptsatz, Gliedsatz/Nebensatz, Infinitivgruppe etc.), aber auch die Konjunktionen benennen.

1. Dass er mit seinem Fahrrad auf den Großglockner fahren wollte war eine Herausforderung.

___

2. Obwohl es gilt sich auf diese Anstrengung besonders vorzubereiten zeigte er keinerlei Nervosität Aufregung oder Anspannung davor.

___

3. Sein wochenlanges hartes Training war von Kraft- aber auch von Ausdauersport geprägt.

___

4. Doch auch auf die Ernährung eine besonders abgestimmte Kost hatte er schon Monate davor zu achten.

___

5. Denn bei so einem intensiven Training ist die Versorgung mit den wichtigsten Vitaminen Mineralstoffen und Spurenelementen genauso wichtig wie eine ausreichende Aufnahme von Eiweiß und Kohlenhydraten.

___

6. Bei so einem Vorhaben ist allerdings eine mentale Vorbereitung das war ihm selbstverständlich bewusst ebenso entscheidend.

___

7. Durch ein speziell abgestimmtes Mentalprogramm autogenes Training versuchte er auch seine mentale Stärke zu trainieren um letztendlich einen Erfolg vorweisen zu können.

___

8. Glücklicherweise fand er kurz vor dem geplanten sportlichen Ereignis einen Coach der sich bereiterklärte mit seinem Auto als Begleitfahrzeug zur Verfügung zu stehen.

___

9. Dies stellte eine zusätzliche Erleichterung dar weil es nun nicht mehr vonnöten war sämtliche Getränke die unbedingt mitgenommen werden mussten selbst zu transportieren sondern diese einfach im Begleitfahrzeug mitzunehmen.

___

10. Letztendlich konnte dank der guten wohl überlegten Vorbereitungen und des guten Wetters das an diesem Tag vorherrschte die geplante Radtour erfolgreich ins Ziel führen.

___

## 22 Aufgabenstellung

●●

Setzen Sie in den folgenden Sätzen an der richtigen Stelle das Komma. Bilden Sie anschließend aus den Gliedsätzen Infinitivgruppen mit „zu" und achten Sie dabei auf die richtige Kommasetzung. Schreiben Sie die Sätze in Ihr Heft.

1. Kannst du es dir vorstellen dass du einen Fallschirmsprung wagst?
2. Ich kann dir kaum beschreiben wie unendlich das Gefühl der Schwerelosigkeit ist.
3. Es besteht die Gefahr dass man nach solchen Momenten beinahe süchtig werden kann.
4. Vor meinem ersten Tandemsprung erwartete ich mir dass dieser Nervenkitzel kaum erträglich sei.
5. Doch das Schweben in der Luft war so dass man sich frei wie ein Vogel fühlt.

## 23 Aufgabenstellung

●●

Setzen Sie in den folgenden Sätzen an der richtigen Stelle das Komma. Bilden Sie anschließend aus den Gliedsätzen Mittelwortgruppen und beachten Sie die Kommasetzung. Schreiben Sie die Sätze in Ihr Heft.

1. Wenn man es von einer anderen Seite betrachtet gibt es kaum noch Argumente für das Projekt.
2. Während der Vortragende seine Standpunkte ausgezeichnet darlegte machte er sich gleichzeitig Notizen.
3. Sie legen die Arbeit einhellig nieder womit sie den angekündigten Streik wahr machen.
4. Der Verhandlungsspielraum bleibt relativ eingeschränkt selbst wenn man das Problem positiv bewertet.
5. Wenn man dies auf die Arbeit überträgt sind diese Einsatzfreudigkeit und der Mut positive Werte.

## 24 Aufgabenstellung

●●

Verbinden Sie die Sätze mit passenden Konjunktionen und beachten Sie die Kommasetzung. Schreiben Sie die Sätze in Ihr Heft.

1. Er wollte sich dieses Mal keine Blöße geben. Er verbrachte Stunden mit der Durchführung des Auftrags.
2. Wir dachten gar nicht an die Möglichkeit eines Sieges. Wir gingen ganz locker an den Wettkampf heran.
3. Sie war sich ihres durchschlagenden Erfolgs sicher. Es kam alles anders.
4. Die Jugendlichen werden die Ferien in einem Sprachcamp verbringen. Sie freuen sich besonders auf drei gemeinsame Wochen.
5. Im internationalen Durchschnitt ist das Land wirtschaftlich stabil. Es gibt keinen Anlass zur Sorge.
6. Die denkwürdige Festrede wurde in allen wichtigen Tageszeitungen abgedruckt. Der bislang unbekannte Künstler wurde plötzlich zum Gesprächsthema des Tages.

### 4.2.4 Zeitformen

**25 Aufgabenstellung**

●●

Wiederholen Sie die Zeitenbildung, indem Sie die fehlenden Wörter in der Tabelle ergänzen.

| Präsens | Präteritum | Perfekt | Plusquamperfekt | Futur I | Futur II |
|---|---|---|---|---|---|
| ich bearbeite | | | | | |
| | du tratst ein | | | | |
| | | er ist verschwunden | | | |
| | | | sie hatte bereut | | |
| | | | | es wird gut werden | |
| | | | | | wir werden erledigt haben |
| ihr empfehlt | | | | | |
| | sie vermissten | | | | |
| | | Sie haben gestört | | | |

**26 Aufgabenstellung**

●●

Ergänzen Sie in folgenden Sätzen die richtige Form des Verbs. Mehrere Lösungen sind möglich.

1. Ihr ______________ (lesen) das Buch des unbekannten Autors. 2. Du ______________ (kaufen) gestern eine Eintrittskarte für das Rockkonzert. 3. Wir ______________ (empfehlen) letzte Woche immer wieder, das Auto stehen zu lassen. 4. Ihr ______________ (gehen) vor ein paar Tagen durch den Stadtpark. 5. Du ______________ (vorschlagen), heuer nach Ko Samui[1] zu reisen. 6. Ihr __________ (trinken) gestern zu viel Alkohol, das ___________ (müssen) ihr heute leider büßen. 7. Die Hälfte der Ladung ______________ (müssen) entsorgt werden. 8. Die Belegschaft der Firma ______________ (teilnehmen) an dem Ausflug __________. 9. Zwei Tonnen Weizen __________ (sein) bei dem Unfall auf der Straße gelandet. 10. Er oder sein Freund __________ (müssen) zum Vorfall aussagen. 11. Ein Achtel Butter ____________ (werden) für das Rezept benötigt.

[1] *Ko Samui: thailändische Insel*

## 27 Aufgabenstellung

**a. ○**

Wiederholen Sie die Regeln der Zeitenfolge, indem Sie den Merksatz ergänzen.

### Zeitenfolge (im Temporalsatz)

Die Abfolge in den **Zeitstufen** kann **differenziert ausgedrückt** werden, indem Zeiten (in schriftlichen Texten) miteinander „kombiniert" werden. So kann **Vorzeitigkeit** ausgedrückt werden.

- ______________________ **– Präsens**

  Beispiel: *Nachdem er im Hotel angekommen ist, packt er seinen Koffer aus.*

- ______________________ **– Präteritum**

  Beispiel: *Nachdem er im Hotel angekommen war, packte er seinen Koffer aus.*

**b. ● ●**

Ergänzen Sie in folgenden Sätzen die richtige Form des Verbs unter Beachtung der Zeitenfolge.

1. Nachdem sie einen Blick auf den Wecker ______________________ (werfen), bemerkte sie, dass sie ______________________ (verschlafen).
2. Wenn du sicher ans Ziel kommen möchtest, ______________________ (gehen) besser keinen Umweg.
3. In der Stadt sah es aus, als ob ein heftiges Gewitter ______________________ (niedergehen).
4. Im Kühlschrank war nichts mehr zu finden, nachdem meine Mitbewohnerinnen alles ______________________ (aufessen).
5. Sobald die Bestellung ______________________ (aufgeben), kam schon die Bestätigungsmail.
6. Als die Siegesfeier ______________________ (beenden), gestand er, dass er unerlaubte Substanzen ______________________ (einnehmen).
7. Das Einsatzkommando überprüfte alle Fahrzeuge, weil der groß angelegte Schmuggel ______________________ (auffliegen).
8. Stürmischer Applaus ______________________ (einsetzen), als der Startenor die Bühne betreten hatte.
9. Nachdem sie die unregelmäßigen Verben ______________________ (üben), konnte ihnen bei der Lernkontrolle kein Fehler unterlaufen.
10. Als er die Aufgabe zur Zufriedenheit aller ______________________ (erledigen), stand er auf und ______________________ (gehen) nach Hause.
11. Sie hüpfte vor Freude durch das Zimmer, nachdem sie die Zusage______________________ (bekommen).
12. Nachdem er das Feuilleton ______________________ (lesen), beschloss er, eine Entgegnung zu verfassen.
13. Ich gehe erst nach Hause, nachdem ich die Unterschrift ______________________ (erhalte).
14. Ich las letzte Woche einen Brief, der mein Leben ______________________ (verändern).

*siehe Übungsband 1/2, Kapitel „Rechtschreibung“*

# 4.3 Stil- und Ausdrucksübungen

## 4.3.1 Die Wahl der richtigen Präposition

### 28 Aufgabenstellung

●●●

Korrigieren Sie in folgenden Sätzen die falsch gewählte Präposition und – falls dies erforderlich sein sollte – auch den Fall.

1. Das Entwicklungsland war relativ arm ~~von~~ Bodenschätzen. an
2. Die starke Medizin wird für die Erkrankung helfen. ______
3. Wir interessieren uns nicht ein bisschen an diesem Mainstream-Film. ______
4. Der Vortragende kam zu seiner Anfangsthese noch einmal zurück. ______
5. Die Fragestellung lässt sich auf mehrere Aspekte einteilen. ______
6. Sie glaubt noch immer auf die Unschuld des rechtskräftig Verurteilten. ______
7. Richten Sie Ihr Schreiben rechtzeitig zu unserer Rechtsabteilung. ______
8. Unser Konflikt beruht wegen eines Missverständnisses. ______
9. Ich machte sie aufmerksam wegen ihrem schweren Fehler. ______
10. Sie schimpfen immer gegen die Rücksichtslosigkeit mancher Mitmenschen. ______
11. Er tauschte die alten, verschlissenen Sportschuhe für ein neues Paar. ______
12. Ich schließe aus ihrem Gesichtsausdruck nichts Positives. ______
13. Sie beginnen zunächst bei der Erstellung der Tabellen. ______
14. Er polemisiert in seinen Glossen ständig auf die gesellschaftlichen Zustände. ______
15. Dies ist wesentlich bei der Vorbereitung der nächsten Schritte. ______
16. Bei diesen Dingen ist unser neuer Chef leider nicht sehr erfahren. ______
17. Er hat sich wirklich sehr an diesem Mitarbeiter getäuscht. ______
18. Ich rate dir für mehr Zurückhaltung, vor allem bei offiziellen Angelegenheiten. ______
19. Nach dieser Aufregung war die alte Dame blass aus Schreck. ______
20. Beim Verspielen seines Ersparten war er frei für alle Hemmungen. ______
21. Die Studenten distanzierten sich gegen diese sinnlose Aktion. ______
22. Das Delikt fällt unter den Tatbestand der Schlepperei. ______
23. Dieses Statement dient für die Ablenkung vom eigentlichen Thema. ______
24. Der Dieb wurde auf zwei Jahre Haft mit Bewährung verurteilt. ______
25. Lass dich von niemandem bei diesem Vorhaben abhalten. ______
26. Ich habe über die neueste technologische Errungenschaft gehört. ______
27. Letzte Nacht träumte das Kind wieder über dieses unsagbare Erlebnis. ______
28. Sie sollte sich endlich für mehr Pünktlichkeit und Ordnung bemühen. ______

## 4.3.2 Funktionsverben (Nomen-Verb-Verbindungen)

### 29 Aufgabenstellung

●

Wählen Sie aus folgenden Verbindungen je fünf aus und bilden Sie daraus Sätze, die Sie in Ihr Heft schreiben.

| | | |
|---|---|---|
| zur | Anwendung, Aufführung, Bearbeitung, Darstellung, Durchführung, Einigung, Entfaltung, Entscheidung, Ruhe, Verabschiedung, Verwendung, Wirkung | kommen |
| in | Frage, Betracht, Bewegung, Fahrt, Gang, Misskredit, Mode, Panik, Rage, Umlauf, Verzug | kommen |

### 30 Aufgabenstellung

● ●

Ergänzen Sie zu folgenden Nomen jeweils das passende Verb. Bilden Sie mit zehn Funktionsverbgefügen Beispielsätze und schreiben Sie diese in Ihr Heft.

in Frage ______________, in Besitz ______________., auf dem Laufenden ______________, in Gang ______________/ ______________/______________, zu Rate ______________, unter Druck ______________/______________, in Bedrängnis ______________, einen Kompromiss ______________, die Maßnahmen ______________/______________, zur Rechenschaft ______________, in Aussicht ______________/______________, in Aktion ______________, auf die Folter ______________, zur Stelle ______________, unter Strafe ______________, Widerspruch ______________/______________, sich ins Zeug ______________, sich zu Wort ______________, Anteil ______________, zur Kenntnis ______________/______________, seinen Abschied ______________, zur Auffassung ______________, außer Frage ______________, Einfluss ______________, in Kauf ______________, außer Kraft ______________, in Kenntnis ______________, Beschwerde ______________/______________, zur Rede ______________, zum Vorschein ______________, in den Wahnsinn ______________, ins Vertrauen ______________, zur Überzeugung ______________, zur Sprache ______________, Stellung ______________/ ______________, zur Tat ______________, in Verruf ______________, in Wettbewerb ______________ mit, zur Verfügung ______________/______________, in Verbindung ______________/______________, außer Sichtweite ______________, ins Leben ______________, sich im Klaren ______________, in Betrieb ______________/______________, in Betracht ______________, zur Auswahl ______________, im Begriff ______________, zur Anschauung ______________, im Auge ______________, Rücksicht ______________ auf

### 4.3.3 Kleine Wörter – große Bedeutungsunterschiede

**31 Aufgabenstellung**

●●●

Setzen Sie jeweils das passende Wort ein und besprechen Sie die Bedeutungsunterschiede.

„anscheinend“ oder „scheinbar“?

Sie fehlt heute seit der zweiten Unterrichtsstunde, ____________ ist sie krank geworden. Leider hat es nur ____________ zum Erfolg beigetragen. So wie er sich verhält, hat er ____________ nichts zu verlieren. Du bist ____________ sehr glücklich mit dem neuen Partner.

„natürlich“ oder „naturgemäß“?

Es war ____________ nicht nur ihre Schuld. Sie zogen aufs Land und wollten ____________ leben. Er handelte ____________ und ergriff die Flucht. ____________ ist das vollkommen richtig.

„kindisch“ oder „kindlich“?

Ihr ____________ Gekicher während des Films war für alle sehr störend. Das Verhalten meiner kleinen Schwester ist noch sehr ____________. Sie tranken zum ersten Mal Alkohol und begannen sehr bald, sich ____________ zu benehmen.

„sicher“ oder „sicherlich“?

Sie hat den Führerschein seit drei Wochen und fährt schon sehr ____________. Wir haben ____________ sehr viel Spaß bei der Feier. Das ist der ____________ Weg zum Erfolg!

„neuerdings“, „neulich“ oder „neuerlich“?

____________ erscheint die Zeitschrift einen Tag früher. Sie hat mich ____________ (zum dritten Mal) um einen Vorschuss gebeten. ____________ traf ich ihn im Café im Zentrum. ____________ trägt sie der Mode entsprechende Kleidung.

„rückwärts“ oder „hinten“?

Der Zug wird in der nächsten Station geteilt, die Reisenden nach Prag sollen bitte ____________ einsteigen. Die Parkplätze befinden sich ____________ im zweiten Hof. Er musste ein Stück ____________ fahren, was ihm in der engen Straße nicht leicht fiel. Ich ging einen kleinen Schritt nach ____________ und konnte dem fallenden Ast knapp ausweichen.

Zeitangaben auf „-lich“ oder „-ig“?

Die Zeitung erscheint täg ________ pünktlich um sechs Uhr. Die neue Zeitschrift erscheint monat ________. Unser dreitäg ________ Urlaub auf dem Bergbauernhof war sehr erholsam. Der sonntäg ________ Spaziergang meiner Großmutter ist eine gute Abwechslung für sie. Während der Schulzeit muss ich leider sehr zeit ________ aufstehen. Die Seilbahn auf die Rax verkehrt halbstünd ________. Die einwöch ________ Pause hast du dir wohl verdient. Der einmal ________ Kuraufenthalt hatte keinerlei Wirkung gezeigt.

## 32 Aufgabenstellung

●●●

Lösen Sie das Rätsel, indem Sie die fehlenden Fremdwörter einfügen. Bilden Sie mit jedem Fremdwort einen Satz und schreiben Sie diesen jeweils in Ihr Heft.

| | | | | | | | | | | | | |
|---|---|---|---|---|---|---|---|---|---|---|---|---|
| E | | | | | | | | | | | | schriftliche Arbeit, Ausarbeitung |
| H | | | | | | | | | | | | gleichlautende Wörter unterschiedlicher Bedeutung |
| A | | | | | | | | | | | | besondere Genauigkeit, Sorgfalt |
| I | | | | | | | | | | | | jemanden in etwas verwickeln |
| G | | | | | | | | | | | | Glanz, betörende Aufmachung |
| M | | | | | | | | | | | | alle überlieferten Götter-, Heldensagen eines Volkes |
| O | | | | | | | | | | | | undurchsichtige, verdächtige Aussage |
| P | | | | | | | | | | | | Deckname, Künstlername |
| R | | | | | | | | | | | | Abneigung, gefühlsmäßige Ablehnung |
| T | | | | | | | | | | | | übersinnlich, jenseitig |
| B | | | | | | | | | | | | Gotteslästerung |
| I | | | | | | | | | | | | Verstand, Vernunft |
| D | | | | | | | | | | | | Verleumdung |
| P | | | | | | | | | | | | Diebstahl geistigen Eigentums |
| U | | | | | | | | | | | | in einer einzigen Ausführung vorhanden |
| Z | | | | | | | | | | | | feierliche Handlung in genau festgelegter Form |
| I | | | | | | | | | | | | Angabe über Verleger, Druckerei usw. in Zeitungen und Büchern |
| D | | | | | | | | | | | | jemand, der unsachgemäß arbeitet |
| P | | | | | | | | | | | | bildliches Zeichen |
| A | | | | | | | | | | | | ein Rätsel mit Buchstabenumstellung |

## 33 Aufgabenstellung

●●●

Diese nicht ganz ernst zu nehmenden Sprichwörter sind durch die Verwendung von Fremdwörtern unkenntlich gemacht. Versuchen Sie, die originalen Sprichwörter den verfremdeten Sprichwörtern zuzuweisen. Klären Sie im Anschluss die Fremdwörter mit Hilfe eines Wörterbuchs.

1. Lebende Humanwesen, die miteinander in profunden, emotional-positiven Beziehungsstrukturen kommunizieren, agieren parallel dazu mit einer Neigung zu unseriösen Modi der sozialen Kommunikation.
2. Die Auslotung gradientenfreier Gewässer bereitet, messtechnisch gesehen, Schwierigkeiten.
3. Populanten von Domizilen mit fragiler, transparenter Außenstruktur sollten sich von der Transformation von gegen Deformierung resistenter Materie distanzieren!
4. Einer frühen, genau definierten Zeitspanne wurde bei einer Dentalbehandlung ein Edelmetall verabreicht.

**a.** Wer im Glashaus sitzt, soll nicht mit Steinen werfen.

**b.** Stille Wasser sind tief.

**c.** Morgenstund hat Gold im Mund.

**d.** Was sich liebt, das neckt sich.

*Sprüche für Angeber. Online: www.ralfy.de/index.php?menuid= 24&reporeid=86 (10.05.2014)*

Lösung:

1___ 2___ 3___ 4___

# 4.4 Die Macht der Sprache

## 4.4.1 Reichtum und Armut der deutschen Sprache

Sprache unterliegt einem ständigen Wandel. Auch wenn oft ein Verfall der Sprache beklagt wird, ist laut einer Studie der Deutschen Akademie für Sprache und Dichtung in den letzten hundert Jahren der Wortschatz um ein Drittel angestiegen – von 3,7 auf über fünf Millionen Wörter.

Das von den Brüdern Grimm begonnene *„Deutsche Wörterbuch“* (1852–1960) beschreibt 320 000 Stichwörter, berücksichtigt aber den Wortschatz nach 1900 kaum noch. Das zehnbändige *„Große Wörterbuch der deutschen Sprache“* (Duden Verlag, zuletzt 1999) umfasst nach eigenen Angaben 200 000 Stichwörter, das ist etwa ein Drittel des *„Oxford English Dictionary“*, aber doppelt so viel wie der *„Grand Robert“* für das Französische. Selbst diese umfassenden Wörterbücher verzeichnen nur einen kleinen Ausschnitt der Wörter, die tatsächlich verwendet werden.

In ihrem „Bericht zur Lage der deutschen Sprache“, der 2013 von der Deutschen Akademie für Sprache und Dichtung veröffentlicht wurde, untersuchten Wissenschaftlerinnen und Wissenschaftler u. a. Fragen, ob die deutsche Sprache durch den Einfluss des Englischen ärmer geworden und daher gefährdet sei, und ob das Deutsche durch die Entwicklung der Flexion seinen Formenreichtum einbüße.

*Flexion, die:* *Wortbeugung*

Der große Zuwachs an Wortschatz ist eine Folge immer neuer Themen, die im Laufe des 20. Jahrhunderts in unsere Sprache kamen: vom Auto über die Massenmedien, den Computer bis zum Sport reicht hier die Palette. Wesentlich weniger Wörter fallen weg, zum großen Teil, weil die dazugehörige Sache außer Gebrauch gerät. Auch der Gebrauch von Anglizismen wurde einer eingehenden Prüfung unterworfen. Die Zahl der Anglizismen hat sich zwar innerhalb eines Jahrhunderts verzehnfacht; die meisten Wörter, die aus dem Englischen übernommen wurden, werden aber in die deutsche Sprache integriert, d. h. nach den Regeln der deutschen Grammatik dekliniert, oder sind Komposita, d. h. Mischungen aus Anglizismen und anderen Bestandteilen (z. B. *Familiendinner, Riesenbaby*). Laut Aussage der Studie hat sich die Grammatik in den letzten hundert Jahren weit weniger verändert als der Wortschatz. Sie wurde, wie auch in anderen Sprachen, vereinfacht; Genitiv und starke Verbformen hatten schon früher einen schweren Stand. Wer sagt heute noch *„buk“* (*backte*)? Der Genitiv wurde von Konstruktionen mit der Präposition *„von“* verdrängt (*das Haus meines Vaters – das Haus von meinem Vater*).

*In Anlehnung an: Bericht zur Lage der deutschen Sprache: Reichtum und Armut der deutschen Sprache. Online: https://www.akademienunion.de/pressemitteilungen/2013-Sprachbericht/Kurzfassungen_Themen_des_Berichts_HP_.pdf (26. 08. 2014)*

Die Deutsche Akademie für Sprache und Dichtung wurde am 200. Geburtstag Goethes, dem 28. August 1949, in Frankfurt am Main gegründet. Sie betrachtet den gesamten deutschen Sprachbereich als ihr Wirkungsfeld und vereinigt deutschsprachige Schriftstellerinnen und Schriftsteller sowie Gelehrte.

Diese erste große empirische Untersuchung der deutschen Sprache der Deutschen Akademie aus dem Jahre 2013 wertete den Wortschatz von Romanen, journalistischen Texten, wissenschaftlichen Arbeiten und Gebrauchstexten (Gebrauchsanweisungen, Kochbücher) aus, erfasste jedoch nicht den mündlichen Sprachgebrauch oder das Schreiben in Onlineforen oder SMS.

### 34 Aufgabenstellung

O

Wie rasch sich Sprache ändert, zeigt sich auch im Sprachgebrauch von Jugendlichen. Diskutieren Sie in einem Klassengespräch die folgenden Aussagen der beiden Texte, die zum Thema „Sprechen Sie Jugendsprache?“ im „Standard“ erschienen sind.

**Text 1**

## Sprechen Sie Jugendsprache?

QUIZ

**„Yolo", „Swag" und „Alpha-Kevin" waren einmal – „Fly sein", „Uhrensohn" und „Banalverkehr" sind die Vokabeln der heutigen Jugend. Wie bewandert sind Sie in der deutschen Jugendsprache?**

„GmbH Bierkules und nimm Junggesellenbesteck mit! Lass später noch ein Fußpils checken Brudi, denn heute ist Blutgruppe Wodka angesagt. Dann kann die Enthirnungsphase starten bis die naise Blaupause beginnt. Yolbe!" – So würde ein Sechzehnjähriger in Jugendsprache seinem Freund auftragen, Bier zu holen und einen Flaschenöffner mitzunehmen, auch wenn sie sich später noch ein Bier für den Weg kaufen würden. Dann könne der Alkoholexzess beginnen, bis sie schließlich in einen alkoholbedingten Schlaf fallen. Die Auflösung für „Yolbe" befindet sich im Quiz.
„Amayzan" oder „fraisen" übersetzt der Pons-Verlag mit „toll" und „essen". 1.500 Wörter aus dem deutschsprachigen Raum sind in dessen „Wörterbuch der Jugendsprache – Das Original – unzensiert" gesammelt und für Menschen über zwanzig übersetzt.

**„Was ist das für 1 Sprache?"**
„Was ist das für 1 Life?", ein Satz, den wohl der Rapper Money Boy geprägt hat, wurde 2016 zum österreichischen Jugendsatz des Jahres gekürt. Dabei setzt die österreichische Lyrikern Friederike Mayröcker die Zahl als unbestimmten Artikel bereits seit Jahrzehnten in ihren Gedichten ein. Nicht nur die „1" als Abkürzung für „ein" und englische Wörter, die verdeutscht werden, auch „Von(g)olisch"[2] ist in der deutschen Jugendsprache angekommen. Dabei wird mit dem „von(g)" ein Satz um eine zusätzliche Information ergänzt. Wichtig ist jedoch, dass das „von(g)" immer durch ein „her" ergänzt **wird. Ohne „her" ist das sinnlos – vong Logik her.**
Sie finden das verwirrend? Oder sprechen Sie die Jugendsprache fließend? Wie unterscheiden sich die heutigen Jugendwörter von denen Ihrer Jugendzeit? Testen Sie ihr Wissen!

*Luh: Sprechen Sie Jugendsprache? Quiz. In: Der Standard, 05.01.2017. Online: https://derstandard.at/2000048613299/Sprechen-Sie-Jugendsprache (10.05.2019)*

1 *Yolbe: You only live bis Elternsprechtag*
2 *Vong-Sprache:Als Vong wird ein Mitte der 2010er Jahre geprägter Sprachstil der deutschen Sprache bezeichnet, der eine veränderte Grammatik und viele Anglizismen aufweist. Er nimmt ironisch Bezug auf die schlechten Deutschkenntnisse vieler Jugendlicher und Erwachsener. Bekannte Beispiele sind der Satz „Was ist das für 1 life?" und die nachgestellte Präpositionalphrase „vong ... her" (als adverbiale Bestimmung*

**Text 2**

## „Hallo, I bims": Kennen Sie die Jugendwörter 2017?

QUIZ

**„Lauch", „Lit" oder „ABL" – wissen Sie, was 1 Jugendlicher damit meint vong Bedeutung her?**

**Erwachsenenversion**: Die Jugend spricht in fremden Zungen. Zumindest kommt es einem, der die 25 bereits überschritten hat, so vor. Die Forschungsstelle für Österreichisches Deutsch an der Karl-Franzens-Universität in Graz und der Langenscheidt-Verlag in Deutschland suchen alljährlich die beliebtesten Begriffe der Jugendlichen. Unter den österreichischen Nominierten für 2017 stehen unter anderem die Begrüßungsformel „Hallo, I bims" und das „vong", die Wurzel der degenerierten Vong-Sprache, die im Internet ihre Blüten treibt. Wie steht es um Ihr Wissen um die Jugendwörter 2017? Lesen Sie sich im folgenden Absatz ein und testen Sie anschließend Ihre Fremdsprachenkenntnisse in unserem Quiz!

**Jugendversion**: Die youngen Queens u Bois talken in 1 fremde Tongues. Die Oldies sing Jurassic Park vong Alta her und checken die baddeste Speechness nicht, weil Methusalem-Diggahs checken zero. LOL. Die Crew vong Forschungschecker Swagger-Deutsch an der Chuck-Norris-Francis-Ford-Coppola-School of Tightness im yolomäßigen Graz und die sharpen Dudes, die nicht den Duden droppen, searchen jedes Year for the hottesten und greatesten Word-Shit vong Jugendville. Unter den Hunger-Games-Opfern von Easterrich sind zet be „Hallo, I bims" und „vong" am been – „vong" ist 1 Wurzel of all evil wie 1 Adolf, und ist richtig famous im Newland. Sind Sie 1 naicer Streetboi, talken die real importante Worldsprache und knowen die Main-Words vong litten Peak-Year 2017? Checken Sie vong Gönnung her Ihre almighty Swag-Credibility in unserem toughen Killer-Quiz und showen, who die real #HBIC ist!

*Recher, Kevin: „Hallo, I bims": Kennen Sie die Jugendwörter 2017? In: Der Standard, 10.11.2017. Online: https://derstandard.at/2000067345937/Hallo-I-bims-Kennen-Sie-die-Jugendwoerter-2017 (10.05.2019)*

*emeritieren:* *Hochschullehrer und Hochschullehrerinnen in den Ruhestand versetzen*

## 35 Aufgabenstellung sRDP

Welche deutsche Sprache sprechen wir? *Stuhl* oder *Sessel*, *Tischfußballspiel* oder *Wuzler*: Die Liste an Bezeichnungen, die sich in der deutschen und österreichischen Variante unterscheiden, lässt sich lange fortsetzen. „Man müsste in der Schule den Leuten bewusst machen, welche Ausdrücke österreichisch sind." Nehmen Sie zu dieser Aussage von Peter Wiesinger, emeritiertem Professor der Sprachwissenschaft der Universität Wien, Stellung und verfassen Sie einen **Kommentar** für eine Jugendzeitschrift.

- **Fassen** Sie die Hauptaussagen des Zeitungsberichts **zusammen**.
- **Kommentieren** Sie die Aussagen der Wissenschaftlerinnen und Wissenschaftler, die zitiert werden.
- **Beurteilen** Sie den Stellenwert, den Austriazismen in der österreichischen Sprache spielen sollten.
- **Appellieren** Sie an junge Menschen, sich bewusst mit Sprache auseinanderzusetzen.

Schreiben Sie zwischen 400 und 440 Wörter.

### Der Jugend ist das österreichische Deutsch powidl

**Die junge Generation verwendet zu einem Drittel bundesdeutsche Bezeichnungen. Typisch österreichische Ausdrücke werden wenn, dann nur mündlich verwendet. Auch Präpositionen ändern sich.**

Am Freitag fraß sie sich durch fünf Apfelsinen. Aber satt war sie noch immer nicht", steht im Kinderbuch „Die kleine Raupe Nimmersatt". Wenn Österreicher ihren Kindern vorlesen, sagen sie nicht „Apfelsinen", sondern „Orangen". Peter Wiesinger, emeritierter Professor der Sprachwissenschaft der Uni Wien, warnt davor, dass die Übersetzungen von Kinderbüchern mit ein Grund sind, warum die österreichische Variante des Hochdeutsch immer weiter zurückgedrängt wird: „Sogar Kinderbücher, die in Österreich hergestellt werden, verwenden bundesdeutsche Ausdrücke. Auch das Kinderfernsehen, das man in Österreich empfangen kann, wird großteils in Deutschland produziert." Wiesinger macht die „globalisierte Umwelt" dafür verantwortlich, dass die junge Generation den Unterschied zwischen Norddeutsch und Süddeutsch, zu dem das Österreichische zählt, immer weniger bewusst erlebt. Um die Schriftsprache der heimischen jungen Leute zu erkunden, hat er nun erstsemestrige Germanistik-Studenten befragt, welche Ausdrücke sie verwenden.

„Das österreichische Deutsch[1] wird als eine Variante der Schriftsprache verstanden", sagt Wiesinger: „Dialekte gibt es freilich überall, die sollten hier nicht überprüft werden, die fließen in die Umgangssprache ein. Aber die Schriftsprache ist in Österreich einheitlich, und nicht alles, was man mündlich verwendet, schreibt man auch." Und tatsächlich zeigte die Auswertung der Fragebögen, dass im Schnitt ein Drittel der Befragten bundesdeutsche Varianten statt der österreichischen verwendet. So war etwa ein Bild zu sehen, auf dem ein Mann Stiegen hinaufgeht. Daneben stand: „Was tut dieser Mann?" Viele schrieben „Er geht die Treppen hinauf", das „hinauf" ist österreichisch. Doch ein Drittel der Teilnehmer nannte das Wort „Treppe" statt Stiege. Nur wenige nutzten die bundesdeutsche Variante doppelt und schrieben „Er geht die Treppe hoch". Weiters nannte etwa ein Drittel der Befragten einen Buben einen „Jungen", den Aufzug „Fahrstuhl" und die Schulnote „eine Eins" statt „einen Einser".

Weniger eingebürgert scheint dafür die deutsche „Kasse" statt der österreichischen „Kassa", und der Ausdruck „Marille" ist bisher gar nicht „gefährdet". „Aber die Präpositionen ändern sich", sagt Wiesinger. So schwindet das österreichische „Sie kommen auf Besuch" und weicht dem norddeutschen „zu Besuch". Auch in „Ich habe auf deinen Geburtstag vergessen" fällt das „auf" immer öfter weg. „Man merkt, dass den Menschen der Dialekt als Korrektiv fehlt", sagt Wiesinger. „Im Dialekt geht man ‚auf Besuch'. Doch gerade im städtischen Bereich, allen voran in Wien, geht der Dialekt bei jungen Leuten verloren." Genau deswegen befragte Wiesinger die Studierenden: Um den Sprachwandel aufzuzeigen, in „der Generation, die auch in 20 Jahren noch diese Ausdrücke verwendet".

Eine ähnliche Studie lieferte Oldřich Břenek von der Palacký-Universität im tschechischen Olmütz: Im Rahmen seines PhD-Abschlusses[2] in Germanistik befragte er 103 Teilnehmer aus ganz Österreich aus unterschiedlichen sozialen Schichten, welche Ausdrücke sie schriftlich verwenden und welche mündlich. Seine Liste umfasste 80 Wortpaare wie „Powidl – Pflaumenmus", „Eierschwammerl – Pfifferlinge" oder „Krügerl – Bierglas" etc.: Viele stammen aus der Liste des „Protokolls Nr. 10", das beim EU-Beitritt Österreichs bekannt wurde („Über die Verwendung spezifisch österreichischer Ausdrücke der deutschen Sprache im Rahmen der Europäischen Union"), einige fügte Břenek selbst hinzu, da ihm Ausdrücke wie Bim, Fiaker und Trafik als Austriazismen[3] aufgefallen waren.

„Es gibt Ausdrücke, die sowohl die junge als auch die ältere Generation in der Alltagskommunikation stark verwendet: Marillen, Kipferl, Schlagobers, Trafik, Stiegenhaus oder Lokal", so Břenek. Doch Wörter wie Erdäpfel, Kukuruz, Paradeiser oder Stamperl werden von der jungen Generation nur mehr mündlich verwendet, während ältere Teilnehmer dies noch als Schriftsprache angeben.

Die Wahl der Bezeichnungen war auch vom Bundesland abhängig: „In Wien werden viele österreichische Ausdrücke in der mündlichen und schriftlichen Kommunikation verwendet. Hier tauchen sogar Wörter auf, die in anderen Bundesländern gar nicht gebraucht werden, wie Paradeiser oder Eiskasten." Vorarlberger hingegen bevorzugen in vielen Fällen bundesdeutsche Ausdrücke wie Mais, Blumenkohl, Abendbrot, Pilz oder Schlagsahne. Teilnehmer mit Universitätsabschluss tendieren im Gegensatz zu jenen mit einem weniger hohen Abschluss eher zum mündlichen Gebrauch und würden Wörter wie Hendl, Bim, Kasten oder Stamperl nicht schriftlich verwenden.

**Sprachliche Unsicherheit.** „Man müsste schon in der Schule den Leuten bewusst machen, welche Ausdrücke österreichisch sind: Es wird zwar das ‚Österreichische Wörterbuch' verteilt, aber kein Lehrplan sieht das österreichische Deutsch als Thema vor", sagt Peter Wiesinger. Viele seien sprachlich unsicher und wählen zur Vorsicht die bundesdeutsche Variante: „Quasi, weil sie meinen, die Deutschen reden besser als wir." Mit dem Unterschied zwischen Deutschland und Österreich hat sich auch Klaus Geyer vom Institut für Sprache und Kommunikation der Universität Odense in Dänemark beschäftigt. Der gebürtige Nürnberger hat den österreichischen Erfolgsfilm „Indien" analysiert, und zwar die DVD, die in Deutschland auf dem Markt ist. „Da steht drauf: ‚Österreichische Originalfassung mit teilweise hochdeutschen Untertiteln'", sagt Geyer. „Doch es ist unheimlich wenig untertitelt, insgesamt maximal drei Minuten."

Einige Austriazismen werden übersetzt: „bochen" als „gebacken und paniert", „leiwand" als „super". Doch die Wörter werden nur beim ersten Mal untertitelt, danach sollte der Seher es gelernt haben. „Manchmal steht dabei, welches Wort übersetzt wird. Sonst scheint einfach die Übersetzung auf, dann muss man selbst herausfinden, welches gesprochene Wort gemeint ist."

Geyer testete den Film an norddeutschen Kollegen: „Die Untertitel halfen nicht viel". Er schließt daraus, dass diese Art der Untertitelung in derselben Sprache nur dazu dient, das Regionale, das Österreichische auf dem deutschen Markt zu betonen. „Es ist zu unsystematisch, um dem Verständnis zu dienen", so Geyer. Ähnlich wurde kürzlich der TV-Film „Der Aufschneider" mit Josef Hader im deutschen Fernsehen gesendet: Auch hier waren nur einzelne Ausdrücke in hochdeutscher Übersetzung angezeigt. „Vom wissenschaftlichen Standpunkt sind das keine guten intralingualen Untertitel bzw. müsste man intervarietätlich sagen, es betrifft ja zwei unterschiedliche Varietäten des Deutschen", sagt Geyer.

Über die Begriffe Varietät, Dialekt oder Standardsprache[4] hat auch Břenek die Österreicher befragt: Nur 15 Prozent sehen ihre Muttersprache als Dialekt, 63 Prozent kreuzten an, dass „österreichisches Deutsch kein Dialekt ist". Zweitere konnten noch genauer die heimische Sprache einschätzen: Die meisten (23%) beschrieben diese als „Standardsprache in Österreich, österreichisches Deutsch" und 15 Prozent als „Varietät des Deutschen". „Das zeigt doch ein hohes Sprachbewusstsein der Österreicher", sagt Břenek.

*Schmidt, Veronika: Der Jugend ist das österreichische Deutsch powidl. In: Die Presse, 07.07.2012. Online: https://diepresse.com/home/panorama/oesterreich/1263227/Der-Jugend-ist-das-oesterreichische-Deutsch-powidl (10.05.2019), mit leichten orthografischen Korrekturen*

---

*1 Österreichisches Deutsch ist eine Varietät (sprachliche Besonderheit) der hochdeutschen Schriftsprache.*

*2 PhD-Abschluss: Doktoratsabschluss*

*3 Als Austriazismen bezeichnet man den Wortschatz, der im restlichen deutschsprachigen Sprachgebiet als typisch österreichisch wahrgenommen wird. 23 Begriffe wie Erdäpfel, Eierschwammerl, Ribisel oder Powidl wurden beim EU-Beitritt Österreichs im Protokoll Nr. 10 festgehalten, die parallel zu den deutschen Bezeichnungen zu verwenden sind. Es gibt weit über 500 Austriazismen.*

*4 Standardsprache ist jene, die geografisch am weitesten akzeptiert wird. Das „Österreichische Wörterbuch" wird an heimischen Schulen in der 41. Auflage genutzt.*

## 4.4.2 Die Sprache im Wandel der Zeiten

Sprache spielt in der Gesellschaft eine entscheidende Rolle: Sie ist wesentlicher Bestandteil unserer Kommunikation. Gleichzeitig strukturiert sie unser Denken und gibt diesem einen wesentlichen Ausdruck. Sprache ist damit immer auch Produkt sowie Spiegel unserer Gesellschaft.

*siehe Band 2, Kapitel „Sprache“*

Neue Wörter haben Eingang in unseren täglichen Sprachgebrauch gefunden, andere sind verschwunden, weil sie niemand mehr braucht, wie etwa das Wort „Droschke“. Einige Bezeichnungen wie „Weib“ und „Dirne“ haben einen radikalen Bedeutungswandel erfahren. Einen fahlen Beigeschmack haben heute auch Begriffe wie „Mohr“ oder „Neger“, die abwertend verwendet werden, stehen sie doch für Rassismus oder Sklaverei.

### 36 Aufgabenstellung

**a. ●**

Lesen Sie den folgenden Zeitungsbericht und fassen Sie die wichtigsten Aussagen daraus kurz zusammen.

**b. ● ●**

Recherchieren Sie in Ihren Kinder- und Jugendbüchern nach Wörtern, die heute nicht mehr sehr oft verwendet werden. Befragen Sie auch Ihre Eltern und Großeltern, welche Wörter in ihrer Jugend in Mode waren.

**c. ○**

Diskutieren Sie anschließend in einem Klassengespräch das Für und Wider der Verwendung von Anglizismen und anderen neuen Wörtern, die Eingang in unsere alltägliche Sprache gefunden haben.

## Achtung, Sprachwandel: Weib, Dirne, Neger

**Früher war Maria „gebenedeit unter den Weibern“ und das Rotkäppchen der Brüder Grimm war eine kleine, süße Dirne. Und früher sagte man auch „Neger“. Über Sprachwandel und unsere Schwierigkeit mit ihm.**

„Ein Tisch ist ein Tisch“ – so lautet der Titel einer Erzählung des Schweizer Schriftstellers Peter Bichsel: Sie handelt von einem alten Mann, der eines Tages beschließt, dass sich etwas ändern muss. Er beginnt damit, zum Bett nicht mehr Bett zu sagen, sondern Bild: „Ich bin müde, ich will ins Bild.“ Am nächsten Morgen überlegt er, wie er zum Stuhl sagen soll, und nennt ihn Wecker. So geht es weiter: Zum Tisch sagt er Teppich, zur Zeitung Bett, zum Teppich sagt er Schrank. „Aber eine lustige Geschichte ist das nicht. Sie hat traurig angefangen und hört traurig auf.“ Die Leute verstehen den alten Mann nicht mehr, und der alte Mann versteht die Leute nicht mehr.

„Die Bedeutung eines Wortes ist sein Gebrauch in der Sprache“, schrieb Wittgenstein[1]. Eine Sprache, die nur von einem einzelnen Menschen gesprochen wird, verfehlt ihren Zweck, ja, es ist die Frage, ob man sie überhaupt Sprache nennen kann. Aber Bichsels Geschichte ist nicht nur eine Parabel[2] auf die Notwendigkeit der Kommunikation. Sie weist auch darauf hin, dass die Wörter, mit denen wir Gegenstände bezeichnen – von lautmalerischen Ausnahmen abgesehen – willkürlich gewählt sind. Tatsächlich wäre es jederzeit möglich, zum Tisch Stuhl zu sagen. Man muss sich nur darauf einigen.

**Böse Anglizismen?**

Dass die Verbindung zwischen Zeichen und Bedeutung eine Frage des Gebrauchs ist, schafft erst die Voraussetzung dafür, dass Sprache sich wandelt, dass sie sich anpasst – indem sie etwa neue Wörter hervorbringt für all die neuen Dinge, ob Perücke (von franz. perruque, Haarschopf) oder Auto, ob Internet oder Smartphone: Auf diese Neuschöpfungen vergisst oft, wer die Verarmung der Sprache beklagt. Die Angst vor dem Sprachwandel wurzelt ja oft in der Sorge, dass Vertrautes verschwindet und/oder von Fremdem verdrängt wird. Sprache ist Heimat. Es ist die Heimat unserer Kindheit und Jugend. Vor allem Anglizismen sind manchem ein Dorn im Auge, wobei oft übersehen wird, dass englische Begriffe die deutschen nicht unbedingt verdrängen, sondern ergänzen – das Mail bezeichnet die elektronische Post, nicht die papierene, das Game das Computerspiel, während alle anderen Spiele weiter heißen dürfen, wie sie immer hießen. Aber die Sprache importiert nicht nur, sie erfindet auch: Handy etwa ist ein Scheinanglizismus – und auch wenn sich Sprachwissenschaftler über seine Herkunft streiten, so schlecht ist dieses Wort nicht geraten: Man trägt es in der Hand, und es ist klein, dafür steht das „y“, das wie jenes „i“ ausgesprochen wird, das wir vom Heinzi und vom Katzi kennen.

Die neuen Wörter, ob geliebt oder ungeliebt, sind eine wichtige Kraft des Sprachwandels – aber nicht die einzige: Wörter verändern ihre Bedeutung, oft sogar radikal. Im Alt hochdeutschen bezeichnete „thiorna“ die Jungfrau. „Es war einmal eine kleine, süße Dirne“, schrieben die Brüder Grimm. Später verstand man – Dialekte ausgenommen – unter Dirne eine Prostituierte (wobei diese Bedeutung vom Aussterben bedroht zu sein scheint – „Nutte“ und die „Hure“ haben ihr den Rang abgelaufen). Ähnliches passierte dem „Weib“. Das Althochdeutsche versteht unter „wib“ die Ehefrau ganz generell, später nur mehr die Frau aus einer niederen Schicht. Die Bezeichnung „frouwe“ war dem Adel vorbehalten. Aber wie es so ist: Der Mensch schmeichelt gern – immer häufiger wurden Weiber als Frauen angesprochen, weshalb ein neuer Begriff nötig war, um den hohen Rang zu betonen: Die Dame war geboren. Die Frau wurde die Norm, das Wib vulgär. Wie auch bei der „Dirn“ bewahrten übrigens die Dialekte die ursprüngliche Bedeutung: „A nett's Dirndl“ ist in Tirol immer noch ein nettes Mädchen, „a guats Wib“ in Vorarlberg eine tolle Frau.

Als weiteres Beispiel für Pejorisierung, also Abwertung, wird gern das Wort „Neger“ angeführt. Es hat seine Wurzeln im Lateinischen und hätte ursprünglich nichts weiter bedeutet als: schwarz. Heißt es. Aber war diese Bezeichnung tatsächlich neutral? Der Begriff kam im 16. Jahrhundert im Zuge des Sklavenhandels in Portugal und Spanien („negro“) auf. Es war die Bezeichnung für eine Ware. Und wo man nicht den Sklaven meinte, meinte man ein Volk, über das man sich erhob. Der Brockhaus von 1839 definiert den „Charakter des Negers“ als eine Mischung von „Regsamkeit und Schlaffheit“. Afrikanische Musik sei „roher Lärm“, der Glaube „gröbster Aberglaube“.

Die Geschichte des Begriffs ist also von der Geschichte des Sklavenhandels, des Kolonialismus nicht zu trennen. Die Denunzierung des Wortes „Neger“ geht einher mit dem Zurückdrängen des Rassismus in den USA. Martin Luther King hat seine berühmten Worte „I have a dream“ 1963 formuliert: In der Folge setzten sich die Bezeichnungen „Schwarze“ oder „Afroamerikaner“ durch. Sprache wandelt sich auch hier nicht willkürlich – sie spiegelt gesellschaftliche Prozesse wider.

Doch Wandel braucht oft Zeit: Menschen beharren gern darauf, so sprechen zu dürfen, wie sie es in der Kindheit und Jugend getan haben – und Kinderbücher, die man damals geliebt hat, sieht man ebenfalls ungern verändert. Das hat mit Nostalgie zu tun. Ein anderer Bremsfaktor des Wandels zeigte sich etwa bei den Debatten um die Rechtschreibreform: Man ist in seiner Sprache nicht nur heimisch, man beherrscht sie auch, man weiß um lateinische oder griechische Wurzeln, weiß um Ableitungen. Dieses Wissen soll nicht verloren gehen. Je gebildeter, desto skeptischer scheinen Menschen gegenüber sprachlichen Veränderungen zu sein.

**„Dieses Weib“ – das klingt rüde[3]**

Bis sich eine neue Bedeutung, bis sich ein neues Wort durchgesetzt hat, dauert es. Aber irgendwann ist es so weit: Keiner würde eine anwesende Frau heute rüde als „dieses Weib“ bezeichnen, sogar Maria im Rosenkranz ist längst „gebenedeit unter den Frauen“. Und wenn man die Grimm'schen Kinder- und Hausmärchen liest, wird man immer häufiger feststellen: Aus Rotkäppchen, der süßen Dirne, ist ohne großes Aufsehen ein „Mädchen“ geworden.

*Steiner, Bettina: Achtung, Sprachwandel: Weib, Dirne, Neger. In: Die Presse, 24.01.2013. Online: https://diepresse.com/home/kultur/literatur/1336628/Achtung-Sprachwandel_Weib-Dirne-Neger?from=simarchiv (10.05.2019)*

---

[1] *Ludwig Wittgenstein (1889–1951): österreichischer Philosoph. Bedeutend waren seine Philosophie der Logik, der Sprache und des Bewusstseins.*

[2] *Parabel: gleichnishafte belehrende Erzählung, Geschichte*

[3] *rüde: von grober, ungehobelter Art*

Das Deutsche, wie jede Sprache auch, wäre ohne Fremdwörter, die in den allgemeinen Sprachgebrauch übernommen werden, eine arme Sprache. Hat man im 19. Jahrhundert noch vor allem französische Ausdrücke in die Alltagssprache übernommen, sind es heute insbesondere Wörter aus dem Englischen.

## 37 Aufgabenstellung

●●

Versuchen Sie in einer Partnerarbeit, deutsche Ausdrücke für die folgenden Begriffe aus dem Kasten zu finden, die wir alltäglich verwenden.

**Beispiele:** *Mail – „Netzpost“, Airbag – „Prallkissen“, Junkfood – „Schundessen“*

Jeans • Sandwich • Handy • Smartphone • PC • Notebook • Ketchup • Biker • Boxershorts • Motocross • Sprit • Sport • Radio • Reality-TV • tipptopp • Pony

## 4.4.3 Gender Mainstreaming und Sprache

*siehe Band 1 und 2, Kapitel „Sprache“*

Seit über 25 Jahren gibt es in Österreich gesetzliche Richtlinien für geschlechtergerechtes Formulieren. Dennoch sind wir von einer durchgängigen Umsetzung der österreichischen und EU-Gesetzgebung weit entfernt. Vor allem Medien und Bildungseinrichtungen sind dazu aufgerufen, Vorbildwirkung zu übernehmen und gendergerecht zu formulieren.

### 38 Aufgabenstellung

●●

Wiederholen Sie in einer Partnerarbeit die unterschiedlichen Formulierungsmöglichkeiten für eine gendergerechte Sprache.

### 39 Aufgabenstellung

●●

Suchen Sie aus diversen Zeitungen Texte und analysieren Sie diese in einer Partnerarbeit hinsichtlich gendergerechter Formulierungen.

- Markieren Sie Ausdrücke, die gendergerecht formuliert sind.
- Kennzeichnen Sie farblich Formulierungen, die nicht den gesetzlichen Vorschriften einer gendergerechten Sprache entsprechen.
- Überarbeiten Sie diese Textstellen gendergerecht.

### 40 Aufgabenstellung

Gendergerechtes Formulieren wird oft durch die Verwendung des Wörtchens „man“ umgangen.

**a.** ●●

Lesen Sie den nebenstehenden Bericht. Auf der Website „*die*Standard.at“, einer eigenen Website des „Standard“, die sich mit Frauenthemen beschäftigt, erscheinen regelmäßig Berichte, die – im Gegensatz zur Print- und Onlineversion dieser Tageszeitung – sehr wohl gendergerecht formuliert sind.

Erklären Sie in einer Partnerarbeit die im Text vorkommenden Begriffe:

- generisches Maskulinum
- stereotyp

**b.** ●●

Fassen Sie die Studien, die im Text zitiert werden, kurz zusammen. Welche Argumente gegen gendergerechtes Formulieren werden darin angeführt? Mit welchen Argumenten widerlegt der deutsche Wissenschaftler Anatol Stefanowitsch diese?

**c.** ○

„Sprache diskriminiert, und dies betrifft nicht nur gendergerechtes Formulieren.“ Diskutieren Sie dieses Thema in einem Klassengespräch. Besprechen Sie auch, inwiefern versteckte Bewertungen einzelner Begriffe eine Diskriminierung bedeuten können.

## „Man“ meint nicht alle

**Ein Wissenschaftsblog seziert genauestens und mit kühlem Kopf ein Thema, das selten unaufgeregt debattiert wird, und erklärt, warum die männliche Form für alle schlichtweg falsch ist.**

Es ist ein feministischer Dauerbrenner, der allerdings nicht nur Frauen betrifft. Das Thema diskriminierende Sprache beschäftigt auch Menschen mit Migrationshintergrund (vormals „Ausländer“) und Menschen mit Behinderung (vormals „Behinderte“). Doch vor allem jene, die durch ihre gesprochene oder geschriebene Sprache auf die geschlechterdiskriminierende Dimension von Sprache hinweisen, sind noch immer Ziel von Häme und besserwisserischen Hinweisen auf die Fehlerhaftigkeit des Gesagten oder Geschriebenen.
Denn das „generische Maskulinum“, so meinen noch immer viele, verankere im Deutschen die Regelung, dass für gemischtgeschlechtliche Gruppen das Maskulinum korrekt ist – da wüssten schon alle Bescheid, dass alle gemeint sind.

**Und wie sie kann**

Mit einer wasserdichten Argumentation führte kürzlich der deutsche Wissenschaftsblogger und Professor für anglistische Sprachwissenschaft an der Universität Hamburg Anatol Stefanowitsch überzeugend aus, dass das schlichtweg falsch ist. Dazu zog er einige interessante Studien zum Thema heran. Angestoßen wurde die zur Abwechslung einmal nicht von Feministinnen durchgeführte Betrachtung von Geschlecht in der Sprache durch eine Podiumsdiskussion über „Wort und Wirklichkeit. Kann Sprache diskriminieren?“ – eine Frage, die die feministische Sprachkritik bereits seit 40 Jahren immer wieder ausführlich und deutlich mit Ja beantwortet. Auch Stefanowitsch findet darauf eine klare Antwort: „Sprache ‚kann‘ nicht nur diskriminieren, Sprache diskriminiert.“
Denn Sprache unterscheidet, das ist eine ihrer wesentlichen Funktionen, so der Fachmann. Sie tut dies allerdings nicht immer wertneutral. Das mag vielleicht beispielsweise bei „Stuhl“ versus „Hocker“ noch gelingen. Bei vielen anderen Begriffen, natürlich auch bei „Mann“ und „Frau“, werden „zusätzliche semantische[1] Eigenschaften“ beigemischt und in der Folge naturalisiert, schreibt Stefanowitsch.
Sprachliche Unterscheidungen gehen also alles andere als neutral vonstatten, dennoch sind die (mehr oder weniger versteckten) Bewertungen so selbstverständlich und allgegenwärtig, dass sich nur wenige von ihrer Existenz überzeugen lassen. Erstaunlich eigentlich angesichts der vielen Beispiele, sei es die große Auswahl an Schimpfwörtern, die auf das weibliche Geschlecht rekurrieren[2] (Tussi, Schlampe, Fotze usw.), oder die Möglichkeit, Männer zu diskreditieren, indem sie als Frauen angesprochen werden (etwa eine schwächelnde Gruppe von Sportlern als „Ladies“ oder „Mädchen“ anzusprechen).
Obwohl begriffliche Unterscheidung auch Diskriminierung bedeuten kann, bleibt sie für die politische Agitation unerlässlich. Denn die bewusste sprachliche Differenzierung hat auch emanzipatorischen Charakter, daher weisen Feministinnen auch hartnäckig darauf hin, dass Frauen nicht nur implizit benannt werden wollen.

**Hartnäckige Widerstände**

In diesem Sinne wandte Stefanowitsch sich in seinem Folgeblog den äußerst hartnäckigen Widerständen gegen die sprachliche Berücksichtigung von Frauen zu, die weitgehend bekannt sind: Das „generische Maskulinum“ wird als Fakt bezeichnet, des Weiteren würde die Berücksichtigung von Frauen – egal in welcher Form – Lesbarkeit wie Verständlichkeit beeinträchtigen.
Beiden Einwänden stellt der Blog solide Studien gegenüber, die das Gegenteil beweisen. In einer Studie aus dem Jahr 2008 wurde die Interpretation von Sätzen untersucht. Es sollte herausgefunden werden, ob die LeserInnen tatsächlich an Männer UND Frauen denken, wenn nur die männliche Form benutzt wird. Die ProbandInnen[3] sollten von einem Satz einen möglichen Folgesatz ableiten, dabei wurde die Reaktionszeit untersucht und die Frage, welcher Satz als Folgesatz ausgewählt wurde. Das Ergebnis war deutlich: Sätzen, in denen nur die männliche Form verwendet wurde, wurden Folgesätze, in denen auch Frauen vorkamen, weniger oft zugeordnet. Laut Blog lautete der erste Satz „Die Sozialarbeiter liefen durch den Bahnhof“, die von den ProbandInnen auszuwählenden möglichen Folgesätze lauteten „Wegen der schönen Wetterprognose trugen mehrere Frauen keine Jacke“ und „Wegen der schönen Wetterprognose trugen mehrere Männer keine Jacke“.

**Stereotypitätseffekte[4]**

Die ProbandInnen sprachen entweder Französisch, Deutsch oder Englisch. Während im Englischen, das ohne grammatisches Geschlecht auskommt, die Wahl der möglichen Folgesätze aufgrund bestimmter Berufsgruppen, die eher Männern oder eher Frauen zugeordnet werden, erfolgte (sogenannte Stereotypitätseffekte), sah es in den Sprachen mit grammatischem Geschlecht anders aus: Der Stereotypitätseffekt fehlte, stattdessen wurde die Reaktionszeit vor allem durch das grammatische Geschlecht beeinflusst: Wurde im ersten Satz nur das Maskulinum verwendet, wurde der zweite mögliche Folgesatz („Wegen der schönen Wetterprognose trugen mehrere Männer keine Jacke“) signifikant häufiger und schneller gewählt. „Das zeigt, dass die generische Interpretation nicht spontan erfolgte, sondern erst nach einer Art strategischem Umdenken“, folgert Stefanowitsch.

Dass wir alle wüssten, dass auch Frauen gemeint sind, muss als Argument für den universalen Einsatz der männlichen Form somit gestrichen werden. Und auch zugunsten der „Lesbarkeit“ und „Verständlichkeit“ muss nicht auf das Maskulinum zurückgegriffen werden, auch dazu stellt der Blog ein klares Studienergebnis vor.

**Unverständlich, aber besser gemerkt?**

Bei einem Versuch mit drei Gruppen von Versuchspersonen wurden Beipackzettel in drei Varianten vorgelegt: neutral, mit Beidnennung (also Patient und Patientin) und mit „generischem Maskulinum“. Dann wurde die Erinnerung gemessen und der Umstand, ob die Versuchspersonen den Text verständlich bzw. lesbar fanden. Die Erinnerung an das Gelesene ist eine objektive Kategorie, die Einschätzung der Versuchspersonen über Lesbarkeit und Verständlichkeit eine subjektive. Interessant ist, dass bei diesem Versuch die subjektive Einschätzung über das Verständnis mit der Erinnerung kollidiert: Männer erinnerten sich an die Information mit der Beidnennung besser, bewerteten sie aber bei „Lesbarkeit“ und „Verständlichkeit“ schlecht. Was diese subjektive Kategorie betrifft, bewerteten Männer das „generische Maskulinum“ besser, obwohl sie sich an diese Version schlechter erinnerten.

Zwei wichtige Argumente von GegnerInnen geschlechtergerechter Sprache wurden mit den Studien klar widerlegt. Was allerdings dem Frauen negierenden Sprachgebrauch auch weiterhin keinen Abbruch tun wird.

*Hausbichler, Beate: „Man“ meint nicht alle. In: dieStandard.at, 10.01.2012. Online: https://diestandard.at/1325485955099/GenderSprache-Man-meint-nicht-alle (10.05.2019)*

*[1] semantisch: die Semantik (Bedeutung eines Wortes) betreffend*
*[2] rekurrieren: auf etwas zurückkommen*
*[3] Proband, Probandin: Versuchs-, Testperson*
*[4] Stereotyp: vereinfachendes, verallgemeinerndes Urteil*

### 41 Aufgabenstellung

sRDP

Verfassen Sie einen **Leserbrief** an die Autorin des Zeitungsberichts „‚Man’ meint nicht alle“.

- **Beschreiben** Sie kurz den Sachverhalt, indem Sie die wichtigsten Inhalte kurz zusammenfassen.
- **Erörtern** Sie das Pro und Kontra gendergerechten Formulierens. Untermauern Sie Ihre Argumente mit Beispielen.
- **Appellieren** Sie an die Redaktion dieser Tageszeitung, Vorbildwirkung zu übernehmen und auch in der Print- und Onlineversion der Zeitung gendergerecht zu formulieren.

Schreiben Sie maximal 300 Wörter.

## 4.4.4 Die „heimlichen Botschaften“ einer Sprache

Sprache spiegelt das Denken und Handeln einer Gesellschaft wider. Wie oft verwenden wir Sätze oder Ausdrücke wie *„schwarzfahren“*, *„das kommt mir spanisch vor“* oder *„das schwache Geschlecht“*, ohne zu bedenken, welche Nebenbedeutungen diese Redewendungen und gängigen Alltagsausdrücke enthalten. Bei vielen Begriffen, die wir unreflektiert und unbedacht äußern, fällt uns deren diskriminierende Bedeutung gar nicht auf.

Oft genug ist unsere Sprache von Rassismus, Sexismus oder Antisemitismus durchzogen. Neben bewusst diskriminierende Äußerungen treten oft eher unbewusste: Sie fallen uns in der Sprache oft gar nicht (mehr) auf, weil sie zum einen selbstverständlicher Bestandteil der Alltagssprache sind (wie z. B. „Mädel“), zum anderen kennen wir die ursprüngliche Bedeutung und die Begriffsgeschichte nicht mehr (wie z. B. bei „durch den Rost fallen“).

Sprache schafft Bewusstsein. Deshalb ist es notwendig, sich negative Konnotationen von Wörtern und belasteten Begriffen bewusst zu machen. So ist der negative Ursprung des Wortes „Zigeuner“ ein Beispiel dafür, wie die nationalsozialistische Propaganda eine bestimmte Volksgruppe nannte.

*Konnotation, die: assoziative, wertende Bedeutung, Begleitvorstellung*

Oft sind es Begriffe, die Menschen bestimmter Nationalitäten oder Gruppen abwerten und diskriminieren. Es wird „getürkt“, wenn jemand fälscht oder jemand anderen betrügt. Etwas kommt einem „spanisch“ vor, wenn es im Verdacht steht, nicht zu stimmen. Es wird „gemauschelt“, wenn jemand dunkle, unlautere Geschäfte treibt oder schummelt. Wussten Sie, dass das jiddische Wort „mauscheln“ nichts anderes bedeutet, als „jiddisch (hebräisch) zu sprechen“? Ein „Pharisäer“ ist ein Schimpfwort für einen heuchlerischen Menschen; Pharisäer waren eine theologische und politische Schule im antiken Judentum.

## 42 Aufgabenstellung

**a. ● ●**

Nehmen Sie diese Übung zum Anlass, über die Herkunft und Wirkung bestimmter Wörter nachzudenken. Überlegen Sie, welche Nebenbedeutungen und „heimliche Botschaften“ durch folgende Ausdrücke vermittelt werden. Gibt es Möglichkeiten, sie durch neutrale Formulierungen zu ersetzen? Was verändert sich dann?

**b. ○**

Diskutieren Sie anschließend in einem Klassengespräch den Umgang und die Verwendung diskriminierender Wörter in unserer Sprache.

| Redewendung | heimliche Botschaft | neutraler Begriff |
|---|---|---|
| Frauenarbeit | | |
| Warmduscher | | |
| Softie | | |
| Du Mädchen! | | |
| herumzigeunern | | |
| Mannweib | | |
| Eingeborene | | |
| Mischlingskind | | |
| Schwarzer Kontinent | | |
| schwaches Geschlecht | | |
| Asoziale | | |

*In Anlehnung an: Baustein zur nicht-rassistischen Bildungsarbeit. Online: http://baustein.dgb-bwt.de/index.php4 (10.05.2014)*

# ▶▶▶ Ihr persönlicher Lernerfolg

**Schätzen Sie selbst ein, was Sie jetzt wissen und können:**

✓ oder ✗

| | | LESEN | ÜBEN |
|---|---|---|---|
| Sie kennen die wichtigsten Regeln der Groß- und Klein-, Getrennt- und Zusammenschreibung. | ○ | S. 90, 91, 94 | S. 91–95 |
| Sie können die grammatikalischen Fälle bestimmen. | ○ | S. 98 | S. 98–99 |
| Sie können indirekte Reden in der richtigen Form des Konjunktivs formulieren. | ○ | S. 100 | S. 100–101 |
| Sie können Kommas richtig setzen. | ○ | S. 103 | S. 104–105 |
| Sie wissen, was bei der Zeitenfolge zu beachten ist. | ○ | S. 106 | S. 107 |
| Sie wissen um die Wahl der richtigen Präposition und des richtigen Verbs bei Funktionsverbgefügen. | ○ | S. 108–110 | S. 108–110 |
| Sie wissen, dass Sprache einem ständigen Wandel unterliegt. | ○ | S. 112–115 | S. 112–115 |
| Sie wissen, dass Sprache auch Diskriminierung bedeuten kann. | ○ | S. 116–117 | S. 116–117 |
| Sie wissen, dass Gender Mainstreaming sich auch in der Sprache ausdrückt. | ○ | S. 118–120 | S. 121 |

# 5

## PORTFOLIO

## In diesem Kapitel lernen Sie, ...

... welche Kriterien für ein erfolgreiches Arbeiten an einem Portfolio gelten,

... wie Sie Ihre Portfolio-Arbeit rückblickend bewerten,

... wie Sie Schreibanlässe für Ihr Lese- und Schreibportfolio finden,

... wie Sie zu Ideen für eine Schwerpunktsetzung Ihres Kulturportfolios kommen und diese umsetzen,

... wie Sie Filme und deren Romanvorlagen hinsichtlich Handlung und Figuren analysieren,

... welche die wichtigen literarischen Epochen bis zur Klassik sind und wie Sie dazu recherchieren können.

Kompetenzen hier entlang ▶▶▶

# 5.1 Das Arbeiten am Kulturportfolio

## 5.1.1 Ein Zwischenblick

Seit zwei Jahren führen Sie ein **Kulturportfolio**, einerseits als **Arbeitsportfolio**, andererseits auch als **Vorzeigeportfolio**. Sie führen darin ein Lese- und Schreibportfolio mit vielen Beiträgen, haben Eintrittskarten, Broschüren und Materialien von Ausstellungen, Museums- und Theaterbesuchen gesammelt.

Nehmen Sie Ihr Kulturportfolio hin und wieder zur Hand und blättern Sie es aufmerksam durch. Lesen Sie den einen oder anderen Beitrag und entscheiden Sie, welche Texte Ihnen wichtig sind und auch weiterhin Teil Ihres Kulturportfolios bleiben sollen.

1 **Aufgabenstellung**

●

a. Wie sehen Sie die Beiträge Ihres Kulturportfolios aus der zeitlichen Distanz? Welche Texte wollen Sie überarbeiten, umschreiben oder austauschen? Welchen Beitrag wollen Sie neu verfassen?

*Reflexionsbögen siehe Band 1, Kapitel „Portfolio“*

b. Nehmen Sie auch die Reflexionsbögen zur Hand. Wo sehen Sie Ihre Stärken und Ihre Schwächen? Woran wollen Sie verstärkt arbeiten?

2 **Aufgabenstellung**

●

*siehe Band 1, Kapitel „Portfolio“*

Begründen Sie in einem neuen **Portfolio-Brief** (Cover-Letter), warum Sie einige Beiträge Ihres Kulturportfolios überarbeiten wollen und welche Schwerpunkte Sie für dieses Schuljahr planen. Legen Sie auch dar, warum Sie auf bestimmte Beiträge des Vorjahres besonders stolz sind und weshalb Sie diese „Beweisstücke“ für Ihr Lernen im Kulturportfolio beibehalten wollen.

3 **Aufgabenstellung**

○

*redigieren: überarbeiten*

a. Diskutieren Sie in einem Klassengespräch, worauf man beim Redigieren von Texten besonders achten sollte. Einigen Sie sich auf zwei bis drei Kriterien, auf die Sie in der aktuellen Umarbeitungsphase das Augenmerk legen wollen.

b. Wählen Sie mindestens drei Beiträge Ihres Kulturportfolios und redigieren Sie diese nach den gemeinsam festgelegten Kriterien.

c. Schreiben Sie für neue Beiträge Ihre Selbstreflexion nieder. Notieren Sie, was Ihnen jeweils an der neuen Version besser gefällt und was Sie beim Redigieren gelernt haben.

d. Bitten Sie eine Klassenkameradin bzw. einen Klassenkameraden um ein schriftliches Feedback zu Ihren Überarbeitungen.

e. Übernehmen auch Sie die verantwortungsvolle Aufgabe der kollegialen Rückmeldung für eine Klassenkameradin oder einen Klassenkameraden.

f. Bitten Sie Ihre Deutschlehrerin bzw. Ihren Deutschlehrer um eine Rückmeldung zu Ihren überarbeiteten Beiträgen.

## 5.1.2 Das Portfolio als Arbeitsmethode

Ihr Portfolio gibt Ihnen die Möglichkeit, Ihre Arbeit an verschiedenen Themen zu dokumentieren und Beiträge, die Sie verfassen, zu reflektieren und zu bewerten (**Arbeitsportfolio**).

Sie entscheiden anschließend selbst, welche Beiträge Platz in Ihrem **Vorzeigeportfolio** finden sollen. Dies ist ein wichtiger Schritt in der Arbeit mit dem Portfolio. Nehmen Sie sich dafür Zeit, denn nur so lernen Sie Ihre eigene Arbeit schätzen und können sich über Ihre gelungenen Arbeitsprodukte freuen!

In Ihrem Kulturportfolio sollen auch die Pflichtbeiträge, die Ihre Lehrkraft vorgibt, Platz finden. So wird aus Ihrem Portfolio zudem ein **Beurteilungsportfolio**.

Bevor Sie das Portfolio Ihrer Lehrkraft zu einer abschließenden Bewertung vorlegen, prüfen Sie auch, ob es Ihrer Meinung nach ansprechend gestaltet ist, ob das Layout passend ist und ob alle Beiträge überarbeitet sind.

*siehe Band 1 und 2, Kapitel „Portfolio“*

Dieses Kapitel soll Ihnen einige **Anregungen und Ideen** liefern, was alles in Ihr Kulturportfolio Eingang finden könnte. Vergessen Sie dabei nie, die Schritte der Portfoliomethode anzuwenden.

Anhand der Leseportfolios zu Arno Geigers **„Der König in seinem Exil“** (siehe S. 126 ff.) und Friedrich Dürrenmatts Komödie **„Die Physiker“** (siehe S. 132 ff.) werden die einzelnen Schritte der Portfolio-Arbeit nochmals genau dargestellt. Konkrete Aufgabenstellungen dazu geben Ihnen Anregungen zum Weiterarbeiten.

Im Kapitel „Literatur und Film“ wird das Thema Film genauer ausgeführt. Sie haben bereits im Vorjahr Vergleiche zwischen literarischem Werk und seiner Verfilmung angestellt. In diesem Kapitel finden Sie zusätzliche Anregungen für eine vertiefende Portfolio-Arbeit zu Filmanalyse und Filmkritik sowie zu weiteren kreativen Beiträgen anhand William Shakespeares Tragödie **„Romeo und Julia“**, die an die 30-mal verfilmt wurde. Auch Neuverfilmungen von berühmten und kommerziell erfolgreichen Filmen sollen hier angesprochen werden.

*siehe Kapitel „Literatur, Kunst und Gesellschaft“*

**William Shakespeare** *(1564–1616), englischer Dramatiker (Komödien, Tragödien), Lyriker und Schauspieler. Er war der erfolgreichste Bühnenautor seiner Zeit in England und auch heute gehören seine Stücke zur Weltliteratur.*

# 5.2 Leseportfolio anhand eines epischen Textes

## 5.2.1 Arno Geiger: „Der alte König in seinem Exil“ – Textverständnis und persönlicher Zugang zum Text

**Arno Geiger** *(geb. 1968 in Bregenz), seit 1993 freier Schriftsteller*

### 4 Aufgabenstellung

●

**a.** Lesen Sie den Roman **„Der alte König in seinem Exil“** von Arno Geiger. Machen Sie sich bereits beim Lesen erste Notizen und formulieren Sie Fragen zur Handlung und zu den Personen.

**b.** Dokumentieren Sie Ihre persönlichen Eindrücke in einem oder mehreren Portfolio-Beiträgen.
Beantworten Sie die folgenden Fragen zum Text:

- Was ist das Thema des Romans?
- An welchem Ort spielt der Roman?
- Wer ist der „alte König“? Warum ist er im Exil?
- Was erfahren Sie über den Protagonisten?
- Aus welcher Perspektive wird der Roman erzählt?

**c.** Fassen Sie die wichtigsten Phasen der Lebensgeschichte von August Geiger zusammen.

**d.** Recherchieren Sie über Alzheimer- und Demenzkrankheit.

**e.** Erst allmählich begreift die Familie, dass August Geiger an Alzheimer erkrankt ist. Wie reagiert sie darauf, wie geht sie mit dieser Tatsache um?

**f.** Im Roman wird auch der Krankheitsverlauf beschrieben. Welche Phasen werden dargestellt?

**g.** Was erfahren Sie in diesem Roman über den Autor Arno Geiger? Wo lebt er? Wie reagierte er auf die Tatsache, dass sein Vater an Alzheimer erkrankt ist?

### 5 Aufgabenstellung

●

Verfassen Sie eine Inhaltsangabe zum Roman.

### 6 Aufgabenstellung

●

Bearbeiten Sie in einem eigenen Portfolio-Beitrag folgende Arbeitsaufträge:

**a.** *„Da mein Vater nicht mehr über die Brücke in meine Welt gelangen kann, muss ich hinüber zu ihm.“* Geben Sie konkrete Beispiele aus dem Roman, wie Arno Geiger versucht, dies zu realisieren.

**b.** Der Autor hat sprachliche Äußerungen seines kranken Vaters, die skurril erscheinen, aber Teil des Krankheitsverlaufes sind, in den Roman aufgenommen. Nennen Sie jene, die Ihnen besonders aufgefallen sind.

**c.** Diese Äußerungen, die Fehlleistungen aufgrund einer fehlenden Orientiertheit sind, erscheinen manchmal tragikomisch. Kritiker werfen Arno Geiger vor, Defekte seines Vaters auszustellen. Andere sehen in dem Roman eine Liebeserklärung an den Vater. Wie ist Ihre Meinung dazu?

**d.** Der Autor bedauert es, so wenig über seinen Vater aus der Zeit zu wissen, in der dieser noch gesund war. Notieren Sie die Stellen, in denen er versucht, alles niederzuschreiben, was ihm während seiner Besuche beim dementen Vater auffällt.

**e.** Arno Geiger sieht in Alzheimer das Krankheitsbild unserer heutigen Zeit. Lesen Sie den folgenden Textausschnitt und erklären Sie, was genau er meint.

## Arno Geiger – **Der alte König in seinem Exil**

Alzheimer ist eine Krankheit, die, wie jeder bedeutende Gegenstand, auch Aussagen über anderes als nur über sich selbst macht. Menschliche Eigenschaften und gesellschaftliche Befindlichkeiten spiegeln sich in dieser Krankheit wie in einem Vergrößerungsglas. Für uns alle ist die Welt verwirrend, und wenn man es nüchtern betrachtet, besteht der Unterschied zwischen einem Gesunden und einem Kranken vor allem im Ausmaß der Fähigkeit, das Verwirrende an der Oberfläche zu kaschieren. Darunter tobt das Chaos.

Auch für einen einigermaßen Gesunden ist die Ordnung im Kopf nur eine Fiktion des Verstandes. Uns Gesunden öffnet die Alzheimerkrankheit die Augen dafür, wie komplex die Fähigkeiten sind, die es braucht, um den Alltag zu meistern. Gleichzeitig ist Alzheimer ein Sinnbild für den Zustand unserer Gesellschaft. Der Überblick ist verlorengegangen, das verfügbare Wissen nicht mehr überschaubar, pausenlose Neuerungen erzeugen Orientierungsprobleme und Zukunftsängste. Von Alzheimer reden heißt, von der Krankheit des Jahrhunderts reden.

Durch Zufall ist das Leben des Vaters symptomatisch für diese Entwicklung. Sein Leben begann in einer Zeit, in der es zahlreiche feste Pfeiler gab (Familie, Religion, Machtstrukturen, Ideologien, Geschlechterrollen, Vaterland), und mündete in die Krankheit, als sich die westliche Gesellschaft bereits in einem *Trümmerfeld solcher Stützen* befand. Angesichts dieser mir während der Jahre heraufdämmernden Erkenntnis lag es nahe, dass ich mich mit dem Vater mehr und mehr solidarisch fühlte. Doch damals war ich noch nicht so weit.

*Geiger, Arno: Der alte König in seinem Exil. München, Hanser Verlag, 2011, S. 58f.*

## 7 Aufgabenstellung

sRDP

●

Als Vorarbeit für eine Textinterpretation verfassen Sie eine **Textanalyse** des Romans von Arno Geiger unter Berücksichtigung der folgenden Aspekte.

**a.** Analysieren Sie die **formalen Aspekte** des Romans:

- Erzählform und Erzählperspektive
- Erzählzeit und erzählte Zeit
- Schauplatz, Bedeutung des Raumes
- Personenbeschreibung, die Stellung der Personen zueinander, soziales Milieu der handelnden Personen

**b.** Analysieren Sie die **sprachlichen Merkmale** des Textes. Was soll durch die Art der sprachlichen Darstellung bewirkt werden? Zitieren Sie die Textstellen, die Ihnen besonders wichtig oder interessant erschienen sind.

## 8 Aufgabenstellung

●●

Welche Wirkung hat der Text auf Sie? Welche Fragen bleiben für Sie offen? Welche Fragen würden Sie dem Autor bei einem Interview stellen? Stellen Sie eine Liste solcher Fragen schriftlich zusammen. Diskutieren Sie diese abschließend in einer Partnerarbeit.

### 5.2.2 Biografische Zusammenhänge

**9 Aufgabenstellung**

●

Recherchieren Sie im Internet zum Autor Arno Geiger, zu seinem Leben sowie zu seinen Werken und verfassen Sie eine Kurzbiografie. Suchen Sie auch nach Rezensionen zum Roman „Der alte König in seinem Exil“ und fassen Sie kurz die unterschiedlichen Kritiken zu diesem Roman zusammen.

*www.arno-geiger.de*

**10 Aufgabenstellung**

●

Lesen Sie die Rezension über den Roman und fassen Sie die wichtigsten Aussagen zusammen. Wie beschreibt die Verfasserin dieser Rezension den Roman Arno Geigers? Können Sie sich der Meinung dieser Rezension anschließen?

**Arno Geiger: Der alte König in seinem Exil**

## Wenn einer nichts weiß und doch alles versteht

*Arno Geiger hat ein Buch über seinen dementen Vater geschrieben. Vor allem aber handelt es davon, was das Leben zu jedem Zeitpunkt lebenswert macht. Es ist die wertvollste Lektüre dieses Frühjahrs.*

Hier sind einige Dinge, die ich über August Geiger weiß. Geboren 1926 als drittes von zehn Kindern, lebt der Vierundachtzigjährige seit einem knappen Jahr in einem Pflegeheim im österreichischen Wolfurt, seiner Heimat. Er ist der Vater von Peter, Helga, Werner und Arno. Sein jüngstes Enkelkind heißt Eva. Seine Frau hat sich vor vielen Jahren von ihm getrennt, aber sie haben sich nie scheiden lassen. Wenn sie ihn besucht, schneidet sie ihm die Haare. Mit siebzehn war August im Krieg, mit achtzehn kam er an die Ostfront. In russischer Kriegsgefangenschaft erkrankte er an der Ruhr und magerte bis auf die Knochen ab. Als Junge, vor der Einberufung, hätte er gern Elektromechanik studiert; er war immer sehr geschickt mit den Händen. Später wurde er dann Beamter in der Gemeindeverwaltung. Er hat eine Frau gefunden, ein Haus gebaut, eine Familie gegründet. Sein Lieblingsroman ist „Robinson Crusoe“. Rituale sind ihm schon immer wichtig gewesen; auf Menschen zuzugehen, fiel ihm schwer. Die Zeit, als die Kinder klein waren, war die vielleicht glücklichste seines Lebens. Er hat nie viele Worte gemacht, aber das, was er sagt, trifft oft den Kern der Dinge. Er besitzt Humor, Güte und Weisheit. Er singt gern. Er ist freundlich und dankbar für jede Freundlichkeit, die ihm erwiesen wird – solange man ihn nicht herumhetzt. Wenn er lächelt, geht einem das Herz auf. August Geiger ist dement. Ich habe ihn gern.

**Reflexion über das, womit man nicht fertig wird**

Es gibt ein Foto, das zeigt August Geiger als jungen Mann, halb verhungert aus dem Krieg zurückgekehrt. Arno Geiger erinnert sich, dass der Vater dieses Passbild, das für ihn ein Monument des Überlebthabens gewesen sein muss, immer in der Brieftasche bei sich trug. Wie so viele Erinnerungen, Gewohnheiten und Sicherheiten ist die Brieftasche dem Vater irgendwann abhanden gekommen, und mit ihr das Foto. Zum Glück existiert eine Kopie: „Ganz kurze Haare, sehr markante Gesichtszüge, etwas Besonderes im Ausdruck, schwer zu fassen, von einer Klarheit und gleichzeitigen Erschrockenheit in den dunkel blitzenden Augen, die anziehend wirkten.“

Arno Geiger hat mit seinem Buch „Der alte König in seinem Exil“ viel mehr geschrieben als das Porträt seines Vaters, eines Mannes, der seine Außergewöhnlichkeit erst spät, am Rande der Dämmerung, zu erkennen gab. Und doch ist es leichter, auf Anhieb zu sagen, was dieses Buch alles nicht ist: Es ist kein Buch über Demenz, es ist keine Familienaufstellung und erst recht, anders als die meisten anderen Sohnesbücher über Väter, ist es keine Abrechnung. Stattdessen ist „Der alte König in seinem Exil“ eine tiefgründige, charaktervolle und zeitlos gültige Auseinandersetzung mit dem, was jeden angeht: Alter und Krankheit, Heimat und Familie. Eine Reflexion über das, womit man nicht fertig wird. Und obwohl man es darf, scheut man sich fast, dieses gewaltige schmale Buch groß zu nennen, denn Arno Geigers Gestus ist ein demütiger, bescheidener, liebevoller, dankbarer. Sein Buch ist eine Übung in Askese: alles Wichtige aufrichtig sagen, ohne ein Wort zu viel zu machen. Wie Arno Geiger das gelungen ist, das macht das Glück dieser Lektüre aus.

**Eine Geschichte vieler Siege**

Es sind in den vergangenen Jahren einige prominente Bücher zum Thema Demenz erschienen; in der literarischen Welt fand insbesondere die Anklage von Tilman Jens gegen seinen Vater, den Tübinger Rhetorikprofessor Walter Jens, Beachtung. Dieses zeigt einen Sohn, der im Zerrspiegelbild der Alzheimer-Krankheit in erster Linie sich selbst sieht, die eigenen Schwierigkeiten, das eigene Leid – ganz so, als wäre der eigentlich Schicksalsgebeutelte nicht der Vater, sondern der Sohn.

Arno Geigers Buch ist in jeder Hinsicht das Gegenteil desjenigen von Tilman Jens – und damit eine Bestätigung des Satzes, dass „Charakter die härtere Währung als guter Wille" ist. Es lässt sich über dieses schwierige, schmerzliche, intime Thema kein weniger larmoyantes und egozentrisches Buch denken als „Der alte König in seinem Exil". Geiger geht es nicht um wissenschaftliche Erkenntnisse, er wirbt nicht um Verständnis für sich und seine Geschwister, er klagt nicht über Betreuungskosten oder die Schwierigkeit, Betreuung zu finden. Und sofern ihm die Demenz seines Vaters und zuvor auch seines Großvaters Sorgen um sich selbst bereitet, behält er diese für sich. Getreu dem vorangestellten Hokusai-Motto[1] macht Arno Geiger das Allgemeine persönlich – und zeigt mittels dieser literarischen Tugend, was die Krankheit mit denen macht, denen sie begegnet. Es ist die Geschichte vieler Siege – trotz unausweichlicher Niederlage. Denn während die Alzheimer-Krankheit andernorts oft als ein immer weiter zuwuchernder Garten geschildert wird, stellt Geiger Lichtungen her.

**Der väterliche Rückzug von der Welt**

Mit der liebevoll und zum Teil mühsam rekonstruierten Lebens- und der erlebten Krankengeschichte des August Geiger erzählt das Buch auch davon, wie ein Sohn, der sich seinem Vater lange Zeit nicht sonderlich nah fühlte, diesen ganz neu für sich entdeckt und sich auf ihn und seine Wahrnehmung der Welt einlässt, von Momenten des Glücks und der Fröhlichkeit, die sich der Krankheit abtrotzen lassen. Die Brachialität und Ausweglosigkeit der Demenz werden nie geleugnet, nur ist die Klage darüber nicht Geigers Thema und Ansporn. Immer wieder beschreibt er beispielsweise die quälende Überzeugung des Vaters, nicht daheim zu sein, die zum Krankheitsbild gehört und gegen die es keine Abhilfe gibt.

„Ich erkläre es mir so, dass ein an Demenz erkrankter Mensch aufgrund seiner inneren Zerrüttung das Gefühl der Geborgenheit verloren hat und sich an einen Platz sehnt, an dem er diese Geborgenheit wieder erfährt. Da jedoch das Gefühl der Irritation auch an den vertrautesten Orten nicht vergeht, scheidet selbst das Bett als mögliches Zuhause aus." Auch sonst beschönigt Geiger nichts, weder den eigenen anfänglichen Zorn über die zunehmende Unfähigkeit des Vaters noch dessen irrationale Ausbrüche oder die anderen Schwierigkeiten, vor welche die Diagnose Demenz die Familie nach Jahren des väterlichen Rückzugs von der Welt schließlich stellt. Doch auch da gibt es Positives zu vermerken: „Wir können jetzt anders miteinander reden, offener, umgänglicher, klüger."

Mit ruhiger Selbstverständlichkeit macht der Sohn den Vater zu einer jedem literarischen Helden ebenbürtigen Figur und schafft dem König so ein Reich, in dem er in Würde nicht nur alt werden kann, sondern auch irre sein darf – und sich dabei durchaus in bester Gesellschaft befindet. „Dass er ein armer Schlucker sei, sagte er manchmal alle paar Stunden, aber keineswegs immer betont traurig, keinesfalls protestierend, sondern meistens auf eine freundliche Art, als müsse er eine wichtige Feststellung machen. ‚Ich bin einer, der nichts zu melden hat. Da ist nichts mehr zu machen.' Es waren Sätze, die auch ein Held von Franz Kafka oder Thomas Bernhard gesagt haben könnte."

**Eine Erinnerung daran, wie ungeheuer weit Freundlichkeit trägt**

Überhaupt ist die Sprache des August Geiger die heimliche Heldin dieses Buches, eine poetische Akrobatin, die über Abgründe spaziert und dabei mutig hinunterschaut. Denn trotz der schleichenden Vernebelung des Geistes nehmen der Einfallsreichtum und die Präzision der väterlichen Ausdrucksweise über eine glückliche lange Weile hinweg zu, so dass sein Sohn verwundert und beglückt feststellt, er fühle sich im Zusammensein mit ihm bisweilen in „Berührung mit dem magischen Potential der Wörter". Geiger hält viele Wortwechsel fest, Gespräche, Bemerkungen. Manche sind von zärtlicher, niemals entlarvender Komik („‚Papa, weißt du überhaupt, wer ich bin?' – ‚Als ob das so interessant wäre.'"), andere zeigen die Notwendigkeit für den Kranken, seine Krankheit zu überspielen; dann wieder ist man frappiert über die Abgeklärtheit seiner Selbstauskünfte, etwa wenn er auf die Frage, wie es ihm gehe, antwortet: „Also, ich muss sagen, es geht mir gut. Allerdings unter Anführungszeichen, denn ich bin nicht imstande, es zu beurteilen." Oft sei es, als wisse der Vater nichts und verstehe alles, fasst Geiger es einmal zusammen.

Sechs Jahre habe er auf dieses Buch gespart, bekennt Geiger am Schluss; daher das Konzentrat. „Der alte König in seinem Exil" ist eine Liebeserklärung an den Vater, vor allem aber ein großes Stück Literatur über das, was das Leben zu jedem Zeitpunkt lebenswert macht – und eine Erinnerung daran, wie ungeheuer weit Freundlichkeit trägt. Das Lehrstück, das die Alzheimer-Erkrankung des August Geiger seinen Kindern und Enkeln aufgibt, ist zum Glück nicht vorbei. Als Leser ist man dankbar, daran teilnehmen zu dürfen – und kann nur hoffen, selbst vor den Prüfungen ähnlich gut zu bestehen, wenn es soweit ist.

Arno Geiger: „Der alte König in seinem Exil". Hanser Verlag, München 2010, 188 S., geb., 17,90 €

*Lovenberg, Felicitas von: Arno Geiger: Der alte König in seinem Exil. Wenn einer nichts weiß und doch alles versteht. In: Frankfurter Allgemeine Zeitung, 04.02.2011. Online: https://www.faz.net/aktuell/feuilleton/buecher/rezensionen/belletristik/arno-geiger-der-alte-koenig-in-seinem-exil-wenn-einer-nichts-weiss-und-doch-alles-versteht-1597380.html (10.05.2019)*

[1] *Katsushika Hokusai (1760–1849): japanischer Maler, berühmt für seine Farbholzschnitte*

11 **Aufgabenstellung**

●

Eine Aussage in der Rezension lautet, der Roman sei *„Reflexion über das, womit man nicht fertig wird“*. Oft sind es Krankheits- oder Todesfälle im engsten persönlichen Umkreis, die ein Ohnmachtsgefühl auslösen, also das Gefühl, mit etwas nicht fertig zu werden.
Schreiben Sie einen kurzen Beitrag zu diesem Leseportfolio über Situationen, in denen Sie nicht weiterwussten.

12 **Aufgabenstellung**

●

Schreiben Sie einen persönlichen Brief an Arno Geiger, in dem Sie beschreiben, was Ihre Gedanken und Gefühle beim Lesen des Romans waren, was Ihnen besonders gut gefallen hat, was Ihre Lieblingspassagen in diesem Roman sind, was Ihnen nicht so gut gefallen hat.

13 **Aufgabenstellung**

●

Verfassen Sie einen Klappentext zu diesem Roman.

*siehe Kapitel „Medien“*

14 **Aufgabenstellung**

●

Lesen Sie ein weiteres Werk des Autors oder ein Werk zum Thema Krankheit und erweitern Sie dadurch Ihr Leseportfolio.

**Lesetipps:**
- *Thomas Bernhard: Der Atem*
- *Elisabeth Tova Bailey: Das Geräusch einer Schnecke beim Essen*
- *Jean-Dominique Bauby: Schmetterling und Taucherglocke*

15 **Aufgabenstellung**

●

Arno Geigers Roman „Der alte König in seinem Exil“ wurde kürzlich auch als Theaterstück aufgeführt. Suchen Sie Informationen zum Autor der Bühnenfassung, zu Aufführungsort, Regisseur und Darsteller und sammeln Sie Kritiken über das Bühnenstück.

16 **Aufgabenstellung**

●

a. Gestalten Sie ein ansprechendes Deckblatt für Ihr Leseportfolio über Arno Geigers „Der alte König in seinem Exil“.
b. Kreieren Sie auch eine Collage oder ein Plakat, auf denen die Informationen, die Ihnen zu diesem Roman wichtig sind, vermerkt sind.

## 5.2.3 Selbst- und Fremdreflexion

Über die eigene Arbeit zu reflektieren, ist ein wesentlicher Bestandteil der Portfolio-Arbeit. Einen kurzen Kommentar zu Ihren Beiträgen zu verfassen, hilft Ihnen außerdem dabei, Ihren eigenen Text nochmals kritisch zu prüfen.

*siehe Band 1 und 2, Kapitel „Portfolio“*

### 17 Aufgabenstellung

●

Setzen Sie das folgende Formblatt für alle Ihre Schreibaufträge zu Ihrem Leseportfolio über Arno Geiger ein.

**Was dieser Beitrag zeigen soll ...**

Name: ______________________________ Datum: ______________

Titel des Beitrags: ______________________________

______________________________

Ich habe diesen Beitrag ausgewählt, um zu zeigen ______________________________

______________________________

______________________________

______________________________

______________________________

______________________________

______________________________

Der Beitrag zeigt, dass ich gut ______________________________

______________________________

______________________________

______________________________

______________________________

______________________________

______________________________

______________________________

### 18 Aufgabenstellung

●

Überarbeiten Sie Ihre Beiträge auf Grundlage des Feedbacks, das Sie von Ihren Mitschülerinnen und Mitschülern sowie Ihrer Lehrkraft erhalten.

# 5.3 Leseportfolio anhand eines dramatischen Werkes

## 5.3.1 Friedrich Dürrenmatt: „Die Physiker“ – Textverständnis und persönlicher Zugang zum Text

### 19 Aufgabenstellung

**a.** Lesen Sie den folgenden Theaterzettel, auf dem Sie erste Informationen über das Werk „Die Physiker“ finden. Legen Sie bereits vor Beginn der Lektüre ein Namensverzeichnis an, in dem Sie Ihre Eindrücke zur den Personen des Stücks notieren können, und bearbeiten Sie anschließend die vorgegebenen Arbeitsaufträge für Ihr Portfolio.

**Friedrich Dürrenmatt** *(1921–1990), Schweizer Dramatiker („Romulus der Große“, 1949; „Der Besuch der alten Dame“, 1956; „Die Physiker“, 1962) und Prosaschriftsteller*

Theaterzettel

**Friedrich Dürrenmatt – „Die Physiker“**
eine Komödie in zwei Akten

| | | |
|---|---|---|
| **Personen:** | Fräulein Doktor Mathilde von Zahnd | Irrenärztin |
| | Marta Boll | Oberschwester |
| | Monika Stettler | Krankenschwester |
| | Uwe Sievers | Oberpfleger |
| | Mc Arthur | Pfleger |
| | Murillo | Pfleger |
| | Herbert Georg Beutler, genannt Newton, eigentlich Alec Jasper Kilton | Patient |
| | Ernst Heinrich Ernesti, genannt Einstein, eigentlich Joseph Eisler | Patient |
| | Johann Wilhelm Möbius | Patient |
| | Missionar Oskar Rose | |
| | Frau Missionar Lina Rose | |
| | Adolf-Friedrich<br>Wilfried-Kaspar<br>Jörg-Lukas | ihre Buben |
| | Richard Voß | Kriminalinspektor |
| | Guhl | Polizist |
| | Blocher | Polizist, Gerichtsmediziner |

geschrieben 1961
Uraufführung am Schauspielhaus Zürich
am 21. Februar 1962

**b.** Lesen Sie den folgenden Textausschnitt aus dem ersten Akt. Was erfahren Sie zu Beginn des ersten Aktes, in dem langen einleitenden Nebentext, über den Ort der Handlung?

## Friedrich Dürrenmatt – **Die Physiker**

**Erster Akt**

Ort: Salon einer bequemen, wenn auch etwas verlotterten Villa des privaten Sanatoriums „Les Cerisiers“[1].

Nähere Umgebung: Zuerst natürliches, dann verbautes Seeufer, später eine mittlere, beinahe kleine Stadt.

Das einst schmucke Nest mit seinem Schloß und seiner Altstadt ist nun mit gräßlichen Gebäuden der Versicherungsanstalten verziert und ernährt sich zur Hauptsache von einer bescheidenen Universität mit ausgebauter theologischer Fakultät und sommerlichen Sprachkursen, ferner von einer Handels- und einer Zahntechnikerschule, dann von Töchterpensionaten und von einer kaum nennenswerten Leichtindustrie und liegt somit schon an sich abseits vom Getriebe. Dazu beruhigt überflüssigerweise auch noch die Landschaft die Nerven, jedenfalls sind blaue Gebirgszüge, human bewaldete Hügel und ein beträchtlicher See vorhanden sowie eine weite, abends rauchende Ebene in unmittelbarer Nähe – einst ein düsteres Moor – nun von Kanälen durchzogen und fruchtbar, mit einer Strafanstalt irgendwo und dazugehörendem landwirtschaftlichem Großbetrieb, so daß überall schweigsame und schattenhafte Gruppen und Grüppchen von hackenden und umgrabenden Verbrechern sichtbar sind. Doch spielt das Örtliche eigentlich keine Rolle, wird hier nur der Genauigkeit zuliebe erwähnt, verlassen wir doch nie die Villa des Irrenhauses (nun ist das Wort doch gefallen), noch präziser: auch den Salon werden wir nie verlassen, haben wir uns doch vorgenommen, die Einheit von Raum, Zeit und Handlung streng einzuhalten; einer Handlung, die unter Verrückten spielt, kommt nur die klassische Form bei.

Doch zur Sache: Was die Villa betrifft, so waren in ihr einst sämtliche Patienten der Gründerin des Unternehmens, Fräulein Dr. h c. Dr. med. Mathilde von Zahnd, untergebracht […]. Doch nun sind die prominenten und nicht immer angenehmen Patienten längst in den eleganten, lichten Neubau übersiedelt, für die horrenden Preise wird auch die bösartigste Vergangenheit ein reines Vergnügen. […]

Im Salon der nun schwach bevölkerten Villa halten sich meistens drei Patienten auf, zufälligerweise Physiker, oder doch nicht ganz zufälligerweise, man wendet humane Prinzipien an und läßt beisammen, was zusammengehört. Sie leben für sich, jeder eingesponnen in seine eingebildete Welt. Nehmen die Mahlzeiten im Salon gemeinsam ein, diskutieren bisweilen über ihre Wissenschaft oder glotzen still vor sich hin, harmlose, liebenswerte Irre, lenkbar, leicht zu behandeln und anspruchslos. Mit einem Wort, sie gäben wahre Musterpatienten ab, wenn nicht in der letzten Zeit Bedenkliches, ja geradezu Gräßliches vorgekommen wäre: Einer von ihnen erdrosselte vor drei Monaten eine Krankenschwester, und nun hat sich der gleiche Vorfall aufs Neue ereignet. So ist denn wieder die Polizei im Hause. Der Salon ist deshalb mehr als üblich bevölkert. […]

Im übrigen hat der Umbau in ein Irrenhaus (die Villa war einst der von Zahndsche Sommersitz) im Salon schmerzliche Spuren hinterlassen. Die Wände sind bis auf Mannshöhe mit hygienischer Lackfarbe überstrichen, dann erst kommt der darunterliegende Gips zum Vorschein, mit zum Teil noch erhaltenen Stukkaturen. Die drei Türen im Hintergrund, die von einer kleinen Halle in die Krankenzimmer der Physiker führen, sind mit schwarzem Leder gepolstert. Außerdem sind sie numeriert eins bis drei. Links neben der Halle ein häßlicher Zentralheizungskörper, rechts ein Lavabo[2] mit Handtüchern an einer Stange.

Aus dem Zimmer Nummer zwei (das mittlere Zimmer) dringt Geigenspiel mit Klavierbegleitung. Beethoven. „Kreuzersonate“. Links befindet sich die Parkfront, die Fenster hoch und bis zum Parkett herunterreichend, das mit Linoleum bedeckt ist. Links und rechts der Fensterfront ein schwerer Vorhang. Die Flügeltüre führt auf eine Terrasse, deren Steingeländer sich vom Park und dem relativ sonnigen Novemberwetter abhebt. Es ist kurz nach halb fünf nachmittags. Rechts über einem nutzlosen Kamin, vor den ein Gitter gestellt ist, hängt das Porträt eines spitzbärtigen alten Mannes in schwerem Goldrahmen. Rechts vorne eine schwere Eichentüre. Von der braunen Kassettendecke schwebt ein schwerer Kronleuchter. Die Möbel: Beim runden Tisch stehen – ist der Salon aufgeräumt – drei Stühle: wie der Tisch weiß gestrichen. Die übrigen Möbel leicht zerschlissen, verschiedene Epochen. Rechts vorne ein Sofa mit Tischchen, von zwei Sesseln flankiert. Die Stehlampe gehört eigentlich hinter das Sofa, das Zimmer ist demnach durchaus nicht überfüllt […]. Wir können beginnen. […]

*aus: Friedrich Dürrenmatt: Die Physiker, ©1986, Diogenes Verlag, AG Zürich, Originalschreibweise*

---

[1] *les Cerisiers (franz.): die Kirschbäume*
[2] *Lavabo (franz.): Waschbecken*

**c.** Die detailgetreue Beschreibung des Handlungsortes und der Figuren im Einleitungstext geht über Basisinformationen zu Ort oder Zeit weit hinaus. Sie enthält auch genaue Anweisungen zur Gestaltung der Szene und zur Position der Requisiten. Fertigen Sie anhand der detailreichen Beschreibung Skizzen der Umgebung der Villa, aber auch des Salons an und hängen Sie diese in der Klasse aus.

**d.** Wie wird die Umgebung der Villa beschrieben? Durch welche Bemerkungen wird diese Idylle zerstört? Der einleitende Text ist von einem ironischen Grundton durchzogen, aber auch geprägt von Seitenhieben, Übertreibungen und Anspielungen. Finden und unterstreichen Sie diese im Textausschnitt.

## 20 Aufgabenstellung

**a.** Lesen Sie nun den gesamten Text der „Physiker" von Friedrich Dürrenmatt. Setzen Sie dabei die Lesetechniken ein, die Sie bisher gelernt haben. Machen Sie sich bereits beim Lesen erste Notizen, gliedern Sie den Text in Sinnabschnitte und formulieren Sie Fragen zur Handlung und zu den Personen.

**b.** Dokumentieren Sie Ihre persönlichen Eindrücke und formulieren Sie erste Hypothesen über den Text:

- Was ist das zentrale Thema der Komödie?
- Was erfahren Sie über das Sanatorium und dessen Leiterin?
- Wer sind die drei Physiker?
- Welche Rollen spielen die drei ermordeten Krankenschwestern?
- Welche Rolle spielt die Familie Rose?

**c.** Skizzieren Sie die Chronologie der Handlung.

**d.** Legen Sie Steckbriefe der vier Protagonisten an und stellen Sie diese Figuren ausführlich vor. Charakterisieren Sie diese.

**e.** Wie stehen Newton, Einstein und die Leiterin der Irrenanstalt, Mathilde von Zahnd, zu Möbius?

**f.** Geben Sie den Inhalt der beiden Akte in Form einer Inhaltsangabe wieder.

## 5.3.2 Biografische Daten und zeithistorische Zusammenhänge

### 21 Aufgabenstellung

●

**a.** Erstellen Sie eine Kurzbiografie des Autors Friedrich Dürrenmatt, in die Sie die wichtigsten Eckdaten seines Lebens und seiner Werke eintragen. Recherchieren Sie dazu im Internet.

**b.** Bestimmen Sie die Textsorte der „Physiker" und erklären Sie deren wichtigste Merkmale.

**c.** Im Einleitungstext zum ersten Akt schreibt Dürrenmatt: *„[...] haben wir uns doch vorgenommen, die Einheit von Raum, Zeit und Handlung streng einzuhalten; einer Handlung, die unter Verrückten spielt, kommt nur die klassische Form bei."* Erklären Sie, wie Dürrenmatt in diesem Stück die klassische Dramenform umsetzt.

*aus: Friedrich Dürrenmatt: Die Physiker, ©1986, Diogenes Verlag, AG Zürich, Originalschreibweise*

**d.** Finden Sie eine Erklärung dafür, warum die Handlung nur in einem einzigen Raum, dem Salon der Villa, spielt.

### 22 Aufgabenstellung

●●

**a.** Stellen Sie in einer Partnerarbeit den zeitgeschichtlichen Hintergrund dar, vor welchem „Die Physiker" 1961 geschrieben wurden. Recherchieren Sie in Kleingruppen nach genaueren Informationen zu den folgenden Stichwörtern:

Blockbildung • Kalter Krieg • Spaltung Deutschlands und die Errichtung der Berliner Mauer 1961 • Konkurrenz der beiden Supermächte USA und Sowjetunion • militärische Aufrüstung • Atombombe

**Albert Einstein**
*(1879–1955)*

**b.** Dürrenmatt hat sich auch theoretisch mit dem Thema Atomphysik beschäftigt. Suchen Sie im Internet nach Informationen über den Bau der ersten Atombomben und den Abwurf der Atombomben 1945 auf Hiroshima und Nagasaki.

### 23 Aufgabenstellung

●●●

Bearbeiten Sie die folgenden Fragen und vergleichen Sie Ihre Resultate in einer Gruppenarbeit:

**a.** Die Protagonisten des Dramas sind Physiker. Welche realen naturwissenschaftlichen Erkenntnisse sind mit den Namen Sir Isaac Newton und Albert Einstein verbunden? Welche geniale Erfindung hat der Physiker Johann Wilhelm Möbius gemacht?

**b.** Warum befinden sich die drei Physiker im „Irrenhaus"?

**c.** Wer steckt hinter den Personen, die sich für Newton und Einstein ausgeben?

**d.** Warum versteckt sich Möbius im Sanatorium?

**Sir Isaac Newton**
*(1642–1727)*

### 24 Aufgabenstellung

●

Der Physiker Möbius gibt vor, dass ihm seine Einfälle von einer Erscheinung König Salomos zugeflüstert werden. Wer war der historische König Salomo? Erstellen Sie ein Porträt und geben Sie einen kurzen Überblick zu König Salomos kulturellen Leistungen.

### 5.3.3 Kontextanalyse

**25 Aufgabenstellung**

Möbius täuscht ein merkwürdiges Verhalten vor, um seiner Verrücktheit Ausdruck zu verleihen. Ein Beispiel dafür ist der Tobsuchtsanfall, den er seiner Familie vorspielt, damit sie ihn mit ruhigem Gewissen in der psychiatrischen Klinik („Irrenhaus") zurücklassen kann. Er trägt dabei einen lyrischen Text, den „Psalm Salomos", Höhepunkt des ersten Aktes, vor. Darin schildert er die Reise von Weltraumfahrern ins All, die mit dem Tod aller Beteiligten endet.

**Psalmen** sind Lieder, die, begleitet von Saiteninstrumenten oder Flöten, gesungen wurden. Im Alten Testament sind 150 Psalmen gesammelt (religiöse Lieder, Gebete und Hymen der hebräischen Literatur aus dem 10. bis 2. Jahrhundert vor Christus).

**a.** Lesen Sie den Psalm Salomos (erster Akt) und analysieren Sie ihn nach den folgenden Gesichtspunkten:

- Untersuchen Sie die Anzahl der Versgruppen und Zeilen sowie den Rhythmus.
- Notieren Sie alle Wörter im Zusammenhang mit dem Wortfeld „Tod".
- Im Psalm werden mehrere Planeten genannt und es werden ihnen negative Eigenschaften zugeschrieben. Finden Sie diese heraus.

  **Beispiel:** *Mond – Wüsten des Mondes*
- Suchen Sie die umgangs- und vulgärsprachlichen Elemente des Psalms heraus.
- Geben Sie kurz den Inhalt des Psalms wieder.

**b.** Der Psalm hat mehrere Funktionen im Drama. Stellen Sie insbesondere fest, welche szenische und dramaturgische Funktion er hat.

**c.** Wo und in welchem Zusammenhang greift Möbius im zweiten Akt das Salomo-Thema noch einmal auf?

**26 Aufgabenstellung**

Ein Gespräch über moderne Physik: Beutler (Newton), der in einem Kostüm des beginnenden 18. Jahrhunderts mit Perücke auftritt, erläutert Inspektor Voß, der die Ermordung von Schwester Irene Straub recherchiert, sein Verständnis von der Wissenschaft. Erklären Sie dieses genauer.

Friedrich Dürrenmatt – **Die Physiker**

Newton: Verstehen Sie etwas von Elektrizität, Richard?
Inspektor: Ich bin kein Physiker.
Newton: Ich verstehe auch wenig davon. Ich stelle nur aufgrund von Naturbeobachtungen eine Theorie darüber auf. Diese Theorie schreibe ich in der Sprache der Mathematik nieder und erhalte mehrere Formeln. Dann kommen die Techniker. Sie kümmern sich nur noch um die Formeln. Sie gehen mit der Elektrizität um wie der Zuhälter mit der Dirne. Sie nützen sie aus. Sie stellen Maschinen her, und brauchbar ist eine Maschine erst dann, wenn sie von der Erkenntnis unabhängig geworden ist, die zu ihrer Erfindung führte. So vermag heute jeder Esel eine Glühbirne zum Leuchten zu bringen – oder eine Atombombe zur Explosion ... […]

*aus: Friedrich Dürrenmatt: Die Physiker, ©1986, Diogenes Verlag, AG Zürich, Originalschreibweise*

## 27 Aufgabenstellung

●●

Im zweiten Akt treten die drei Physiker zum ersten Mal in diesem Drama gemeinsam auf. Ihr Gespräch über ihre Verantwortung gegenüber der Wissenschaft führt zum gemeinsamen Entschluss, im Sanatorium zu bleiben.

**a.** Lesen Sie den Textauszug aus dem zweiten Akt und beantworten Sie folgende Fragen:

- Was sagt Möbius über die Freiheit und die Verantwortung der Wissenschaft?
- Welche Argumente trägt Möbius vor?
- Welche Ängste hat er?
- Welchen Lösungsansatz und Ausweg sieht er?
- Interpretieren Sie in einer Partnerarbeit den folgenden Textauszug.

### Friedrich Dürrenmatt – **Die Physiker**

Möbius: Wir sind drei Physiker. Die Entscheidung, die wir zu fällen haben, ist eine Entscheidung unter Physikern. Wir müssen wissenschaftlich vorgehen. Wir dürfen uns nicht von Meinungen bestimmen lassen, sondern von logischen Schlüssen. Wir müssen versuchen, das Vernünftige zu finden. Wir dürfen uns keinen Denkfehler leisten, weil ein Fehlschluß zur Katastrophe führen müßte. Der Ausgangspunkt ist klar. Wir haben alle drei das gleiche Ziel im Auge, doch unsere Taktik ist verschieden. Das Ziel ist der Fortgang der Physik. Sie wollen ihr die Freiheit bewahren, Kilton, und streiten ihr die Verantwortung ab. Sie dagegen, Eisler, verpflichten die Physik im Namen der Verantwortung der Machtpolitik eines bestimmten Landes. Wie sieht nun aber die Wirklichkeit aus? Darüber verlange ich Auskunft, soll ich mich entscheiden.

Newton: Einige der berühmtesten Physiker erwarten Sie. Besoldung und Unterkunft ideal, die Gegend mörderisch, aber die Klimaanlagen ausgezeichnet.

Möbius: Sind diese Physiker frei?

Newton: Mein lieber Möbius. Diese Physiker erklären sich bereit, wissenschaftliche Probleme zu lösen, die für die Landesverteidigung entscheidend sind. Sie müssen daher verstehen –

Möbius: Also nicht frei. *Er wendet sich Einstein zu.* Joseph Eisler. Sie treiben Machtpolitik. Dazu gehört jedoch Macht. Besitzen Sie die?

Einstein: Sie mißverstehen mich, Möbius. Meine Machtpolitik besteht gerade darin, daß ich zugunsten einer Partei auf meine Macht verzichtet habe.

Möbius: Können Sie die Partei im Sinne Ihrer Verantwortung lenken, oder laufen Sie Gefahr, von der Partei gelenkt zu werden?

[...]

Möbius: Merkwürdig. Jeder preist mir eine andere Theorie an, doch die Realität, die man mir bietet, ist dieselbe: ein Gefängnis. Da ziehe ich mein Irrenhaus vor. Es gibt mir wenigstens die Sicherheit, von Politikern nicht ausgenützt zu werden.

Einstein: Gewisse Risiken muß man schließlich eingehen.

Möbius: Es gibt Risiken, die man nie eingehen darf: der Untergang der Menschheit ist ein solches. Was die Welt mit den Waffen anrichtet, die sie schon besitzt, wissen wir, was sie mit jenen anrichten wird, die ich ermögliche, können wir uns denken. Dieser Einsicht habe ich mein Handeln untergeordnet. Ich war arm. Ich besaß eine Frau und drei Kinder. An der Universität winkte Ruhm, in der Industrie Geld. Beide Wege waren gefährlich. Ich hätte meine Arbeiten veröffentlichen müssen, der Umsturz unserer Wissenschaft und das Zusammenbrechen des wirtschaftlichen Gefüges wären die Folgen gewesen.
Die Verantwortung zwang mir einen anderen Weg auf. Ich ließ meine akademische Karriere fahren, die Industrie fallen und überließ meine Familie ihrem Schicksal. Ich wählte die Narrenkappe. Ich gab vor, der König Salomo erscheine mir, und schon sperrte man mich in ein Irrenhaus.

Newton: Das war doch keine Lösung!

Möbius: Die Vernunft forderte diesen Schritt. Wir sind in unserer Wissenschaft an die Grenzen des Erkennbaren gestoßen. Wir wissen einige genau erfaßbare Gesetze, einige Grundbeziehungen zwischen unbegreiflichen Erscheinungen, das ist alles, der gewaltige Rest bleibt Geheimnis, dem Verstande unzugänglich. Wir haben das Ende unseres Weges erreicht. Aber die Menschheit ist noch nicht soweit. Wir haben uns vorgekämpft, nun folgt uns niemand nach, wir sind ins Leere gestoßen. Unsere Wissenschaft ist schrecklich geworden, unsere Forschung gefährlich, unsere Erkenntnis tödlich. Es gibt für uns Physiker nur noch die Kapitulation vor der Wirklichkeit. Sie ist uns nicht gewachsen. Sie geht an uns zugrunde. Wir müssen unser Wissen zurücknehmen, und ich habe es zurückgenommen. Es gibt keine andere Lösung, auch für euch nicht. [...]

*aus: Friedrich Dürrenmatt: Die Physiker, ©1986, Diogenes Verlag, AG Zürich, Originalschreibweise*

**b.** Dürrenmatts Drama beginnt als Kriminalgeschichte und endet als Problemdrama, indem er die Verantwortung der Wissenschaftler thematisiert. Es behandelt ein ernstes Thema mit den Mitteln einer Komödie. Charakterisieren Sie die Figur des Möbius, indem Sie in Ihrer Interpretation auf seine Rolle als mutiger Mensch eingehen, aber auch sein Scheitern erläutern.

**c.** Welche Aktualität hat das Stück in der heutigen Zeit? Lesen Sie den Zeitungsbericht über Anti-Atom-Demonstrationen in Japan nach einem Atomunfall im Jahr 2011 und diskutieren Sie über die Verantwortung der Wissenschaft.

## Anti-Atom-Demonstrationen in Japan

Vor dem zweiten Jahrestag der Atomkatastrophe von Fukushima haben in Japan am Wochenende Zehntausende Menschen für einen Ausstieg aus der Kernenergie demonstriert. Im Hibiya-Park in Tokio gab es am Sonntag Konzerte; Wissenschaftler, Geschäftsleute und Freiwillige hielten Reden, anschließend zog der Protestzug durch den Regierungsbezirk. Ähnliche Demonstrationen gab es in anderen Landesteilen.

„Sayonara, Atomkraft", war auf einem Protestschild in Tokio zu lesen, auf einem Banner wurde ein kompletter Stopp der Atomkraft „bevor wir sterben" gefordert. Die Demonstranten wollten Abgeordneten, die sich gegen die Atomenergie wenden, eine Petition überreichen, in der ein Ende des Atomprogramms des Landes gefordert wird.

Auch in anderen Stadtteilen der japanischen Hauptstadt gab es Protestkundgebungen, ebenso in anderen Landesteilen. Berichten örtlicher Medien zufolge waren für das Wochenende und für Montag insgesamt 150 entsprechende Veranstaltungen geplant. Die Demonstranten riefen Ministerpräsident Shinzo Abe auf, alle Atomkraftwerke im Land stillzulegen. In vielen von dem verheerenden Tsunami im März 2011 getroffenen Städten waren die Menschen am Sonntag in schwarz gekleidet und nahmen an Trauerfeiern für die Opfer der Katastrophe teil.

Bereits am Samstag hatten in Tokio Tausende für einen Ausstieg aus [der] Atomkraft demonstriert. Nach Angaben der Organisatoren beteiligten sich rund 15000 Menschen an einem Protestzug. Unter den Demonstranten befand sich auch Literatur-Nobelpreisträger Kenzaburo Oe.

In Folge eines Erdbebens der Stärke 9,0 und eines verheerenden Tsunamis am 11. März 2011 hatten sich in den Reaktoren des japanischen Atomkraftwerks Fukushima Daiichi mehrere Kernschmelzen ereignet. Es war das folgenschwerste Atomunglück seit dem Unfall im ukrainischen Tschernobyl 1986. Die Umgebung wurde weiträumig radioaktiv verstrahlt. Bei dem Erdbeben und Tsunami kamen etwa 19000 Menschen ums Leben. 160000 Japaner mussten wegen der atomaren Verseuchung ihre Wohnungen aufgeben.

*APA: Anti-Atom-Demonstrationen in Japan. In: Kleine Zeitung, 10.03.2013. Online: https://www.kleinezeitung.at/politik/4032129/AntiAtomDemonstrationen-in-Japan (10.05.2019)*

## 5.3.4 Möglichkeiten der Weiterarbeit – Werke im Kontext

### 28 Aufgabenstellung

●

Wichtig für die Entstehung der „Physiker“ ist für Dürrenmatt auch die Auseinandersetzung mit Bertolt Brechts Drama **„Leben des Galilei“**, das dieser 1938/39 im dänischen Exil schrieb. Brecht nahm die Zeitungsmeldung, dass dem Physiker Otto Hahn die Spaltung des Uran-Atoms gelungen sei, als Anlass für dieses Drama.
Lesen Sie dieses Drama als mögliche Erweiterung Ihres Leseportfolios zu „Die Physiker“ oder suchen Sie in einem Literaturbuch bzw. Schauspielführer die Inhaltsangabe zu diesem Werk. Vergleichen Sie Brechts Galilei und Dürrenmatts Möbius. Welchen Ansatz wählt Galilei, welchen Möbius für sein Handeln?

*Bertolt Brechts Theaterstück **„Leben des Galilei“**, von ihm meist als episches Stück, nicht als Drama bezeichnet, wurde am 9. September 1943 in Zürich uraufgeführt.*

### 29 Aufgabenstellung

●

Eine weitere Möglichkeit, diese Thematik zu vertiefen, bietet die Beschäftigung mit aktuellen Sachtexten zum Thema Kernphysik oder generell zur modernen Naturwissenschaft:

Suchen Sie Sachtexte zum Schweizer Kernforschungszentrum CERN, zu den Themen Genmanipulation, Klonen von Menschen, Tieren etc.

Wo sehen Sie die Grenzen der Wissenschaft? Schreiben Sie einen kurzen Beitrag dazu.

### 30 Aufgabenstellung

●

Wählen Sie eine der folgenden Schreibaufgaben, um Ihr Leseportfolio abzurunden:

- Verfassen Sie ein fiktives Interview mit Kriminalinspektor Voß über die drei Morde im Sanatorium „Les Cerisiers“.
- Schreiben Sie eine Kurzgeschichte über die Geschichte im Sanatorium aus der Sicht eines Ich-Erzählers.
- Beschreiben Sie die Geschehnisse in Form von Tagebucheinträgen aus der Sicht von Möbius, Newton oder Einstein.
- Verfassen Sie einen Zeitungsbericht der Lokalzeitung über die drei Morde. Wählen Sie einen reißerischen Titel. Sie können auch Details, die in der Komödie nicht vorkommen, erfinden.
- Lassen Sie einen der Protagonisten seine Handlungen zwanzig Jahre später reflektieren.

### 31 Aufgabenstellung

**a.** ● ●

Dürrenmatts Drama „Die Physiker“ gehört neben dem „Besuch der alten Dame“ (Uraufführung 1956) zu den bekanntesten Werken des Autors. In Westeuropa wurden „Die Physiker“ begeistert aufgenommen, in den USA und den Ländern des ehemaligen Ostblocks eher ablehnend. Diskutieren Sie, warum dies so gewesen sein könnte.

**b.** ●

Recherchieren Sie, wo das Theaterstück gegenwärtig aufgeführt wird und wie die Kritiken dazu ausfallen. Gestalten Sie einen Pressespiegel über die Ergebnisse Ihrer Recherchen.

## 5.4 Portfolio: Literatur und Film

*siehe Kapitel „Literatur, Kunst und Gesellschaft“*

Im Kapitel „Literatur, Kunst und Gesellschaft“ lernen Sie Literaturverfilmungen sowie deren Analyse und die Textgattung Dramatik näher kennen. Das **Drama**, das für das Medium Bühne geschaffen wurde, eignet sich besonders gut als Grundlage einer **Verfilmung**. Demnach gibt es viele dramatische Werke, derer sich Regisseurinnen bzw. Regisseure bedient und sie filmisch umgesetzt haben. Eines der wohl berühmtesten Werke der Weltliteratur ist William Shakespeares „Romeo und Julia“ – eine Tragödie, die häufig, wenngleich qualitativ sehr unterschiedlich verfilmt wurde.

### 5.4.1 William Shakespeare „Romeo und Julia“

Der englische Autor William Shakespeare veröffentlichte 1597 die heute weltberühmte Tragödie **„Romeo und Julia“**. Der Stoff behandelt die Geschichte zweier Liebender. Da ihre Familien miteinander verfeindet sind, sehen sie kaum eine Chance auf ein ungestörtes Liebesglück. Nachdem sie in ihrem Bemühen um ein gemeinsames Leben scheitern, suchen sie im Tod einen Ausweg.

32 **Aufgabenstellung**
●●●

Lesen Sie das Drama „Romeo und Julia“ teilweise selbstständig und in Auszügen im Klassenverband. Überlegen Sie sich, welche Rolle wie gelesen werden sollte, um ihr gerecht zu werden. Versuchen Sie dabei, Leben in die jeweilige Figur zu bringen.

## William Shakespeare „Romeo und Julia“

**Personen:**
Ansager als Prolog
Escalus, Prinz von Verona
Graf Paris, sein Verwandter
dessen Page

Zwei verfeindete Familien:

**Montague**
Gräfin und Graf Montague
Romeo, ihr Sohn
Mercutio, Verwandter des Fürsten und Freund Romeos
Benvolio, Vetter Romeos
Balthasar, Romeos Diener
Abraham, Diener der Montagues

**Capulet**
Gräfin und Graf Capulet
Julia, ihre Tochter
Tybalt, Vetter Julias, ein aggressiver Mann
Julias Amme
Peter, Julias Diener
Simson und Gregorio, Diener der Capulets

Lorenzo und Marcus, zwei Franziskanermönche
Apotheker
drei Musikanten
Bürger von Verona
Verwandte beider Familien
Masken (Verkleidete beim Maskenball), Wachen, Gefolge

*Nach: Shakespeare, William: Romeo und Julia. Stuttgart, Reclam, 2002, S. 3*

## 33 Aufgabenstellung

●●●

Verfassen Sie für Ihr Kulturportfolio die folgenden Beiträge. Überlegen Sie sich, welche Arbeitsaufträge Sie allein und welche Sie in einer Partner- oder Gruppenarbeit bearbeiten möchten:

a. Schreiben Sie eine Inhaltsangabe des Dramas in Kurzform und überlegen Sie auch, wie dessen Spannungskurve verläuft.

b. Stellen Sie die Spannungskurve grafisch dar und notieren Sie die entsprechende Handlung in Stichworten dazu.

c. Charakterisieren Sie die Hauptfiguren: Belegen Sie Ihre Charakteristik immer mit Textauszügen, anhand derer verdeutlicht wird, warum einer Figur eine bestimmte Eigenschaft zugewiesen wird.

d. Gestalten Sie eine Szene als Hörspiel. Bedenken Sie dabei den Einsatz der entsprechenden Geräusche, von Musik etc.

e. Überlegen Sie sich, wie Sie dieses Theaterstück inszenieren würden. Welche Form der Bühne würden Sie wählen und wie sollte die Bühne ausgestattet sein? Welche Masken und Kostüme würden Sie einsetzen? Welche Szenen würden Sie besonders ausgestalten, welche zurücknehmen und kürzen? Veranschaulichen Sie Ihre Ideen anhand von Skizzen.

f. Recherchieren Sie, an welchen Theaterhäusern „Romeo und Julia“ zuletzt aufgeführt wurde. Was erfahren Sie über die Inszenierungen? Suchen Sie auch Kritiken in Zeitungen über diese Aufführungen.

g. Stellen Sie die „Aufführungsgeschichte“ stichwortartig auf einem Plakat dar, arbeiten Sie Ihre Recherchearbeit mit ein.

## Aufführungsgeschichte

*Romeo und Julia* war von Anfang an ein sehr beliebtes Stück, worauf die vielen Zitate in anderen Werken hinweisen. Der Erfolg setzte sich auch jenseits von England fort: *Romeo und Julia* wurde von wandernden englischen Schauspieltruppen in deutscher Fassung in ganz Europa aufgeführt. (Für das gesamte 17. Jahrhundert sind solche Aufführungen dokumentiert.)

Als die Theater in der Restaurationszeit wieder öffneten, veranlasste William Davenant 1662 eine erste Aufführung von Shakespeares Drama. Kurze Zeit später machte James Howard aus dieser Aufführung eine Tragikomödie mit glücklichem Ausgang; diese Fassung ist allerdings verschollen. 1679 hatte Thomas Otways Adaption *The History and Fall of Caius Marius* ihre Erstaufführung. Das Stück spielt nicht mehr im Renaissance-Verona, sondern im antiken Rom. Romeo heißt Marius, Julia Lavinia, der Streit findet zwischen Patriziern und Plebejern statt. Otways Fassung war ein großer Erfolg und wurde über 70 Jahre lang aufgeführt. Theophilus Cibber (1744) und David Garrick (1748) griffen bei ihren Bearbeitungen auf Otways Ideen zurück.

Zum ersten Mal seit 1679 kehrte Shakespeares Originaltext (wenn auch stark gekürzt) 1845 auf die Bühne zurück. Die Aufführungen am Londoner Haymarket Theatre gingen auf die Initiative der amerikanischen Schauspielerin Charlotte Cushman zurück, die Romeo spielte (ihre jüngere Schwester Susan übernahm die Rolle der Julia). Seit dieser Aufführung benutzte keine bedeutende Aufführung mehr eine Bearbeitung. Henry Irvings Produktion von 1882 am Londoner Lyceum Theatre verdeutlicht sehr klar den damals bevorzugten Ausstattungsstil (wertvolle Kostüme, lange Musik- und Tanzeinlagen, eindrucksvolle Kulissen).

*Romeo und Julia* blieb auch im 20. Jahrhundert eines der am häufigsten aufgeführten Werke Shakespeares.

Bedeutende Produktionen seitdem:

- Broadway, 1934. Regie: Guthrie McClintic. Basil Rathbone als Romeo, Katharine Cornell als Julia.
- New Theatre, London, 1935. Regie: John Gielgud. Gielgud und Laurence Olivier spielten abwechselnd Romeo und Mercutio, Peggy Ashcroft spielte Julia.
- Royal Shakespeare Company, Stratford-upon-Avon, 1954. Regie: Glen Byam Shaw. Laurence Harvey als Romeo, Zena Walker als Julia.
- Royal Shakespeare Company, Stratford-upon-Avon, 1962. Regie: Franco Zeffirelli. John Stride als Romeo, Judi Dench als Julia.

*Auszug aus: Wikipedia: Romeo und Julia. Aufführungsgeschichte. Online: https://de.wikipedia.org/wiki/Romeo_und_Julia (10.05.2019)*

**Tipp:**
Recherchieren Sie zu Beginn einer Filmanalyse immer die wichtigsten Daten und Fakten zum Film!

## 5.4.2 „Romeo und Julia“ als Verfilmung

Als direkte Vorlage wurde „Romeo und Julia“ an die 30-mal verfilmt, dazu kommen noch Verfilmungen, die nur das Motiv als Vorlage verwendet haben. Zwei bekannte und dennoch sehr unterschiedliche Versionen dieser Verfilmungen sind **Franco Zeffirellis „Romeo und Julia“** (1968) und **Baz Luhrmanns „Romeo + Julia“** (1996). Franco Zeffirelli setzte junge und damals noch unbekannte Schauspielerinnen und Schauspieler als Hauptfiguren ein (Olivia Hussey als Julia, Leonard Whiting als Romeo und Michael York als Tybalt), drehte an Originalschauplätzen in Verona und gestaltete den Film opulent mit einer sehr einfühlsamen Kameraführung aus.

Das Gegenstück dazu ist Baz Luhrmanns Verfilmung: Er interpretierte das Stück modern. Mit Leonardo DiCaprio als Romeo und Claire Danes als Julia setzte er ebenfalls junge Schauspielerinnen bzw. Schauspieler ein. Gedreht wurde in raschen Schnittfolgen ähnlich einem Videoclip. Zusammen mit der sehr dominanten Musik und der extravaganten Ausstattung stellt dieses Vorgehen die Spannung wie in der Bühnenfassung her.

| **FILMDATEN** | **Romeo und Julia (Original: Romeo and Juliet)** | **William Shakespeares Romeo + Julia (Original: William Shakespeare's Romeo + Juliet)** |
|---|---|---|
| **Produktionsland** | England, Italien | USA, Mexiko (u. a. Hurrican-Szene) |
| **Originalsprache** | Englisch | Englisch |
| **Erscheinungsjahr** | 1968 | 1996 |
| **Länge** | 138 Min. | 113 Min. |
| **Regie** | Franco Zeffirelli | Baz Luhrmann |
| **Drehbuch** | Franco Brusati<br>Masolino D'Amico<br>Franco Zeffirelli nach Shakespeare | Craig Pearce<br>Baz Luhrmann |
| **Produktion** | John Brabourne<br>Anthony Havelock-Allan | Gabriella Martinelli<br>Baz Luhrmann |
| **Musik** | Nino Rota | Nellee Hooper<br>Mitarbeit: Craig Armstrong |
| **Kamera** | Pasqualino De Santis | Donald M. McAlpine |
| **Schnitt** | Reginald Mills | Jill Bilcock |
| **BESETZUNG** | | |
| *Romeo Montague* | Leonard Whiting | Leonardo DiCaprio |
| *Julia Capulet* | Olivia Hussey | Claire Danes |
| *Mercutio* | John McEnery | Harold Perrineau Jr. |
| *Tybalt* | Michael York | John Leguizamo |
| *Benvolio* | Bruce Robinson | Dash Mihok |
| *Pater Lorenzo* | Milo O'Shea | Pete Postlethwaite |
| *Die Amme* | Pat Heywood | Miriam Margolyes |
| *Der Prinz* | Robert Stephens | Vondie Curtis-Hall |
| *Lord Capulet* | Paul Hardwick | Paul Sorvino |
| *Lady Capulet* | Natasha Parry | Diane Venora |
| *Lord Montague* | Antonio Pierferdici | Brian Dennehy |
| *Lady Montague* | Esmeralda Ruspoli | Christina Pickles |
| *Paris* | Roberto Pisacco | Paul Rudd |

*Wikipedia: Franco Zeffirelli: Romeo und Julia, Film, 1968. Online: https://de.wikipedia.org/wiki/Romeo_und_Julia_(1968) (10.05.2019)*
*Wikipedia: Baz Luhrmann: Romeo + Julia, Film, 1996. Online: https://de.wikipedia.org/wiki/William_Shakespeares_Romeo_%2B_Julia (10.05.2019)*

## 34 Aufgabenstellung

●●●

Sehen Sie sich die beiden Verfilmungen an und analysieren Sie die Filme anhand der folgenden Leitfragen.

| Filmanalyse | Romeo und Julia (Original: Romeo and Juliet) | William Shakespeares Romeo + Julia (Original: William Shakespeare's Romeo + Juliet) |
| --- | --- | --- |
| **Handlungsanalyse:**<br>■ In welcher Reihenfolge wird erzählt?<br>■ Wie erfolgt das Erzählverhalten in den Filmen? | | |
| **Figurenanalyse:**<br>■ Kommt den Figuren (Haupt- und Nebenfiguren) in den Filmen unterschiedliche Bedeutung zu?<br>■ Welche Charaktere stehen im Mittelpunkt oder haben handlungstragende Aufgaben?<br>■ Welche Absicht könnte hinter der Besetzungsliste stecken? Wie wirken die Schauspielerinnen und Schauspieler? | | |
| **Bauformenanalyse:**<br>■ Wie wird der Film erzählt?<br>■ Wie wird die Kamera eingesetzt?<br>■ Welche Schnitttechnik wird ausgeführt?<br>■ Welche akustischen Signale werden verwendet?<br>■ Welche technischen Mittel werden herangezogen? | | |
| **Normenanalyse:**<br>■ Was ist die Botschaft des Films?<br>■ Was wollen die Regisseure mit dem Film bezwecken?<br>■ Was soll die Rezipientin bzw. der Rezipient als „Message" des Films erfahren? | | |

## 35 Aufgabenstellung

●●●

**a.** Einigen Sie sich in der Gruppe auf einzelne Filmszenen und analysieren Sie diese im Detail:

- Wie ist die Schnitttechnik? Wie viele Schnitte können Sie in welcher Zeit festmachen?
- Wie ist die Kameraführung? Welche Einstellungen überwiegen?
- Wie ist die Farbgestaltung der Szenen? Wie ist das Licht eingesetzt?
- Wie ist die Wirkung von Bild und Ton?
- Welche Geräusche kommen vor?
- Wie wird die Sprache des Dramas filmisch umgesetzt?
- Wie wird die Musik eingesetzt?
- Welche Rolle spielt die Ausstattung in den jeweiligen Verfilmungen (z. B. Kostüme, Maske, Kulissen, Drehorte)?

**Leonardo DiCaprio** *als Romeo und* **Claire Danes** *als Julia*

**b.** Analysieren Sie den Beginn und das Ende der beiden Verfilmungen genauer:

- Wie erfolgt der Einstieg in die Handlung?
- Wie wird das Publikum in Spannung versetzt?
- Mit welchen Mitteln erfolgt der Ausstieg aus dem Film?
- Welche Bedeutung hat die musikalische Untermalung besonders in der Einstiegs- und Schlussszene?

*Julias Balkon in Verona*

**c.** Arbeiten Sie die Ergebnisse Ihrer Gruppenarbeit sorgfältig aus und legen Sie diese Arbeiten Ihrem Kulturportfolio bei.

## 36 Aufgabenstellung

●

**a.** Schreiben Sie nun aufgrund der Ergebnisse Ihrer Filmanalyse eine Filmkritik für Ihr Kulturportfolio. Begründen Sie ausführlich, was Ihnen an den einzelnen Verfilmungen gefallen hat bzw. was Ihnen weniger gefallen hat.

**b.** Gestalten Sie ein Filmplakat zu einem der beiden Filme und legen Sie es Ihrem Kulturportfolio bei.

**c.** Erarbeiten Sie eine neue Film-Besetzungsliste und überlegen Sie sich, wen Sie in der Rolle als Regisseurin bzw. Regisseur für die Haupt- und Nebenrollen engagieren würden. Begründen Sie nach Möglichkeit Ihre Entscheidung.

**d.** Zeichnen Sie ein Storyboard zu einer Szene Ihrer Wahl aus dem Film „Romeo und Julia".

**e.** Welche Szenen würden Sie in einem Trailer über den Film einbauen?

**f.** Wie würden Sie den Film ausstatten? Würden Sie historische oder moderne Kostüme einsetzen?
Finden Sie Kostümbeispiele, indem Sie Bilder suchen, die für Ihre Filmproduktion infrage kämen.

*Storyboard, das (engl. Szenenbuch):* zeichnerische Version eines Drehbuches; siehe Kapitel „Literatur, Kunst und Gesellschaft"

*Trailer, der (engl.):* Ausschnitte von Filmen zum Zweck der Werbung

### 5.4.3 Inspiriert von „Romeo und Julia“ …

Das Thema von der unglücklichen Liebe des jungen Paares hat nicht nur über Jahrhunderte Rezipientinnen und Rezipienten begeistert, sondern auch Schriftstellerinnen und Schriftsteller, Musikerinnen und Musiker inspiriert. Demnach finden sich das Motiv und die Handlung in den verschiedensten Werken über viele Schaffensperioden. Eine kleine Auswahl dessen soll Ihnen Anregung bieten, weiter zu recherchieren und sich mit dem Werk in seiner künstlerischen Ausformung und Vielfalt auseinanderzusetzen.

**Gottfried Kellers Erzählung „Romeo und Julia auf dem Dorfe“ (veröffentlicht 1875)**
Der Schweizer Schriftsteller Gottfried Keller verlegt seine tragische Liebesgeschichte in das bäuerliche Milieu des 19. Jahrhunderts. Zwei Bauernkinder gehen am Streit ihrer Väter um ein Stück Land zugrunde und nehmen sich gemeinsam das Leben.

**Verfilmung von „Romeo und Julia auf dem Dorfe“ (1984)**
Der 92 Minuten dauernde Film des Regisseurs Siegfried Kühn, der auch das Drehbuch dazu geschrieben hat, basiert auf der Novelle Gottfried Kellers. Fabian und Veronika sind seit Kindertagen miteinander befreundet und verlieben sich als junge Erwachsene. Ihre Väter ruinieren sich jedoch wegen eines Stückes Land und sind verbitterte Feinde. Fabian schlägt aus Notwehr Veronikas Vater nieder, die beiden Liebenden wissen nach einer gemeinsamen Nacht keinen anderen Ausweg als den Freitod.

**Sergej Prokofjews Ballett „Romeo und Julia“**
Dieses Ballett wurde im Jahr 1938 vom Bolschoi-Theater in Moskau uraufgeführt. Die Anregung, eine Adaption der bekannten Tragödie von William Shakespeare für das Tanztheater zu schaffen, kam 1934 von Sergej Radlow, dem damaligen Direktor der Hochschule für Musik und Tanz in Leningrad.

**Leonard Bernsteins Musical „West Side Story“**
In diesem Musical, 1957 in New York uraufgeführt, wird die Handlung der Tragödie um Romeo und Julia nach New York in die 1950er-Jahre verlegt. Den Hintergrund bilden rivalisierende Jugendbanden – die amerikanischen Jets und die puerto-ricanischen Sharks. Tony ist Anführer der Jets und verliebt sich in Maria, die Schwester des Anführers der Sharks. Doch auch hier scheitert die Liebe an den unüberbrückbaren Auseinandersetzungen der sich bekämpfenden Banden. Erst der Tod Tonys lässt die Gruppen zur Überzeugung kommen, dass Menschenleben aufgrund von Konflikten nicht geopfert werden dürfen.

**Film „Shakespeare in Love“**
„Shakespeare in Love“ ist ein Film aus dem Jahr 1998. Er gewann insgesamt sieben Oscars, darunter den für den besten Film. Er spielt im London des 16. Jahrhunderts und erzählt die fiktive Entstehungsgeschichte von Shakespeares Liebestragödie „Romeo und Julia“. Will(iam) Shakespeare, ein unbekannter junger Schriftsteller, soll für das „Rose Theatre“ ein neues Stück mit dem Namen „Romeo und Ethel, die Piratentochter“ schreiben. Im Stück werden immer wieder Parallelen zwischen dem Liebesleben des jungen Schriftstellers und Viola de Lesseps, Tochter aus reichem Hause, die einem Lord versprochen ist, und „Romeo und Julia“ gezogen.

## 37 Aufgabenstellung

Suchen Sie weitere Beispiele für Musik-, Film- oder Literaturproduktionen, die von Shakespeares „Romeo und Julia“ inspiriert wurden. Recherchieren Sie deren Entstehungsgeschichte, Inhalte, Hintergründe etc.

## 38 Aufgabenstellung

Recherchieren Sie nähere Informationen zu einem oder mehreren der auf Seite 145 genannten Werke und erstellen Sie einen ausführlichen Beitrag zum Thema „Romeo und Julia“ für Ihr Kulturportfolio. Gestalten Sie ein ansprechendes Deckblatt. Legen Sie eventuell Belege von Theateraufführungen, Theater- oder Filmkritiken, Besetzungslisten etc. bei.

## 39 Aufgabenstellung

Die **„West Side Story“** ist ein US-amerikanisches Musical, das am 26. September 1957 in New York uraufgeführt wurde und anschließend einen Siegeszug um die Welt antrat. Die Musik stammt von Leonard Bernstein, die Gesangstexte verfasste Stephen Sondheim. Die eigentliche Idee zu diesem Musical hatte der Choreograf Jerome Robbins. Das Musical wurde bereits einige Male verfilmt, die berühmteste Filmproduktion stammt aus dem Jahr 1961. Dieser Tanzfilm gewann insgesamt zehn Oscars.

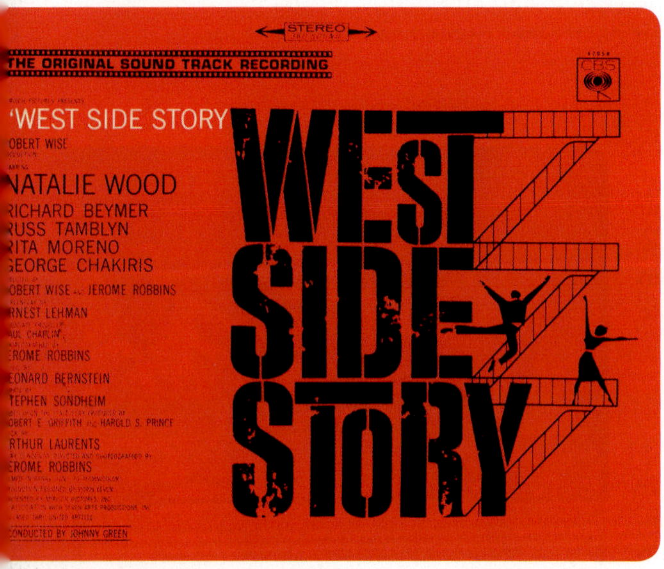


Sehen Sie sich den Film an und analysieren Sie ihn nach folgenden Kriterien:

- Wie erfolgt der Einstieg in den Film und in die Handlung?
- Welche Rolle spielen die Tanzszenen? Wie erfolgt die tänzerische Umsetzung?
- Wie ist die Kameraführung? Welche Einstellungen überwiegen?
- Das Musical beinhaltet weltberühmte Songs wie „Maria“, „Tonight“ oder „America“. Wie wird die Musik eingesetzt?
- Wie wird das Publikum in Spannung versetzt?
- Mit welchen Mitteln erfolgt der Ausstieg aus dem Film?
- Wie wird das Motiv von Shakespeares „Romeo und Julia“ im Film umgesetzt? Wie eng lehnt sich der Film an die literarische Vorlage an? Wo weicht er davon ab?
- Recherchieren Sie den historischen Hintergrund der „West Side Story“: Wie wird das New York der 1950er-Jahre dargestellt? In welchem New Yorker Viertel spielt die Handlung?
- Die Liebesgeschichte spielt sich vor dem Hintergrund rivalisierender ethnischer Jugendbanden ab. Welche Bezüge gibt es zu den beiden Banden, den amerikanischen „Jets“ und den aus Puerto Rico zugewanderten Latinos, den „Sharks“?

**Stephen Sondheim** *(geb. 1939), amerikanischer Musicalkomponist und -texter*

**Leonard Bernstein** *(1918–1990), US-amerikanischer Komponist, Dirigent und Pianist*

**Jerome Robbins** *(1918–1998), Tänzer und Choreograf (Gestalter von Balletttänzen)*

## 40 Aufgabenstellung

●

**„Shakespeare in Love“** ist ein Film aus dem Jahr 1998, der die jungen Jahre William Shakespeares in London, über die man so gut wie nichts weiß, in dichterischer Freiheit darstellt und den Stoff aus „Romeo und Julia“ mit einer Romanze in Shakespeares Leben zu einem Lustspiel verbindet.
Erarbeiten Sie den Film anhand der folgenden Anregungen:

*www.filmstarts.de/kritiken/38775-Shakespeare-In-Love/trailer/19227399.html* *(Filmtrailer)*

- Verfassen Sie eine kurze Inhaltsangabe zum Film.
- Der Film ist gespickt mit Shakespeare-Zitaten und Referenzen auf Zeitgenossen Shakespeares. Notieren Sie einige.
- Shakespeare wird im Film nur als ein einfacher Schreiberling dargestellt und nicht als das große Genie der Weltliteratur. Recherchieren Sie, was Sie über das Leben Shakespeares finden. Wer war zu seiner Zeit der große Star?

- Wie wird das Entstehen eines großen literarischen Werkes dargestellt? Ist es der geniale Dichter, den nach langem Grübeln ein Geistesblitz trifft? Was inspiriert ihn?
- Es herrscht außerdem großer Zeitdruck, die ökonomische Lage des Schriftstellers ist miserabel. Finden Sie die entsprechenden Stellen im Film, die das thematisieren. Diskutieren Sie auch die heutigen Bedingungen einer Theaterproduktion (Subventionen, lange Probezeiten etc.).

- Der Film spielt im London des späten 16. Jahrhunderts. Wie werden die Lebensbedingungen dieser Zeit dargestellt?
- Der Film bietet einen guten Eindruck von der Bühne zur Zeit Shakespeares (Elisabethanisches Zeitalter, benannt nach Königin Elisabeth I., 1533–1603). Erstellen Sie einen Beitrag über das Elisabethanische Theater: große Londoner Spielstätten, Aussehen der Bühne, soziale Zusammensetzung des Publikums, Spielzeit, Unterschiede zu heutigen Theaterbauten (Guckkastenbühne).
- Worauf spielen Hamlets Schädel und die Souvenir-Tasse aus Stratford-upon-Avon zu Beginn des Films an?
- Der Film spielt mit den Erwartungen der Zuschauerinnen und Zuschauer. Man geht davon aus, Shakespeare beim Verfassen eines seiner weltberühmten Stücke zusehen zu können, dabei probiert er lediglich verschiedene Namen und Unterschriften aus. Recherchieren Sie, was Sie über den (akademischen) Streit, der um seine Autorenschaft entbrannt ist, ausfindig machen können.

*Globe Theater in London (Rekonstruktion des Originalbaus)*

## 41 Aufgabenstellung

●

Kreieren Sie selbst einen epischen Text, ein Gedicht, ein Bild, ein Storyboard oder Ähnliches zum Thema „Romeo und Julia im 21. Jahrhundert“.

*siehe Kapitel „Literatur, Kunst und Gesellschaft“*

*remake (engl.):* umarbeiten, noch einmal machen

*reboot (engl.):* neu starten

### 5.4.4 Remakes (Reboots)

Bei Remakes handelt es sich um **Neuverfilmungen** von bereits veröffentlichten Filmen – es gibt also bereits eine ältere Vorlage zu einem Film, der zumeist sehr erfolgreich war und an dessen kommerziellen Erfolg man wieder anknüpfen möchte. Es gibt einige Filme, die bereits sehr oft neu verfilmt wurden, beispielsweise „Hamlet" (48 Verfilmungen), „Romeo und Julia" (30 Verfilmungen), „Kleopatra" (44 Verfilmungen) oder „In 80 Tagen um die Welt" (sechs Verfilmungen).

*Filmausschnitt aus „Psycho"*

Das amerikanische Kino – vor allem Hollywood – verfilmt erfolgreiche europäische Filmproduktionen zumeist neu, weil das amerikanische Publikum auf Synchronisation und Untertitel sehr ablehnend reagiert. Jedoch gibt es seit Entstehen der Filmindustrie in jedem Land das Phänomen des Remakes; erfolgreiche Filme wurden etwa aufgrund von technischen Neuerungen wieder gedreht (z. B. eine frühere Schwarz-Weiß-Verfilmung als Farbfilm).

**Beispiele für Remakes:**

| | |
|---|---|
| Filmdaten: | **Psycho** |
| Erscheinungsjahr: | 1960 |
| Regie: | Alfred Hitchcock |
| Länge: | 109 Min. |
| Besetzung: | Anthony Perkins<br>Janet Leigh |

Einer der besten amerikanischen Thriller und das Meisterwerk Alfred Hitchcocks. Die Mordszene unter der Dusche ist eine der bekanntesten Filmszenen der Filmgeschichte. Der Film wurde für vier Oscars nominiert.

| | |
|---|---|
| Filmdaten: | **Psycho** |
| Erscheinungsjahr: | 1998 |
| Regie: | Gus Van Sant |
| Länge: | 99 Min. |
| Besetzung: | Vince Vaughn<br>Anne Heche |

Sehr stark an das Original angelehntes Remake als Farbfilm, jedoch wesentlich blutigere Darstellung der Duschszene.

| | |
|---|---|
| Filmdaten: | **Das Bildnis des Dorian Gray** |
| Erscheinungsjahr: | 1945 |
| Regie: | Albert Lewin |
| Länge: | 110 Min. |
| Besetzung: | Hurd Hatfield<br>George Sanders<br>Lowell Gilmore |

Amerikanische Verfilmung des gleichnamigen Romans von Oscar Wilde. Der Film erhielt zwei Oscar-Nominierungen und einen Oscar für die beste Kamera.

| | |
|---|---|
| Filmdaten: | **Das Bildnis des Dorian Gray** |
| Erscheinungsjahr: | 2009 |
| Regie: | Oliver Parker |
| Länge: | 112 Min. |
| Besetzung: | Ben Barnes<br>Colin Firth<br>Rebecca Hall |

Die Neuverfilmung wurde von den Kritiken schlecht aufgenommen, weil sie die philosophischen Ideen des Romans wenig trifft, sondern eher das Gruselige des Inhalts in den Vordergrund rückt.

Filmdaten: **Nosferatu – Eine Symphonie des Grauens**
Erscheinungsjahr: 1922
Regie: Wilhelm Friedrich Murnau
Länge: 94 Min.
Besetzung: Max Schreck, Gustav von Wangenheim, Greta Schröder

Es ist eines der wichtigsten Werke des Kinos der Weimarer Republik, das nach einem verlorenen Urheberrechtsstreit 1925 vernichtet werden sollte. Der Film überlebte in unzähligen Schnittversionen und ist heute in verschiedenen restaurierten Fassungen verfügbar.

Filmdaten: **Nosferatu – Phantom der Nacht**
Erscheinungsjahr: 1979
Regie: Werner Herzog
Länge: 107 Min.
Besetzung: Klaus Kinski, Isabelle Adjani, Bruno Ganz

Der Regisseur Werner Herzog orientiert sich an der Fassung von Murnau. Der Ausbruch der Pest und das Auftreten der Ratten sind zentrale Motive im Film, er erhält jedoch ein eigenes, pessimistisches Ende.

Filmdaten: **Bram Stoker's Dracula**
Erscheinungsjahr: 1992
Regie: Francis Ford Coppola
Länge: 128 Min.
Besetzung: Anthony Hopkins, Keanu Reeves, Gary Oldman

Die Entwicklung der Person des Grafen Dracula steht im Mittelpunkt dieser Fassung. Die Liebesgeschichte zwischen Mina Harker und Dracula macht den Grafen zu einer tragischen Figur, der Film interpretiert also die literarische Vorlage und gibt nicht nur die Geschichte als solche wieder.

*Bram Stoker's „Dracula"*

Filmdaten: **Dracula 3D**
Erscheinungsjahr: 2012
Regie: Dario Argento
Länge: 106 Min.
Besetzung: Thomas Kretschmann, Asia Argento, Marta Gastini, Rebecca Hall

Die Neuverfilmung wurde von den Kritikern schlecht aufgenommen, sie wurde als misslungene Bram-Stoker-Adaption angesehen.

*Adaption, die: Umarbeitung*

## 42 Aufgabenstellung

Erstellen Sie für Ihr Kulturportfolio mit dem Titel „Film und Filmanalyse" Beiträge zu einem oder mehreren der folgenden Arbeitsaufträge:

**a.** Sehen Sie sich ein Beispiel einer Literaturverfilmung und das dazugehörige Remake an und schreiben Sie eine Filmkritik, in welcher Sie die Stärken und Schwächen der jeweiligen Version darstellen.

**b.** Erstellen Sie eine Filmanalyse eines Films und seines Remakes (entsprechend dem Raster, S. 143).

**c.** Analysieren Sie eine Szene eines Filmes und seines Remakes genauer (z. B. hinsichtlich Kameraeinstellung, Schnitttechnik, Ton).

**d.** Recherchieren Sie weitere Remakes der genannten Filme.

**e.** Schreiben Sie eine Filmkritik zu den von Ihnen gesehenen Fassungen und begründen Sie Ihre Kritikpunkte sachlich.

# 5.5 Resümee

## 5.5.1 Rückblick: Kritik erlaubt

Zur Portfolio-Arbeit gehört es auch, **Rückblick** zu halten und **Feedback** einzuholen. Bevor Sie Ihre Beiträge aber aus der Hand geben, bewerten Sie selbst, wie es Ihnen bei Ihrer Arbeit gegangen ist.

*siehe Band 1 und 2, Kapitel „Portfolio"*

### 43 Aufgabenstellung

Reflektieren Sie nach Ihrer Arbeit am Leseportfolio zu Arno Geigers **„Der alte König in seinem Exil"** die Schreibproduktion Ihrer einzelnen Beiträge. Der Schwerpunkt liegt auf dem **Prozess des Schreibens**, dem Verfassen und Redigieren von Texten. Gehen Sie die folgenden Schritte der Reihe nach durch:

1. **Bewertung der Schreibphase der einzelnen Beiträge**
   Beantworten Sie für sich die folgenden Fragen:
   - Haben Sie das Thema genau recherchiert?
   - Haben Sie einen Rohentwurf (Gliederung, Erstentwurf) erstellt?
   - Haben Sie die erste Fassung (vor allem hinsichtlich der sprachlichen und grammatischen Richtigkeit) überarbeitet?
   - Haben Sie ein erstes inhaltliches Feedback von einer Mitschülerin bzw. einem Mitschüler eingeholt: Wie kommt der Text an? Ist er verständlich? Gibt es Vorschläge zur Überarbeitung?
   - Haben Sie den Text abschließend noch einmal überarbeitet?
2. **Selbstreflexionsphase und Fremdevaluierung**
   Bewerten Sie Ihren eigenen Schreibprozess, indem Sie beschreiben, wie es Ihnen beim Schreiben ergangen ist, was hilfreich war oder was Ihnen schwer gefallen ist.

   Stellen Sie einige Ihrer Beiträge Ihren Mitschülerinnen und Mitschülern und/oder Ihrer Deutschlehrerin bzw. Ihrem Deutschlehrer zur Verfügung, die sie mittels Reflexionsbögen kommentieren.
3. **Überarbeitungsphase und Eigenbewertung**
   Sie überarbeiten anschließend Ihre Beiträge auf Basis des eingeholten Feedbacks.

   Abschließend stellen Sie sich einer letzten Kontrolle: Ist es Ihnen gelungen, Ihre Gedanken und Ideen sichtbar zu machen?

### 44 Aufgabenstellung

Bevor Sie Ihr Leseportfolio zu Dürrenmatts **„Die Physiker"** Ihrer Deutschlehrerin bzw. Ihrem Deutschlehrer zur Bewertung vorlegen, gehen Sie abschließend folgende Arbeitsschritte durch:

a. Lesen Sie alle Beiträge, die Sie verfasst haben, nochmals genau durch. Wenn Ihnen einzelne Beiträge nach vollendeter Arbeit unvollständig erscheinen oder Sie nun eine andere Meinung dazu haben, ergänzen bzw. ändern Sie Ihre Beiträge.

**b.** Fassen Sie eventuell Einzelbeiträge zu größeren Schreibproduktionen zusammen.

**c.** Ordnen Sie alle Beiträge thematisch in Ihr Leseportfolio ein.

**d.** Erstellen Sie abschließend ein Inhaltsverzeichnis.

**e.** Gestalten Sie auch ein ansprechendes Layout des Deckblattes, das die Thematik dieses Leseportfolios abbildet.

### 45 Aufgabenstellung

●

Wiederholen Sie die Arbeitsschritte aus Aufgabenstellung 44 auch für Ihr Portfolio über **„Romeo und Julia“**.

**a.** Gliedern Sie Ihre einzelnen Beiträge.

**b.** Erstellen Sie ein Inhaltsverzeichnis, um nicht die Übersicht zu verlieren.

**c.** Gestalten Sie Zwischenblätter, die auf den ersten Blick zeigen, worum es im jeweiligen Kapitel geht. Seien Sie dabei kreativ und gestalten Sie die Blätter ansprechend. Erstellen Sie auch ein Deckblatt Ihres Leseportfolios.

**d.** Haben Sie alle Schritte erledigt? Gehen Sie zur Überprüfung die folgenden Fragen der Reihe nach durch:

- Was haben Sie über „Romeo und Julia“ von Shakespeare verfasst?
- Was haben Sie zu einer der Verfilmungen geschrieben?
- Welche Beiträge zur **„West Side Story“** haben Sie verfasst?
- Wie umfangreich sind Ihre Beiträge zum Film **„Shakespeare in Love“**?
- Haben Sie sich intensiv mit der Filmanalyse auseinandergesetzt und eine Filmkritik zu einer Literaturverfilmung und zum dazugehörigen Remake verfasst?

## 5.5.2 Der Cover-Letter

Nachdem Sie alle Beiträge geordnet haben, legen Sie ein Literatur- und Inhaltsverzeichnis an, das es den Leserinnen und Lesern Ihres Kulturportfolios erlaubt, einen Überblick zu Ihren Arbeiten zu gewinnen.

Würdigen Sie Ihre Arbeit als Abschluss in einem **Portfolio-Brief**, auch **Cover-Letter** genannt, den Sie jährlich adaptieren. Dieser Cover-Letter beschreibt, was Sie in diesem Schuljahr besonders interessiert hat, worauf Sie den Schwerpunkt gelegt haben, was Ihnen bei Ihrer Arbeit gut gelungen ist und worauf Sie besonders stolz sind.

*siehe Band 1, Kapitel „Portfolio“*

### 46 Aufgabenstellung

●

Gestalten Sie einen Cover-Letter als Einleitungsschreiben für Ihr Portfolio und gehen Sie dabei darauf ein, wie Sie an Ihre Arbeit herangegangen sind, was die Arbeit von Ihnen zeigt und was Sie gelernt haben.

## 5.6 Literarische Epochen

*Glosse: Erklärungen zu einem Text (z. Bsp. Bibelstelle)*

Literaturgeschichte kann durch Recherchieren, Entdecken von Texten und Autorinnen bzw. Autoren, Erkennen von Zusammenhängen zwischen politischen, wirtschaftlichen und kulturellen Ereignissen und Bedingungen zu einem informativen und spannenden Erlebnis werden. Mit der Ihnen schon bekannten Form des Portfolios ist es Ihnen möglich, die verschiedenen Epochen kennen zu lernen und dabei auch eigene Schwerpunkte zu setzen sowie Ihre persönlichen Interessen zu betonen und herauszuarbeiten. Zusätzlich können Sie sich bei der Gestaltung Ihres Beitrags kreativ betätigen und Ihr Portfolio mit ästhetisch ausgearbeiteten Beiträgen erweitern.

Unabhängig davon, ob Sie ein Portfolio erstellen, dienen Ihnen die nachfolgenden Aufgaben in Kapitel 5.6 dazu, mehr über die wichtigen Strömungen der Literaturgeschichte zu erfahren und vielleicht dadurch einen neuen Blick auf die Literatur und Kultur der Gegenwart zu bekommen.

### 5.6.1 Das Frühmittelalter (ca. 5. – 11. Jh.)

**Kennzeichen der Epoche**

| | |
|---|---|
| Vorherrschaft von **Kirche und Adel**<br>Kulturträger ist die kath. Kirche<br>agrarwirtschaftliche und naturalwirtschaftliche Produktion<br>grundherrschaftliche und lehensrechtliche Beziehungen | **Latein** ist Kultursprache<br>Literatur bezieht sich auf Gott, Religion und Mythen<br>Literarische Formen: religiöse Gebrauchsliteratur, Glossen, Heldenlieder (mündlich)<br>Althochdeutsch: früheste Entwicklungsstufe der deutschen Sprache bis 11. Jh. |
| Kunst: **Romanik** – kunstgeschichtliche Epoche zwischen ca. 1000 bis 1200<br>Musik: liturgische Gesänge; Volksmusik mit Lyra, Fidel, Drehleier<br>Philosophie: Augustinus (354–400)– bedeutendster christlicher Kirchenlehrer<br>Scholastik: Verbindung von Religion mit Lehren des Aristoteles | **Deutschsprachige Literatur:**<br>Wessobrunner Gebet<br>Otfried von Weißenburg – Evangelienharmonie<br>Älteres Hildebrandslied<br>Merseburger Zaubersprüche |

**47 Aufgabenstellung** ●●●

a. Sammeln Sie historische Daten und Fakten aus der Epoche des Frühmittelalters im Klassenplenum und notieren Sie diese.

b. Fassen Sie die gesammelten Notizen zusammen und erstellen Sie einen groben Überblick über historische, kulturelle, literarische Ereignisse der Epoche des Frühmittelalters. Die Übersicht zu Beginn des Kapitels liefert Ihnen wichtige Eckdaten.

c. Gestalten Sie eine ästhetisch ansprechende und auch gut recherchierte Übersicht über das Frühmittelalter. Denken Sie daran, am Ende des Portfolios auch ein Literaturverzeichnis zu stellen, und zitieren Sie Ihre Quellen!

## 48 Aufgabenstellung

●●

**a.** Lesen Sie die beiden unten stehenden Gedichte. Bestimmen Sie anschließend die Funktion, die das *Wessobrunner Gebet* und der *Zweite Merseburger Zauberspruch* gehabt haben könnten und sammeln Sie Ihre Ideen. Kennen Sie vergleichbare „Gebrauchstexte“ aus der gegenwärtigen Zeit?

**b.** Recherchieren Sie zu diesen beiden literarischen Texten und notieren Sie wichtige Informationen über frühmittelalterliche Gebrauchsliteratur. Was kann man über die Verfasser dieser literarischen Texte herausfinden?

**c.** Vergleichen Sie die althochdeutsche Fassung mit der Übersetzung ins Neuhochdeutsche. Welche Übereinstimmungen können Sie erkennen?

**d.** Recherchieren Sie zumindest eines der in der Randspalte angeführten Werke. Verfassen Sie eine Inhaltsangabe darüber. Wichtige Erkenntnisse Ihrer Recherchen legen Sie im Portfolio ab.

**e.** Führen Sie Ihre Erkenntnisse in einem Portfoliobeitrag zusammen und beachten Sie die Anforderungen, die ein gelungener Portfoliobeitrag erfüllen muss.

*Lesetipps:*

- *Muspilli*
- *Heliand*
- *Otfried von Weißenburg: Evangelienharmonie*
- *Hrotsvit von Gandersheim: Legendenbuch mit Theophilus*
- *Annolied*
- *Williram von Ebersberg: Kommentar zum Hohen Lied der Liebe*
- *Gedichte um Frau Ava*

### Der Zweite Merseburger Zauberspruch (8. Jh.)

Phol ende uuodan uuorun zi holza.
du uuart demo balderes uolon sin uuoz birenkit.
thu biguol en sinthgunt, sunna era suister,
thu biguol en friia, uolla era suister;
thu biguol en uuodan, so he uuola conda:
sose benrenki, sose bluotrenki,
sose lidirenki:
ben zi bena, bluot zi bluoda,
lid zi geliden, sose gelimida sin.

**Neuhochdeutsche Übersetzung**
Phol und Wodan ritten in den Wald.
Da verrenkte sich Balders Fohlen den Fuß.
Da besprach ihn Sindgund (und) Sunna, ihre Schwester.
Da besprach ihn Frija (und) Volla, ihre Schwester.
Da besprach ihn Wodan, so gut er konnte:
Wie die Verrenkung des Beines, so die Verrenkung des Blutes
so die Verrenkung des Gliedes:
Knochen zu Knochen, Blut zu Blut,
Glied an Glied, als seien sie geleimt.

*Best, F. Otto; Schmitt, Hans-Jürgen (Hrsg.): Die deutsche Literatur. Ein Abriß in Text und Darstellung. Band 1. Reclam 1976, S. 41–42*

### Wessobrunner Gebet (9. Jh.)

Dat gafregin ih mit firahim firiuuizzo meista,
Dat ero ni uuas noh ufhimil,
noh paum ... noh pereg ni uuas,
ni ... nohheinig
noh sunna ni scein,
no mano ni liuhta,
noh der mareo seo.
Do dar niuuiht ni uuas enteo ni uuenteo,
enti do uuas der eino almahtico cot,
manno miltisto,
enti dar uuarun auh manake mit inan
cootlihhe geista.
enti cot heilac ...
Cot almahtico, du himil enti erda gauuorahtos,
enti du mannun so manac cootforgapi,
forgip mir in dino ganada rehta galaupa
enti cotan uuilleon, uuistóm enti spacida enti craft,
tiuflun za uuidarstantanne enti arc za piuuisanne enti dinan
uuilleon za gaurchanne.

**Neuhochdeutsche Übersetzung**
Das habe ich als das größte Wunder erkannt bei den Menschen,
daß es nicht gab Erde noch Himmel,
noch Baum, daß es den Berg nicht gab,
kein einziger Stern schien, noch die Sonne,
es leuchtete nicht der Mond und nicht die glänzende See.
Als es da nichts gab, weder Endliches noch Unendliches,
gab es schon den einen, allmächtigen Gott,
den reichsten an Gnade, und da gab es auch schon manche
göttliche Geister. Und den heiligen Geist.
Gott, Allmächtiger, du hast Himmel und Erde erschaffen
und den Menschen so manches Gut gegeben,
gib mir durch deine Gnade
rechten Glauben
und guten Willen,
Weisheit und Klugheit und Kraft,
den Teufeln zu widerstehen und das Böse zu meiden
und deinen Willen zu befolgen.

*Best, F. Otto; Schmitt, Hans-Jürgen (Hrsg.): Die deutsche Literatur. Ein Abriß in Text und Darstellung. Band 1. Reclam 1976, S. 49*

### 5.6.2 Das Hochmittelalter (12. – 13. Jh.)

**Kennzeichen der Epoche**

Salier
höfische Epoche – Zeit der Kämpfe mit Päpsten
späthöfische Zeit – Herrschaft der Habsburger
Ständegesellschaft – **Lehenssystem**
Kleriker und Hochadel sind kulturtragende Schichten
Aufstieg des Bürgertums

Höfisches Epos
Heldenepos
Minnesang
**ritterliche Ideale** stehen im Mittelpunkt der Dichtung (hoher muot, zuht, êre, triuwe, milte, minne, staete)

Kunst: Romanik und Gotik
Musik: Blütezeit des **Minnesangs**
Philosophie: Hoch- und Spätscholastik,
Mystik: Hildegard von Bingen, Meister Eckhart

Chretien de Troyes
Hartmann von Aue
Wolfram von Eschenbach
Gottfried von Straßburg
Walther von der Vogelweide
Hartmann von Aue
Dietmar von Aist

*Lesetipps:*

- *Das Nibelungenlied*
- *Wolfram von Eschenbach: Parzival*
- *Hartmann von Aue: Der arme Heinrich; Erec; Iwein*
- *Heinrich von Veldeke: Eneasroman*
- *Reinmar von Hagenau: Witwenklage*
- *Gottfried von Straßburg: Tristan*

**49 Aufgabenstellung**

a. Recherchieren Sie historische, kulturelle, literarische Ereignisse der Epoche des Hochmittelalters. Die Übersicht zu Beginn des Kapitels liefert Ihnen wichtige Eckdaten.

b. Suchen Sie Sagen um den König Artus und seine Tafelrunde und notieren Sie diese Informationen.

c. Recherchieren Sie auch bekannte Figuren, die sich um König Artus sammeln: Erec, Iwein, Parzival, Lancelot.

d. Wählen Sie eine der genannten Figuren aus und recherchieren Sie die Wirkung und Rezeptionsgeschichte dieser Figur in Literatur, Film und Musik.

e. Fassen Sie die gewonnenen Erkenntnisse in einem Portfoliobeitrag zum Thema „Hochmittelalter“ zusammen.

f. Über das Nibelungenlied haben Sie bereits im Zusammenhang mit der epischen Dichtung gelernt. Wiederholen Sie Ihr Wissen darüber und recherchieren Sie die Überlieferung des Nibelungenliedes in seinen Handschriften.

g. Wählen Sie eines der in der Randspalte genannten Werke und erstellen Sie dazu einen Beitrag in Ihrem Portfolio.

50 **Aufgabenstellung**

●●●

**a.** Lesen Sie das Gedicht und dessen neuhochdeutsche Übersetzung von Walther von der Vogelweide „Saget mir ieman, waz ist minne?".

**b.** Diskutieren Sie, was der Begriff „zuht" im Zusammenhang mit Minnelyrik bedeuten könnte. Überlegen Sie, ob der Autor hier seine persönlichen Gefühle zum Ausdruck bringt.

**c.** Diskutieren Sie die Fragestellungen, die in dem Gedicht betreffend das Thema Liebe aufgeworfen werden. Vergleichen Sie diese Probleme mit Fragestellungen der heutigen Zeit zum Thema Liebe. Diskutieren Sie die Ergebnisse Ihrer Gruppenarbeit im Klassenverband.

*Lesetipp:*
*Walther von der Vogelweide: Mädchenlieder*

## Walther von der Vogelweide – **Saget mir iemand, waz ist minne?**

Saget mir ieman, waz ist minne?
weiz ich des ein teil, sô wist ichs gerne mê.
der sich baz denn ich versinne,
der berihte mich durch waz si tuot sô wê.
minne ist minne, tuot si wol:
tuot si wê, so enheizet si niht rehte minne.
sus enweiz ich wie si danne heizen sol.

Obe ich rehte râten künne
waz diu minne sî, sô sprechet denne jâ.
minne ist zweier herzen wünne:
teilent sie gelîche, sost diu minne dâ:
sol abe ungeteilet sîn,
sô enkans ein herze alleine niht enthalten.
owê woldest dû mir helfen, frowe mîn!

Frowe, ich trage ein teil ze swaere:
wellest dû mir helfen, sô hilf an der zît.
sî abe ich dir gar unmaere,
daz sprich endelîche: so lâz ich den strît,
unde wirde ein ledic man.
dû solt aber einez rehte wizzen, frouwe,
daz dich lützel ieman baz geloben kan.

Kan mîn frowe süeze siuren?
waenet si daz ich ir liep gebe umbe leit?
sol ich si dar umbe tiuren,
daz siz wider kêre an mîne unwerdekeit?
sô kund ich unrehte spehen.
wê waz sprich ich ôrenlôser ougen âne?
den diu minne blendet, wie mac der gesehen?

*Walther von der Vogelweide: Gedichte. Mittelhochdeutscher Text und Übertragung. Ausgewählt, übersetzt und mit einem Kommentar versehen von Peter Wapnewski. Fischer Taschenbuch Verlag, 1982, S. 46–47*

## Neuhochdeutsch – **Kann mir jemand sagen, was *Minne* ist?**

Kann mir jemand sagen, was *Minne* ist?
Weiß ich davon auch schon einiges, so wüsste ich doch gern noch mehr von ihr.
Wer mehr davon versteht als ich,
der belehre mich, weshalb sie so weh tut.
Denn *Minne* ist doch *Minne* sofern sie wohltut!
Tut sie weh, heißt sie nicht rechtens *Minne*.
Und ich weiß nicht, wie man sie dann zu bezeichnen hat.

Falls ich richtig zu raten vermag
was *Minne* ist, so ruft alle: „Ja"!
*Minne* ist das Glück *zweier Herzen:*
tragen sie zu gleichen Teilen, dann ist die *Minne* da.
Wird aber nicht geteilt,
dann vermag ein Herz allein sie nicht aufzunehmen.
Ach, wolltest du mir helfen, meine Herrin!

Herrin, ich trage zu schwer.
Willst du mir helfen, dann hilf, solang es Zeit ist.
Bin hingegen ich dir durchaus gleichgültig,
so sag es klar und deutlich: dann geb ich den Kampf auf
und werde wieder mein freier Herr.
Über eines freilich mußt du dir dann im Klaren sein, Herrin:
daß dich wohl kaum jemand schöner zu rühmen versteht.
Vermag denn meine Herrin das Süße in Bitternis zu verwandeln?
Meint sie, ich vermöchte Freude zu geben gegen Leid?
Soll ich sie erheben,
nur damit ich ihr dadurch als umso niedriger erscheine?
Dann müsste ich blind, vernarrt sein!
Aber ach, was sage ich da, ich ohne Ohren und Augen?
Doch wen Minne blendet, wie soll der sehen können?

### 5.6.3 Das Spätmittelalter (13. – 15. Jh.)

**Kennzeichen der Epoche**

**Karl IV.** ist bedeutendster Herrscher der Epoche

1356: Goldene Bulle

Ende des Mittelalters unter Maximilian I.

Karl V.

**Verfall des Minnesangs**

Meistersang

Volksbuch

Schwänke

geistlich-religiöse Literatur: Totentänze

**Spätgotik**

Beginn Renaissance

Minnesang, Meistersang

Philosophie: Thomas von Aquin

1365: Gründung der Universität Wien

1450: J. Gutenberg: Buchdruck

Neidhart von Reuental

Hans Sachs

Meister Eckhart

Oswald von Wolkenstein

Johannes von Tepl

*Lesetipps:*

- *Wernher der Gartenaere: Meier Helmbrecht*
- *Meister Eckhard: Mystische Schriften*
- *Heinrich Seuse: Das Büchlein der ewigen Weisheit*
- *Till Eulenspiegel Schwänke*
- *Die Schiltbürger*

**51 Aufgabenstellung**

●●●

**a.** Recherchieren Sie historische, kulturelle, literarische Ereignisse der Epoche des Spätmittelalters. Die Übersicht zu Beginn des Kapitels liefert Ihnen wichtige Eckdaten.

**b.** Notieren Sie die Informationen, die Sie zu den Schwänken von Neidhart von Reuental finden.

**c.** Recherchieren Sie bekannte Plätze und Gebäude, die mit Neidhart von Reuental in Verbindung stehen. Suchen Sie auch Bilder dazu.

**d.** Informieren Sie sich über die Meistersänger und beachten Sie die Rezeptionsgeschichte des Meistersangs im Zusammenhang mit der Musik.

**e.** Fassen Sie die gewonnenen Erkenntnisse in einem Portfoliobeitrag zum Thema „Spätmittelalter“ zusammen.

**f.** Recherchieren Sie zu einem in der Randspalte genannten Werke oder Autoren und erstellen Sie einen weiteren Beitrag in Ihrem Portfolio.

## 52 Aufgabenstellung

●●●

a. Lesen Sie das „Sommerlied 5“ von Neidhart von Reuental.

b. Diskutieren Sie, wovon dieses Streitgespräch zwischen Mutter und Tochter handelt.

c. In diesem Sommerlied fehlt der typische „Natureingang“, der sonst bei Neidharts Liedern anzutreffen ist. Recherchieren Sie dieses Kennzeichen der Neidhartschen Dichtung.

*Lesetipp:* *Neidhart von Reuental: Schwänke*

d. Welche Unterschiede lassen sich zwischen der Dichtung Walters von der Vogelweide und Neidhart von Reuental erkennen? Warum wird der sprachliche Wandel oft als „Verfall“ des Minnesangs bezeichnet?

e. Schreiben Sie ein modernes Streitgespräch zwischen Mutter und Tochter bzw. Mutter und Sohn zum Thema „Partygehen“.

f. Ergänzen Sie Ihr Kulturportfolio mit den Ergebnissen Ihrer Arbeit.

### Neidhart von Reuental – **Sommerlied 5**

1.
»Fröut iuch, junge und alte!
der meie mit gewalte
den winder hât verdrungen,
die bluomen sint entsprungen.
wie schôn diu nahtegal
ûf dem rîse ir süeze wîse singet, wünneclîchen schal!

2.
Walt nu schône loubet.
mîn muoter niht geloubet,
der joch mit einem seile«,
sô sprach ein maget geile,
»mir bunde einen fuoz,
mit den kinden zuo der linden ûf den anger ich doch muoz.«

3.
Daz gehôrte ir muoter:
»jâ swinge ich dir daz fuoter
mit stecken umbe den rugge,
vil kleine grasemugge.
wâ wilt dû hüpfen hin
ab dem neste? sitze und beste mit den ermel wider in!«

4.
»Muoter, mit dem stecken
sol man die runzen recken
den alten als eim sumber.
noch hiuwer sît ir tumber,
dan ir von sprunge vart.
ir sît tôt vil kleiner nôt, ist iu der ermel abe gezart.«

5.
Ûf spranc sî vil snelle.
»der tievel ûz dir belle!
ich wil mich dîn verzîhen;
dû wilt vil übel gedîhen.«
»muoter, ich lebe iedoch,
swie iu troume; bî dem soume durch den ermel gât daz loch.«

*Best, F. Otto; Schmitt, Hans-Jürgen (Hrsg.): Die deutsche Literatur. Ein Abriß in Text und Darstellung. Band 1. Reclam 1976, S. 218–219*

### Neuhochdeutsch – **Sommerlied 5**

1.
»Freut euch, ihr Jungen und Alten!
Der Mai hat mit Macht
den Winter vertrieben,
die Blumen sind entsprossen.
Wie schön die Nachtigall
auf dem Zweig ihr liebliches Lied singt, Freudenjubel!

2.
Der Wald bedeckt sich mit frischem Laub.
Meine Mutter glaubt nicht,
daß, selbst wenn man mit einem Strick«,
so sprach ein fröhliches Mädchen,
»mir den Fuß festbände,
ich doch mit den Mädchen zur Linde auf den Anger muß.«

3.
Das hörte ihre Mutter:
»Wahrlich, ich werde dir schon das Futter
mit dem Stock auf den Rücken schwingen,
winzige Grasmücke.
Wo willst du hinhüpfen
aus deinem Nest? Bleib sitzen und näh mir den Ärmel wieder fest!«

4.
»Mutter, mit dem Stecken
soll man den Alten
die Runzeln glätten wie einer Trommel.
Ihr werdet dümmer
von Jahr zu Jahr.
Ihr sterbt noch an einer Lappalie, wenn euch bloß der Ärmel abgerissen ist.«

5.
Geschwind sprang sie auf.
»Der Teufel soll in dich fahren!
Ich will nichts mehr mit dir zu schaffen haben,
du drohst ganz schlimm auszuarten.«
»Mutter, ich bin wach und bei Verstand,
während ihr träumt. Am Saum geht das Loch durch den Ärmel.«

### 5.6.4 Reformation – Humanismus – Renaissance (16. Jh.)

**Kennzeichen der Epoche**

1492: **Christoph Kolumbus** landet in Amerika

1517: Luthers Thesen lösen die Reformation aus

1500: Kolonialreiche entstehen

Bauernaufstände

**Humanismus** – Übersetzung klassischer Werke

Renaissance – Wiedergeburt der Antike

Reformationsliteratur Satiren, Schwänke, Volksbücher, Fastnachtsspiele

**Renaissance** – Leonardo da Vinci, Michelangelo, Albrecht Dürer

Renaissancemusik

Philosophie: Thomas Morus, Macchiavelli, Montaigne, Erasmus von Rotterdam

Sebastian Brant

Ulrich von Hutten

Johannes Reuchlin

Dante Alighieri

Petrarca

Giovanni Boccaccio

William Shakespeare

*siehe Band 3, Kapitel „Literatur, Kunst und Gesellschaft“ – Macchiavelli – Der Fürst*

*Lesetipps:*

- *William Shakespeare – zum Beispiel: Macbeth; Romeo und Julia; Hamlet; Ein Sommernachtstraum*
- *Dante Alighieri: Die göttliche Komödie*
- *Johannes Reuchlin: Dunkelmännerbriefe*

#### 53 Aufgabenstellung

●

**a.** Recherchieren Sie historische, kulturelle, literarische Ereignisse der Epoche der Renaissance, des Humanismus und der Reformation. Die Übersicht zu Beginn des Kapitels liefert Ihnen wichtige Eckdaten. Beschreiben Sie die jeweiligen Begriffe und erklären Sie, für welche kulturellen oder politischen Strömungen diese Begriffe im 16. Jh. stehen.

**b.** Informieren Sie sich über den Inhalt des „Narrenschiffs“ von Sebastian Brant.

**c.** Recherchieren Sie zu einem der Autoren, die in der Randspalte stehen. Wählen Sie ein Werk und beschäftigen Sie sich genauer damit. Stellen Sie das von Ihnen gewählte Werk im Klassenplenum kurz vor.

**d.** Informieren Sie sich über die Streitschriften, die während der Reformation entstanden sind. Stellen Sie die Gegner dieses religiösen Richtungsstreits einander gegenüber.

**e.** Notieren Sie die gewonnenen Erkenntnisse und ergänzen Sie Ihr Portfolio zum Thema „Renaissance – Humanismus – Reformation“.

**f.** Recherchieren Sie bedeutende Entdeckungen und Erfindungen des 16. Jahrhunderts und stellen Sie diese in einem Portfoliobeitrag zusammen.

## 54 Aufgabenstellung

●●●

**a.** Lesen Sie den Textausschnitt aus dem „Narrenschiff" von Sebastian Brant.

**b.** Belehrungen des Volkes durch Satire und Übertreibung waren in der Reformationsliteratur sehr beliebt. Benennen Sie die Kritik, die Sebastian Brant äußert.

**c.** Vor jedem Kapitel im „Narrenschiff" ist ein Holzschnitt, in dem die Thematik des Textes dargestellt wird.

**d.** Wie könnte eine derartige Kritik über besonders modebewusste Menschen heute lauten?

**e.** Ergänzen Sie Ihr Kulturportfolio mit den Ergebnissen Ihrer Arbeit.

*Lesetipp:*
*Sebastian Brant: Das Narrenschiff*

### Sebastian Brant – **Das Narrenschiff**

Wer neue Moden bringt durchs Land,
Der gibt viel Ärgernis und Schand'
Und hält den Narren bei der Hand.

**Von neuen Moden**

Was sonst wohl war ein schändlich Ding,
das schätzt man schlecht jetzt und gering:
Sonst trug mit Ehren man den Bart,
jetzt lernen Männer Weiberart
und schmieren sich mit Affenschmalz
und lassen am entblößten Hals
viel Ring' und goldne Ketten sehn,
als sollten sie vor Lienhart stehn.
Mit Schwefel und Harz pufft man die Haar'
und schlägt darein dann Eierklar,
daß es im Schüsselkorb' werd' kraus.
*Der* hängt den Kopf zum Fenster 'raus,
*der* bleicht das Haar mit Sonn' und Feuer,
darunter sind die Läus nicht teuer.
Die können es jetzt wohl aushalten,
denn alle Kleider sind voll Falten:
So Rock wie Mantel, Hemd wie Schuh,
Pantoffeln, Stiefel, Hos' dazu,
Wildschur und die Verbrämung dran:
Der *Juden* Sitt' man sehen kann.
Vor *einer* Mod' die *andre* weicht,
das zeigt, wie unser Sinn ist leicht
und wandelbar zu aller Schande;
viel Neuerung ist im ganzen Lande,
Der Rock - wie kurz und wie beschnitten! - ,
reicht kaum bis zu des Leibes Mitten!
Pfui Schande deutscher Nation,
daß man entblößt, der Zucht zum Hohn,
und zeigt, was die Natur verhehlt!
Drum ist es leider schlecht bestellt
und hat wohl bald noch schlimmern Stand:

Doch weh, wer Ursach' gibt zur Schand'!
Dem wird, der solche Schande leidet,
ein unverhoffter Lohn bereitet!

*Brant, Sebastian: Das Narrenschiff. Marix Verlag GmbH, Wiesbaden 2004, S. 16–17*

55 **Aufgabenstellung**

●●

**a.** Recherchieren Sie das Leben William Shakespeares. Verfassen Sie einen steckbriefartigen Lebenslauf; berücksichtigen Sie vor allem seine Lebensdaten und sein Werk und stellen Sie dies in vier Perioden dar.

*siehe Band 3, Kapitel „Literatur, Kunst und Gesellschaft" und „Portfolio: Literatur und Film" – Romeo und Julia als Verfilmung*

**b.** Beschreiben Sie den Inhalt eines von Ihnen gewählten Stückes von William Shakespeares und präsentieren Sie den Inhalt dieses Stücks vor Ihren Mitschülerinnen und Mitschülern. Tragen Sie einen Textauszug als Beispiel vor.

**c.** Schreiben Sie eine Zusammenfassung (ca. 200 Wörter) des Zeitungsberichtes „Plagiatssoftware enthüllt, was William Shakespeare inspirierte" aus der Tageszeitung „Der Standard".

**d.** Schauen Sie Verfilmungen Ihres gewählten Dramas an und suchen Sie einen kurzen markanten Ausschnitt, den Sie im Rahmen Ihrer Präsentation zeigen (max. zehn Minuten). Vergleichen Sie Drama und Film.

**e.** Verwenden Sie die Resultate Ihrer Recherche und Ihrer Präsentation als Eintrag in Ihrem Kulturportfolio.

**William Shakespeare,** *porträtiert von Gerard Soest. Das Bild entstand 30 Jahre nach dem Tod des Dichters.*

## Plagiatssoftware enthüllt, was William Shakespeare inspirierte

**Um Leben und Werk des Dichters ranken sich bis heute viele Rätsel. Forscher haben nun eine bislang unbekannte Quelle entdeckt, die ihn beeinflusst haben dürfte.**

Er hinterließ der Welt nicht weniger als 39 Dramen, 154 Sonette, mehrere epische Versdichtungen und etliche Fragezeichen: Wer William Shakespeare wirklich war, ob er tatsächlich der Urheber aller Werke ist, die ihm zugeschrieben werden, und unter welchen literarischen Einflüssen er stand, ist seit Jahrhunderten Gegenstand der Forschung. Dass seine Biografie trotz zahlreicher erhalten gebliebener Dokumente 18 „verlorene Jahre" aufweist, über die nicht das Geringste bekannt ist, trägt bis heute zu wilden Spekulationen bei.

Nun geht der literaturwissenschaftliche Krimi um den berühmten Dichter in die nächste Runde: Zwei Wissenschafter aus den USA wollen eine neue Quelle entdeckt haben, die Shakespeare beim Schreiben einiger seiner wichtigsten Werke inspirierte. Eine Abhandlung des englischen Diplomaten George North soll Textpassagen in elf Stücken beeinflusst haben, darunter Richard III., Heinrich V., Heinrich VI., König Lear und Macbeth.

In ihrem dieser Tage erscheinenden Buch "A Brief Discourse of Rebellion and Rebels by George North: A Newly Uncovered Manuscript Source for Shakespeare's Plays" präsentieren Dennis McCarthy und die emeritierte Literaturwissenschafterin June Schlueter vom Lafayette College in Easton ihre Entdeckung – und den langwierigen Weg dorthin.

**Literarische Detektivarbeit**

Der begann im Jahr 2006, als McCarthy sich mit Thomas North beschäftigte, dessen Plutarch-Übersetzungen Shakespeare bekanntermaßen für seine klassischen historischen Dramen konsultierte. In einem Auktionskatalog aus dem Jahr 1927 fand McCarthy einen vielversprechenden Hinweis auf ein bisher unveröffentlichtes Manuskript eines mutmaßlichen Cousins von Thomas North namens George North.

Wie die New York Times berichtet, suchten Schlueter und McCarthy mehr als ein Jahr nach dem vermutlich um 1576 entstandenen Schriftstück, ehe sie es schließlich in den Beständen der British Library aufstöberten. North argumentiert in dieser Abhandlung, warum Aufstände gegen Monarchen ungerecht und zum Scheitern verurteilt sind. Schnell fanden die Forscher darin Passagen, die an Werke Shakespeares denken ließen.

Umfangreiche Analysen mit einer Plagiatssoftware brachten dann etliche Gemeinsamkeiten ans Licht. So würde etwa die Verwendung eher ungebräuchlicher Ausdrücke oder gleichlautender Phrasen und Wortabfolgen in ähnlichen Kontexten darauf hindeuten, dass Shakespeare Norths Abhandlung gut gekannt haben muss – wobei die Forscher betonen, dass es sich zwar um deutliche Parallelen, nicht aber um Plagiate im engeren Sinn handelt.

**Umfangreiche Analysen**

Besonders offensichtlich ist den Autoren zufolge der Einfluss auf die Beschreibung des englischen Rebellen Jack Cade in Shakespeares Heinrich VI., wo sich Details über dessen makabres Ableben, die man bislang für eine Erfindung des Dichters hielt, mit Ausführungen in Norths Text decken. Dass beide Autoren von einer dritten Quelle beeinflusst waren, halten McCarthy und Schlueter für sehr unwahrscheinlich: Sie verglichen mithilfe der Software in einer Datenbank entsprechende Phrasen mit Millionen von Buchseiten aus den Jahren 1473 bis 1700.

„Neue Quellen für Shakespeare tauchen nicht alle Tage auf, das ist ein wirklich bedeutender Fund", kommentierte David Bevington von der Universität Chicago die Veröffentlichung. „Die Liste der Passagen, die zurückverfolgt werden können, ist beeindruckend."

Der Einsatz von Plagiatssoftware für literaturhistorische Fragestellungen ist nicht neu, auch im Falle Shakespeares führte schon vor Jahren ein solches Programm zu einer Enthüllung: 2009 berichteten Forscher, dass Shakespeare neben dem Dramatiker Thomas Kyd Koautor des Stücks Eduard III. gewesen sein dürfte. Und es darf getrost angenommen werden, dass auch jetzt der letzte Akt der Shakespeare-Forschung noch nicht eröffnet ist. Aber, um mit den Worten des Dichters zu sprechen: „Jedes Ding hat seine Zeit."

*Rennert, David: Plagiatssoftware enthüllt, was William Shakespeare inspirierte. In: Der Standard, 14.02.2018. Online: https://derstandard.at/2000074279535/Plagiatssoftware-enthuellt-was-William-Shakespeare-inspirierte (10.05.2019)*

### 5.6.5 Barock (17. Jh.)

1618 – 1648 **Dreißigjähriger Krieg**

Absolutismus – Ludwig XIV.

1683: 2. Türkenbelagerung Wiens

Sprachreinigungsgesellschaften

Schäferroman – Schelmenroman – **heroisch-galanter Roman**

Laienspiele, Wandertheater, Schultheater

erste Hoftheateraufführungen

Jesuitendrama, Epigramme,

Sonette, Elegien, Oden

**Kennzeichen der Epoche**

**Barock:** Jakob Prandtauer, Joseph Munggenast, Johann Bernhard Fischer von Erlach

Musik: Claudio Monteverdi, Heinrich Schütz, Johann Sebastian Bach

Philosophie: Francis Bacon, John Locke, René Descartes

Andreas Gryphius

Johann Jakob Christoffel von Grimmelshausen

Martin Opitz

Angelus Silesius

Miguel de Cervantes

Moliére

*Lesetipps:*

- *Miguel de Cervantes: Don Quijote*
- *Molière: Der eingebildete Kranke; Der Geizige*
- *William Shakespeare: späte Königsdramen wie King Lear, Macbeth*
- *Abraham a Santa Clara: Mercks Wien*
- *Andreas Gryphius: Es ist alles eitel*

**56 Aufgabenstellung**

a. Informieren Sie sich über historische, kulturelle, literarische Ereignisse der Epoche des Barock. Die Übersicht zu Beginn des Kapitels liefert Ihnen wichtige Eckdaten.

b. Recherchieren Sie den Inhalt des Romans von Johann Jakob Christoffel von Grimmelshausen „Der abentheuerliche Simplicissimus Teutsch“ und notieren Sie die Informationen.

c. Suchen Sie sich ein Werk eines der Autoren, die in der Randspalte stehen, aus und beschäftigen Sie sich genauer damit. Stellen Sie das von Ihnen gewählte Werk im Klassenplenum kurz vor.

d. Informieren Sie sich über die Begriffe „Vanitas“, „Carpe Diem“ und „Memento Mori“ und zeigen Sie die Spannungen und Gegensätze dieser Epoche (Tod, Pest, Krieg versus Luxusleben an den Adelshöfen) auf.

e. Fassen Sie die gewonnenen Erkenntnisse zusammen und ergänzen Sie Ihr Portfolio zum Thema „Barock“.

f. Recherchieren Sie die Bemühungen der Sprachreinigungsgesellschaften und den Einfluss von Martin Opitz auf die deutsche Sprache.

g. In der Barockzeit waren Epigramme sehr beliebte lyrische Darstellungsformen. Recherchieren Sie die Besonderheiten und bevorzugten Inhalte dieser Epigramme. Welchem Zweck dienten sie?

## 57 Aufgabenstellung

●●●

**a.** Lesen Sie den Textausschnitt des Romans von Johann Jakob Christoffel von Grimmelshausen *„Der abentheuerliche Simplicissimus Teutsch“.*

**b.** Geben Sie die Handlung des Textausschnitts kurz wieder, zeichnen Sie die Figur, wie sie im Ausschnitt beschrieben ist.

**c.** Der Roman spielt zur Zeit des Dreißigjährigen Krieges. Recherchieren Sie den Verlauf und die politischen Eckdaten über diese Zeit.

**d.** Daniel Kehlmann hat mit dem Roman „Tyll“ die Figur des Till Eulenspiegel in die Zeit des Dreißigjährigen Krieges gesetzt. Lesen Sie den Roman bzw. recherchieren Sie den Inhalt und vergleichen Sie die Themen und Problematiken, die in beiden Romanen dargestellt werden.

**e.** Recherchieren Sie zum Autor Johann Jakob Christoffel von Grimmelshausen und ergänzen Sie Ihr Kulturportfolio mit den Ergebnissen Ihrer Arbeit.

*Lesetipps:*

*Daniel Kehlmann: Tyll*

*Johann Jakob Christoffel von Grimmelshausen: Der abentheuerliche Simplicissimus Teutsch*

### Jakob Christoffel von Grimmelshausen - **Der abentheuerliche Simplicissimus Teutsch. Aus dem XIX. Kapitel**

Simplicius kommt in die Stadt Gelnhausen, in der kurz vorher schwedische Verbündete von kaiserlichen Truppen überrumpelt worden sind. Der schreckliche Anblick der Stadt veranlaßt ihn, weiter nach der Festung Hanau zu gehen. Hier wird er alsbald von zwei Musketieren aufgegriffen.

Ich muß dem Leser nur auch zuvor meinen damaligen visierlichen Aufzug erzählen, ehe daß ich ihm sage, wie mirs weiter gieng, dann meine Kleidung und Gebärden waren durchaus seltsam, verwunderlich und widerwärtig, so, daß mich auch der Gouverneur abmalen lassen: Erstlich waren meine Haar in dritthalb Jahren weder auf griechisch, teutsch noch französisch abgeschnitten, gekampelt noch gekräuselt oder gebüfft worden, sondern sie stunden in ihrer natürlichen Verwirrung noch, mit mehr als jährigem Staub, anstatt des Haarplunders, Puders oder Pulvers (wie man das Narren- oder Närrinwerk nennet) durchstreuet, so zierlich auf meinem Kopf, daß ich darunter herfürsahe mit meinem bleichen Angesicht, wie ein Schleiereul, die knappen will, oder sonst auf eine Maus spannet. Und weil ich allzeit barhäuptig zu gehen pflegte, meine Haar aber von Natur kraus waren, hatte es das Ansehen, als wenn ich ein türkischen Bund aufgehabt hätte; der übrige Habit stimmte mit der Hauptzierd überein, dann ich hatte meines Einsiedlers Rock an, wann ich denselben anders noch einen Rock nennen darf, dieweil das erste Gewand, daraus er geschnitten worden, gänzlich verschwunden, und nichts mehr darvon übrig gewesen, als die bloße Form, welche mehr als tausend Stücklein allerhand färbiges zusammengesetztes, oder durch vielfältiges Flicken aneinandergenähetes Tuch noch vor Augen stellte. Über diesem abgangenem, und doch viel Malen verbessertem Rock, trug ich das härin Hemd, anstatt eines Schulderkleids (weil ich die Ärmel anstatt eines Paar Strümpfs brauchte, und dieselbe zu solchem Ende herabgetrenet hatte), der ganze Leib aber war mit eisernen Ketten, hinden und vorne fein kreuzweis, wie man Sanctum Wilhelmum zu malen pflegt, umgürtet, so daß es fast eine Gattung abgab, wie mit denen, so vom Türken gefangen, und vor ihre Freunde zu bettlen im Land umziehen; meine Schuh waren aus Holz geschnitten, und die Schuhbändel aus Rinden von Lindenbäumen geweben, die Füß selbst aber sahen so krebsrot aus, als wann ich ein Paar Strümpf von spanisch Leibfarb angehabt, oder sonst die Haut mit Fernambuk gefärbt hätte: Ich glaube, wenn mich damals ein Gaukler, Marktschreier oder Landfahrer gehabt, und vor einen Samojeden oder Grünländer dargeben, daß er manchen Narren angetroffen, der ein Kreuzer an mir versehen hätte. Ob nun zwar ein jeder Verständiger aus meinem magern und aushungerten Anblick und hinlässiger Aufziehung ohnschwer schließen können, daß ich aus keiner Garküchen, oder aus dem Frauenzimmer, weniger von irgendeines großen Herrn Hofhaltung entloffen, so wurde ich jedoch unter der Wacht streng examiniert. [...]

*Grimmelshausen: Der abenteuerliche Simplicissimus. Gekürzte Ausgabe. Stuttgart: Philipp Reclam jun. 1970, S. 37–38*

## 5.6.6 Aufklärung und Sturm und Drang (18. Jh.)

**Absolutismus**

Erbfolge und Koalitionskriege in Europa

Siebenjähriger Krieg (1756 – 63)

4. Juli 1776: Amerikanische Unabhängigkeitserklärung

1789: Französische Revolution

Aufgeklärter Absolutismus in Österreich

Empfindsamkeit – **Sturm und Drang**
Briefroman: J. W. v. Goethe: „Die Leiden des jungen Werther“

Dramen: Friedrich Schiller „Die Räuber“, Jakob Michael Reinhold Lenz „Der Hofmeister“

**Kennzeichen der Epoche**

Kunst: **Spätbarock und Rokoko**

Musik: Barock, Klassik, Wiener Klassik

Philosophie: Jean-Jacques Rousseau, Voltaire, Descartes, Immanuel Kant, Leibnitz

Friedrich Gottlieb Klopstock

Johann Gottfried Herder

Gottfried August Bürger

Jakob Michael Reinhold Lenz

Friedrich Maximilian Klinger

Johann Wolfgang v. Goethe

Friedrich Schiller

*Lesetipps:*
- *Daniel Defoe: Robinson Crusoe*
- *Jonathan Swift: Gullivers Reisen*
- *Laurence Sterne: Tristam Shandy*
- *Voltaire: Candide*
- *Carlo Goldoni: Der Diener zweier Herrn*
- *Friedrich Schiller: Die Räuber*
- *Johann Wolfgang von Goethe: Götz von Berlichingen*

*Dramatik: siehe Band 3, Kapitel „Literatur, Kunst und Gesellschaft“*

### 58 Aufgabenstellung

●●●

**a.** Recherchieren Sie historische, kulturelle, literarische Ereignisse der Epoche der Aufklärung. Die Übersicht zu Beginn des Kapitels liefert Ihnen wichtige Eckdaten.

**b.** Informieren Sie sich über die philosophischen Ideen der Aufklärung. Was ist so revolutionär an dieser Geisteshaltung im Gegensatz zu früheren historischen Epochen?

**c.** Wählen Sie einen der Autoren, die in der Randspalte stehen und beschäftigen Sie sich genauer mit dem genannten Werk (Inhaltsangabe etc.).

**d.** Informieren Sie sich über den Komponisten Wolfgang Amadeus Mozart, hören Sie Teile aus seinem Werk und erstellen Sie dazu einen Eintrag in Ihrem Portfolio.

**e.** Fassen Sie die gewonnenen Erkenntnisse zusammen und ergänzen Sie Ihr Portfolio zum Thema „Sturm und Drang“. Was kennzeichnet die Autoren dieser Zeit, welche Geisteshaltung war ihnen wichtig?

**f.** Recherchieren Sie die philosophischen Begriffe „der kategorische Imperativ“ und „Das Kant'sche ‚a priori‘“.

**g.** Verfassen Sie die Lebensläufe von Friedrich von Schiller und Johann Wolfgang von Goethe und recherchieren Sie die Lebensbereiche, die diese beiden Autoren verbindet.

## 59 Aufgabenstellung

●●●

a. Lesen Sie den Textausschnitt des Briefromans von Johann Wolfgang von Goethe *„Die Leiden des jungen Werther"*.

b. Geben Sie kurz den Inhalt des Briefs wieder. Welche sprachlichen Merkmale fallen Ihnen auf? Warum ordnet man diese Literatur in die Epoche der Empfindsamkeit ein?

c. Recherchieren Sie den Inhalt des Romans und schreiben Sie eine Zusammenfassung für Ihr Kulturportfolio.

d. Formulieren Sie den Briefausschnitt in eine moderne, der heutigen Sprache angepassten Form.

e. Geben Sie Ihre Beiträge zum Thema „Sturm und Drang" in Ihr Portfolio.

*Lesetipp:*
*Johann Wolfgang von Goethe: Die Leiden des jungen Werther*

### Johann Wolfgang von Goethe – **Die Leiden des jungen Werther**

**Am 10. Mai**

Eine wunderbare Heiterkeit hat meine ganze Seele eingenommen, gleich den süßen Frühlingsmorgen, die ich mit ganzem Herzen genieße. Ich bin allein, und freue mich meines Lebens in dieser Gegend, die für solche Seelen geschaffen ist wie die meine. Ich bin so glücklich, mein Bester, so ganz in dem Gefühle von ruhigem Dasein versunken, daß meine Kunst darunter leidet. Ich könnte jetzt nicht zeichnen, nicht einen Strich, und bin nie ein größerer Maler gewesen als in diesen Augenblicken. Wenn das liebe Tal um mich dampft, und die hohe Sonne an der Oberfläche der undurchdringlichen Finsternis meines Waldes ruht, und nur einzelne Strahlen sich in das innere Heiligtum stehlen, ich dann im hohen Grase am fallenden Bache liege, und näher an der Erde tausend mannigfaltige Gräschen mir merkwürdig Werden; wenn ich das Wimmeln der kleinen Welt zwischen Halmen, die unzähligen, unergründlichen Gestalten der Würmchen, der Mückchen näher an meinem Herzen fühle, und fühle die Gegenwart des Allmächtigen, der uns nach seinem Bilde schuf, das Wehen des Alliebenden, der uns in ewiger Wonne schwebend trägt und erhält; mein Freund! wenn's dann um meine Augen dämmert, und die Welt um mich her und der Himmel ganz in meiner Seele ruhn wie die Gestalt einer Geliebten; dann sehne ich mich oft und denke : ach könntest du das wieder ausdrücken, könntest du dem Papiere das einhauchen, was so voll, so warm in dir lebt, daß es würde der Spiegel deiner Seele, wie deine Seele ist der Spiegel des unendlichen Gottes! – Mein Freund – Aber ich gehe darüber zugrunde, ich erliege unter der Gewalt der Herrlichkeit dieser Erscheinungen.

**Am 12. Mai**

Ich weiß nicht, ob täuschende Geister um diese Gegend schweben, oder ob die warme, himmlische Phantasie in meinem Herzen ist, die mir alles rings umher so paradisisch macht. Da ist gleich vor dem Orte ein Brunnen, ein Brunnen, an den ich gebannt bin wie Melusine mit ihren Schwestern. – Du gehst einen kleinen Hügel hinunter, und findest dich vor einem Gewölbe, da wohl zwanzig Stufen hinabgehen, wo unten das klarste Wasser aus Marmorfelsen quillt. Die kleine Mauer, die oben umher die Einfassung macht, die hohen Bäume, die den Platz rings umher bedecken, die Kühle des Ortes; das hat alles so was Anzügliches, was Schauerliches. Es vergeht kein Tag, daß ich nicht eine Stunde da sitze. Da kommen dann die Mädchen aus der Stadt, und holen Wasser, das harmloseste Geschäft und das nötigste, das ehemals die Töchter der Könige selbst verrichteten. Wenn ich da sitze, so lebt die patriarchalische Idee so lebhaft um mich, wie sie, alle die Altväter, am Brunnen Bekanntschaft machen und freien, und wie um die Brunnen und Quellen wohltätige Geister schweben. O der muß nie nach einer schweren Sommertagswanderung sich an des Brunnens Kühle gelabt haben, der das nicht mitempfinden kann.

*Goethe, Johann Wolfgang von: Die Leiden des jungen Werther. Reclam 1949, S. 7–8*

## 5.6.7 Klassik (1786 – 1805)

**Aufgeklärter Absolutismus** in Österreich

1789: **Französische Revolution**

1806: Ende des „Heiligen Römischen Reiches Deutscher Nation"
Napoleonische Kriege

1814/15 Wiener Kongress

**Weimarer Klassik** – Ideale: geschlossene Form, Vollendung, Humanität, Sittlichkeit, Harmonie

Ideendramen, Balladen, Erlebnislyrik

Bildungsromane literaturtheoretische Schriften

**Kennzeichen der Epoche**

Kunst: Spätbarock und Rokoko

Musik: Barock, Klassik, **Wiener Klassik**

Philosophie: Jean-Jacques Rousseau, Voltaire, Descartes, Immanuel Kant, Leibnitz

Wissenschaft: Alexander v. Humboldt

Johann Wolfgang v. Goethe

Friedrich Schiller

Johann Gottfried Herder

Christoph Martin Wieland

*Lesetipps:*

- *Johann Wolfgang von Goethe: Hermann und Dorothea*
- *Johann Wolfgang von Goethe: Die Wahlverwandtschaften*
- *Johann Wolfgang von Goethe: Reineke Fuchs*
- *Johann Wolfgang von Goethe: Wilhelm Meisters Lehrjahre*
- *Friedrich Schiller: Maria Stuart*
- *Friedrich Schiller: Die Jungfrau von Orléans*
- *Friedrich Schiller: Wilhelm Tell*

### 60 Aufgabenstellung

●●●

**a.** Recherchieren Sie historische, kulturelle, literarische Ereignisse der Französischen Revolution und der Napoleonischen Kriege.

**b.** Recherchieren Sie den Begriff „Klassik" bzw. „klassisch". In welchen Zusammenhängen wird dieser Begriff unterschiedlich verwendet? Was versteht man unter der „Weimarer Klassik"?

**c.** Wählen Sie ein Werk, das in der Randspalte steht. Stellen Sie den Inhalt und die historischen Hintergründe dieses Werkes dar.

**d.** Notieren Sie alle gewonnenen Erkenntnisse und ergänzen Sie Ihr Portfolio zum Thema „Weimarer Klassik". Was kennzeichnet die Autorinnen und Autoren dieser Zeit, welche Geisteshaltung und welche Ideale war ihnen wichtig?

**e.** Lesen Sie eine Ballade von Friedrich von Schiller (z. B. „Die Bürgschaft") oder von Johann Wolfgang von Goethe (z. Bsp.: Der Zauberlehrling) und zeigen Sie anhand der Ballade die Kennzeichen (epische, lyrische und dramatische Elemente) dieser.

**f.** Recherchieren Sie Leben und Werk der Autoren Christoph Martin Wieland und Johann Gottfried Herder, die man ebenfalls zur Weimarer Klassik zählt.

*siehe Band 3, Kapitel „Literatur, Kunst und Gesellschaft" – „Die Bürgschaft"*
*siehe Band 2, Kapitel „Literatur, Kunst und Gesellschaft" – Ballade*

## 61 Aufgabenstellung

●●●

**a.** Lesen Sie den Textausschnitt aus dem Drama von Johann Wolfgang von Goethe *„Faust. Der Tragödie erster Teil“.*

**b.** Geben Sie kurz den Inhalt des Textausschnitts wieder. Welche sprachlichen Merkmale fallen Ihnen auf? Welche Zweifel plagen Faust? Überlegen Sie, ob die Figur sich nach den Idealen der Weimarer Klassik verhält, die auf der vorangehenden Seite genannt werden.

**c.** Recherchieren Sie den Inhalt des Dramas und schreiben Sie eine Zusammenfassung für Ihr Kulturportfolio.

**d.** Geben Sie Ihre Beiträge zum Thema „Klassik“ in Ihr Portfolio.

*Lesetipps:*
*Johann Wolfgang von Goethe: Faust I*

### Johann Wolfgang von Goethe – **Faust: Der Tragödie Erster Teil**

**Nacht.**
**In einem hochgewölbten, engen gotischen Zimmer**
***Faust, unruhig auf seinem Sessel am Pulte.***
**Faust**:
Habe nun, ach! Philosophie,
Juristerei und Medizin,
Und leider auch Theologie
Durchaus studiert, mit heißem Bemühn.
Da steh ich nun, ich armer Tor!
Und bin so klug als wie zuvor;
Heiße Magister, heiße Doktor gar,
Und ziehe schon an die zehen Jahr
Herauf, herab und quer und krumm
Meine Schüler an der Nase herum –
Und sehe, daß wir nichts wissen können!
Das will mir schier das Herz verbrennen.
Zwar bin ich gescheiter als all die Laffen,
Doktoren, Magister, Schreiber und Pfaffen;
Mich plagen keine Skrupel noch Zweifel,
Fürchte mich weder vor Hölle noch Teufel –
Dafür ist mir auch alle Freud entrissen,
Bilde mir nicht ein, was Rechts zu wissen,
Bilde mir nicht ein, ich könnte was lehren,
Die Menschen zu bessern und zu bekehren.
Auch hab ich weder Gut noch Geld,
Noch Ehr und Herrlichkeit der Welt;
Es möchte kein Hund so länger leben!
Drum hab ich mich der Magie ergeben,
Ob mir durch Geistes Kraft und Mund
Nicht manch Geheimnis würde kund;

Daß ich nicht mehr mit sauerm Schweiß
Zu sagen brauche, was ich nicht weiß;
Daß ich erkenne, was die Welt
Im Innersten zusammenhält,
Schau alle Wirkenskraft und Samen,
Und tu nicht mehr in Worten kramen.

O sähst du, voller Mondenschein,
Zum letzenmal auf meine Pein,
Den ich so manche Mitternacht
An diesem Pult herangewacht:
Dann über Büchern und Papier,
Trübsel'ger Freund, erschienst du mir!
Ach! könnt ich doch auf Bergeshöhn
In deinem lieben Lichte gehn,
Um Bergeshöhle mit Geistern schweben,
Auf Wiesen in deinem Dämmer weben,
Von allem Wissensqualm entladen,
In deinem Tau gesund mich baden!

Weh! steck ich in dem Kerker noch?
Verfluchtes dumpfes Mauerloch,
Wo selbst das liebe Himmelslicht
Trüb durch gemalte Scheiben bricht!
Beschränkt mit diesem Bücherhauf,
Den Würme nagen, Staub bedeckt,
Den, bis ans hohe Gewölb hinauf
Ein angeraucht Papier umsteckt;
Mit Gläsern, Büchsen rings umstellt,
Mit Instrumenten vollgepfropft,
Urväter Hausrat drein gestopft –
Das ist deine Welt! das heißt eine Welt!

Und fragst du noch, warum dein Herz
Sich bang in deinem Busen klemmt?
Warum ein unerklärter Schmerz
Dir alle Lebensregung hemmt?
Statt der lebendigen Natur,
Da Gott die Menschen schuf hinein,
Umgibt in Rauch und Moder nur
Dich Tiergeripp und Totenbein.

Flieh! Auf! hinaus ins weite Land!
Und dies geheimnisvolle Buch,
Von Nostradamus' eigner Hand,
Ist dir es nicht Geleit genug?
Erkennest dann der Sterne Lauf,
Und wenn Natur dich Unterweist,
Dann geht die Seelenkraft dir auf,
Wie spricht ein Geist zum andren Geist.
Umsonst, daß trocknes Sinnen hier
Die heil'gen Zeichen dir erklärt:
Ihr schwebt, ihr Geister, neben mir;
Antwortet mir, wenn ihr mich hört!

*Goethe, Johann Wolfgang von: Faust. Der Tragödie erster Teil. Reclam 1971, S. 13–15*

*Lesetipps:*

- *Historia von Doktor Johann Fausten.*
- *Christopher Marlowe:. Die tragische Historie vom Doktor Faustus*
- *Thomas Mann: Doktor Faustus*
- *Nikolaus Lenau: Faust. Ein Gedicht.*
- *Klaus Mann: Mephisto*
- *Michail Bulgakow: Der Meister und Margarita*

## 62 Aufgabenstellung

●●●

**a.** Lesen Sie den Textausschnitt aus dem Drama von Johann Wolfgang von Goethe „Faust. Der Tragödie Erster Teil".

**b.** Geben Sie kurz den Inhalt des Textausschnitts wieder. Welche sprachlichen Merkmale fallen Ihnen auf? Welche Lösung glaubt Faust für sein Zweifeln an Gott und der Welt gefunden zu haben? Was verlangen die beiden als Bedingungen voneinander?

**c.** Recherchieren Sie die „Historia von Doktor Johann Fausten" (Volksbuch) und weitere Werke mit Bezug zum Fauststoff.

**d.** Ergänzen Sie Ihre Beiträge zum Thema „Klassik" in Ihr Portfolio.

### Johann Wolfgang von Goethe – **Faust: Der Tragödie Erster Teil**

**Mephistopheles**: Ich will mich *hier* zu deinem Dienst verbinden,
Auf deinen Wink nicht rasten und nicht ruhn;
Wenn wir uns *drüben* wiederfinden,
So sollst du mir das gleiche tun.

**Faust**: Das Drüben kann mich wenig kümmern;
Schlägst du erst diese Welt zu Trümmern,
Die andre mag darnach entstehn.
Aus dieser Erde quillen meine Freuden,
Und diese Sonne scheinet meinen Leiden;
Kann ich mich erst von ihnen scheiden,
Dann mag, was will und kann, geschehn.
Davon will ich nichts weiter hören,
Ob man auch künftig haßt und liebt,
Und ob es auch in jenen Sphären
Ein Oben oder Unten gibt.

**Mephistopheles**: In diesem Sinne kannst du's wagen.
Verbinde dich; du sollst, in diesen Tagen
Mit Freuden meine Künste sehn,
Ich gebe dir, was noch kein Mensch gesehn.

**Faust**: Was willst du armer Teufel geben?
Ward eines Menschen Geist, in seinem hohen Streben,
Von deinesgleichen je gefaßt?
Doch hast du Speise, die nicht sättigt, hast
Du rotes Gold, das ohne Rast,
Quecksilber gleich, dir in der Hand zerrinnt,
Ein Spiel, bei dem man nie gewinnt,
Ein Mädchen, das an meiner Brust
Mit Äugeln schon dem Nachbar sich verbindet,
Der Ehre schöne Götterlust,
Die, wie ein Meteor, verschwindet?
Zeig mir die Frucht, die fault, eh man sie bricht,
Und Bäume, die sich täglich neu begrünen!

**Mephistopheles**: Ein solcher Auftrag schreckt mich nicht,
Mit solchen Schätzen kann ich dienen.
Doch, guter Freund, die Zeit kommt auch heran,
Wo wir was Guts in Ruhe schmausen mögen.

**Faust**: Werd ich beruhigt je mich auf ein Faulbett legen,
So sei es gleich um mich getan!
Kannst du mich schmeichelnd je belügen,
Daß ich mir selbst gefallen mag,
Kannst du mich mit Genuß betrügen:
Das sei für mich der letzte Tag!
Die Wette biet ich!

**Mephistopheles**: Topp!

**Faust**: Und Schlag auf Schlag!
Werd ich zum Augenblicke sagen:
Verweile doch! du bist so schön!
Dann magst du mich in Fesseln schlagen,
Dann will ich gern zugrunde gehn!
Dann mag die Totenglocke schallen,
Dann bist du deines Dienstes frei,
Die Uhr mag stehn, der Zeiger fallen,
Es sei die Zeit für mich vorbei!

**Mephistopheles**: Bedenk es wohl, wir werden's nicht vergessen.

**Faust**: Dazu hast du ein volles Recht;
Ich habe mich nicht freventlich vermessen.
Wie ich beharre, bin ich Knecht,
Ob dein, was frag ich, oder wessen.

**Mephistopheles**: Ich werde heute gleich, beim Doktorschmaus,
Als Diener meine Pflicht erfüllen.
Nur eins! – Um Lebens oder Sterbens willen
Bitt ich mir ein paar Zeilen aus.

**Faust**: Auch was Geschriebnes forderst du Pedant?
Hast du noch keinen Mann, nicht Manneswort gekannt?
Ist's nicht genug, daß mein gesprochnes Wort
Auf ewig soll mit meinen Tagen schalten?
Rast nicht die Welt in allen Strömen fort,
Und mich soll ein Versprechen halten?
Doch dieser Wahn ist uns ins Herz gelegt,
Wer mag sich gern davon befreien?
Beglückt, wer Treue rein im Busen trägt,
Kein Opfer wird ihn je gereuen!
Allein ein Pergament, beschrieben und beprägt,
Ist ein Gespenst, vor dem sich alle scheuen.
Das Wort erstirbt schon in der Feder,
Die Herrschaft führen Wachs und Leder. [...]

*Goethe, Johann Wolfgang von: Faust. Der Tragödie erster Teil. Reclam 1971, S. 49–50*

## 63 Aufgabenstellung

●●●

**a.** Lesen Sie die Gedichte von Friedrich Schiller „An den Frühling" und Johann Wolfgang von Goethe „Gefunden".

**b.** Zeigen Sie anhand der Gedichte die Kennzeichen der Lyrik. Welche sprachlichen Merkmale fallen Ihnen auf?

**c.** Welche Motive werden in diesen Gedichten dargestellt? Diskutieren Sie in einem Klassengespräch, wie Sie diese Gedichte interpretieren könnten.

**d.** Suchen Sie moderne Gedichte zu den genannten Motiven.

**e.** Geben Sie Ihre Beiträge zum Thema „Klassik" in Ihr Portfolio.

### Friedrich Schiller – **An den Frühling**

Willkommen, schöner Jüngling!
Du Wonne der Natur!
Mit deinem Blumenkörbchen
Willkommen auf der Flur!

Ei! ei! da bist ja wieder!
Und bist so lieb und schön!
Und freun wir uns so herzlich,
Entgegen dir zu gehn.

Denkst auch noch an mein Mädchen?
Ei, Lieber, denke doch!
Dort liebte mich das Mädchen,
Und's Mädchen liebt mich noch!

Fürs Mädchen manches Blümchen
Erbat ich mir von dir –
Ich komm' und bitte wieder,
Und du? – du gibst es mir?

Willkommen, schöner Jüngling!
Du Wonne der Natur!
Mit deinem Blumenkörbchen
Willkommen auf der Flur!

*Schiller, Friedrich: An den Frühling. Online: https://gutenberg.spiegel.de/buch/gedichte-9097/20 (10.05.2019)*

### Johann Wolfgang von Goethe – **Gefunden**

Ich ging im Walde
so für mich hin,
und nichts zu suchen,
das war mein Sinn.

Im Schatten sah ich
ein Blümchen stehn,
wie Sterne leuchtend,
wie Äuglein schön.

Ich wollt es brechen,
da sagt' es fein:
Soll ich zum Welken
Gebrochen sein?

Ich grub's mit allen
den Würzlein aus,
zum Garten trug ich's
am hübschen Haus.

Und pflanzt' es wieder
am stillen Ort;
nun zweigt es immer
und blüht so fort.

*Goethe, Johann Wolfgang von: Gefunden. Online: https://gutenberg.spiegel.de/buch/gedichte-9503/14 (10.05.2019)*

# ▶▶▶ Ihr persönlicher Lernerfolg

**Schätzen Sie selbst ein, was Sie jetzt wissen und können:**

✓ oder ✗

| | | LESEN | ÜBEN |
|---|---|---|---|
| Sie wissen, welche Schritte die Portfolio-Arbeit verlangt. | ◯ | S. 124 | S. 125 |
| Sie können Feedback zu Ihren Arbeiten einholen und zu anderen Beiträgen geben. | ◯ | S. 131 | S. 131 |
| Sie können Ihre Beiträge des Kulturportfolios bewerten. | ◯ | S. 131 | S. 131 |
| Sie können eine wertende Auswahl von Beiträgen vornehmen, die Sie weiterverwenden wollen. | ◯ | S. 150 | S. 151 |
| Sie können die literarischen Epochen bis zur Klassik und ihre wichtigen Vertreter nennen. | ◯ | S. 152–169 | S. 152–169 |
| Sie können Lese- und Schreibportfolios zu diversen Themen, die Sie interessieren, führen. | ◯ | S. 132–135 | S. 126–130; 132–135 |
| Sie können Schwerpunkte in Ihrem Kulturportfolio setzen und längere Zeit intensiv an einem Thema arbeiten. | ◯ | S. 132–149 | S. 132–149 |
| Sie können umfangreiche Recherchen zu Bühnenstücken, Theateraufführungen sowie Filmen und ihren literarischen Vorlagen durchführen. | ◯ | S. 132–139 | S. 132–139 |
| Sie können einen Film mit seiner literarischen Vorlage vergleichen und dabei eine Handlungs- und Figurenanalyse durchführen. | ◯ | S. 140–149 | S. 140–149 |

# 6

## SCHREIBEN

## In diesem Kapitel lernen Sie, ...

... wie Ihnen Operatoren bei Ihrem Schreiben helfen,

... welche Planungsarbeiten und Überarbeitungen bei Ihren Schreibprozessen erforderlich sind,

... welche Faktoren beim Schreiben einer Empfehlung zu beachten sind,

... wie bei Leserbriefen und offenen Briefen argumentiert wird,

... welche Schreibhandlungen bei Kommentaren und Meinungsreden zu beachten sind,

... wie Sie ein Motivationsschreiben verfassen,

... wie epische Texte interpretiert werden.

Kompetenzen hier entlang ▶▶▶

## 6.1 Die Bedeutung von Operatoren für Ihr Schreiben

*siehe Band 1 und 2, Kapitel „Schreibhandlungen"*

Sie haben bereits gelernt, dass Sie für jeden Schreibanlass eine entsprechende Schreibhandlung durchführen müssen, d. h., wenn Sie einen Bericht schreiben, dann **fassen** Sie Ereignisse **zusammen**, **beschreiben** diese sachlich bzw. **geben** diese **wieder**. Schreiben Sie einen (appellativen) Leserbrief, **fassen** Sie zuerst einen Sachverhalt kurz **zusammen**, **bewerten** diesen und **kommentieren** ihn. Diese Verben, durch die Sie zu einer bestimmten Schreibhandlung aufgefordert werden und durch die Ihnen die Anforderungen, die Sie in einem Schreibprozess (aber auch beim Sprechen) erfüllen sollen, genau aufgezeigt werden, nennt man **Operatoren**. Sie stellen demnach eine Hilfestellung für Ihr Schreiben dar.

*Komplexität, die:* Vielschichtigkeit, das Ineinandergreifen vieler Merkmale

*Reproduktion, die:* Wiedergabe von etwas Gelesenem/Gehörtem

*Reorganisation, die:* Übertragung von etwas Gelesenem/Gehörtem, indem es umgestaltet oder neu gestaltet wird

*Transfer, der:* Übertragung (hier in eine andere Textsorte)

*Reflexion, die:* prüfende Betrachtung und Lösen von Problemen, die in Gelesenem/Gehörtem angesprochen wurden

### 6.1.1 Operatoren im Überblick (Wiederholung)

Operatoren lassen sich je nach Komplexität in drei große Gruppen einteilen, die den Anforderungsbereichen der Schreib- bzw. Sprechhandlung entsprechen:

- Operatoren, die die **Reproduktion** eines Textes oder mehrerer Texte verlangen
- Operatoren, die eine **Reorganisation** und einen **Transfer** eines Textes oder mehrerer Texte verlangen
- Operatoren, die auf Basis eines Textes **Reflexion und Problemlösung** verlangen

Die für Ihr Schreiben wichtigsten Operatoren sind: sRDP

| Operatoren, die Reproduktion verlangen | Operatoren, die Reorganisation und Transfer verlangen | Operatoren, die Reflexion und Problemlösung verlangen |
|---|---|---|
| (be)nennen | untersuchen, analysieren | deuten, interpretieren |
| beschreiben | bestimmen | beurteilen |
| wiedergeben | einordnen, zuordnen | bewerten |
| zusammenfassen | vergleichen, einander gegenüberstellen | (kritisch) Stellung nehmen, kommentieren |
| | erklären, erläutern | begründen, Gründe angeben |
| | in Beziehung setzen | erörtern, diskutieren, sich auseinandersetzen mit |
| | charakterisieren | (über)prüfen |
| | erschließen | entwerfen |
| | | gestalten |
| | | appellieren |

*Quelle: Operatorenkatalog zur SRDP in Deutsch, Stand Jänner 2017. Online: https://www.srdp.at/fileadmin/user_upload/downloads/Begleitmaterial/US/Deutsch/srdp_de_operatoren_2017-03-14.pdf (10.05.2019)*

## 6.1.2 Operatoren – Schreibhandlungen – Textsorten

Textsorten lassen sich Textmustern zuweisen, die oft mehreren Schreibhandlungen zuzuordnen sind. Die meisten Aufgabenstellungen, die das Verfassen einer Textsorte verlangen, beginnen mit Operatoren aus dem Bereich der Reproduktion, da sie die Ausgangsbasis für eine intensivere Auseinandersetzung mit einem fiktionalen oder nichtfiktionalen Text bedeuten. Die Schreibhandlungen, die aber für das Bewältigen einer Textsorte notwendig sind, betreffen meist den Bereich des Transfers und der Reflexion.

*siehe Band 1 und 2, Kapitel „Schreibhandlungen"*

| **Textsorten** | **Schreibhandlung(en)** | **Operator(en)** |
|---|---|---|
| Inhaltsangabe | informieren, zusammenfassen | (be)nennen, beschreiben, wiedergeben, zusammenfassen, untersuchen, bewerten |
| Bericht | informieren, berichten | (be)nennen, beschreiben, wiedergeben, zusammenfassen, darstellen |
| Zusammenfassung | informieren, zusammenfassen | (be)nennen, beschreiben, wiedergeben, zusammenfassen, in Beziehung setzen |
| Gegenstandsbeschreibung, Personenbeschreibung | informieren, beschreiben | (be)nennen, beschreiben |
| Sachtextanalyse | informieren, darstellen, argumentieren | (be)nennen, beschreiben, wiedergeben, zusammenfassen, analysieren, erklären, untersuchen, erschließen, charakterisieren, vergleichen |
| Textinterpretation | informieren, darstellen, argumentieren | (be)nennen, zusammenfassen, beschreiben, vergleichen, erklären, analysieren, einordnen, bewerten, interpretieren, denken |
| textgebundene Erörterung | informieren, argumentieren, appellieren, bewerten, kommentieren | (be)nennen, analysieren, erklären, erörtern, bewerten, kritisch Stellung nehmen |
| (appellativer) Leserbrief | informieren, argumentieren, bewerten, appellieren | (be)nennen, analysieren, erklären, erläutern, erörtern, appellieren, entwerfen |
| offener Brief | informieren, argumentieren, überzeugen, appellieren | (be)nennen, analysieren, erklären, erläutern, erörtern, appellieren, entwerfen, kritisch Stellung nehmen |
| Meinungsrede | informieren, argumentieren, überzeugen, appellieren | (be)nennen, analysieren, erklären, erörtern, bewerten, appellieren, gestalten, kritisch Stellung nehmen |
| Empfehlung | informieren, darstellen, argumentieren, appellieren | (be)nennen, beschreiben, analysieren, vergleichen, erklären, erörtern, bewerten, appellieren |
| Kommentar | informieren, argumentieren, appellieren | beschreiben, untersuchen, erklären, erörtern, entwerfen, appellieren, kritisch Stellung nehmen |

### 1 Aufgabenstellung

○

Wiederholen Sie in einem Klassengespräch, wie der Aufbau der einzelnen Textsorten, die Sie bereits kennengelernt haben, gestaltet sein sollte und welchen wesentlichen Kriterien Sie besondere Aufmerksamkeit für das Gelingen Ihres Schreibprozesses schenken müssen.

abc

# 6.2 Prozessorientiertes Schreiben

## 6.2.1 Die Planung der Textproduktion

*siehe Band 1 und 2, Kapitel „Schreibprozesse“*

*redigieren: bearbeiten, überarbeiten, druckfertig machen lassen*

Selbst geübte Schreiberinnen und Schreiber setzen sich nicht vor ein Blatt Papier oder an den PC und schreiben einfach „drauflos“, um in kurzer Zeit einen fertigen Text vor sich zu haben, den sie veröffentlichen. Jedes Schreiben bedeutet prozessorientiertes Arbeiten und verlangt eine Überarbeitung, im besten Fall ein Redigieren durch eine weitere Person. Selbstverständlich bekommt man im Laufe der Zeit Übung im Verfassen von Texten. Doch auch routinierte Journalistinnen und Journalisten, ja sogar Schriftstellerinnen und Schriftsteller holen sich immer wieder Feedback, um in ihrer Schreibarbeit noch besser zu werden.

Die Schule stellt ein großes Übungsfeld für das Erlernen des Schreibens dar. Hier können und sollen Sie experimentieren, sich Feedback holen und Routine in Ihrem Schreiben erwerben. Achten Sie daher darauf, bei jeder Ihrer Schreibarbeiten einen **Plan bei der Textproduktion** einzuhalten. Selbst bei Schularbeiten sollten Sie nicht einfach ohne Überlegung zu schreiben beginnen, sondern sich Zeit für Vorarbeiten zur Textproduktion (Stichworte, Exzerpt, Konzept) nehmen und auch nach Beendigung des Schreibens genügend Zeit für zumindest zwei Korrekturlesephasen haben (inhaltliches Korrekturlesen und Korrekturlesen nach orthografischen, grammatikalischen und stilistischen Fehlern). Sie werden bemerken, dass Sie Übung bekommen werden, wenn Sie Ihre Textproduktion planen.

### Prozess der Textproduktion (mit Textvorlage)

sRDP

**Vorarbeiten**

- Lesen Sie die Textvorlage genau.
- Markieren Sie unbekannte Wörter und recherchieren Sie ihre Bedeutung.
- Lesen Sie die Textvorlage noch einmal und markieren Sie wichtige Stellen (Schlüsselwörter).
- Exzerpieren Sie den Text und verfassen Sie eine Kurzfassung zum Inhalt der Textvorlage.
- Machen Sie ein Brainstorming bzw. notieren Sie Stichworte zur Textproblematik.
- Verfassen Sie ein Konzept.

**Schreiben des Textes**

- Achten Sie auf die geforderten Operatoren der jeweiligen Textsorte (z. B. *beschreiben, analysieren, interpretieren, bewerten*).
- Gliedern Sie Ihre Arbeit (Einleitung, Hauptteil, Schlussteil).
- Beachten Sie die angestrebte Textsorte (Bericht, Sachtextanalyse, Leserbrief etc.).
- Formulieren Sie adressatenadäquat (nach den Erfordernissen der Zielgruppe).
- Beachten Sie das Zeitbudget (Wann muss der Text fertig sein?).

**Überarbeiten des Textes**

- Lesen Sie Ihren eigenen Text Korrektur (Selbstevaluation).
- Überarbeiten Sie Ihre Erstfassung inhaltlich und korrigieren Sie die Fehler der Erstfassung.
- Holen Sie von einer Mitschülerin bzw. einem Mitschüler Feedback ein (Fremdevaluation).
- Nach der Rückmeldung des Feedbacks und einer Selbstreflexion überarbeiten Sie den Text ein weiteres Mal.
- Erstellen Sie die Endfassung des Textes.
- Holen Sie Feedback von Ihrer Deutschlehrerin bzw. Ihrem Deutschlehrer ein.

Die folgenden beiden Übungen zur Sachtextanalyse dienen als Musterbeispiele dafür, wie Sie erfolgreich Textarbeit leisten und Ihre Textproduktion durchführen können.

## 2 Aufgabenstellung

**a. ●**

**Lesen Sie** die Textvorlage „Farbgeschichte: Rosa, die umstrittenste Farbe der Welt“ von Anne-Catherine Simon, erschienen in der Tageszeitung „Die Presse“, genau durch. Sie haben einen relativ langen Text mit vielen Informationen vor sich, deshalb ist es hilfreich, den Text mit Hilfe der SQ3R-Methode (Fünf-Schritte-Technik) zu lesen und dabei erste Analyseschritte durchzuführen.

*siehe Band 1 und 2, Kapitel „Lesen“*

**b. ● ● ●**

Stellen Sie **Hypothesen über den Text** auf: Was will die Autorin mit dem Text aussagen? Welchen Zweck verfolgt dieses Feuilleton? Welche sprachlichen Merkmale Fallen Ihnen auf? (Mit welchen Wörtern arbeitet die Autorin? Welche Stilfiguren (Wiederholung, Vergleich, Metapher etc.) setzt sie ein?) Diskutieren Sie anschließend die gesammelten Hypothesen und notieren Sie die dabei gewonnenen Erkenntnisse und Überlegungen. Diese Ideen sollten später unbedingt in Ihre Schreibarbeit einfließen.

*Feuilleton, das: epische kleine Form, literarischer, kultureller Aufsatz*

**c. ●**

Verfassen Sie ein **Exzerpt** des Textes. Dieses sollte übersichtlich gestaltet sein und nur Stichworte enthalten. Schreiben Sie auch sämtliche Fremdworterklärungen in dieses Exzerpt. Denken Sie daran, dass auch die Quelle, der Name der Autorin und das Erscheinungsdatum wichtige Bestandteile eines Exzerpts darstellen. Das Exzerpt sollte die Grundlage für Ihre Schreibarbeit sein.

**d. ●**

Lesen Sie den Text jetzt noch einmal und schreiben Sie alle spontanen Ideen, die Ihnen beim Lesen einfallen, ergänzend in Ihr Exzerpt.

**e. ●**

Verfassen Sie nun ein **Konzept Ihrer Sachtextanalyse**, d. h., rufen Sie sich den korrekten Aufbau dieser Textsorte und die sprachlichen Merkmale in Erinnerung. Berücksichtigen Sie gleichzeitig in Stichworten Ihre Erkenntnisse, die Sie beim Lesen bzw. bei den Vorarbeiten gewonnen haben.

*siehe Band 2, Kapitel „Schreibhandlungen“*

### Farbgeschichte: Rosa, die umstrittenste Farbe der Welt

**Wie aus einer Buben- eine Mädchenfarbe wurde und was Pink mit dem kleinen Finger zu tun hat. Anlässlich der umstrittenen Barbie-Ausstellung in Berlin: eine kurze Geschichte des „kleinen Rot“.**

Noch vor einem Jahr nannte Klara als Lieblingsfarben Rosa, Lila, Schwarz, nun ist sie vier und liebt nur noch Rosa und Lila. Nach Rosa griff sie schon mit zwei. Und das, obwohl ihre Mama einst im Kindergarten Rosa so blöd fand wie Prinzessinnen und Ballett. Klaras Schwester schließlich ist zwei und tauscht einen rosa Teller liebend gern gegen einen orangen oder roten Teller. Je greller, desto besser, Rosa ist ihr egal. Wie lange noch?

**1918: „Die Regel ist Rosa für Buben“**

Rosa verniedliche und schwäche, kritisiert die „Pink stinks“-Kampagne. Vor hundert Jahren glaubte man das Gegenteil. In den 1920er-Jahren vermarkteten Textilunternehmen Rosa als passend für die Buben. Man sah es, wie schon seit Jahrhunderten, als das „kleine Rot“. Rot, die Farbe von Blut und Krieg, war traditionell Männerfarbe, abgeschwächt wurde es zu Rosa und schien passend für die Männer in Kleinformat. Eine Handelszeitschrift von 1918 schrieb über Kinderkleidung: „Die allgemein akzeptierte Regel ist Rosa für Buben und Blau für Mädchen. Der Grund dafür ist, dass Rosa eine entschlossenere, stärkere Farbe ist und daher passender für den Buben, während Blau, das zarter und anmutiger ist, hübscher an Mädchen ist." Blau hatte damals schon eine lange Tradition als Mädchenfarbe, weil es mit der Jungfrau Maria assoziiert war.

So manipulierbar ist unsere Interpretation von Farben. Ludwig Wittgenstein fand es gänzlich müßig, über die Charaktere von Farben zu reden, es komme nur auf den Farbträger an, glaubte er. Man denke bei Farben „eigentlich nur an spezielle Verwendungen. Dass Grün als Farbe einer Tischdecke diese, Rot jene Wirkung hat, lässt auf ihre Wirkung in einem Bild keinen Schluss zu."

Die Theorie ist wohl überspitzt. Die Farbe Rosa ist mit Menschenhaut verbunden, steht so für Leben und Sexualität – etwa in Franz Wests[1] grellrosa bemalten Aluminiumskulpturen. Rosa entsteht durch Verbindung von Weiß und Rot, den zwei Inbegriffen von weiblicher und männlicher Schönheit. Rote Lippen, weiße Haut hat nicht nur Schneewittchen, diese Kombination fasziniert auch Parzival an seiner Frau Condwiramurs[2]. Sie sei wie eine vom Tau benetzte Rose, sagt er.

**Das im Deutschen geschrumpfte „Pink"**

Um das Rot der Rose zu bezeichnen, sprach man lange von „rosenfarben", „rosenrot" oder „rosig", erst im 18. Jahrhundert fand man ein eigenes Wort, man leitete es vom lateinischen Blumennamen „rosa" für die „Edelrose" ab. Auch das Wort „pink" kam von einer Blume, der Nelke. Es war ursprünglich ein Verb und konnte „ausschneiden", „durchbrechen" meinen, „pink" für die Nelke bezog sich auf die leicht gezackten Ränder dieser Blume. „Pinck oogen" sagten die Niederländer zu kleinen Augen, vielleicht kommt sogar das englische Wort für den kleinen Finger, „pinkie", von dort. Pink bezeichnete alle möglichen Rottöne bis zum Ocker, in den 1980er-Jahren kam es sehr verarmt in die deutschen Wörterbücher: Laut Duden meint es nur ein „kräftiges, leicht grelles Rosa".

Weder Rosa noch Pink war bis in die Zwischenkriegszeit weiblich konnotiert[3]. Im Rokoko ebenso wie im elisabethanischen England war Rosa eine Zeit lang der letzte Schrei der Männermode. Doch dann kamen neue Färbemethoden in die Textilindustrie, das Weiß als Babyfarbe wich Pastellfarben, dann kamen die „blue-collar workers" und der Blaumann[4], Matrosen- und Arbeiterkleidung „vermännlichten" das Blau.

So blieb die Blau/Rosa-Farbenlehre, nur mit vertauschtem Geschlecht. In Deutschland hatte sich Rosa als Mädchenfarbe vor dem Zweiten Weltkrieg schon so weit etabliert, dass (als „weibisch" geschmähte) Homosexuelle in den KZ den „rosa Winkel" als Erkennungszeichen tragen mussten: Rosa als Schwulenfarbe war geboren. „In den 1950er-Jahren war Rosa stark weiblich assoziiert", sagt die Historikerin Jo Paoletti, „aber nicht annähernd so streng und allgemeingültig wie heute."

Heute kann die Industrie doppelt so viel Spielzeug und Gewand verkaufen, wenn sie den Konsumenten einredet, dass Rosa unmännlich ist. Das hat sie geschafft. Die Rosa-Ästhetik ist ihr Produkt – und Farbträger wie etwas das Barbie-Traumhaus verwischen auch die Unterschiede zwischen höchst unterschiedlichen Farbwerten. Ist Pink nicht dem Rot näher als dem zarten Rosa, Rosa nicht näher dem Hellblau als dem Pink?

Ist es also nur das Ergebnis kommerzieller Gehirnwäsche, dass kleine Mädchen Rosa mehr lieben als Buben? Nun, es gibt Anzeichen dafür, dass Frauen die Farben anders als Männer sehen. Studien von Israel Abramov (City University of New York) ergaben, dass Männer gemischte Farben ein wenig bläulicher wahrnehmen, dass Frauen also die Welt in wärmeren Farben sehen. Erklärbar wären solche Unterschiede: Im Sehzentrum sind besonders viele Andockstellen für das männliche Sexualhormon Testosteron. Und die Gene für zwei der drei Farbrezeptoren liegen auf dem X-Chromosom, das ist auch schuld daran, warum Rot-Grün-Farbenblindheit fast nur bei Männern auftritt.

Könnten solche Unterschiede einen biologischen Sinn haben? War es für unsere weiblichen Ahnen wichtiger, rote Früchte zu sehen, als für die männlichen? Spielt mit, dass Rot als Sexualsignal wirkt? Rosa als dezenteres Signal? Auch die Biologie gibt keine klaren Antworten. Und die mächtige Kultur hat sie gewiss überlagert.

*Simon, Anne-Catherine: Farbgeschichte: Rosa, die umstrittenste Farbe der Welt. In: Die Presse, 23.05.2013. Online: https://diepresse.com/home/kultur/literatur/1408595/Farbgeschichte_Rosa-die-umstrittenste-Farbe-der-Welt?from=suche.intern.portal (10.05.2019)*

---

1 *Franz West (1947–2012), österreichischer bildender Künstler*

2 *Condwiramurs: Der Name „Condwiramurs" wurde zuerst von Wolfram von Eschenbach für Parzivals Gattin verwendet. In älteren Werken hatte sie den Namen „Blanchefleur", also die weiße Blume. „Parzival" von Wolfram von Eschenbach (1160/1180 – ca. 1220) ist ein Versroman der mittelhochdeutschen höfischen Literatur, der vermutlich im ersten Jahrzehnt des 13. Jahrhunderts entstand.*

3 *konnotieren: eine Konnotation (assoziative, emotionale, stilistische, wertende Bedeutung) hervorrufen*

4 *Blaumann: blauer Overall aus Jeansmaterial*

## 3 Aufgabenstellung sRDP

a. Verfassen Sie eine **Textanalyse** der Textvorlage „Farbgeschichte: Rosa, die umstrittenste Farbe der Welt“ (S. 175f.) und bearbeiten Sie dabei folgende Arbeitsaufträge. Achten Sie auf die Formulierung der Operatoren, die Sie dabei unterstützen, den Schreibauftrag richtig durchzuführen.

- **Benennen** Sie die Kernaussagen des Kommentars.
- **Analysieren** Sie die Sprache und Intention der Autorin.
- **Bewerten** Sie die Argumentationslinie und Aussagen des Textes.

Schreiben Sie zwischen 320 und 360 Wörter.

b. Lesen Sie anschließend die von Ihnen verfasste Arbeit genau durch und **überprüfen** Sie den Inhalt aufgrund folgender Kriterien:

- Entspricht der Text dem Aufbau einer Textanalyse?
- Haben Sie alle Operatoren des Arbeitsauftrages berücksichtigt?
- Gibt es einen „roten Faden“, der sich durch Ihre Textanalyse zieht?
- Ist die Intention Ihrer Schreibhandlungen nachvollziehbar?
- Ist der Text auch schlüssig, wenn man die Textvorlage nicht kennt?
- Konnten Sie Ihre Standpunkte sachlich darstellen?

c. **Korrigieren** Sie nun Ihre Textanalyse auf orthografische, grammatikalische sowie stilistische Richtigkeit. Konzentrieren Sie sich bei diesem Lesedurchgang nicht mehr auf den Inhalt, sondern beachten Sie die Schreib- und Sprachrichtigkeit des Textes.

*siehe Band 2, Kapitel „Schreibprozesse“*

d. Holen Sie sich **Feedback** von einer Mitschülerin bzw. einem Mitschüler und besprechen Sie die Tipps, die Sie erhalten.

e. **Überarbeiten** Sie Ihren Text ein weiteres Mal aufgrund der Erkenntnisse und Hinweise, die Sie aus dem Feedback erhalten haben. Lassen Sie sich dabei Zeit! Erstellen Sie eine **Endfassung** Ihrer Arbeit und bitten Sie Ihre Deutschlehrerin bzw. Ihren Deutschlehrer um Korrektur Ihrer Sachtextanalyse.

### **Aufbau einer Textanalyse** (Wiederholung/siehe auch S. 67) sRDP

- Die **Einleitung** enthält **Informationen** über die Autorin bzw. den Autor, die Quelle (Titel, Ort, Datum), die **Textsorte** und das **Thema**.
- Der **Hauptteil** gibt den Inhalt kurz wieder, **analysiert** die Form des Textes, die **sprachlichen Merkmale**, die **Intention** der Autorin oder des Autors und deren oder dessen **Argumentation** (Funktion des Textes). Außerdem werden relevante Hintergrundinformationen eingearbeitet.
- Im **Schlussteil** wird das Ergebnis der Analysearbeit sachlich zusammengefasst.
- Die grammatikalische Zeitform ist das **Präsens**.

# 6.3 Argumentieren

## 6.3.1 Die Empfehlung (sRDP-Textsorte bis 2019/20)

„Diesen Film musst du dir unbedingt ansehen" oder „der Besuch des neu eröffneten Lokals lohnt sich wirklich" – solche und ähnliche Tipps und Empfehlungen geben wir tagtäglich befreundeten oder bekannten Personen.

Mit Begeisterung schildern wir dann unsere Erfahrungen und versuchen, mit guten Argumenten davon zu überzeugen, dass der gegebene Tipp wert ist, befolgt zu werden.

Nichts anderes macht man bei einer schriftlichen **Empfehlung** – die Adressatin bzw. der Adressat wird über einen Sachverhalt informiert, dieser wird positiv oder negativ bewertet – und mit sachlichen Argumenten versucht man, die Adressatin bzw. den Adressaten zu einer bestimmten Handlung oder Meinung zu bewegen. Auch Kritiken, die in Zeitungen oder Zeitschriften über Filmneuerscheinungen, Konzertereignisse, Theaterproduktionen etc. erscheinen, sind nach diesem Schema aufgebaut. Bei einer Empfehlung handelt es sich also um eine Art von **Gutachten**, um eine Auswahl zwischen mehreren Möglichkeiten zu treffen bzw. eine bestimmte Vorgehensweise einzuhalten oder einen konkreten Sachverhalt zu vertreten.

**4 Aufgabenstellung**

●●

Analysieren Sie die Filmkritik aus der Wochenzeitung „Die Furche" im Hinblick auf die Schreibhandlungen **Informieren, Zusammenfassen, Untersuchen, Bewerten, Kritisieren, Argumentieren, Appellieren** und **Überzeugen**.

Markieren Sie im Text, welche Informationen Sie über den Film bekommen und welche hingegen ausgespart wurden. Diskutieren Sie, ob Ihnen als Leserin bzw. Leser der Filmempfehlung Informationen fehlen. Erfolgt eine sachlich begründete Bewertung, in der durch Argumente dargestellt wird, ob der Film empfohlen oder nicht empfohlen wird?

Jack and the Giants

### Fantasy oder Familienspaß?

Von Rudolf Preyer

„Fi, Fai, Fau, Follt. / Frag' nicht, wo der Donner rollt. / Zwischen Himmel und Erde erstrecket sich / Der Riesen Reich ganz fürchterlich." Der junge Landarbeiter Jack (Nicholas Hoult) hielt die Erzählungen seiner Ahnen immer für Märchen, aber plötzlich sind die Riesen real – sie haben Prinzessin Isabelle (Eleanor Tomlinson) entführt: Vor Unzeiten waren Menschen und Riesen in eine gewaltige Fehde verstrickt, die nun – ausgelöst durch eine Unachtsamkeit Jacks – von Neuem ausgebrochen ist. Also entsendet König Brahmwell (Ian McShane) Elmont (Ewan McGregor), den Anführer seiner Elitetruppe, zu einem wortwörtlichen Himmelfahrtskommando, die Prinzessin zu befreien. Jack darf sich nun als Held erweisen. Bereits Ende 2011 war „Jack and the Giants" nahezu fertig, der Starttermin wurde öfters verschoben – mit Sicherheit ist dies auch der unentscheidbaren Frage geschuldet, ob es sich hierbei um einen düsteren Fantasy-Film oder einen Spaß für die ganze Familie handelt. Auch in der optischen Umsetzung bleibt dieser Film deutlich hinter „Herr der Ringe" und „Avatar" zurück.

Jack and the Giants (Jack the Giant Slayer)
USA 2013.
Regie: Bryan Singer. Mit Nicholas Hoult, Eleanor Tomlinson, Ewan McGregor.
Warner. 114 Min.

*Preyer, Rudolf: Jack and the Giants. Fantasy oder Familienspaß? In: Die Furche, 11/2013. Online: http://www.furche.at/system/downloads.php?do=file&id=2771 (01.06.2014)*

## Aufbau einer Empfehlung

- Die **Einleitung** enthält **Informationen** über den konkreten Sachverhalt bzw. eine bestimmte Vorgehensweise. Liegt eine Textvorlage zugrunde, ist die Autorin bzw. der Autor, die Quelle (Titel, Ort, Datum), die **Textsorte** und das **Thema** der Textvorlage, auf welche sich die Empfehlung bezieht, anzuführen.
- Der **Hauptteil** gibt eine kurze **Paraphrase** des Sachverhalts bzw. des Inhalts, wenn es sich z. B. um eine Empfehlung eines Films oder eines Romans handelt. Aufgrund dieser Informationen erfolgt eine sachlich begründete **Bewertung**, in welcher mit **Argumenten** dargestellt wird, warum eine Empfehlung oder Nichtempfehlung erfolgt.

  Alternativen sind sorgfältig abzuwägen, die Bewertungskriterien sachlich und objektiv darzulegen sowie Vergleichsmöglichkeiten und Überlegungen aufzuzeigen.
- Im **Schlussteil** folgt ein **Appell**. Dabei ist eine Auswahl zwischen mehreren Möglichkeiten zu treffen bzw. eine bestimmte Vorgehensweise oder ein konkreter Sachverhalt zu vertreten. Die eigene Position wird mit Hilfe dieses Aufrufs noch einmal verdeutlicht.
- Die grammatikalische Zeitform ist das **Präsens**. Direkte Reden werden in die indirekte Rede umgewandelt.

## 5 Aufgabenstellung

**a.** ●
Lesen Sie die Textvorlage „Studium auf Malta. Reif für die Insel“ (S. 180 f.) von Nicole Basel genau durch. Markieren Sie Ihnen unbekannte Wörter oder Phrasen und recherchieren Sie diese. Lesen Sie im Anschluss daran den Text ein zweites Mal und markieren Sie wichtige Stellen bzw. Schlüsselwörter.

**b.** ● ●
Diskutieren Sie in einer Partnerarbeit, welche Argumente die Autorin für ein Studium in Malta vorbringt. Notieren Sie die dabei gewonnenen Erkenntnisse und Überlegungen. Diese Ideen sollten anschließend unbedingt in Ihre Schreibarbeit einfließen.

**c.** ●
Verfassen Sie ein Exzerpt des Textes. Dieses sollte übersichtlich gestaltet sein und nur Stichworte enthalten. Schreiben Sie auch sämtliche Fremdworterklärungen in dieses Exzerpt. Denken Sie daran, dass die Quelle, der Name der Autorin und das Erscheinungsdatum ebenfalls Bestandteile des Exzerpts darstellen.

**d.** ●
Lesen Sie den Text jetzt noch einmal und schreiben Sie alle spontanen Ideen, die Ihnen beim Lesen einfallen, ergänzend in Ihr Exzerpt.

Verfassen Sie anschließend, basierend auf dem Exzerpt, ein Konzept für Ihre Empfehlung. Skizzieren Sie den korrekten Aufbau dieser Textsorte und berücksichtigen Sie gleichzeitig die Erkenntnisse, die Sie beim Lesen bzw. bei Ihren Vorarbeiten gewonnen haben.

## Studium auf Malta: Reif für die Insel

Wer bei Malta an Sonne, Meer und Party denkt, liegt schon richtig. Der putzige Inselstaat lockt aber auch mit britischer Exzellenz: Maltas renommierte Hochschule ist vor allem für Informatiker und angehende Ingenieure interessant – es ist eine von Europas Uni-Perlen.

Martina Putz hat sich auch nach fünf Monaten noch nicht an den Fahrstil der Malteser gewöhnt. Überall auf der Insel donnern gelbe Busse über schmale, staubige Straßen; sich ihnen in den Weg zu stellen, käme einem Selbstmord gleich. Ihren morgendlichen Weg zur University of Malta („U of M") nennt die 23-jährige Soziologiestudentin aus Wien deshalb „Death Valley", Tal des Todes.

Offiziell herrscht auf Malta Linksverkehr. Aber die Malteser sagen über sich: „Wir fahren nicht links. Wir fahren nicht rechts. Wir fahren da, wo Schatten ist." Einige der gelben Busse stammen noch aus der Zeit, in der Malta von den Briten besetzt war. Heute sind sie ein Markenzeichen der Insel. Die Busfahrt vom Flughafen zum Wohnheim ist oft der erste Eindruck, den Austauschstudenten von ihrem Gastland gewinnen. Danach wissen sie: Dieser kleine Inselstaat südlich von Italien, der ist irgendwie verrückt.

Jeder Bus auf Malta sieht anders aus, die Fahrer schmücken ihn vorn gern mit bunten Marienfiguren, Lichterketten und Aufklebern. „Die Busfahrer sind bekannt dafür, die unfreundlichsten Menschen ganz Maltas zu sein", sagt Martina. Etwa zu glauben, das Gefährt stoppe, wenn man aussteigen will, erweist sich als naiv: Die Fahrer bremsen meistens nur auf Schritttempo ab – dann heißt es springen.

### Zur Sonne, zur Freizeit

Wer bei einem Auslandssemester auf Malta an Sonne, Meer und Party denkt, liegt zwar richtig: Alle drei Wohltaten gibt es dort im Überfluss. Aber es gibt eben auch eine ausgezeichnete Hochschule.

Die University of Malta, oder L-Università ta' Malta, wie sie auf Maltesisch heißt, ist eine der traditionsreichsten Europas: Bereits im Jahr 1592 wurde ein Jesuitenkolleg[1] auf der Insel gegründet, aus dem 1769 die Universität hervorging. Während der englischen Besatzung wurde die Universität Mitglied der Association of Commonwealth Universities. Damit ist sie die älteste Universität des Commonwealth[2] außerhalb der britischen Inseln.

Noch immer orientiert sich die Uni am englischen Hochschulsystem, und das Niveau ist hoch. „Unser Fachbereich kann sich durchaus mit den guten britischen Universitäten messen", sagt Mike Rosner von der Fakultät für Informations- und Kommunikationstechnologie. Der Brite leitet die Abteilung „Künstliche Intelligenz". „Unsere Studenten haben sehr gute Arbeitsmarktchancen", meint der Professor. „Sie profitieren davon, dass wir eng mit den Technologiefirmen auf Malta kooperieren. Dadurch lernen sie früh die Praxis kennen."

Für Austauschstudenten ist die „U of M" jedoch nicht nur attraktiv, weil sie hier viel lernen können: Selbst ohne Erasmus-Stipendium[3] muss man auf Malta keine Studiengebühren bezahlen. Nur einige Master-Studiengänge, etwa die Kooperationsprogramme mit amerikanischen Universitäten, kosten Geld, 12500 Euro im Jahr. Dafür bekommen die Studierenden allerdings auch zwei Abschlüsse: einen maltesischen und einen von der entsprechenden US-Universität, etwa der renommierten James Madison University.

### Ein Paradies für den Fotografen

Knapp jeder zehnte Student auf Malta kommt mittlerweile aus dem Ausland. Insgesamt studieren an der Uni 10000 Menschen aus über 80 Ländern. „Die Stimmung ist trotzdem vollkommen familiär", sagt Anja Loosen, 24, die Journalismus an der FH Gelsenkirchen[4] studiert. „Die Verwaltung ist zwar wie in Deutschland recht bürokratisch, aber trotzdem flexibel: Wenn man einen Kurs aus einem anderen Fachbereich belegen will, dann biegen die das hin."

Einige ihrer Kommilitonen5 waren mit Erasmus in Großbritannien und vom Niveau in manchen Fällen eher enttäuscht. „Aber Malta hat mich echt positiv überrascht", sagt Anja, die inzwischen wieder zurück in Gelsenkirchen ist. „Ich habe richtig viel gelernt. Fast alle Professoren haben internationale Erfahrung."

Die „U of M" ist Maltas einzige Uni. Das Fächerangebot für das Bachelor-Studium6 auf der Insel ist groß. Für den Master-Abschluss gehen die meisten Malteser ins Ausland. [...]

### Oft nur ein Sixpack Studenten im Seminar

„Für einen Straßenbauingenieur ist das hier der Himmel auf Erden", sagt Heinrich Semar. Der deutsche Professor und Bauingenieur lebt seit elf Jahren auf Malta. „Nirgendwo sonst liegen Theorie und Praxis so nah beieinander", sagt er. Alle Projekte, die Studenten auf Malta planten, würden auch umgesetzt. „Dieser Praxisvorteil ist unschlagbar."

Das Institut, das Semar selbst aufgebaut hat, ist sehr klein: „Wer hierher als Gaststudent kommt, lernt sehr viel. Durch die individuelle Betreuung ist das akademische Niveau sehr hoch." Oft sitzen in den höheren Semestern nur fünf oder sechs Studenten in den Seminaren und planen Projekte. [...]

Einzigartig auf der Insel ist die Mischung der Kulturen: Auch wenn der kleine Staat mittlerweile EU-Mitglied ist, fühlen sich viele seiner Bewohner eng mit Afrika verbunden. Selbst die Natur kann sich nicht festlegen: Es gibt auf Malta zwar Dattelpalmen, eine typische Pflanze Afrikas. Sie tragen aber keine Früchte.

Martin Schwarzer hat sich in diesen Mix verliebt. Der 27-Jährige absolviert ein Master-Programm in „Kreativität und Innovation". „Der Studiengang am Edward-de-Bono-Institut ist noch ziemlich neu", sagt er. „Aber Innovation ist wohl ein Thema der Zukunft, und in Deutschland gibt es keine Universität, die etwas Vergleichbares anbietet."

Der britische Autor und Mediziner Edward de Bono, dessen Methoden auf Malta gelehrt werden und der selbst auf

Malta studiert hat, gilt als Kreativitätsguru. De Bono entwickelte verschiedene Techniken, um neue Ideen zu finden und eingefahrene Denkweisen aufzubrechen.
„Das Master-Programm dauert nur ein Jahr. Dementsprechend ist es ziemlich anstrengend", sagt Martin. „Außerdem sind wir nur 16 Leute in dem Programm. Da kann man sich also nicht verstecken. Das hat aber immerhin den Vorteil, dass man schnell einen Draht zueinander hat."

Auch Martina Putz ist nun oft ziemlich müde, wenn sie abends durchs Tal des Todes zurück zum Wohnheim läuft. Immerhin kann sie dort ein bisschen am Pool entspannen. Das Garden View ist nämlich sonst, wenn das Semester vorbei ist, ein Hotel. „Auf Malta ist eben alles ein bisschen anders", sagt die Soziologiestudentin. „Das ist verrückt – aber toll!"

*Basel, Nicole: Studium auf Malta. Reif für die Insel. © Uni-SPIEGEL 4/2008*

---

1 *Jesuiten: katholische Ordensgemeinschaft, 1534 von Ignatius von Loyola gegründet*
2 *Commonwealth (1931–1947: British Commonwealth of Nations): lose Verbindung souveräner Staaten, die sich aus ehemaligen britischen Kolonien zusammensetzte*
3 *Erasmus-Stipendium: das Erasmus-Programm ist ein Programm der Europäischen Union mit dem Ziel der Förderung der Zusammenarbeit von Hochschulen und der Mobilität von Studentinnen und Studenten. Es wurde benannt nach Erasmus von Rotterdam (1466–1536), einem zu seiner Zeit universal europäisch gebildeten Humanisten.*
4 *FH Gelsenkirchen: Fachhochschule Gelsenkirchen (Stadt in Deutschland)*
5 *Kommilitone: Studienkollege*
6 *Bachelor-Studium: erster Studienabschnitt an einer Hochschule*

**e.** ●

Verfassen Sie, basierend auf dem Kommentar „Studium auf Malta: Reif für die Insel", eine **Empfehlung** für Studentinnen bzw. Studenten im ersten Studienabschnitt, die sich für ein Auslandssemester interessieren, und bearbeiten Sie dabei folgende Arbeitsaufträge:

- **Beschreiben** Sie den Sachverhalt, der in der Reportage aufgezeigt wurde.
- **Erläutern** Sie Vor- und Nachteile eines Auslandssemesters in Malta.
- **Appellieren** Sie an die Studentinnen und Studenten, die Möglichkeit eines Auslandssemesters als Chance zu sehen.

Schreiben Sie zwischen 300 und 340 Wörter.

**f.** ●

Überprüfen Sie den Inhalt Ihrer Schreibproduktion anhand folgender Kriterien:

- Entspricht der Text dem Aufbau einer Empfehlung?
- Haben Sie alle Operatoren des Arbeitsauftrages berücksichtigt?
- Gibt es einen roten Faden, der sich durch Ihre Empfehlung zieht?
- Ist der Text auch schlüssig, wenn man die Textvorlage nicht kennt?
- Konnten Sie Ihre Standpunkte und persönliche Meinung sachlich darstellen?
- Ist der Appell deutlich erkennbar?

**g.** ● ●

Korrigieren Sie Ihre Empfehlung auf orthografische, grammatikalische sowie stilistische Richtigkeit. Holen Sie kollegiales Feedback ein, indem Sie Ihre Texte tauschen und einen kurzen persönlichen Kommentar für den Text Ihrer Mitschülerin bzw. Ihres Mitschülers verfassen.

Erstellen Sie anschließend eine Endfassung Ihrer Arbeit und bitten Sie Ihre Deutschlehrerin bzw. Ihren Deutschlehrer um Korrektur Ihrer Empfehlung.

6 **Aufgabenstellung**

Als Vorarbeit für eine Empfehlung, die Sie für junge Erwachsene verfassen, die überlegen, ihren Lebensmittelpunkt in eine europäische Stadt zu verlegen, finden Sie auf der Website der Stadt Wien einen internationalen Städtevergleich. Aus dem „Standard" stammt eine Textvorlage, die Ihnen ebenfalls nützliche Informationen bieten kann.

Bearbeiten Sie die folgenden Teilaufgaben. Vergessen Sie dabei nicht, einen Schreibplan zu erstellen.

**a. ● ● ●**

*® (engl. „registered trademark"): eingetragenes Warenzeichen*

Betrachten Sie die Textvorlage „Big Mac®-Index in Minuten 2012", erstellt vom Consultingunternehmen Mercer. Diskutieren Sie, welche wesentlichen Aussagen in diesem Diagramm stecken, was der Big Mac®-Index darstellt und welche Intention hinter diesem Diagramm stehen könnte. Notieren Sie die Erkenntnisse aus Ihrer Gruppenarbeit, die Sie dann in Ihre weitere Schreibproduktion einfließen lassen können.

**Big Mac-Index* in Minuten 2012**

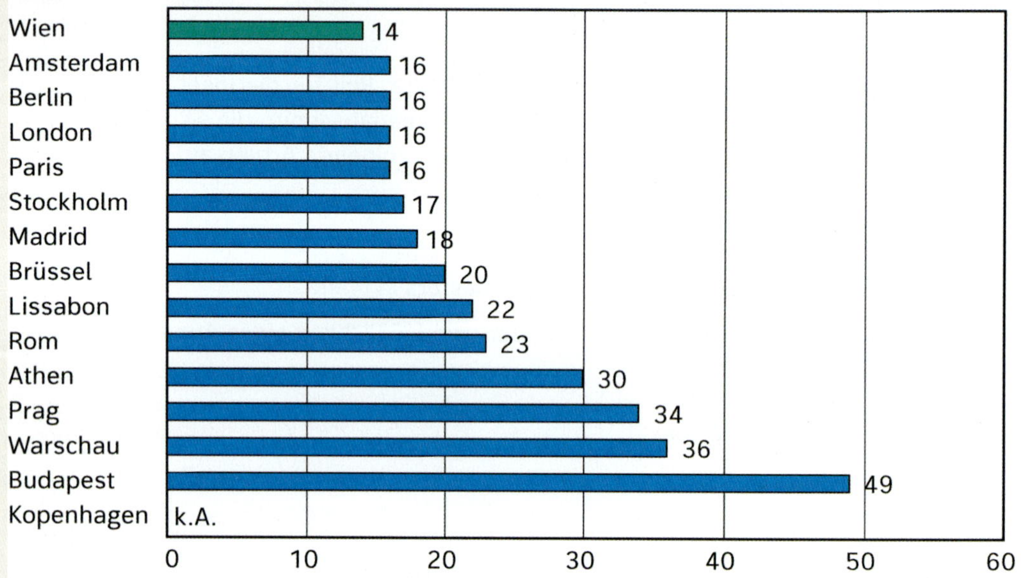


*Notwendige Arbeitszeit für den Kauf von einem Big Mac®

Quelle: UBS

Ein für internationale Städtevergleiche beliebter Indikator ist der Big Mac® Index, der zum Vergleich der internationalen Kaufkraft berechnet wird. Da es sich beim Big Mac® um ein weltweit standardisiertes Produkt handelt, eignet er sich relativ gut zur Darstellung internationaler Kaufkraftvergleiche. Durchschnittlich 14 Minuten (Preis dividiert durch gewichteten Nettostundenlohn aus 14 Berufen) muss in Wien gearbeitet werden, um einen Big Mac® kaufen zu können. In Budapest benötigt man die dreieinhalbfache Arbeitszeit. Neben dieser im internationalen Vergleich hervorragenden Position nimmt Wien bei der Bewertung der Lebensqualität die Spitzenposition ein. Die Bundeshauptstadt wurde vom Consultingunternehmen Mercer 2015 zum wiederholten Mal auf Platz eins gewählt.

*Wien in Europa – Statistiken. Online: https://www.wien.gv.at/statistik/staedtevergleiche/international/index.html (06.02.2018)*

**b. ●**

Lesen Sie die Textvorlage „Mercer-Studie zur Lebensqualität: Wien zum achten Mal an der Spitze", welche in der Tageszeitung „Der Standard" am 14. März 2017 erschienen ist. Markieren Sie die wesentlichen Aussagen des Textes.

## Mercer-Studie zur Lebensqualität: Wien zum achten Mal an der Spitze

**In der oft fälschlicherweise als Managerumfrage bezeichneten Sekundäranalyse landeten Zürich und Auckland auf dem Podest**

Wien – Sie wird Jahr für Jahr von der Wiener Rathauskoalition unhinterfragt als Bestätigung ihrer Arbeit interpretiert und von der Opposition unhinterfragt abqualifiziert: die „Quality of Living"-Studie von Mercer, an deren Spitze Wien heuer zum achten Mal in Folge steht. [...]

**Sekundärforschung statt Umfrage**

[...] Zielgruppe der Studie sind jedenfalls internationale Unternehmen, die Anhaltspunkte suchen, in welchen Städten sie Standorte aufbauen und wohin sie Mitarbeiter entsenden sollen. Es sei aber keine Umfrage und ziele nicht auf Manager ab, erklärt Steffen Zwink von Mercer dem STANDARD.
Laut dem internationalen Studienverantwortlichen Slagin Parakatil „basieren 98 Prozent der Analyse" auf Sekundärforschung unabhängiger Daten von örtlichen und staatlichen Behörden oder Institutionen wie der UNO. So werde unter anderem erhoben, welche Luftqualität in einer Stadt herrscht, wie verlässlich die Wasser- und Energieversorgung, der öffentliche Verkehr und die Kommunikationsmittel sind und wie hoch die Kriminalitätsrate. „Nein", sagt Zwink, die Studie lässt sich nicht nur auf gutverdienende Spitzenmanager anwenden. „Infrastruktur, Gesundheitsversorgung, Freizeitangebot, innere Sicherheit et cetera sind sicher für alle Einwohner relevant, wobei die tatsächliche Wichtigkeit von Person zu Person verschieden sein wird." [...]

**Auch Zürich und Auckland auf dem Podest**

[...] Hinter Wien landeten in der aktuellen 19. Ausgabe der Studie übrigens Zürich und Auckland (Neuseeland) auf dem Podest. Auf den weiteren Plätzen rangieren die deutschen Metropolen München und Düsseldorf, zwischen die sich Vancouver (Kanada) geschoben hat, sowie Frankfurt. Genf, Kopenhagen und Basel vervollständigen die ersten zehn. Wichtig zur Einordnung des Rankings sei auch zu wissen, so Zwink, „dass die Top-Städte sehr, sehr dicht beieinander liegen. Unterschiede gibt es hier teilweise und je nach Kategorie nur in den Nachkommastellen."
Am Ende der Liste steht wie schon im Vorjahr die irakische Hauptstadt Bagdad, noch hinter Sanaa (Jemen) und Bangui (Zentralafrikanische Republik)

*Matzenberger, Michael: Mercer-Studie zur Lebensqualität: Wien zum achten Mal an der Spitze. In: Der Standard, 14.03.2017. Online: https://derstandard.at/2000054129396/Mercer-Studie-zu-Lebensqualitaet-Wien-zum-achten-Mal-Spitze (10.05.2019), gekürzt*

**c.** ●

Erstellen Sie bei der Bearbeitung dieser Empfehlung einen Schreibplan:

**Tipps für das Erstellen eines Schreibplans**

- **Vorarbeiten:** markieren, exzerpieren, Brainstorming, Konzept
- **Textproduktion:** Schreibhandlungen, Gliederung, Textsorte, Adressatenadäquatheit, Zeitplanung
- **Überarbeiten des Textes:** Korrekturlesen, Überarbeitung der Erstfassung, Feedback, Selbstreflexion, zweite Überarbeitung, Endfassung

**d.** ●

Verfassen Sie eine **Empfehlung** für junge Erwachsene, die überlegen, ihren Lebensmittelpunkt in eine europäische Stadt zu verlegen. Als Grundlage dienen die Informationen aus der Infografik „Big Mac®-Index in Minuten 2012" und der Zeitungstext „Mercer-Studie zur Lebensqualität: Wien zum achten Mal an der Spitze".
Bearbeiten Sie dabei folgende Arbeitsaufträge:

- **Beschreiben** Sie den Sachverhalt, der im Kommentar und in der Infografik aufgezeigt wurde.
- **Erläutern** Sie Vor- und Nachteile des Wohnens in einer Stadt, besonders in Wien.
- **Appellieren** Sie an die jungen Erwachsenen, die ihren Lebensmittelpunkt in eine europäische Stadt verlegen möchten, dies als Bereicherung und Chance zu sehen.

Schreiben Sie zwischen 280 und 320 Wörter.

Beachten Sie die Operatoren, die für diesen Arbeitsauftrag verwendet wurden. Wenn Sie noch unsicher sind, welche sprachliche Handlung von Ihnen verlangt wird, blättern Sie zu den ersten Seiten dieses Kapitels zurück.

### 6.3.2 Der offene Brief (sRDP-Textsorte bis 2019/20)

*Petition, die (lat. petitio: Bittschrift, Gesuch): eine Bittschrift, ein Ersuchen, eine Beschwerde etc. an eine zuständige Stelle, zum Beispiel Behörde oder Volksvertretung*

Ein effizientes Mittel, jemanden zu einer Handlung aufzufordern, eine Stellungnahme einzufordern oder eine andere Perspektive in einer Problematik aufzuzeigen, ist der **offene Brief**. Hierbei wird der tatsächlich gemeinten Empfängerin bzw. dem tatsächlich gemeinten Empfänger ein argumentativer und/oder appellativer Brief, manchmal auch in Form einer Petition, geschrieben. Gleichzeitig wird dieser Brief z. B. auch an eine Tageszeitung mit der Bitte um Veröffentlichung gesendet. Der Sachverhalt, der bei einem offenen Brief behandelt wird, nimmt zum Zeitpunkt der Veröffentlichung einen wichtigen Platz in der gesellschaftspolitischen Diskussion ein.

Einer der berühmtesten offenen Briefe („J'accuse" – „Ich klage an") stammt von Émile Zola und thematisierte 1898 die Dreyfus-Affäre (von 1894 bis 1906 gegen den Offizier A. Dreyfus geführter Prozess und dessen Folgen).

### 7 Aufgabenstellung

**a. ●●●**

Recherchieren Sie in Online-Tageszeitungen nach offenen Briefen (z. B. an eine Ministerin bzw. einen Minister) und analysieren Sie einen dieser Briefe nach folgenden Kriterien:

- Welche Problematik liegt dem offenen Brief zugrunde?
- Welche Argumente werden von der Senderin bzw. vom Sender (Verfasserin bzw. Verfasser des Briefes) eingesetzt?
- Welcher Appell wird im Brief formuliert?

**b. ○**

Präsentieren Sie die Ergebnisse Ihrer Gruppenarbeit. Diskutieren Sie, welcher der präsentierten offenen Briefe Ihnen am effektivsten erscheint, welcher sein Ziel eher schwerlich erreicht. Überlegen Sie weiters, welche Problematik, die Jugendliche betrifft, am ehesten in Form eines offenen Briefes erfolgreich zur Diskussion gebracht werden könnte.

#### Aufbau eines offenen Briefes

- **Einleitung:** Zu Beginn erfolgt eine **Bezugnahme** auf die Problematik, eine Darstellung des Sachverhalts und der persönlichen Wichtigkeit dieses Themas, damit für die Leserinnen und Leser nachvollziehbar wird, worauf Sie sich als Schreiberin bzw. Schreiber beziehen. Wenn bereits in dem beabsichtigten Veröffentlichungsmedium (z. B. Zeitung) das Thema im Mittelpunkt stand, dann nimmt man Bezug auf die Autorin bzw. den Autor des Zeitungstextes sowie Titel und Datum des Erscheinens.
- **Hauptteil:** Die Argumente für die **eigene Position** und eine Darstellung des Sachverhalts aus eigener Sicht, aber auch eine sachlich begründete Abschwächung der **Gegenargumente** wird deutlich strukturiert dargelegt. Sie sollten noch einmal Ihre eigene Meinung über die Problematik aufzeigen, um die persönliche Betroffenheit hervorzustreichen. Wichtig ist eine **klare Argumentationslinie**.
- **Schlussteil:** Das eigene stärkste Argument wird noch einmal angeführt. Ein **Appell** soll die Empfängerin bzw. den Empfänger zum Handeln bzw. Umdenken auffordern, damit das bestehende Problem beseitigt werden kann. Sie können das Thema durch einen **Ausblick** auf die Zukunft bzw. eine Vision abrunden.

## 8 Aufgabenstellung

**a.** ●

Lesen Sie die Textvorlage „Warum es die Generation Praktikum statistisch nicht gibt" von Simon Moser, erschienen in der Tageszeitung „Der Standard", genau durch. Markieren Sie Ihnen unbekannte Wörter und recherchieren Sie diese. Markieren Sie bei einem zweiten Lesedurchgang wichtige Stellen bzw. Schlüsselwörter.

# Warum es die Generation Praktikum statistisch nicht gibt

**Junge Erwachsene steigen heute viel später ins Berufsleben ein als früher. Drei von vier finden auf Anhieb einen Vollzeitjob.**

Wien – Einstieg ins Berufsleben, Familiengründung, Hausbau: War das Leben für junge Erwachsene früher einfacher? [...] Oft ist zu hören, die Jugend der Jetztzeit sei die erste Generation, die sich nicht sicher sein kann, dass sie es einmal besser haben wird als ihre Eltern. [...]

In materieller Hinsicht, so meinten viele, habe es enorme Fortschritte gegeben. Gleichzeitig seien junge Menschen heute mit einer viel höheren Unsicherheit konfrontiert, vor allem was die Berufslaufbahn angeht. [...]

**Weniger Berufstätige**

Das soll aber nicht darüber hinwegtäuschen, dass doch auch eindeutige Entwicklungen feststellbar sind. Eine der markantesten ist die zeitliche Verschiebung des Berufseinstiegs. So ist etwa die Erwerbsquote der 15- bis 24-Jährigen aufgrund verlängerter Ausbildungszeiten in den vergangenen 40 Jahren deutlich gesunken. Von zehn Menschen in der Altersgruppe haben heute nur noch sechs Bedarf an einem Arbeitsplatz, fünf finden tatsächlich einen. Die Jugendarbeitslosigkeit lag 2015 im Jahresdurchschnitt bei 9,2 Prozent und damit ähnlich hoch wie die allgemeine Arbeitslosenquote. Zum Vergleich: Vor 30 Jahren lag die gesamtgesellschaftliche Arbeitslosenquote bei rund fünf Prozent, Anfang der 1980er gar bei zwei Prozent.

**Späterer Berufseinstieg**

Dass sich eine Generation nicht über einen Kamm scheren lässt, zeigen die veränderten Erwerbsbiografien junger Frauen und Männer [...]. Letztere arbeiten durch den im Schnitt längeren Schulbesuch und einen gestiegenen Studierendenanteil immer seltener schon in jungen Jahren. Der Rückgang der Beschäftigtenquote ist aber vergleichsweise moderat.

Die Erwerbsbiografien der Frauen haben sich hingegen dramatisch verändert. Im Jahr 1971 lag die Beschäftigtenquote der 15- bis 24-jährigen Frauen noch bei 62 Prozent. 2011 – damals führte die Statistik Austria zum bisher letzten Mal einen entsprechenden Vergleich durch – lag sie nur mehr bei 50 Prozent.

Der Grund: Viele junge Frauen gingen früher gleich nach dem Pflichtschulabschluss arbeiten. Bis in die 1990er-Jahre wies die Statistik dann bei rund 20-Jährigen einen deutlichen Knick auf – weil Frauen im Schnitt früher Kinder bekamen und sich vielfach allein um die Betreuung kümmerten. Heute dagegen hat sich der Verlauf der Kurve an jene der Männer angenähert. Einerseits, weil Frauen ihr erstes Kind später bekommen, andererseits, weil die Erwerbsbeteiligung der Mütter steigt – wenn auch zu einem hohen Ausmaß in Teilzeit.

**Bildung hilft noch immer**

[...] Drei von vier jungen Erwachsenen finden innerhalb eines Jahres nach Abschluss der Ausbildung eine mindestens dreimonatige Stelle. Wer nicht schon zum Zeitpunkt des Abschlusses etwas hat, sucht im Schnitt sieben Monate lang.

Auch hier gibt es dramatische Unterschiede zwischen den einzelnen Gruppen: Für Personen ohne österreichische Staatsbürgerschaft dauert es rund dreimal so lange wie für jene, die sie haben. Personen mit Lehrabschluss warten durchschnittlich zwei Monate auf einen verlässlichen Job, Akademiker ähnlich lang. Für Pflichtschulabsolventen dauert die Suche dagegen im Schnitt zwei Jahre.

Laut dem Soziologen Jörg Flecker von der Uni Wien hat diese Gruppe ein doppeltes Problem: „Erstens gibt es kaum Jobs für Niedrigqualifizierte. Zweitens werden sie für die wenigen Jobs, die es gäbe, von Menschen mit formal höherer Bildung verdrängt." Diese würden die Jobs annehmen, obwohl sie überqualifiziert sind.

**Schwindende Stabilität**

Der Bildungsdruck ist auch darauf zurückzuführen, dass immer mehr Menschen einen Hochschulabschluss machen. Lag die Akademikerquote 25- bis 34-Jähriger im Jahr 2000 noch bei 14 Prozent, waren es laut OECD 2013 bereits 21 Prozent. Zwar haben Akademiker noch immer das geringste Risiko, arbeitslos zu werden. Ein anderes Thema ist aber die Qualität des Arbeitsangebots. Schlechte Chancen auf ein stabiles Normalarbeitsverhältnis haben heute Personen an beiden Rändern des formalen Bildungssystems: Pflichtschulabsolventen auf der einen Seite, Hochschulabsolventen auf der anderen.

Insgesamt steigen rund drei von vier jungen Menschen mit einem Normalarbeitsverhältnis ins Berufsleben ein. Das bedeutet, sie sind unbefristet und auf Vollzeitbasis tätig sowie umfassend sozialrechtlich abgesichert. Das restliche Viertel ist in Teilzeit, befristet, geringfügig, als Leiharbeiter oder freier Dienstnehmer tätig.

**Keine Spur von Generation Praktikum**

Die berüchtigte Generation Praktikum gibt es statistisch gesehen nicht. Eine Erhebung der Statistik Austria aus dem Jahr 2009 zeigt: Das Phänomen ist weniger verbreitet, richtet man den Blick nicht bloß auf Akademiker. Nur fünf Prozent aller 15- bis 34-Jährigen absolvierten nach dem Ende ihrer Ausbildung ein Praktikum.

Gefragt nach der Zahl der absolvierten Praktika gaben 70 Prozent an, nur eines gemacht zu haben. Nur etwas mehr als ein Zehntel aller Praktikanten machten drei oder mehr. Praktikumsgesamtdauern von mehr als einem Jahr sind mit elf Prozent eher selten.

Die Gewerkschaft der Privatangestellten kritisiert jedoch seit Jahren, Praktikanten würden oftmals als billige Arbeitskräfte ausgenutzt. Veronika Kronberger, Vorsitzende der „Plattform Generation Praktikum", sagt im Gespräch mit dem STANDARD, das Problem beschränke sich nicht auf das akademische Milieu.

**Alles in allem schwieriger**

Soziologe Flecker meint hingegen, von prekären Arbeitsverhältnissen seien in erster Linie junge Arbeitnehmer in der Kreativwirtschaft oder im Wissenschaftsbetrieb betroffen. Das betreffe aber längst nicht alle jungen Menschen mit einem Hochschulabschluss. Die gestiegene Akademikerarbeitslosigkeit sei auch auf andere Faktoren zurückzuführen, etwa auf die deutlich geringere Personalaufnahme im öffentlichen Dienst.

Wifo-Ökonomin Christine Mayrhuber bilanziert: „Grundsätzlich ist es in den vergangenen Jahrzehnten schwieriger geworden, am Arbeitsmarkt Fuß zu fassen. Bei Vergleichen muss aber berücksichtigt werden, dass auch das Wohlstandsniveau dramatisch angestiegen ist. Junge wachsen heute in einem viel besseren Wohlfahrtssystem auf, haben einfacher Zugang zu Bildung, Kinderbetreuung und Gesundheitsleistungen als Gleichaltrige etwa in den 1970ern." [...].

*Moser, Simon: Warum es die Generation Praktikum statistisch nicht gibt. In: Der Standard, 20.07.2016. Online: https://derstandard.at/2000041406504/Warum-es-die-Generation-Praktikum-statistisch-nicht-gibt (10.05.2019), gekürzt*

**b. ● ● ●**

Diskutieren Sie, welche Argumente der Autor vorbringt, um auf die schwierige Situation junger Erwachsener, die knapp vor dem Eintritt ins Berufsleben stehen, hinzuweisen. Notieren Sie die dabei gewonnenen Erkenntnisse und Überlegungen.

*paraphrasieren: den Inhalt eines Textes mit eigenen Worten wiedergeben*

**c. ●**

Verfassen Sie ein **Exzerpt** des Textes sowie eine **Zusammenfassung**, indem Sie die wichtigsten Argumente, die der Autor vorbringt, paraphrasieren. Das Exzerpt bzw. die Zusammenfassung stellen die Grundlage für Ihre weitere Schreibarbeit dar.

**d. ●**

Skizzieren Sie ein Konzept für Ihren offenen Brief, planen Sie den korrekten Aufbau und sammeln Sie stichwortartig Argumente, die Sie vorbringen wollen.

**e. ●**

Verfassen Sie, basierend auf dem Zeitungsbericht „Warum es die Generation Praktikum statistisch nicht gibt", einen **offenen Brief** an die Wirtschaftskammer Österreich, in dem Sie die Wirtschaftstreibenden Österreichs dazu auffordern, den Einstieg in das Arbeitsleben für junge Menschen sozial gerecht zu gestalten. Bearbeiten Sie dabei folgende Arbeitsaufträge:

- **Beschreiben** Sie den Sachverhalt, wie er im Zeitungsartikel von Simon Moser dargestellt wird.
- **Setzen** Sie die vorgebrachten Argumente anhand konkreter Beispiele mit der Lebenswelt junger Erwachsener in **Beziehung**.
- **Appellieren** Sie an die Wirtschaftstreibenden Österreichs, die Chancen der Jungen zu verbessern, indem faire Arbeitsbedingungen den Einstieg in das Berufsleben erleichtern.

Schreiben Sie zwischen 270 und 330 Wörter.

**f. ●**

Lesen Sie die von Ihnen verfasste Arbeit genau durch und überprüfen Sie den Inhalt anhand folgender Kriterien:

- Entspricht der Text den Anforderungen eines offenen Briefes?
- Haben Sie alle Operatoren des Arbeitsauftrages bearbeitet?
- Gibt es einen roten Faden, der sich durch Ihren offenen Brief zieht?
- Ist die Intention Ihres Briefes nachvollziehbar?
- Ist der Text auch schlüssig, wenn man die Textvorlage nicht kennt?
- Konnten Sie Ihre Standpunkte sachlich darstellen sowie einen eindringlichen Appell formulieren?

*siehe Band 1, Kapitel „Schreibprozesse"*

**g. ● ● ●**

Holen Sie Feedback der Gruppe ein und korrigieren Sie einige Textproduktionen mit Hilfe der Textlupe auf die Schreib- und Sprachrichtigkeit des Textes.

**h. ●**

Überarbeiten Sie Ihren Text ein weiteres Mal aufgrund der Erkenntnisse und Hinweise, die Sie aus dem Feedback erhalten haben. Lassen Sie sich dafür Zeit! Erstellen Sie anschließend eine Endfassung Ihrer Arbeit.

## 9 Aufgabenstellung

**a.** ● ● ●

Überlegen Sie, für welche aktuellen Anliegen Jugendlicher es sinnvoll wäre, einen offenen Brief zu verfassen. Sammeln Sie Themen und überlegen Sie gleichzeitig, wer als Empfängerin bzw. als Empfänger infrage kommen könnte und welches Medium (Tageszeitung, Regionalzeitung etc.) für die Veröffentlichung geeignet sein könnte.

**b.** ○

Präsentieren Sie dem Klassenplenum drei Themen der Gruppenarbeit und argumentieren Sie auch Ihre Beweggründe. Einigen Sie sich im Anschluss an alle Präsentationen auf drei Themen, die Sie als geeignet befinden, um dazu einen offenen Brief zu verfassen.

**c.** ●

Wählen Sie eines der drei genannten Themen aus und verfassen Sie einen **offenen Brief** an eine von Ihnen gewählte Empfängerin bzw. einen von Ihnen gewählten Empfänger. Bearbeiten Sie dabei folgende Arbeitsaufträge:

- **Beschreiben** Sie die Problematik bzw. den Sachverhalt.
- **Setzen** Sie die vorgebrachten Argumente anhand konkreter Beispiele mit der Lebenswelt der Jugendlichen in **Beziehung**.
- **Appellieren** Sie an die verantwortliche Empfängerin bzw. an den verantwortlichen Empfänger, die aufgezeigte Problematik durch konkretes Handeln zu verbessern.

Schreiben Sie zwischen 220 und 260 Wörter.

**d.** ● ● ●

Überarbeiten Sie in Gruppen zu dritt Ihre Schreibproduktionen mittels der Methode der Fragelawine. Halten Sie alles, was Ihnen an den Texten auffällt, in Frageform fest, geben Sie keine Lösungsvorschläge, sondern diskutieren Sie anhand eines Textes die Frageliste.

**Fragelawine**

Der Text wird kritisch betrachtet, indem möglichst viele Fragen gestellt bzw. Anmerkungen gemacht oder Kommentare zum Text abgegeben werden. Aufgrund dieses Feedbacks kann die Schreiberin bzw. der Schreiber eines Textes neue Perspektiven, Ideen und Schreibanregungen aufnehmen, mögliche Denk- bzw. Argumentationsfehler werden dadurch kritisch aufgezeigt.

**e.** ●

Korrigieren Sie anschließend Ihren offenen Brief.

### 6.3.3 Der (appellative) Leserbrief (sRDP-Textsorte)

Eine ähnliche Funktion wie der offene Brief hat der appellative Leserbrief bzw. der **Leserbrief** im Allgemeinen. Auch hier ist es Sinn und Zweck, seine eigene Meinung öffentlich, plausibel und nachvollziehbar darzustellen und im Speziellen beim appellativen Leserbrief die Empfängerin bzw. den Empfänger mittels eines Aufrufs zum Umdenken oder Handeln zu bewegen. Allerdings wird beim Leserbrief nicht eine konkrete Person öffentlich angesprochen, sondern der Brief richtet sich allgemein an die Leserinnen und Leser einer bestimmten Tageszeitung und nimmt zu einem aktuellen Problem oder einer bereits veröffentlichten Meinung (z. B. in Form eines Kommentars oder eines Interviews) Stellung.

Ein Leserbrief muss, um abgedruckt zu werden, was wiederum im Ermessen der jeweiligen Verlegerin bzw. des Verlegers liegt, sehr kurz und prägnant gehalten sein und das Problem auf den Punkt bringen. Es ist daher unbedingt zu beachten, dass die Kernaussage im Mittelpunkt steht und keine unnötigen Abschweifungen oder Ausschmückungen die zentrale Absicht des Leserbriefs behindern bzw. stören.

#### Aufbau eines (appellativen) Leserbriefes

sRDP

- **Titel:** Ein ansprechender Titel erhöht die Chance auf Veröffentlichung.
- **Einleitung:** Außer **auf das Thema** ist auch auf die dazugehörende Meinungsäußerung (Titel, Autorin bzw. Autor sowie Datum der Veröffentlichung des Zeitungstextes) **Bezug zu nehmen**. Dabei sollten Sie den Inhalt des Zeitungstextes, auf den Sie sich beziehen, möglichst nur in einem Satz wiedergeben (**Analyse des Ist-Zustandes**).
- **Hauptteil:** Nicht nur die eigenen Argumente werden angeführt, Sie sollten auch auf jene Textteile, die Sie unterstützen oder widerlegen möchten, verweisen. Stellen Sie klar, wie eine Situation geändert werden kann, welches Ziel mit welchen Mitteln erreicht werden kann (**Analyse des Soll-Zustandes**).

  Ein Leserbrief soll sich auf das **Wesentliche** beschränken. Die **eigene Meinung** soll **sehr klar und deutlich** zum Ausdruck kommen.
- **Schlussteil:** Ein **Appell** an die Leserin oder den Leser soll zum Handeln aufrufen, damit die aufgezeigten Probleme beseitigt werden. Setzen Sie hierbei die **stärksten Argumente** ein.

  Bei einem Leserbrief, der nicht explizit zum Handeln oder Umdenken aufrufen soll, wird ebenfalls das **stärkste Argument** ans Ende des Briefes gesetzt.

  Das Thema wird dann mit Zukunftsperspektiven oder Hoffnungen auf Verbesserung der Situation „abgerundet".
- Ehrverletzende und rufschädigende Formulierungen sind zu vermeiden.
- Es muss auf jeden Fall die Absenderin bzw. der Absender des Leserbriefes angegeben werden, denn anonyme Einsendungen werden nicht veröffentlicht. Wenn man dennoch anonym veröffentlichen will, steht unter dem Leserbrief: Name und Adresse sind der Redaktion bekannt.
- Der Leserbrief ist eine Textsorte, die Schreibkompetenzen insbesondere der Reorganisation, des Transfers und der Reflexion verlangt.

**10 Aufgabenstellung** sRDP

**a.** ●

Lesen Sie den Kommentar „Eine Erde ist dem Menschen zu wenig“ von Martin Kugler und unterstreichen Sie die wesentlichen Aussagen des Textes. Recherchieren Sie Ihnen unbekannte Wörter.

## Eine Erde ist dem Menschen zu wenig

**Unser ökologischer Fußabdruck übersteigt die Kapazität der Erde um 50 Prozent. Einen steigenden Druck gibt es auch auf die Wasserressourcen der Erde. Ein neuer Bericht des WWF[1] bezeichnet die Lage als „dramatisch“.**

Der Mensch nutzt die Erde über Gebühr: Wir leben so, als hätten wir eineinhalb Erden zur Verfügung. Zu diesem Schluss kommt der Bericht „Living Planet Report 2012“, den die Umweltorganisation WWF Montagnacht veröffentlicht hat – und zwar in einer PR-trächtigen Art und Weise: Die neuesten Daten wurden von einem niederländischen Forscher bekannt gegeben, der derzeit auf der Internationalen Raumstation ISS in 380 Kilometer Höhe arbeitet.

In Zahlen: Jeder Mensch benötigt im Schnitt 2,7 Hektar Fläche, um sich mit Ressourcen zu versorgen und Abfälle loszuwerden („ökologischer Fußabdruck“). Weltweit stehen pro Person aber nur 1,8 Hektar zu Verfügung („Biokapazität“). Diese Zahlen beinhalten alle erneuerbaren Leistungen der Umwelt – also von der Lebensmittelproduktion über den Holzverbrauch bis hin zu den Fischgründen und dem bebauten Land. Der Verbrauch von fossilen Brennstoffen fließt nicht direkt ein, sehr wohl wird aber der $CO_2$-Ausstoß berücksichtigt – und zwar als Fläche, die die Natur brauchte, um so viel $CO_2$ zu binden, dass die Konzentration des Treibhausgases in der Luft nicht steigt.

**Der Fußabdruck wächst**

Der ökologische Fußabdruck ist in den verschiedenen Teilen der Welt sehr unterschiedlich: In Entwicklungsländern liegt er bei 1,14 Hektar pro Kopf – dieser Wert ist in den vergangenen fünf Jahrzehnten praktisch gleich geblieben, allerdings hat sich die Zahl der Menschen mehr als verfünffacht. Bewohner der Schwellenländer wie China, Indien oder Brasilien würden pro Person 1,92 Hektar brauchen, dieser Wert hat sich wegen des steigenden Lebensstandards zuletzt um 60 Prozent erhöht. Und in den Industrieländern liegt der Pro-Kopf-Fußabdruck bei 5,6 Hektar. Eine Zahl, die seit 40 Jahren konstant ist. In derselben Zeit ist die weltweite Biokapazität pro Kopf um 45 Prozent gesunken. Österreich liegt mit einem Fußabdruck von 5,3 Hektar pro Kopf unter den 149 untersuchten Ländern an 17. Stelle. Spitzenreiter sind reiche arabische Länder, Dänemark und die USA (7,1 Hektar). Vorsichtigen Schätzungen des WWF zufolge wird die Menschheit im Jahr 2020 bereits zwei Erden benötigen, 2050 fast drei.

Einen steigenden Druck gibt es auch auf die Wasserressourcen der Erde. Der WWF hat erstmals die monatlichen Wasserbilanzen in den großen Flusseinzugsgebieten untersucht und kam zu dem Ergebnis, dass 2,7 Milliarden Menschen zumindest einen Monat im Jahr unter Wassermangel leiden. 900 Millionen Menschen haben kein sauberes Trinkwasser.

Großen Raum im neuen WWF-Bericht nimmt die Biodiversität[2] ein: Bei den 2688 untersuchten Tierarten beträgt der Rückgang der Artenvielfalt seit 1970 rund 30 Prozent. In tropischen Regionen ist die Biodiversität um durchschnittlich 60 Prozent gesunken, in tropischen Flüssen sogar um fast drei Viertel. Anders ist das in den nördlichen Industrieländern, also auch in Österreich: Hier hat sich die Artenvielfalt um 30 Prozent erhöht, weil Natur- und Umweltschutz zu besseren Lebensbedingungen für selten gewordene Arten geführt haben – man denke etwa an die Rückkehr von Bären, Wölfen oder Bibern – und wegen der Einschleppung von invasiven[3] Arten aus anderen Weltgegenden.

Der Schluss des WWF aus dem Zahlenkonvolut ist nicht nur negativ: Zwar sei die Lage dramatisch, aber es sei dennoch möglich, dass im Jahr 2050 neun Milliarden Menschen genügend Nahrung, Energie und Wasser hätten, ohne die Tragfähigkeit der Erde über Gebühr zu strapazieren. Nötig dafür seien eine Erhöhung der Effizienz und Änderungen der Lebensweise. „Natur muss endlich einen Preis haben“, so der WWF.

*Kugler, Martin: Eine Erde ist dem Menschen zu wenig. In: Die Presse, 14.05.2012. Online: https://diepresse.com/home/panorama/klimawandel/758049/Eine-Erde-ist-dem-Menschen-zu-wenig (10.05.2019)*

*[1] WWF (urspr. World Wildlife Fund, heute World Wide Fund For Nature) ist eine der größten internationalen Naturschutzorganisationen der Welt. Sie wurde 1961 in der Schweiz gegründet.*

*[2] Biodiversität: biologische Vielfalt*

*[3] invasiv: eindringend*

*www.
mein-fussabdruck.at*

**b. ● ●**

Diskutieren Sie in einer Partnerarbeit zentrale Argumente im Bericht von Martin Kugler. Sammeln Sie gemeinsam Ideen, welche Maßnahmen jede bzw. jeder Einzelne ergreifen könnte, um die Umwelt zu schonen und den ökologischen Fußabdruck zu verringern. Bauen Sie Ihre Argumente fundiert und nachvollziehbar auf.

## Ökologischer Fußabdruck

Darunter wird die Fläche auf der Erde verstanden, die notwendig ist, um den Lebensstil und Lebensstandard eines Menschen dauerhaft zu ermöglichen. Das schließt Flächen ein, die zur Produktion seiner Kleidung und Nahrung oder zur Bereitstellung von Energie, aber z. B. auch zur Entsorgung oder zum Recycling des von ihm erzeugten Mülls oder zum Binden des durch seine Aktivitäten freigesetzten Kohlendioxids benötigt werden. Die Werte werden in Hektar pro Person und Jahr angegeben.

*In Anlehnung an: https://de.wikipedia.org/wiki/%C3%96kologischer_Fu%C3%9Fabdruck (10. 05. 2019), mit kleinen orthografischen Korrekturen*

**c. ●**

Verfassen Sie als Grundlage für Ihre weitere Schreibarbeit ein Exzerpt des Textes. Erstellen Sie im Anschluss daran eine Zusammenfassung, indem Sie die wichtigsten Argumente, die der Autor vorbringt, paraphrasieren.

**d. ●**

Verfassen Sie danach einen **Leserbrief** an die Tageszeitung „Die Presse“. Bearbeiten Sie dabei folgende Arbeitsaufträge:

- **Beschreiben** Sie zentrale Kritikpunkte der Textvorlage.
- **Erläutern** Sie, wie vor allem die junge Generation mit den Ressourcen der Erde und der Umwelt umgehen sollte.
- **Appellieren** Sie mit Hilfe von Zukunftsperspektiven, wie das Umweltbewusstsein entwickelt werden könnte.

Schreiben Sie zwischen 200 und 220 Wörter.

**e. ●**

Überprüfen Sie den Inhalt Ihrer Schreibproduktion anhand folgender Kriterien:

- Entspricht der Text dem Aufbau eines appellativen Leserbriefes?
- Haben Sie alle Operatoren des Arbeitsauftrages bearbeitet?
- Gibt es einen roten Faden, der sich durch Ihren Leserbrief zieht?
- Ist die Intention Ihres Leserbriefes nachvollziehbar?
- Ist der Text auch schlüssig, wenn man die Textvorlage nicht kennt?
- Konnten Sie Ihre Standpunkte sachlich darstellen?
- Haben Sie einen eindringlichen Appell formuliert?

**f. ● ●**

*siehe Band 1 und 2, Kapitel „Schreibprozesse“*

Korrigieren Sie nun in einer Partnerarbeit Ihre Leserbriefe mittels Klangprobe. Lesen Sie sich gegenseitig Ihre Schreibproduktionen laut vor und achten Sie dabei besonders auf orthografische, grammatikalische sowie stilistische Richtigkeit.

**11 Aufgabenstellung** sRDP

**a.** ●

Sie nehmen den Kommentar „Internetgeneration: Gekommen, um zu bleiben“ von Matthias C. Kettemann zum Anlass, selbst einen Leserbrief zum Thema „Internetgeneration“ zu verfassen.

Sie haben einen relativ langen und komplexen Text vor sich – gehen Sie beim Lesen und Erarbeiten entsprechend der SQ3R-Lesetechnik vor.

## Internetgeneration: Gekommen, um zu bleiben

**Replik[1]. Aufforderung zur Feuerpause: Keine Breitseiten mehr gegen das Internet und seine Phänomene. Erforderlich wäre Medienkompetenz – fundamentale Kulturkritik an der Netzkultur hingegen schießt über das Ziel hinaus.**

Das Internet hat es schwer: Es mache blöd, gewalttätig, asozial, dick und leistungsarm; es fördere den Terrorismus und das Mobbing, es zerstöre die Privatsphäre und führe in den Überwachungsstaat; und es verändere die neuronalen[2] Schaltungen im Hirn und damit unsere Persönlichkeit.
Den Wiener Philosophen Peter Kampits schmerzt diese Entwicklung so sehr, dass er im „Presse-Spectrum“ (18. August) sogar Jean Baudrillard[3] zur Unterstützung heranzog: Im Digitalen werde die Realität ermordet; Kants Forderung nach Autonomie werde nivelliert; die „Digi-Kids“ förderten einen kulturellen Niedergang – kurz: Der Mensch höre auf, Mensch zu sein.
In ein ähnliches Horn bläst Manfred Spitzer, Autor von „Digitale Demenz“, der in der „Presse“ vom 31. August behauptete, frühe Internetnutzung schade dem Hirn und führe dazu, dass die Kinder ihre Jugend „verballerten“.

### Irrende Bedenkenträger

Doch Kampits, Spitzer und ähnliche Bedenkenträger irren: Noch nie war der Mensch so sehr da und noch nie hatten (gerade) junge Menschen weltweit so viele Entwicklungsperspektiven – gerade auch dank des Internets. Da Kritik aber ohnedies mehr verrät über jene, die sie formulieren, als über das Objekt, das kritisiert wird, sind Internetanfeindungen höchst interessant. In der Tat befinden wir uns mitten in einem Internetkulturkampf. […]
Das Problem liegt in der Selektion und in der Vermischung von tatsächlich negativen Folgen der Internetnutzung und diffusen Konsequenzen der gesellschaftlichen Veränderungen. Ja, manche Studien belegen den Schwund der Lesefähigkeit bei „Digi-Kids“ und die Veränderung von Gehirnstrukturen. Andere Studien problematisieren, dass mit virtueller Kommunikation „eine hohe Unverbindlichkeit“ entstehe und mit sozialen Netzwerken unser auf Kleingruppen ausgelegtes Sozialverhalten verändert werde.
Diese Übersicht klingt in ihrer Gesamtheit tragisch, ist aber gleichzeitig eine Selektion im obskurantistischen[4] Gewande. Für jede Studie, die einen Aspekt der Nutzung moderner Informations- und Kommunikationstechnologien beklagt, gibt es Studien, die den positiven Einfluss des Internets als Innovationsfaktor aufzeigen, dessen Wirkung als Motor ökonomischen Fortschritts, als Katalysator für Menschenrechte, Demokratie und Good Governance[5], für sozialen Aktivismus und im Kampf gegen die Korruption und als Mittel zur Integration von älteren Menschen, von Randgruppen und Menschen mit Behinderung.

### Der Einzelne entscheidet

Ja, moderne Technologien haben negative Auswirkungen. Doch sie haben weit mehr positive. Einzelne Kritikpunkte mögen valid sein, in einer Studienkanonade gehen sie aber unter. Das Problem mit der Internetkritik von Kampits, Spitzer und anderen ist ein fundamentaleres: „Das Internet“ sei schuld; dabei ist das Internet nur ein Netzwerk von Netzwerken.
Zwar weiß man, dass oft nicht the finger pulls the trigger[6], sondern the trigger pulls the finger (dass also die Möglichkeit, Partyfotos auf sozialen Netzwerken zu verteilen, die Wahrscheinlichkeit der Verteilung eher erhöht), aber es ist immer noch der Einzelne, der entscheidet. Und dieser ertrinkt nicht, in Kampits' Worten, „in der Informationsflut, auf den Datenautobahnen und im digitalen Irrsinn“.

Die Internetgeneration nutzt vielmehr die Datenautobahn, um Diskurse zu beschleunigen, Meinungen zu sammeln und zu artikulieren und – im Idealfall – positiven sozialen Wandel zu bewirken. Und ja: auch um planlos herumzusurfen und sich an Ballerspielen zu erfreuen. Technologie – und das Internet – ist (und muss) neutral sein.

**Das Gefühl des Verlorenseins**

Was die fundamentalen Internetkritiker umtreibt, ist ein Phänomen, das man internetinduzierten[7] Daseinszweifel nennen kann – das Gefühl, sich nicht ganz heimisch zu fühlen in dieser Welt mit ihren Bits und Bytes, mit Zeitungen, die immer auf ihre Websites verweisen, die neue Begriffe wie „Shit-Storm" und Blogging verwenden, von Twitter, Google und Facebook schreiben und statt Kreuzfahrten Apps zur Hotelbuchung bewerten.

Das schafft Unsicherheit. Und ab einem bestimmten Alter und einem gewissen Bildungsgrad wird der Unsicherheit begegnet mit dem Versuch der intellektuellen Selbstvergewisserung: Wenn du nicht mehr weiterweißt, dann schreib ein Buch gegen das Internet.

Jene Unsicherheit, jenes Verlorensein, das die Migranten in den Banlieues[8] von Paris zur Revolte trieb, das radikalen Parteien unter dem neuen und alten Prekariat[9] zu Stimmenzuwachs verhilft – jene Unsicherheit wandeln gebildete Bedenkenträger in mit der Anmutung der Überlegenheit versehene Kulturkritik um. Besser Texte entstehen, als dass Autos brennen.

Dennoch schlage ich eine Feuerpause vor. Keine Breitseiten mehr gegen das Internet und seine Phänomene, keine fundamentale Kulturkritik an der Netzkultur, keine Vermischung von Descartes[10], Erkenntnissen aus den Neurowissenschaften[11] und Bedenken an der Straßenverkehrstauglichkeit von tweetenden Teenagern.

Diese Gießkannenkritik schadet nur, weil sie eine depressive Grundstimmung atmet und keine Lösungsvorschläge bringt.

**Dunkel und Furcht einflößend?**

Gegen einen sensiblen Umgang mit Technologie und eine bewusstere Nutzung des Internets gerade von jüngeren Menschen kann keiner etwas einwenden; ebenso wenig gegen kritischen Medienkonsum und selbstreflektierte Mediennutzung. Das ist zu fordern; hier ist bildungspolitisch anzusetzen. Medienkompetenz ist zu begrüßen, Fundamentalkritik hingegen schießt über das Ziel hinaus.

Ben Scott, einst Berater der amerikanischen Außenministerin Hillary Clinton für Internetpolitik, sagte jüngst bei einem Vortrag in Berlin, dass in Europa das Internet zu oft als „dark and scary place", also als dunkler und Furcht einflößender Ort wahrgenommen werde: von der Öffentlichkeit, von den Medien und von der Politik.

Das Internet hat zweifelsohne seine dunklen Seiten, aber es ermöglicht Interaktivität und Kreativität in nie da gewesenem Maße: Daher, lieber Herr Kampits, lieber Herr Spitzer, liebe Öffentlichkeit: Keine Angst. Das Internet hat seine dunklen Seiten, es befördert aber nicht die soziokulturelle[12] Apokalypse[13]. Die Internetgeneration ist gekommen, um zu bleiben.

*Kettemann, Matthias C.: Internetgeneration: Gekommen, um zu bleiben. In: Die Presse, 10.09.2012. Online: https://diepresse.com/home/meinung/gastkommentar/1288639/Internetgeneration_Gekommen-um-zu-bleiben (10.05.2019), gekürzt*

---

[1] *Replik: Erwiderung, Gegenrede*
[2] *neuronal: von einem Neuron (Nervenzelle) ausgehend*
[3] *Jean Baudrillard (1929 – 2007): französischer Medientheoretiker, Philosoph und Soziologe*
[4] *obskurantistisch: den Obskurantismus (Bestreben, die Menschen in Unwissenheit zu lassen) betreffend*
[5] *Good Governance (engl.: „gutes Regieren"): Verständnis von Regierung und Verwaltung, die versucht, gesellschaftliche Entwicklungen unter Einbeziehung der Zivilgesellschaft zu steuern*
[6] *trigger (engl.): Abzug (einer Schusswaffe), Auslöser*
[7] *internetinduziert: vom Internet hergeleitet*
[8] *la banlieue (franz.): Vorort, Vorstadt*
[9] *Prekariat: Bevölkerungsteil, der, besonders aufgrund von anhaltender Arbeitslosigkeit und fehlender sozialer Absicherung, in Armut lebt*
[10] *Descartes: franz. Philosoph, Mathematiker und Naturwissenschaftler (1596–1650)*
[11] *Neurowissenschaften: Forschungsbereiche aus Medizin, Psychologie und Biologie*
[12] *soziokulturell: eine soziale Gruppe und deren Wertesystem betreffend*
[13] *Apokalypse: religiöse Schrift über das Weltende*

**b.** ●●

Sammeln Sie in einer Partnerarbeit wesentliche Argumente der Textvorlage und entwickeln Sie gemeinsam Ideen, wie Medienkompetenz für junge Menschen, aber auch für Medienskeptikerinnen bzw. -skeptiker entwickelt werden könnte. Clustern Sie Ihre Vorschläge. Bauen Sie Ihre Argumente fundiert und nachvollziehbar auf.

**c.** ●

Verfassen Sie ein Konzept für Ihren Leserbrief. Skizzieren Sie den korrekten Aufbau und führen Sie alle Vorarbeiten zusammen.

**d.** ●

Verfassen Sie als Reaktion auf den Kommentar „Internetgeneration: Gekommen, um zu bleiben" einen **Leserbrief** an die Tageszeitung „Die Presse". Bearbeiten Sie dabei folgende Arbeitsaufträge:

- **Geben** Sie die Hauptaussagen des Kommentars in ein bis zwei Sätzen **wieder**.
- **Erläutern** Sie, wie junge Menschen zu Medienkompetenz erzogen werden könnten und wie man Skeptikerinnen bzw. Skeptiker von den positiven Seiten des Internets überzeugen könnte.
- **Entwerfen** Sie Zukunftsperspektiven, welche Möglichkeiten Ihrer Meinung nach das Internet bieten wird.

Schreiben Sie zwischen 200 und 220 Wörter.

**e.** ●

Lesen Sie nun die von Ihnen verfasste Arbeit und überprüfen Sie den Inhalt anhand folgender Kriterien:

- Entspricht der Text dem Aufbau eines Leserbriefes?
- Haben Sie alle Operatoren des Arbeitsauftrages bearbeitet?
- Gibt es einen roten Faden, der sich durch Ihren Brief zieht?
- Ist die Intention Ihres Leserbriefes nachvollziehbar?
- Konnten Sie Ihre Standpunkte sachlich darstellen?
- Haben Sie auch Zukunftsperspektiven, die das Internet bieten könnte, angeführt?

**f.** ●●●

Holen Sie Feedback Ihrer Mitschülerinnen und Mitschüler ein, indem Sie in Gruppen zu dritt eine Schreibkonferenz veranstalten. Ein Leserbrief der Gruppenmitglieder wird ausgewählt, die Verfasserin bzw. der Verfasser stellt ihn mittels Klangprobe vor, die restlichen Gruppenmitglieder äußern spontan ihre Eindrücke und stellen Fragen.

*siehe Band 1 und 2, Kapitel „Schreibprozesse"*

Anschließend wird der Text inhaltlich und in einem eigenen Durchgang auch sprachlich auf orthografische, grammatikalische und stilistische Richtigkeit analysiert und es werden Formulierungsvorschläge gemacht.

**g.** ●

Korrigieren Sie nun Ihren Leserbrief und arbeiten Sie die Tipps, die Sie bekommen haben, in die Endfassung Ihres Leserbriefes ein.

### 6.3.4 Die textgebundene Erörterung (Wiederholung, sRDP-Textsorte)

Eine **textgebundene Erörterung** dient dazu, sich mit einem aktuellen Problem, einer These oder einer Meinung in schriftlicher Form zu beschäftigen. Dabei setzt man sich einerseits mit dem Text selbst, andererseits mit Meinungen zu der im Text angeführten Problematik bzw. Meinung auseinander. Wichtig dabei ist es, möglichst viele Perspektiven zu berücksichtigen und diese ausgewogen darzustellen. Die **Argumentation** muss haltbar und fundiert sein, die Argumente müssen als einzelne erkennbar, aber dennoch miteinander verbunden sein.

Die Grundvoraussetzung jeder Erörterung ist eine fundierte Argumentation. Argumentieren heißt, seine Behauptungen oder Meinungen zu begründen und zu beweisen. Dafür gibt es unterschiedliche Argumentationstypen.

#### Argumentationstypen

- **Faktenargumente** beruhen auf einer nachweisbaren Tatsache, sind wissenschaftlich unumstritten und basieren auf einer logischen Beweisführung (Statistiken, Daten, Zahlen, Verträge, Gesetze etc.).
- **Autoritätsargumente** bauen auf der Meinung von Expertinnen und Experten auf, zitieren Autoritäten, die sie zur Beweisführung heranziehen.
- **Normative Argumente** verknüpfen Normen und Wertmaßstäbe, die für die meisten Menschen innerhalb eines Gesellschaftskreises Gültigkeit haben. Hierbei werden oft moralische Argumente eingesetzt (Vorbilder, Tradition, Alltagsmoral, gesunder Menschenverstand, Erfahrungen etc.).
- **Analogisierende Argumente** übertragen Sachverhalte aus anderen Lebensbereichen auf die eigene Argumentationslinie.
- Mit **indirekten Argumenten** wird die Gegenposition entkräftet, indem die eigene These aufgrund schwacher Gegenargumente, indirekter Vorwegnahme der Gegenposition oder Wertüberlegenheit gestärkt wird.

Eine Argumentationslinie – also eine logische Abfolge von Pro- und Kontra-Argumenten – ist eine gute Methode, der Empfängerin bzw. dem Empfänger gegenüber die eigene Meinung sachlich darzustellen. Überzeugungskraft erhalten Argumente aber nur dann, wenn sie von Begründungen gestützt werden.

#### Formen von Argumentationslinien

- Am Anfang stehen die Pro-Argumente, wobei das schwächste Argument zuerst genannt wird. Anschließend werden alle Kontra-Argumente angeführt, ebenfalls vom aussageschwächsten zum stärksten Argument.
- Es ist auch die umgekehrte Reihenfolge (zunächst alle Kontra-Argumente, dann alle Pro-Argumente) möglich.
- Die abwechselnde Form der Gegenüberstellung von Pro- und Kontra-Argumenten ist ebenfalls eine Variante.

Innerhalb einer Argumentation sind Argumente unterschiedlich gewichtet. Wer plausibel argumentiert, vertraut eher auf normative Argumente, rational Argumentierende bauen ihre Argumentation sehr oft mithilfe von Fakten- und Autoritätsargumenten auf. Argumentiert jemand taktisch, dann geht sie oder er von der grundsätzlichen Überlegenheit der eigenen Argumente aus, es werden sehr häufig indirekte Argumente eingesetzt.

## TEXTGEBUNDENE ERÖRTERUNG

sRDP

- Ausgangsbasis ist eine **Textgrundlage**.
- Die **Einleitung** enthält Informationen über die Autorin bzw. den Autor, die Quelle (Titel, Ort, Datum, Thema). Sie führt zum Thema hin, macht neugierig. Sie fasst die Problemstellung mit eigenen Worten zusammen (Paraphrase des Inhalts).
- Im **Hauptteil** werden **These und Antithese** der in der Textvorlage angeführten Problematik anhand von Pro- und Kontra-Argumenten dargestellt und diskutiert.

  Die Argumente können **linear** gereiht (steigend nach der Bedeutung der Aussagen) oder nach bestimmten Aspekten angeordnet werden.
- Der **Schlussteil** mündet in eine begründete **Synthese** (Zusammenführung), fasst die wesentlichen Aussagen knapp zusammen, enthält eine Conclusio (Schlussfolgerung) und die Darstellung der eigenen Meinung bzw. die Klarstellung der eigenen Position.
- Die grammatikalische Zeitform ist das Präsens.

### 12 Aufgabenstellung sRDP

**a.** ●

Lesen Sie den Zeitungskommentar „Internetgeneration: Gekommen, um zu bleiben“ (S. 191 f.).

**b.** ● ●

Verfassen Sie anschließend eine textgebundene **Erörterung** und bearbeiten Sie dabei folgende Schreibaufträge:

- **Beschreiben** Sie kurz den Sachverhalt, der in der Textvorlage beschrieben wird.
- **Erläutern** Sie die im Text zitierten Argumente, die bezüglich Medienkompetenz für junge Menschen angeführt werden.
- **Diskutieren** Sie mögliche Lösungsansätze bzw. Ideen, wie ein sensibler Umgang mit den neuen Technologien und Kommunikationsmedien für junge Userinnen und User aussehen könnte.
- **Nehmen** Sie zur Aussage Jean Baudrillards **Stellung**, dass im Digitalen die Realität ermordet wird.

Schreiben Sie ca. 450 Wörter.

### 13 Aufgabenstellung sRDP

**a.** ●

Lesen Sie den Zeitungskommentar „Man muss nicht alles haben“ (S. 197).

**b.** ● ●

Verfassen Sie anschließend eine textgebundene **Erörterung** und bearbeiten Sie dabei folgende Schreibaufträge:

- **Beschreiben** Sie kurz den Sachverhalt, der in der Textvorlage beschrieben wird.
- **Bewerten** Sie das im Text angeführte Konzept, Geräte des täglichen Lebens zu reparieren und nicht sofort wegzuwerfen.
- **Diskutieren** Sie mögliche Lösungsansätze eines nachhaltigen Umgangs mit natürlichen Ressourcen.
- **Nehmen** Sie zur Aussage des Titels **Stellung**, dass man nicht alles haben muss.

Schreiben Sie ca. 450 Wörter.

# 6.4 Kommentieren und Appellieren

## 6.4.1 Der Kommentar (sRDP-Textsorte)

Aktuelle Ereignisse bzw. bedeutende Nachrichten werden in Tageszeitungen, Rundfunk- und Fernsehnachrichten erläutert und bewertet – es wird also im Gegensatz zur bloßen Nachricht eine **persönliche Wertung** vorgenommen. Besonders in Tageszeitungen finden sich häufig **Kommentare**. Diese sind auch als subjektive Texte gekennzeichnet, die Autorin bzw. der Autor des Kommentars wird namentlich genannt.

Die Kommentatorin bzw. der Kommentator baut ihren bzw. seinen Text aufgrund einer gut nachvollziehbaren Argumentationslinie auf, wägt Argumente und Gegenargumente ab und arbeitet Hintergrundinformationen ein. Die Schlussfolgerung muss fundiert sein. Das zu kommentierende Ereignis wird demnach von möglichst vielen Seiten beleuchtet und in einen umfassenden Zusammenhang gestellt.

### 14 Aufgabenstellung

●●●

Analysieren Sie entweder den Kommentar von Matthias Kettemann über die Internetgeneration (S. 191 f.) oder den Kommentar von Martin Kugler zum ökologischen Fußabdruck der Menschheit (S. 189) nach folgenden Kriterien:

- Was ist das aktuelle Ereignis, das dem Kommentar zugrunde liegt?
- Welche subjektive Meinung vertritt der Autor?
- Werden Pro- und Kontra-Argumente im Kommentar berücksichtigt?
- Welche Schlussfolgerung zieht der Autor?
- Wie ist der Kommentar als solcher gekennzeichnet?
- Handelt es sich beim Autor um einen Experten zum jeweiligen Thema?

### Aufbau eines Kommentars

sRDP

- **Einleitung:** Ein **origineller Einstieg** soll das Interesse der Leserin bzw. des Lesers wecken. Das Thema (aktuelles Ereignis, Problematik) wird vorgestellt, auch die Intention der Schreiberin bzw. des Schreibers sollte angesprochen werden.
- **Hauptteil:** Es folgt die **logisch aufgebaute Argumentationskette**, in der unbedingt Gegenargumente sachlich widerlegt werden müssen und in der keine Gedankensprünge vorkommen dürfen. Es können eventuell Hintergrundinformationen eingebaut werden. Die Reihenfolge der Argumente muss gut überlegt dargestellt werden, das schlagkräftigste Argument sollte den Schluss des Hauptteils bilden.
- **Schlussteil:** Eine klare und eindeutige Schlussfolgerung soll die Leserin bzw. den Leser zum Nachdenken anregen, eventuell zum Handeln auffordern (**Appell**).
- **Wichtig:**

  Der Kommentar ist ein empfängerorientiertes Schreiben; beachten Sie deshalb die Zielgruppe, für die Sie den Kommentar verfassen.

  Ihre Argumente dürfen keine Pauschalierungen und Verallgemeinerungen beinhalten!
- Der Kommentar ist eine Textsorte, die vor allem Schreibkompetenzen der Reorganisation, des Transfers und der Reflexion verlangt.

## 15 Aufgabenstellung sRDP

a. ●

Sie wollen in einer Zeitschrift für Jugendliche einen Kommentar zum Thema „Nachhaltigkeit versus Wegwerfgesellschaft" verfassen. Lesen Sie den Bericht „Man muss nicht alles haben" von Susanne Wolf, der in der Wochenzeitung „Die Furche" erschienen ist, und unterstreichen Sie die wesentlichen Aussagen des Textes. Recherchieren Sie Ihnen unbekannte Wörter.

### Man muss nicht alles haben

**Ein Kundendienst-Mitarbeiter hat seinen Geschirrspüler einst für kaputt erklärt, ohne ihn überhaupt berührt zu haben. Seitdem kämpft Sepp Eisenriegler mit seinem Reparatur-Servicezentrum (R.U.S.Z.) gegen die Wegwerfmentalität.**

Habib verabschiedet sich herzlich und mit drei Küsschen – rechts, links, rechts – von seinem Chef, der ihn freundschaftlich umarmt. Mit den Worten „Liebe Grüße an deine Familie" wird der Techniker ins Wochenende geschickt. Im Reparatur und Service Zentrum R.U.S.Z. im 14. Wiener Gemeindebezirk herrscht eine entspannte Atmosphäre: „Ich bin als Chef auch Vertrauensperson für meine Mitarbeiter, die wissen, dass sie jederzeit mit ihren Sorgen zu mir kommen können", erzählt Sepp Eisenriegler, der das R.U.S.Z. 1998 als sozialökonomischen Verein[1] gegründet und 2007 privatisiert hat. Die Mitarbeiter: ehemalige Langzeitarbeitslose, die hier zu Spitzentechnikern ausgebildet werden, manche von ihnen mit Behinderung. „Ich hatte immer schon den Hang zum Retter dieser Welt", lacht der knapp 60-Jährige. „Für mich war relativ früh klar: Wir sind nicht nur hier, um in einer Spaßgesellschaft zu leben, sondern tragen auch die Verantwortung, positive Spuren zu hinterlassen."

**Wider die Wegwerfgesellschaft**

Diese Verantwortung nimmt der gebürtige Wiener ernst: Nach seinem Lehramtsstudium baut Eisenriegler die Umweltberatung Wien mit auf, in der er sich bald auf die Abfallwirtschaft spezialisiert. Ein Schlüsselerlebnis führt ihn dazu, die Wegwerfgesellschaft in Frage zu stellen: „Als mein Geschirrspüler den Geist aufgab, tauchte ein mürrischer Techniker auf, der mir einen mündlichen Kostenvoranschlag machte, ohne das Gerät auch nur berührt zu haben. Sein Urteil: Das Gerät sei älter als 5 Jahre, daher zahle sich eine Reparatur nicht mehr aus." Kostenpunkt für diese Expertise: 90 Euro. Eisenriegler denkt gar nicht daran, den Kundendienst-Mitarbeiter so leicht davonkommen zu lassen und überredet ihn dazu, sich den Geschirrspüler doch genauer anzusehen. Und siehe da: alles, was dem Gerät fehlt, ist ein verstopfter Schlauch, der ausgeblasen werden muss. „Damals beschloss ich, den Kundendiensten, die als verlängerter Arm der Verkaufsabteilung agieren, etwas entgegenzusetzen – nämlich seriöse Reparaturdienstleistungen", erzählt der kämpferische Wiener. Der Geschirrspüler funktioniert heute, nach 15 Jahren, immer noch. Das war die Geburtsstunde von R.U.S.Z., ein Jahr später folgt, um der großen Nachfrage nach Reparaturen gerecht zu werden, das Reparaturnetzwerk Wien. „Was mich bei meiner Arbeit immer bewegt hat, war, Menschen zu helfen; Obdachlosen, Haftentlassenen, Langzeitarbeitslosen eine Perspektive zu bieten." Im R.U.S.Z. werden Geräte nicht nur repariert, sondern auch gleich weiterverkauft. Dafür gibt es zahllose Ersatzteile, aber auch Neugeräte, die bei hausinternen Tests besonders gut abschneiden, also langlebig und leicht zu reparieren sind.

**Traum von ökologischer Steuerreform**

Langlebig sind nur noch wenige Produkte, wie der vielfach ausgezeichnete Unternehmer aus eigener Erfahrung weiß: „Bei der sogenannten Geplanten Obsoleszenz[2] werden von den Herstellern bewusst Sollbruchstellen in Geräte eingebaut, um die Nachfrage nach neuen Geräten zu steigern." Dieser Praxis steuert der Social Entrepeneur[3] mit hauseigenen Ideen wie dem „Waschmaschinentuning" entgegen: Bei diesem Projekt wurde eine Methode entwickelt, die den Wasserverbrauch von Waschmaschinen senkt und somit deren Energieklasse von D auf A verbessert. Für die Umsetzung bekam das R.U.S.Z. den Energy Globe Award in der Kategorie Wasser [...]. „Jedes Kind kapiert, dass unser Planet nur begrenzt Ressourcen zur Verfügung hat, es wird Zeit, dass das auch konservative Ökonomen wahrhaben." Auch an Finanzierungsmodellen wie dem Mietleasing für hochwertige Haushaltsgeräte wird gearbeitet – nutzen statt kaufen, lautet hier die Devise. „Viele Menschen befinden sich in einer Tretmühle, die sie dazu zwingt, immer mehr zu arbeiten, um immer mehr Besitztümer anzuhäufen, die sie dann gar nicht genießen können", ist Eisenriegler überzeugt. Nachhaltiger Konsum hingegen bedeute: bewusst zu kaufen, und dabei soziale und ökologische Aspekte zu berücksichtigen.

In seiner unermüdlichen Arbeit gegen die Wegwerfmentalität hat Eisenriegler vieles erreicht: Als Präsident von RREUSE, dem EU-weiten Dachverband für Sozialwirtschaft, gelang es ihm, Gesetze mitzugestalten, die einen wesentlichen Einfluss auf die Nutzungsdauer von Produkten haben. „Wenn ich dann von manchen Menschen höre, dass wir die EU nicht brauchen, macht mich das wütend." Und der Visionär hat noch viel vor: Sein größter Wunsch ist eine ökologische Steuerreform, die Arbeit billiger, aber Rohstoffe teurer macht: „Das würde das Aus für Wegwerfprodukte bedeuten." Doch wie sieht das Leben eines Vorreiters in Sachen Nachhaltigkeit aus? „Natürlich versuche ich, meine Prinzipien auch zu leben, aber ein einziges Laster gönne ich mir: das Motorradfahren. Wenn ich schon 80 Wochenstunden für eine bessere Welt arbeite, möchte ich auch ein bisschen Spaß im Leben haben."

*Wolf, Susanne: Man muss nicht alles haben. In: Die Furche, 10.01.2013. Online: http://susanne-wolf.com/2013/01/11/man-muss-nicht-alles-haben-die-furche-10-janner-2013/ (02.06.2014), mit kleinen orthografischen Korrekturen*

---

[1] *sozialökonomischer Verein: hat einen sozialen Auftrag (z. B. geschützte Arbeitsplätze für schwer vermittelbare Personen)*

[2] *Obsoleszenz: Veralterung eines Produktes*

[3] *Social Entrepeneur: Unternehmerin oder Unternehmer, die bzw. der sich für Bildung, Umweltschutz, Arbeitsplätze für Menschen mit Behinderung, Armutsbekämpfung etc. einsetzt*

**b.** ●●

Diskutieren Sie in einer Partnerarbeit zentrale Aussagen des Berichts von Susanne Wolf. Sammeln Sie gemeinsam Ideen, wie das Bewusstsein für Nachhaltigkeit vor allem bei jungen Menschen erhöht werden könnte. Bauen Sie Ihre Argumente fundiert und nachvollziehbar auf. Erstellen Sie gemeinsam ein Konzept für einen Kommentar.

**c.** ●

Verfassen Sie, basierend auf dem Bericht „Man muss nicht alles haben“, einen **Kommentar** für Jugendliche, der in einer ökologischen Zeitschrift gedruckt werden soll. Bearbeiten Sie dabei folgende Arbeitsaufträge:

- **Geben** Sie die Hauptaussagen des Berichts **wieder**.
- **Erläutern** Sie, wie junge Menschen zu Umweltverantwortung erzogen werden könnten und wie man sie überzeugen könnte, nicht immer die neuesten Produkte zu erwerben, sondern der Konsumwut entgegenzusteuern.
- **Entwerfen** Sie mögliche Zukunftsperspektiven. **Appellieren** Sie dabei an das Verantwortungsbewusstsein junger Menschen.

Schreiben Sie zwischen 400 und 440 Wörter.

**d.** ●

Lesen Sie nun die von Ihnen verfasste Arbeit und überprüfen Sie den Inhalt anhand folgender Kriterien:

- Entspricht der Text dem Aufbau eines Kommentars?
- Haben Sie alle Operatoren des Arbeitsauftrages bearbeitet?
- Gibt es einen roten Faden, der sich durch Ihren Kommentar zieht?
- Gibt es eine erkennbare logisch aufgebaute Argumentationskette?
- Konnten Sie Ihre Standpunkte sachlich darstellen?
- Schließt Ihr Kommentar mit einem Appell?

**e.** ●●

*siehe Band 1 und 2, Kapitel „Schreibprozesse“*

Auch Journalwriting ist eine Möglichkeit, ein Zwiegespräch mit dem geschriebenen Text zu führen bzw. um Feedback einzuholen. Welche Fragen bleiben für andere offen, wenn sie Ihren Kommentar lesen? Bitten Sie eine Mitschülerin bzw. einen Mitschüler auch um ein Feedback zu Ihrer Schreibproduktion. Erarbeiten Sie gemeinsam Formulierungsvorschläge.

**f.** ●

Korrigieren Sie in einem eigenen Durchgang Ihren Kommentar mittels Textlupe auf orthografische, grammatikalische sowie stilistische Richtigkeit.

**g.** ●

Überarbeiten Sie Ihren Text aufgrund der Hinweise, die Sie aus dem Feedback erhalten haben. Lassen Sie sich dafür Zeit. Erstellen Sie eine Endfassung Ihrer Arbeit und bitten Sie Ihre Deutschlehrerin bzw. Ihren Deutschlehrer ebenfalls um Feedback.

16 **Aufgabenstellung** sRDP

**a.** ●

Sie sind bei Ihrer Recherche über das Gesundheitsbewusstsein Jugendlicher auf den Bericht „Fettreiche Ernährung bremst Hirnreifung“ gestoßen.

Als Vorarbeit für einen Kommentar, den Sie in der nächsten Ausgabe Ihrer Schülerzeitung zum Thema „Schulbuffet“ verfassen wollen, lesen Sie den folgenden Bericht und notieren sich die wesentlichen Aussagen des Textes. Recherchieren Sie auch Ihnen unbekannte Wörter.

## Hirnreifung

## Fettreiche Ernährung bremst Hirnreifung

**Konsumieren Kinder und Jugendliche zu viele schlechte Fette, kann es im Erwachsenenalter zu Defiziten bei wichtigen Hirnfunktionen kommen**

Viele Kinder lieben fettreiches und ungesundes Essen. Junk Food ist zumeist auch die günstigste Möglichkeit, sich zu ernähren. Doch Junk Food ist möglicherweise hirnschädigend, wenn es über lange Zeit während des Heranwachsens verzehrt wird. Neuste Erkenntnisse von Forschern der ETH und Universität Zürich deuten nämlich darauf hin, dass fettreiches Essen die Reifung eines Teils der Hirnrinde bei Heranwachsenden massiv stören könnte. Dadurch drohen im Erwachsenenalter Defizite bei Lernprozessen, der Persönlichkeit, und der Impulskontrolle.

Zu dem besorgniserregenden Befund kamen die Wissenschaftler anhand eines Mausmodells, bei dem heranwachsende und erwachsene Mäuse entweder mit extrem fettreicher oder mit normaler Nahrung gefüttert wurden. Das fettreiche Futter enthielt überproportional große Mengen an gesättigten Fetten. Solche Fette sind zum Beispiel besonders häufig in Fast Food, Wurstwaren, Butter aber auch Kokosöl enthalten.

Schon nach vier Wochen beobachteten die Forschenden bei den Jungtieren, die fettreiche Nahrung erhielten, erste kognitive Defizite. Diese traten auf, noch ehe diese Mäuse an Gewicht zulegten. Entscheidend für die Entstehung dieser Defizite ist das Zeitfenster des Fettkonsums: Dieser wirkt sich vornehmlich in der Adoleszenz[1], also in der Zeit von der späten Kindheit bis zum jungen Erwachsenenalter, negativ auf die Reifung des sogenannten Präfrontalen Cortex aus. Dieses Hirnareal wird auch Stirnhirnrinde genannt.

**Was den Menschen zum Menschen macht**

Der Grund für die Anfälligkeit des Präfrontalen Cortex: Seine Reifung dauert länger als diejenige anderer Hirnstrukturen. Sie ist bei Mensch und Maus erst im frühen Erwachsenenalter abgeschlossen. Der Präfrontale Cortex ist deshalb während seines Reifungsprozesses anfällig für negative Umwelteinflüsse wie Stress, Infektionen oder Traumata – oder eben: einseitiger unausgewogener Ernährung. Der Präfrontale Cortex ist das, was den Menschen zum Menschen macht: Er ist der Sitz von Gedächtnis, Planung, Impulskontrolle und Sozialverhalten. Ohne funktionierende Stirnhirnrinde, etwa nach einem Unfall oder aufgrund eines Tumors, verändert sich das Wesen des Menschen. Er hat Mühe bei komplexen Lernprozessen, kann seine Hemmungen verlieren, wird unkontrolliert aggressiv, kindisch oder triebhaft.

Keinen Verhaltenseffekt konnten die Forschenden hingegen bei ausgewachsenen Mäusen, die über längere Zeit (zu) fettreiche Nahrung aufnahmen, beobachten. Bei ihnen geriet allerdings der Stoffwechsel aus den Fugen: Sie verfetteten. „Das schließt allerdings nicht aus, dass fettreiche Nahrung nicht auch die Gehirne von erwachsenen Mäusen schädigen kann“, betont Urs Meyer, Professor an der Universität Zürich.

**Maus ähnelt Mensch**

Laut Meyer sind die Ergebnisse auf den Menschen übertragbar: „Ähnlich wie beim Menschen reift der Präfrontale Cortex bei der Maus vornehmlich in der Adoleszenz.“ Auch die Leistungen, die dieser Hirnregion zugeschrieben werden, sind bei Mensch und Maus vergleichbar. Ebenfalls stimmen die Nervenzellstrukturen, auf die die fettreiche Nahrung einwirkt, in beiden Organismen überein. Der Forscher räumt allerdings ein, dass die fettreiche Nahrung – über 60 Prozent der Kalorien wurden den Mäusen durch Fette zugeführt – nicht dem entspricht, was die meisten Menschen (und Mäuse) über längere Zeit einnehmen. Diese Art der Zuspitzung wurde bewusst gewählt, um den Effekt fettreicher Nahrung auf die Gehirnreifung klar und deutlich aufzuzeigen und den

Prinzipienbeweis erbringen zu können. „Derart fettreich essen wohl nur die wenigsten Kinder und Jugendlichen“, sagt Meyer.

Über einen Grenzwert, wie hoch der Fettanteil der Nahrung sein darf, damit später keine Schäden am Präfrontalen Cortex entstehen, kann diese Studie denn auch nichts aussagen. Dies wurde auch nicht untersucht. „Wer einmal pro Woche fettreichen Fast Food isst, wird kaum betroffen sein.“

Dennoch findet Meyer, dass der Ernährung in der Zeit des Heranwachsens mehr Beachtung geschenkt werden muss. „Während der Adoleszenz sollten Kinder und Jugendliche möglichst ausgewogen und hochwertig essen.“

[1] *Adoleszenz: Endphase des Jugendalters*

*idw, red: Fettreiche Ernährung bremst Hirnreifung. In: Der Standard, 23.11.2016. Online: https://derstandard.at/2000048024055/Jugendliche-Fettreiche-Ernaehrung-bremst-Hirnreifung (10.05.2019)*

**b. ○**

Diskutieren Sie die zentralen Aussagen des Zeitungsberichtes. Überlegen Sie sich dabei folgende Fragen:

- Wenn Sie die zentralen Aussagen des Zeitungsberichtes ernsthaft in Betracht ziehen, sind Sie dann mit der derzeitigen Situation des Schulbuffets an Ihrer Schule zufrieden?
- Welchen persönlichen Wert hat für Sie gesunde Ernährung?
- Wie sollte ein Schulbuffet zusammengesetzt sein, um möglichst vielen Schülerinnen und Schülern gerecht zu werden?
- Welche Verbesserungsmöglichkeiten könnten umgesetzt werden?
- Wären Sie bereit, für ein tägliches warmes Mittagessen in der Schule zu bezahlen?
- Glauben Sie, dass die Ernährungsweise junger Menschen Einfluss auf den Lernerfolg, also auf die Leistung hat?
- Sollte die Kontrolle der Schulbuffets zentral erfolgen oder soll diese Aufgabe in der Autonomie jeder einzelnen Schule verbleiben?

**c. ●**

Fassen Sie das Resultat Ihrer Diskussionen zusammen und erstellen Sie ein Konzept für Ihren Kommentar. Clustern Sie Ihre Argumente, die Sie vorbringen wollen, und arbeiten Sie die Ergebnisse Ihrer Gruppenarbeit mit ein.

**d. ●**

Verfassen Sie, ausgehend von den Fakten des Berichtes „Fettreiche Ernährung bremst Hirnreifung“ einen **Kommentar**, der in der Schülerzeitung Ihrer Schule abgedruckt werden soll. Bearbeiten Sie dabei folgende Arbeitsaufträge:

- **Geben** Sie die Hauptaussagen des Berichts **wieder**.
- **Erläutern** Sie, wie man junge Menschen dazu bringen könnte, sich gesund zu ernähren, und welche Aufgabe der Schule in diesem Zusammenhang zukommen würde.
- **Entwerfen** Sie Zukunftsperspektiven, wie das Schulbuffet gestaltet werden sollte. **Appellieren** Sie dabei an das Gesundheitsbewusstsein Ihrer Mitschülerinnen und Mitschüler, bestimmte Lebensmittel und Getränke zu vermeiden und auf gesunde Ernährung zu achten.

Schreiben Sie zwischen 400 und 440 Wörter.

**e.** ●

Überprüfen Sie den Inhalt Ihrer Schreibproduktion anhand folgender Kriterien:

- Entspricht der Text dem Aufbau eines Kommentars?
- Haben Sie alle Operatoren des Arbeitsauftrages bearbeitet?
- Gibt es einen roten Faden, der sich durch Ihren Kommentar zieht?
- Ist die Intention Ihrer Schreibhandlungen (Informieren, Argumentieren, Überzeugen, Appellieren) nachvollziehbar?
- Haben Sie konkrete Vorschläge für ein zukünftiges Schulbuffet unterbreitet?
- Ist es Ihnen gelungen, den Appell an Ihre Mitschülerinnen und Mitschüler so überzeugend zu formulieren, dass die Realisierung eines Buffets mit gesunden Lebensmitteln möglich erscheint?

**f.** ● ●

Holen Sie kollegiales Feedback von einer Mitschülerin oder einem Mitschüler ein und tauschen Sie die Texte untereinander aus. Bitten Sie um Kommentare oder Fragen, wenn etwas unklar erscheint. Seien Sie auch Ergänzungen, Vorschlägen oder weiteren Ideen zum Text aufgeschlossen.

Korrigieren Sie Ihren Kommentar in einem eigenen Durchgang auf Schreib- und Sprachrichtigkeit (Orthografie, Grammatik, Stil).

**g.** ● ●

Berücksichtigen Sie die Tipps, die Sie erhalten, in Ihrer Überarbeitung und erstellen Sie eine Endfassung.

### 6.4.2 Die Meinungsrede (sRDP-Textsorte)

Wie teile ich meine Meinung einem Publikum mit, wie überzeuge ich meine Zuhörerinnen und Zuhörer? – Dies ist im Grunde die Intention jeder **Meinungsrede** und stellt damit den grundlegenden Kern der Funktion und Wirkung einer Rede dar. Die Meinungsrede zeigt meist Missstände auf und will überzeugen, sie ist handlungsorientiert und nicht bloß ein Statement zu einem aktuellen Ereignis. Bei einer Meinungsrede sollen Änderungen aktueller Zustände und Verbesserungsvorschläge dargestellt werden, d. h., der **Appell** spielt eine große Rolle bei dieser Textsorte. Deshalb sind auch die Gefühlsargumente, die das Handeln und Umdenken mitbeeinflussen, neben den Sachargumenten wichtige Stützen in der Rhetorik der Meinungsrede.

*siehe Kapitel „Kommunikation“*

Jede geübte Rednerin bzw. jeder geübte Redner legt ihre bzw. seine Rede konzeptuell schriftlich dar. Viele bedeutende Reden werden sogar in gedruckter Form veröffentlicht – deshalb ist es wichtig, eine Meinungsrede genauso wie jede andere Textsorte gut vorzubereiten, zu formulieren und im Anschluss zu überarbeiten. Eine besondere Rolle kommt anschließend dem Vortrag zu: Selbst eine großartige Rede kann durch einen langweiligen Vortrag zerstört werden und vollkommen ihre Wirkung verfehlen! Deshalb ist bei der Meinungsrede ein besonderes Gewicht auf einen stimulierenden Vortrag zu legen – dieser bedarf einer speziellen Vorbereitung und eines guten Trainings!

#### Aufbau einer Meinungsrede

sRDP

- **Titel:** Verschriftlichte - und veröffentlichte - Reden haben meist einen Titel.
- **Einleitung:** Wecken Sie das **Interesse** Ihrer Zuhörerinnen und Zuhörer! Dies erreichen Sie nicht durch einen direkten Einstieg in das Thema, sondern durch eine originelle, jedoch nicht übertriebene Hinführung zur eigentlichen Problematik. Erst dann erfolgt eine zweite, sozusagen „seriöse“ Einleitung, welche das Thema aufgreift.
  Leitfragen: „Warum spreche ich?“, „Was ist der Anlass?“
- **Hauptteil:** Die Kerngedanken werden zumeist mittels drei bis fünf **Argumenten** dargestellt, Vorschläge werden sachlich begründet und mit **Beispielen** unterlegt. Zeigen Sie schlüssig, welche Vorteile es bringt, wenn man so handelt, wie Sie argumentieren.
  Leitfragen: „Was war?“, „Was ist?“, „Wie sollte etwas idealerweise sein?“
- **Schlussteil:** Ein **Appell** fordert die Zuhörerinnen bzw. Zuhörer zum Handeln auf. Stellen Sie eine wünschenswerte Zukunftsperspektive dar, die durch Umdenken und Agieren erreicht wird.
  Leitfrage: „Was können/müssen wir tun, um den Idealzustand herzustellen?“
- Die Meinungsrede ist eine Textsorte, die vor allem Schreibkompetenz der Bereiche Reorganisation, Transfer und Reflexion verlangt.

abc

**17 Aufgabenstellung** sRDP

**a.** ●

Lesen Sie die Textvorlage „Frauen studieren öfter Massenfächer“, die in der Tageszeitung „Die Presse“ erschienen ist, und unterstreichen Sie die wesentlichen Aussagen des Textes. Recherchieren Sie Ihnen unbekannte Wörter und eventuell zusätzliche Informationen über die Studienvorlieben von Studentinnen und Studenten.

## Frauen studieren öfter Massenfächer

**Studentinnen sind schneller und erfolgreicher, wechseln nach dem Erstabschluss aber seltener in Master oder Doktorat. Das zeigt ein Zusatzbericht zur Studierenden-Sozialerhebung.**

Studentinnen wenden mehr Zeit für ihr Studium auf, studieren schneller, absolvieren häufiger einen Auslandsaufenthalt und erreichen öfter einen Abschluss als ihre männlichen Kommilitonen[1]. Sie wählen aber auch häufiger Massenfächer, wechseln nach dem Erstabschluss seltener in weiterführende Studien und verdienen im Beruf weniger. Das zeigt ein am Dienstag präsentierter Zusatzbericht der Studierenden-Sozialerhebung zur „Situation von Studentinnen“.

Für die im Auftrag des Wissenschaftsministeriums vom Institut für Höhere Studien (IHS) durchgeführte Sozialerhebung wurde im Sommersemester 2011 eine Online-Umfrage an allen öffentlichen Unis, Fachhochschulen und Pädagogischen Hochschulen durchgeführt. 44 000 Fragebögen wurden dabei verwertet. Insgesamt sind 54 Prozent der Studierenden an den Hochschulen Frauen. „Das ist übrigens eines der ausgewogensten Verhältnisse in Europa“, so Studienautor Martin Unger.

Auffällig ist die unterschiedliche Fächerwahl der Geschlechter: In Pädagogik- bzw. Lehramtsstudien liegt der Frauenanteil bei 74 Prozent, in den Geisteswissenschaften bzw. der Kunst sind es 67, in den Agrar- bzw. Veterinärwissenschaften 65 Prozent und in der Gesundheit bzw. sozialen Diensten 63 Prozent. Umgekehrt sind nur 27 Prozent der Studenten in der Fächergruppe Ingenieurswesen / Herstellung / Baugewerbe Frauen, in den Naturwissenschaften, Mathematik und Informatik sind es 35 Prozent. Selbst innerhalb der Fächergruppen gibt es Unterschiede: In den Naturwissenschaften weist die Psychologie einen hohen Frauenanteil auf, die Biotechnologie einen hohen Männeranteil.

Generell wählen Frauen häufiger überfüllte Fächer. „Daraus ergeben sich Probleme, die Männer und Frauen zwar gleich stark betreffen, aber da Frauen diese Fächer häufiger studieren, sind sie häufiger betroffen“, so Unger. Frauen weisen deshalb eine geringere Studienzufriedenheit auf, klagen häufiger über Stress und psychische Probleme sowie Zeitverlust im Studium. Trotzdem studieren Frauen etwas schneller und erreichen häufiger einen Abschluss als Männer.

Allerdings wechseln Frauen nach dem Erstabschluss seltener in ein weiterführendes Studium als Männer. Der Grund dafür liege hauptsächlich erneut in der Fächerwahl, so Studienautorin Petra Wejwar. Frauen studierten vor allem Fächer, in denen Studenten generell auf ein Master- bzw. Doktoratstudium verzichten. Dazu kämen in geringerem Ausmaß finanzielle Probleme und unterschiedliche Karrieremotive bei Frauen.

Keine Unterschiede zwischen den Geschlechtern gibt es in der Erwerbsquote: Jeweils 63 Prozent der weiblichen und männlichen Studenten sind erwerbstätig. Allerdings arbeiten Frauen neben dem Studium seltener Vollzeit, erzielen deshalb ein geringeres Erwerbseinkommen, sind seltener in regulären Dienstverhältnissen und seltener studienadäquat beschäftigt. Folge sind der häufigere Verbleib in „Studentenjobs“ und weniger Praxiserfahrung.

Nach wie vor existiert ein geschlechtsspezifischer Einkommensunterschied. Erwerbstätige Studentinnen verdienen pro Arbeitsstunde bis zu zehn Prozent weniger. In den technischen Fächern und den Geisteswissenschaften liegen die Gründe dafür vor allem in der Studienfachwahl und im Alter der Studenten, in den Sozialwissenschaften bleiben die Einkommensunterschiede aber auch bei gleichem Studium und gleichen persönlichen Merkmalen bestehen.

Folge ist, dass Studentinnen pro Monat im Schnitt um 80 Euro weniger zur Verfügung haben als ihre männlichen Kommilitonen. Neben geringerem Erwerbseinkommen erhalten sie aber auch von ihren Eltern weniger Unterstützung.

Unmittelbare Konsequenzen aus dem Bericht will Wissenschaftsminister Karlheinz Töchterle[2] (ÖVP) nicht ziehen. Viele Ursachen der Geschlechterunterschiede würden zudem nicht in den Hochschulen selber liegen. Daneben gebe es bereits Maßnahmen wie diverse Förderprogramme und die 40-prozentige Frauenquote in den Uni-Gremien.

*O. V.: Frauen studieren öfter Massenfächer. In: Die Presse, 23.07.2013. Online: https://diepresse.com/home/bildung/universitaet/1433563/Frauen-studieren-oefter-Massenfaecher?from=suche.intern.portal (10.05.2019)*

[1] *Kommilitone: Studienkollege*
[2] *Karlheinz Töchterle: Minister für Wissenschaft und Forschung (2011–2013)*

**b.** ○
Diskutieren Sie Aussagen des Berichts über das Studierverhalten junger Frauen bzw. Männer, die Ihnen wichtig erscheinen, und überlegen Sie sich dabei Antworten auf folgende Fragen:

- Welche Hilfestellungen sollten Studienanfängerinnen und -anfängern angeboten werden, damit sie sich für Fächer entscheiden, die nicht von der Masse der Studierenden belegt werden?
- Wie könnte man das Interesse an typischen Männerberufen bei Frauen bzw. an typischen Frauenberufen bei Männern wecken?
- Welche staatlichen Unterstützungsmöglichkeiten würden Sie besonders für junge studierende Eltern sinnvoll finden, damit ein Studium ohne Doppelbelastung beendet werden kann?

**c.** ●
Fassen Sie die Ergebnisse des Klassengesprächs zusammen und überlegen Sie, wie Sie Ihre Meinungsrede aufbauen würden. Sammeln Sie stichwortartig alle Argumente, die Sie vorbringen wollen.

**d.** ●
Verfassen Sie eine **Meinungsrede** für Jugendliche, die vor der Entscheidung für ein Studium stehen. Bearbeiten Sie dabei folgende Arbeitsaufträge:

- **Fassen** Sie die Hauptaussagen des Berichts kurz **zusammen**.
- **Erläutern** Sie die Notwendigkeit, sich bei der Wahl eines Studiums gründlich zu informieren und seine Begabungen genau zu testen, um nicht in die „Falle" des Massenstudiums zu tappen.
- **Appellieren** Sie an die Verantwortlichen, angehende und bereits Studierende bestmöglich zu beraten und zu unterstützen.

Schreiben Sie zwischen 400 und 440 Wörter.

**e.** ● ●
Machen Sie die Probe aufs Exempel und überprüfen Sie mittels Klangprobe den Inhalt anhand folgender Kriterien:

*siehe Band 1, Kapitel „Schreibprozesse"*

- Entspricht der Text dem Aufbau einer Meinungsrede?
- Haben Sie alle Operatoren des Arbeitsauftrages bearbeitet?
- Ist die Intention Ihrer Rede nachvollziehbar?
- Ist der Text auch schlüssig, wenn man die Textvorlage nicht kennt?
- Konnten Sie Ihre Standpunkte sachlich darstellen und einen eindeutigen Appell positionieren?

**f.** ●
Korrigieren Sie Ihre Meinungsrede im Hinblick auf orthografische, grammatikalische und stilistische Richtigkeit. Konzentrieren Sie sich bei diesem Lesedurchgang nicht so sehr auf den Inhalt, sondern achten Sie auf die Schreib- und Sprachrichtigkeit des Textes. Überarbeiten Sie daraufhin Ihre Rede.

## 18 Aufgabenstellung sRDP

**a.** ●

Lesen Sie die Textvorlage „Jugend 2017: Selbstdarstellung, Abstiegsangst und die große Verunsicherung", die im „Standard" erschienen ist und sich mit den Lebenswelten der Jugendlichen beschäftigt.

### Jugend 2017: Selbstdarstellung, Abstiegsangst und die große Verunsicherung

**Interview: Jugendforscher Philipp Ikrath hält nichts davon, junge Menschen nach Generationen mit dem Namen X, Y, Z einzuteilen. Ein Gespräch darüber, wie die Jugend heute tickt.**

**KURIER: Herr Ikrath, was bewegt die jungen Leute heute?** Ihr wichtigster Bezugspunkt ist der eigene soziale Nahbereich: Freundeskreis, Familie und im weiteren Sinne das eigene Fortkommen. Wir sehen, dass die jungen Leute heute stärker als früher auf die Gruppe der ihresgleichen fixiert sind. Sie sind sehr stark in ihrem sozialen Milieu eingeschlossen, außerhalb gibt es wenig, das sie interessiert.

**Jugendgruppen wie Punks, Raver, Alternative, Metaler oder Emos gibt es ja kaum noch.** Dieses Szeneleben der 80er- und 90er-Jahre ist ziemlich vorbei. Das drückt sich stark auf einer ästhetischen Ebene aus, aber grade die oberflächlichen Unterschiede sind viel weniger stark ausgeprägt.

**Worauf führen Sie zurück, dass es optisch nur noch wenig Abgrenzung bei den Jungen gibt?** Das hängt damit zusammen, dass sich die Leute heute schwer tun, sich zu etwas zu bekennen. Das Bekenntnis zu einer Jugendkultur ist ja nicht nur ein Fashion-Bekenntnis, sondern bedeutet auch, sich zu einer Wertehaltung zu bekennen. Davor gibt es heute eine Scheu. Die Jugendlichen sind verängstigt und wollen eher mitschwimmen, als selbstbewusst eigene Wege gehen.

**Woran merken Sie das?** Der Jugendgeneration heute fehlt der Optimismus voran gegangener Generationen. Sowohl in Bezug auf die Jugendkulturen, die früher etwas verändern wollten – und auch daran geglaubt haben, dass sie dazu fähig sind – als auch auf die Frage nach dem sozialen Aufstieg.

**Ist der für die Jungen überhaupt noch möglich?** Früher haben die Leute an einen sozialen Aufstieg geglaubt, heute nicht mehr. Es gibt da die Metapher der Rolltreppen-Gesellschaft. Sie besagt, dass sich der Mensch aktuell in der Situation befindet, wo er nicht mehr auf einer Rolltreppe nach oben befördert wird und sich sein Leben verbessern kann, sondern gegen eine nach unten fahrende Rolltreppe anrennt und auf der Stelle bleibt. Wenn es um Statuserhalt geht, kann man sich keine ästhetischen und weltanschaulichen Extravaganzen leisten.

**Was bedeutet für junge Leute heute Glück und Erfolg?** Glück und Erfolg hängen mit der Selbstverwirklichung im privaten und beruflichen Leben zusammen. Es gibt eine sehr starke Orientierung auf das eigene Leben und dass man es zu etwas bringt.

[...]

**Und wovor haben die jungen Leute Angst?** Den eigenen Status oder den der Familie nicht mehr halten zu können. Sie fürchten sich nicht vor einem Atomkrieg oder Naturkatastrophen, sie haben Abstiegsängste. Die größte Sorge ist, dass sie an ihren Vorstellungen eines gelingenden Lebens scheitern könnten.

[...]

**Es heißt, Besitz sei nicht mehr so wichtig. Inwiefern haben sich die Statussymbole von jungen Leuten verändert?** Gerade am Land, wo die öffentlichen Anbindungen schlecht sind, spielt das Auto eine Rolle. Wahnsinnig stark verändert hat sich, was überhaupt noch als Statussymbol gilt. In den tonangebenden sozialen Milieus sind Statussymbole nicht mehr Dinge, die man sich mit Geld kaufen kann.

[...]

**Den Jungen wird gern vorgeworfen unpolitisch zu sein. Hat sich nicht einfach die Art politischen Engagements verändert?** Die Sphäre des reinen Politischen interessiert die Jugendlichen tatsächlich relativ wenig. Eine bestimmte politische Haltung wird heute über den Konsum bestimmter Produkte ausgedrückt. [...]

**Suchen junge Menschen Bestätigung im Internet?** Der Bestätigungsaspekt ist unfassbar wichtig. Man muss sich ja nur vorstellen, was passiert, wenn sich jemand ein schickes, neues Kleid kauft, das auf Instagram (in dem sozialen Netzwerk werden vor allem Fotos veröffentlicht, Anm.) postet und keine Likes dafür bekommt. Das ist eine mittelschwere Katastrophe.

**Weil es da wieder um Kompensieren von Unsicherheit geht?** Ja. Diese Fassade, die da durch manisches Posten aufrecht erhalten werden muss, hängt ganz stark zusammenhängt mit der inneren Unsicherheit. [...]

***Biografie:*** *Philipp Ikrath ist 1980 in Wien geboren, studierte Germanistik und Theaterwissenschaften und absolvierte die Fachhochschule für Marketing und Sales. Seit 2005 ist er Studienleiter beim Forschungsinstitut „tfactory" in Hamburg. Seit 2012 auch wissenschaftlicher Leiter vom Institut für Jugendkulturforschung.*

*Schrenk, Julia; Breineder, Christa: Jugend 2017: Selbstdarstellung, Abstiegsangst und die große Verunsicherung. In: Kurier, 09.07.2017. Online: https://kurier.at/politik/inland/wahl/jugend-2017-selbstdarstellung-abstiegsangst-und-die-grosse-verunsicherung/274.054.991 (10.05.2019), gekürzt*

**b.** ○

Diskutieren Sie in einem Klassengespräch folgende Fragen:

- Wie sehen Sie sich selbst als Jugendliche bzw. Jugendlicher?
- Was bedeuten Ihnen Glück und Erfolg?
- Wie wichtig ist Ihnen der Besitz von Statussymbolen wie das eigene Auto?
- Sind Jugendliche von heute politisch engagiert oder politikverdrossen? Über welche Medien erfolgt die Meinungsbildung bezüglich Politik?
- Welchen Stellenwert nimmt eine ausgewogene Work-Life-Balance bei jungen Menschen ein?
- Suchen Jugendliche wirklich Bestätigung im Internet?

**c.** ●

Halten Sie die Ergebnisse Ihres Klassengespräches schriftlich fest und konzipieren Sie daraus Ihre Meinungsrede zum Thema „Die Jugend heute – wie sieht sie sich selbst?“. Halten Sie Argumente, die Sie unbedingt einbringen wollen, stichwortartig fest.

**d.** ●

Verfassen Sie nun Ihre **Meinungsrede** für Jugendliche. Bearbeiten Sie dabei folgende Arbeitsaufträge:

- **Geben** Sie die Hauptaussagen des Berichts kurz, in ein bis zwei Sätzen, **wieder**.
- **Erläutern** Sie, welche Werte und Aktivitäten für Jugendliche wichtig sind und bei welchen Themen die Politik gefragt wäre, sich der jugendlichen Wählerinnen und Wähler anzunehmen.
- **Appellieren** Sie an die Jugendlichen, sich zu engagieren und die Zukunft durch Mitbestimmung selbst in die Hand zu nehmen.

Schreiben Sie zwischen 400 und 440 Wörter.

**e.** ●

Überprüfen Sie Ihre Rede, ob sie inhaltlich alle Teilaufgaben abdeckt und ob der Text schlüssig dargestellt wird.

**f.** ●

Korrigieren Sie Ihre Meinungsrede auch im Hinblick auf die Schreib- und Sprachrichtigkeit und erstellen Sie eine Endversion.

**Reden** werden geschrieben, um vor Publikum gehalten zu werden. In einer Rede sollten Sie daher nicht nur rhetorische Stilmittel einsetzen und durch fachliche Argumente überzeugen, sondern auch durch Blickkontakt mit Ihrem Publikum sowie den Einsatz einer adäquaten Körpersprache überzeugen. Als Vorbereitung für eine gute Rede braucht es aber auch ein schriftlich verfasstes Manuskript, das gut und wirkungsvoll aufgebaut ist.

Im Kapitel „Kommunikation“ haben Sie gelernt, worauf Sie achten müssen, wenn Sie Ihre Rede, die Sie schriftlich ausgearbeitet haben, vor Publikum halten wollen, und welche Präsentationstechniken Sie einsetzen können.

*„Ein guter Redner hat das Manuskript im Kopf und nicht den Kopf im Manuskript.“ (Johann Wolfgang von Goethe, 1749–1832)*

**19 Aufgabenstellung**

O

Halten Sie eine Ihrer Meinungsreden, die Sie schriftlich ausgearbeitet haben, vor der Klasse und bitten Sie Ihre Mitschülerinnen und Mitschüler um ein Feedback. Verwenden Sie dafür den folgenden Bewertungsbogen.

abc

***Performanz, die:*** *Sprachverwendung in einer konkreten Situation*

| | ☺ | 😐 | ☹ |
|---|---|---|---|
| **sprachliche Performanz der Rede** | | | |
| Einleitung weckt das Interesse der Zuhörerinnen und Zuhörer | | | |
| kreativer Einstieg (rhetorische Frage, persönliche Erfahrung mit dem Thema, Geschichte, Demonstration etc.) | | | |
| Hinführung zur Thematik, Beschreibung der Problematik | | | |
| Art der Argumentationslinie (schwächstes eigenes bzw. stärkstes eigenes Argument, Gegenargumente) | | | |
| Ankündigung von Lösungsmöglichkeiten | | | |
| Aufforderung zum Handeln | | | |
| Zusammenfassung der Thematik und Schlussappell | | | |
| positiver Ausblick | | | |
| Einsatz rhetorischer Stilmittel | | | |
| **nonverbale und paraverbale Kommunikation der Rede** | | | |
| Blickkontakt mit dem Publikum | | | |
| Mimik, Gestik, Körperhaltung | | | |
| Stimmlage, Lautstärke, Betonung | | | |
| Sprechtempo angemessen | | | |

# 6.5 Interpretieren literarischer Texte

## 6.5.1 Textanalyse und Textinterpretation (sRDP-Textsorten)

*siehe Band 2, Kapitel „Schreibhandlungen“*

Für das Textverständnis eines literarischen Textes ist es wichtig, diesen aufmerksam zu lesen und im Anschluss daran den Text detektivisch genau zu untersuchen und auf Details und verschiedene Textmerkmale zu achten (**Textanalyse**). Erst durch diesen Lesevorgang entdeckt man textspezifische Besonderheiten, die eine gute, stichhaltige **Interpretation** erlauben.

Gehen Sie bei der Interpretation epischer Texte immer folgendermaßen vor:

**Vorarbeiten:**

- Lesen Sie den Text genau und aufmerksam, markieren Sie Ihnen unbekannte Wörter oder unklare Textstellen. Klären Sie diese unbekannten Stellen (Nachschlagewerke, etc.).

**Analyse:**

- Untersuchen Sie den Text nach formalen Kriterien, inhaltlichen und sprachlichen Kriterien.

**Interpretation:**

- Stellen Sie Hypothesen über die Intention der Autorin bzw. des Autors auf.
- Erklären Sie die Symbolik des Textes.
- Stellen Sie einen Zusammenhang zwischen der formalen und sprachlichen Analyse sowie der Interpretationshypothese her.

### 20 Aufgabenstellung

O

Wiederholen Sie, welche Analyse- und Interpretationskriterien für einen literarischen Text relevant sind.

### Interpretation eines epischen Textes

sRDP

- Die **Einleitung** enthält **Informationen** über die Autorin bzw. den Autor, die Quelle (Titel, Ort, Datum), die **Textgattung** und das **Thema**, eventuell auch den Kontext.
- Der **Hauptteil** besteht aus einer kurzen Inhaltsangabe sowie der **Textanalyse** (inhaltliche, formale und sprachliche Analyse) und **Interpretation**.

  **Textanalyse:**
  - **Formanalyse:** Erzählform, Erzählperspektive, Aufbau und Handlungsverlauf, Erzählstruktur, Erzählzeit und erzählte Zeit, Gestaltung des Raumes, Personenbeschreibung und Charakteristik
  - **Sprachanalyse:** Wortschatz, Satzstrukturen, Stilebenen, rhetorische Mittel

  **Textinterpretation:**
  - Symbolgehalt des Textes
  - Interpretationshypothese (erklärende und wertende Textauslegung)
  - Verknüpfung der formalen und sprachlichen Analyse mit der Interpretationshypothese
  - Wirkung bzw. mögliche Intention des Textes
- Im **Schlussteil** wird die Aussage der Autorin bzw. des Autors anhand der Analyse und Interpretation des Textes sowie einer ausführlichen Hintergrundrecherche formuliert. Abschließend kann die **eigene sachliche Meinung** über den Text zum Ausdruck gebracht werden.
- Sowohl **Analyse** als auch **Bewertung** und **Interpretation** (Deutung) des Textes und seiner Aussagen haben **sachlich** zu erfolgen. Mögliche Kritikpunkte sind mit Textstellen zu belegen.
- Die grammatikalische Zeitform ist das **Präsens**. Direkte Reden sind in die indirekte Redeweise umzuwandeln.

## 21 Aufgabenstellung sRDP

**a. ● ● ●**

Lesen Sie die Textvorlage „Saisonbeginn“ von Elisabeth Langgässer (S. 210). Markieren und klären Sie unbekannte Wörter oder Textstellen. Skizzieren Sie grob den Inhalt des Textes. Suchen Sie Informationen über die Autorin und stellen Sie erste Hypothesen auf, welche Intention Elisabeth Langgässer mit diesem Text verfolgt haben könnte.

**Elisabeth Langgässer** *(1899–1950), deutsche Schriftstellerin. Sie gehörte zu den christlich orientierten Schriftstellerinnen des 20. Jahrhunderts und wurde vor allem durch ihre Lyrik und ihre Erzählungen und Kurzgeschichten berühmt. Die Kurzgeschichte „Saisonbeginn“ wurde 1947 veröffentlicht.*

**b. ● ●**

Notieren Sie erste Analyseüberlegungen: Textsorte, Erzählform, Erzählperspektive, Aufbau und Handlungsverlauf, Erzählstruktur, Gestaltung von Raum und Zeit, Personenbeschreibung und -charakteristik, sprachliche Besonderheiten, Kernaussage des Textes.

**c. ● ●**

Stellen Sie erste Hypothesen über die Intention der Autorin auf.

**d. ●**

Verfassen Sie eine **Textinterpretation** der Textvorlage „Saisonbeginn“ und bearbeiten Sie dabei folgende Arbeitsaufträge:

- **Beschreiben** Sie kurz die Situation, die hier geschildert wird.
- **Analysieren** Sie die sprachlichen Kriterien und formalen Strukturen des Textes.
- **Deuten** Sie die Kernaussage des Textes.
- **Nehmen** Sie abschließend kritisch zu den Hauptaussagen des Textes **Stellung**.

Schreiben Sie zwischen 400 und 440 Wörter.

*Band 1, Kapitel „Schreibprozesse“*

**e. ●**

Überprüfen Sie den Inhalt Ihrer Interpretation mit Hilfe der Textlupe anhand folgender Kriterien:

- Entspricht der Text dem Aufbau einer Textinterpretation?
- Haben Sie alle Operatoren des Arbeitsauftrages bearbeitet?
- Gibt es einen roten Faden, der sich durch Ihre Interpretation zieht?
- Ist der Text in sich schlüssig?
- Konnten Sie Ihre Standpunkte sachlich richtig darstellen und kritisch zur Kernaussage des Textes Stellung nehmen?

**f. ● ●**

Korrigieren Sie in einer Partnerarbeit Ihre Interpretation auf orthografische, grammatikalische sowie stilistische Richtigkeit. Kennzeichnen Sie diese Stellen und machen Sie Lösungsvorschläge.

**g. ●**

Formulieren Sie Ihre Interpretation aufgrund der Tipps, die Sie bekommen haben, noch einmal um und erstellen Sie eine Endfassung Ihrer Arbeit.

## Elisabeth Langgässer – **Saisonbeginn**

Die Arbeiter kamen mit ihrem Schild und einem hölzernen Pfosten, auf den es genagelt werden sollte, zu dem Eingang der Ortschaft, die hoch in den Bergen an der letzten Paßkehre lag. Es war ein heißer Spätfrühlingstag, die Schneegrenze hatte sich schon hinauf zu den Gletscherwänden gezogen. Überall standen die Wiesen wieder in Saft und Kraft; die Wucherblume verschwendete sich, der Löwenzahn strotzte und blähte sein Haupt über den milchigen Stengeln; Trollblumen, welche wie eingefettet mit gelber Sahne waren, platzten vor Glück, und in strahlenden Tümpeln kleinblütiger Enziane spiegelte sich ein Himmel von unwahrscheinlichem Blau. Auch die Häuser und Gasthöfe waren wie neu: ihre Fensterläden frisch angestrichen, die Schindeldächer gut ausgebessert, die Scherenzäune ergänzt. Ein Atemzug noch: dann würden die Fremden, die Sommergäste kommen – die Lehrerinnen, die mutigen Sachsen, die Kinderreichen, die Alpinisten, aber vor allem die Autobesitzer in ihren großen Wagen ... Röhr und Mercedes, Fiat und Opel, blitzend von Chrom und Glas. Das Geld würde anrollen. Alles war darauf vorbereitet. Ein Schild kam zum anderen, die Haarnadelkurve zu dem Totenkopf, Kilometerschilder und Schilder für Fußgänger: Zwei Minuten zum Café Alpenrose.

An der Stelle, wo die Männer den Pfosten in die Erde einrammen wollten, stand ein Holzkreuz, über dem Kopf des Christus war auch ein Schild angebracht. Seine Inschrift war bis heute die gleiche, wie sie Pilatus entworfen hatte: J. N. R. J. – die Enttäuschung darüber, daß es im Grunde hätte heißen sollen: er behauptet nur, dieser König zu sein, hatte im Lauf der Jahrhunderte an Heftigkeit eingebüßt. Die beiden Männer, welche den Posten, das Schild und die große Schaufel, um den Pfosten in die Erde zu graben, auf ihren Schultern trugen, setzten alles unter dem Wegekreuz ab; der Dritte stellte den Werkzeugkasten, Hammer, Zange und Nägel daneben und spuckte ermunternd aus.

Nun beratschlagten die drei Männer, an welcher Stelle die Inschrift des Schildes am besten zur Geltung käme; sie sollte für alle, welche das Dorf auf dem breiten Paßweg betraten, besser: befuhren, als Blickfang dienen und nicht zu verfehlen sein. Man kam also überein, das Schild kurz vor dem Wegekreuz anzubringen, gewissermaßen als Gruß, den die Ortschaft jedem Fremden entgegenschickte. Leider stellte sich aber heraus, daß der Pfosten dann in den Pflasterbelag einer Tankstelle hätte gesetzt werden müssen – eine Sache, die sich von selbst verbot, da die Wagen, besonders die größeren, dann am Wenden behindert waren. Die Männer schleppten also den Pfosten noch ein Stück weiter hinaus bis zu der Gemeindewiese und wollten schon mit der Arbeit beginnen, als ihnen auffiel, daß diese Stelle bereits zu weit von dem Ortsschild entfernt war, das den Namen angab und die Gemeinde, zu welcher der Flecken gehörte. Wenn also das Dorf den Vorzug dieses Schildes und seiner Inschrift für sich beanspruchen wollte, mußte das Schild wieder näherrücken – am besten gerade dem Kreuz gegenüber, so daß Wagen und Fußgänger zwischen beiden hätten passieren müssen. Dieser Vorschlag, von dem Mann mit den Nägeln und dem Hammer gemacht, fand Beifall. Die beiden anderen luden von neuem den Pfosten auf ihre Schultern und schleppten ihn vor das Kreuz. Nun sollte also das Schild mit der Inschrift zu dem Wegekreuz senkrecht stehen; doch zeigte es sich, daß die uralte Buche, welche gerade hier ihre Äste mit riesiger Spanne nach beiden Seiten wie eine Mantelmadonna ihren Umhang entfaltete, die Inschrift im Sommer verdeckt und ihr Schattenspiel deren Bedeutung verwischt, aber mindestens abgeschwächt hätte. Es blieb daher nur noch die andere Seite neben dem Herrenkreuz, und da die erste, die in das Pflaster der Tankstelle überging, gewissermaßen den Platz des Schächers zur Linken bezeichnet hätte, wurde jetzt der Platz zur Rechten gewählt und endgültig beibehalten. Zwei Männer hoben die Erde aus, der dritte nagelte rasch das Schild mit wuchtigen Schlägen auf; dann stellten sie den Pfosten gemeinsam in die Grube und rammten ihn rings von allen Seiten mit größeren Feldsteinen an.

Ihre Tätigkeit blieb nicht unbeachtet. Schulkinder machten sich gegenseitig die Ehre streitig, dabei zu helfen, den Hammer, die Nägel hinzureichen und passende Steine zu suchen; auch einige Frauen blieben stehen, um die Inschrift genau zu studieren. Zwei Nonnen, welche die Blumenvase zu Füßen des Kreuzes aufs neue füllten, blickten einander unsicher an, bevor sie weitergingen. Bei den Männern, die von der Holzarbeit oder vom Acker kamen, war die Wirkung verschieden: einige lachten, andere schüttelten nur den Kopf, ohne etwas zu sagen; die Mehrzahl blieb davon unberührt und gab weder Beifall, noch Ablehnung kund, sondern war gleichgültig, wie sich die Sache auch immer entwickeln würde. Im ganzen genommen konnten die Männer mit der Wirkung zufrieden sein. Der Pfosten, kerzengerade, trug das Schild mit der weithin sichtbaren Inschrift, die Nachmittagssonne glitt wie ein Finger über die zollgroßen Buchstaben hin und fuhr jeden einzelnen langsam nach wie den Richtspruch an einer Tafel ...

Auch der sterbende Christus, dessen blasses, blutüberronnenes Haupt im Tod nach der rechten Seite geneigt war, schien sich mit letzter Kraft zu bemühen, die Inschrift aufzunehmen: man merkte, sie ging ihn gleichfalls an, welcher bisher von den Leuten als einer der ihren betrachtet und wohl gelitten war. Unerbittlich und dauerhaft wie sein Leiden, würde sie ihm nun für lange Zeit schwarz auf weiß gegenüberstehen.

Als die Männer den Kreuzigungsort verließen und ihr Handwerkszeug wieder zusammenpackten, blickten alle drei noch einmal befriedigt zu dem Schild mit der Inschrift auf. Sie lautete: „In diesem Kurort sind Juden unerwünscht."

*Langgässer, Elisabeth: Saisonbeginn. In: Der Torso. Hamburg, Claasen, 1947, S. 15, Originalschreibweise*

## 22 Aufgabenstellung sRDP

**a.** ●●●

Lesen Sie die Textvorlage „Das letzte Paradies: Und Gott besah sich seinen Apfelbaum" (S. 212) von Till Bastian, die in der Wochenzeitung „Die Zeit" erschienen ist. Markieren und klären Sie unbekannte Wörter oder Textstellen. Recherchieren Sie die wesentlichen Inhalte der biblischen Schöpfungsgeschichte. Skizzieren Sie grob den Inhalt des Textes. Suchen Sie Informationen über den Autor und stellen Sie erste Hypothesen auf, welche Intention Till Bastian mit diesem Text verfolgt haben könnte.

**Till Bastian** *(geb. 1949 in München), deutscher Mediziner, Publizist und Autor. In zahlreichen Publikationen und Sachbüchern befasst er sich mit der Friedensforschung sowie psychologischen und medizinischen Themen.*

**b.** ●●●

Notieren Sie erste Analyseüberlegungen: Textsorte, Erzählform, Erzählperspektive, Aufbau und Handlungsverlauf, Erzählstruktur, Gestaltung von Raum und Zeit, Personenbeschreibung und -charakteristik, sprachliche Besonderheiten, Kernaussage.

**c.** ●●●

Stellen Sie Hypothesen über die Intention des Autors auf. Welche Symbolik könnte in diesem Text stecken?

**d.** ●

Verfassen Sie danach eine **Textinterpretation** zur Textvorlage „Das letzte Paradies: Und Gott besah sich seinen Apfelbaum". Bearbeiten Sie dabei folgende Arbeitsaufträge:

- **Geben** Sie den Inhalt des Textes kurz **wieder**.
- **Untersuchen** Sie die sprachlichen Kriterien und formalen Strukturen des Textes.
- **Analysieren** Sie die Kernaussage des Textes.
- **Bewerten** Sie den Symbolgehalt des Textes.

Schreiben Sie zwischen 400 und 440 Wörter.

**e.** ●●●

Analysieren Sie nacheinander im Rahmen einer Schreibkonferenz zu dritt eine Textinterpretation eines jeden Teammitglieds. Lesen Sie den Text laut vor. Die restlichen Gruppenmitglieder äußern spontan ihre Eindrücke und stellen Fragen zum Inhalt sowie zur Sprache und machen Formulierungs- bzw. Korrekturvorschläge.

*siehe Band 1, Kapitel „Schreibprozesse"*

**f.** ●

Arbeiten Sie Ihre Textinterpretation unter Berücksichtigung der Tipps, die Sie in der Schreibkonferenz bekommen haben, noch einmal um und erstellen Sie eine Endfassung Ihrer Arbeit.

Das letzte Paradies

## Und Gott besah sich seinen Apfelbaum

Mit Wohlgefallen betrachtete Gott seinen alten Apfelbaum. Obschon der seit Jahren keine Früchte mehr trug, konnte er noch immer als Schmuckstück des Parks gelten. Schmunzelnd gedachte Gott des Pärchens, das er vor langer Zeit dieses Parks verwiesen hatte – von ihm in einer Laune und aus Langeweile gefertigte Geschöpfe, die sich als frech, listig und vorwitzig erwiesen hatten. Auch nach ihrer Austreibung hatte es immer wieder Ärger mit ihnen gegeben: die Sache mit Kain zum Beispiel und danach noch manches andere, auch die in einem Wutanfall angeordnete Sintflut hatte nur wenig geändert.

Dann geschah irgendwann – die Zeitläufe schienen sich Gott ins Unermeßliche zu dehnen – diese furchtbare Geschichte mit Jesus. Seither hatte Gott von der Welt genug, übergenug. Er ließ den Dingen ihren Lauf – und die Menschen auf der Erde, so hatte es den Anschein, ließen Gott einen guten Mann sein und kümmerten sich so wenig um ihn wie er sich noch um sie. Damit hätte es eigentlich sein Bewenden haben können, zumal Gott sich seines Gartens und des Getiers ringsum erfreute und – wie erwähnt – immer wieder mit Wohlgefallen seinen alten Apfelbaum besah.

So auch jetzt, da ihn ein plötzliches Geräusch seinem stillen Glück der Betrachtung entriß. Den Kopf wendend, erblickte er einen Menschen. Wieso hatten die Seraphim[1] den hereingelassen? Wut stieg in ihm auf, doch entschied er sich, gütig sein zu wollen, und so richtete er ein mildes Auge auf den Erdling.

„Sie wünschen?"

Der Eindringling räusperte sich. „Hm, ähm – entschuldigen Sie, daß ich so hereinplatze. Spreche ich mit dem Herrn Gott?"

„In der Tat – höchstselbst."

Der Besucher reichte Gott ein Kärtchen. „Dr. Hans P. Adam" stand darauf, und noch einiges andere (zum Beispiel „Bauträgergesellschaft"), was Gott sonderbar anmutete.

„Nun, Sie erscheinen hier etwas – äh – unvermutet. Aber Ihr Name kommt mir bekannt vor. Sagen Sie, hat nicht ..."

„Ach so, ja, ich weiß genau, was Sie meinen. Ja, ein entfernter Verwandter von mir hat einmal hier gewohnt ... ist aber schon ewige Zeiten her. Es war, glaube ich, kein sehr angenehmer Zeitgenosse. Irgendwie gab es Ärger wegen des Apfelbaumes. Nun, das tut mir leid, obschon ich ... also ich hoffe nicht, daß ..."

„Schon gut, schon gut", hörte Gott sich selber sagen und ärgerte sich fast ein wenig wegen dieses beschwichtigenden Tonfalls. „Es ist in der Tat schon lange her. Und wegen des Apfelbaumes werden Sie ja" – er wollte dem Gespräch eine heitere Note geben – „gewiß nicht hier bei mir vorsprechen wollen."

„Nein, in der Tat nicht, mein Herr. Mit solchen Kleinigkeiten geben wir uns nicht ab. Wir kommen wegen des Grundstückes."

„Wie bitte?"

„Nun, ich sagte es doch, wegen des Grundstückes. Eine solche Parkanlage – das ist ja wirklich eines der letzten, nein das letzte Paradies auf Erden. Deshalb werden Sie verstehen ... Also ohne Umschweife: Wir wollen hier eine große Ferien-Erlebniswelt aufziehen, eine gigantische Anlage, differenziertes Angebot, von Badegrotten bis zum Meditationsgarten, also für alle Geschmäcker etwas, Sie können die Pläne natürlich einsehen, wenn Sie wollen. Romantik-Club Eden wollen wir es nennen. Daß Sie an dem alten Apfelbaum hängen, wissen wir natürlich, und ich darf Ihnen versichern, das ist das geringste Problem. Wir erhalten ihn und bauen eine Sonnenterrasse ringsherum. Eine Gartenwirtschaft ‚Zum Baum der Erkenntnis' kommt daneben, und unsere Animateure[2] können diese putzige alte Geschichte ja gerne aufgreifen, und ..."

„Raus!" sagte Gott, „raus hier!"

„Na hören Sie mal! Sie sollten sich das alles wirklich durch den Kopf gehen lassen. Natürlich kann ich verstehen, daß Sie nicht von heute auf morgen ... aber immerhin, ich ..."

„Raus!"

Und Gott rief den Engel mit dem Flammenschwert.

Dies schützte ihn aber nicht davor, sich noch eine Weile den Wortschwall des Herrn Adam anhören zu müssen, der jetzt von starken Händen zum Ausgang des Parks gestoßen wurde ...

„Hören Sie, das können Sie nicht mit uns machen! Es war ein faires Angebot! Sie mögen darüber lachen, aber die Konditionen werden gewiß nicht besser! Sie werden noch an mich denken!" („Da hat er recht", dachte sich Gott.) „Nicht einmal Sie können dem Zug der Zeiten trotzen! Erlebnistourismus ist die Wachstumsbranche. Und wenn Sie meinen, hier in aller Beschaulichkeit ..."

Das Gezeter verklang in der Ferne. Gott besah sich seinen Apfelbaum – allerdings recht mißvergnügt.

„Baum der Erkenntnis", murmelte er bei sich. „Da gibt es nichts mehr zu verhindern. Die wollen nicht nur allmächtig sein, die sind mir über."

Und Gott dachte an die Planierraupen und Bagger, die wohl bald das Gelände hier umpflügen würden, und er erkannte, daß er einen Fehler gemacht hatte. Aber das war lange her.

*Bastian, Till: Das letzte Paradies: Und Gott besah sich seinen Apfelbaum. In: Die Zeit, 23.12.1994, Nr. 52. Online: https://www.zeit.de/1994/52/und-gott-besah-sich-seinen-apfelbaum (10.05.2019), Originalschreibweise*

[1] *Seraphim (hebräische Pluralform für Seraph): sechsflügeliger Engel*

[2] *Animateur: jemand, der von einem Reiseunternehmen oder Hotel zu dem Zweck angestellt wurde, die Gäste zu unterhalten (z. B. durch Spiele und Sportangebote)*

23 **Aufgabenstellung** sRDP

●●●

**a.**

Lesen Sie die Textvorlage „Ein Tag ohne Ende“ von Manfred Overmann. Skizzieren Sie grob den Inhalt des Textes. Analysieren Sie den Text nach formalen und sprachlichen Kriterien. Stellen Sie erste Hypothesen auf, welche Intention der Autor mit diesem Text verfolgt haben könnte.

**b.**

Verfassen Sie eine **Textinterpretation** der Parabel „Ein Tag ohne Ende“ und bearbeiten Sie dabei folgende Arbeitsaufträge:

- **Beschreiben** Sie kurz die Situation, die hier geschildert wird.
- **Untersuchen** Sie die formalen und sprachlichen Mittel, mit denen der Autor die Situation darstellt.
- **Erklären** Sie die Bedeutung des Titels „Ein Tag ohne Ende“.
- **Bewerten** Sie den Symbolgehalt der Axt.

Schreiben Sie zwischen 300 und 350 Wörter.

**Manfred Overmann** *(geb. 1957), deutscher Lyriker, der neben Gedichten vor allem gesellschaftskritische literarische Kurzformen wie Satiren und Parabeln verfasst*

## Ein Tag ohne Ende

Seit Tagen saß er da – am Fluß auf dem abgeschlagenen Birkenstamm. –

Eines Morgens war er hierhergekommen, um die alte Birke mit seiner Axt zu fällen; in dem strengen Winter mangelte es ihm an Holz. Er tat es nur ungern, denn die Birke und er waren seit Jahren Freunde, und sie erinnerte ihn an seine Kindheit, als er mit seinem Vater an dieser Stelle zum Angeln ging. Dennoch mußte er die alte Birke fällen, wenn er nicht die Nächte, in Mantel und Decken gehüllt, bei seinen Schafen verbringen wollte, denen er an besonders kalten Tagen ein wenig von ihrer Herdenwärme stahl.

Im Morgengrauen brauchte er vor dem Entdecktwerden durch die noch schlafenden Dorfbewohner keine Furcht zu haben, denn die Bauern versorgten das Vieh im Stall. – Auf den Feldern schimmerte unter trübem Nebel eine weiße Frostdecke, der Wind heulte und jagte ungehindert bis an das andere Ufer des Flußes, wo er auf den Widerstand des Birkenwaldes traf, der unter seiner Wucht zu leiden schien, und die dünnen Stämme, Äste und blattlosen Zweige stöhnten und ächzten.

Der Alte hatte Mitleid mit den Bäumen, deren nackter bleicher Körper im Winter nicht unter dem Schutze des Blättermantels stand, der ihn vor der Kälte hätte schützen können. Nicht die langen weißen Beine, sondern die Krone, der Oberkörper, wie er meinte, litt so sehr unter der Kälte des Winters, daß er glaubte, sie zittern und frösteln zu hören.

Die zu stumpfe Axt machte ihm seine Aufgabe nicht leicht, da er bald schwitzend stöhnte, bald naß vom Winde ergriffen vor Kälte zitterte. Um sich wieder zu erwärmen, zwang der sich zu einem noch stärkeren, fast wütenden Arbeitseifer, doch seine Arme schmerzten und seine Glieder wurden vor klirrender Kälte starr und steif.

Mit beiden Händen schwang er die Axt und hub tiefe Wunden in die breiten Seiten der Birke, bis diese keine Kraft mehr hatte und zu Boden fiel. Weißes Blut umgab den Baumstumpf und erfüllte die Luft; der Wind wehte die leichten Lebensfasern in den Fluß des Vergessens.

Erschöpft setzte sich der Alte auf den Stamm und starrte ins Wasser. Er war so müde wie die Birke, die tot zu seinen Füßen lag.

*Overmann, Manfred: Ein Tag ohne Ende. In: Parabeln – Kurzprosa. Online: http://www.ph-ludwigsburg.de/html/2b-frnz-s-01/overmann/lyrik/parabel.htm (02.06.2014), Originalschreibweise*

# 6.6 Einführung in das wissenschaftliche Arbeiten

Im Laufe Ihrer schulischen Ausbildung sind Sie immer wieder damit konfrontiert, Arbeiten zu einem bestimmten Thema zu verfassen. Es ist daher notwendig, bereits bei Arbeiten geringeren Umfangs **wissenschaftlich korrekt** vorzugehen, das heißt, Quellen zu recherchieren und offenzulegen sowie eigene Erkenntnisse und Befunde richtig darzulegen.

## 6.6.1 Die Literaturrecherche

Eine seriöse **Literaturrecherche** zu einem Thema bedeutet, Lexika, Fachliteratur und Bibliotheken zu nutzen sowie Literaturdatenbanken und das Internet mit Hilfe von verschiedenen Suchmaschinen zu durchforsten. Zu Beginn der Recherche ist es daher wichtig, das Thema genau abzustecken und erste Literaturempfehlungen einzuholen. In dieser Standardliteratur findet man im Literaturverzeichnis weiterführende Literatur und kann so in die Tiefe des Themas eindringen.

### 24 Aufgabenstellung

●●●

Recherchieren Sie zu einem der untenstehenden Themen möglichst viele Quellen. Suchen Sie zunächst in einer Bibliothek Fachliteratur und ziehen Sie erst in einem weiteren Schritt das Internet zu Rate.

- Forschungszentrum CERN
- Literatur der Schweiz nach 1945
- Mode der 30er-Jahre des 20. Jahrhunderts
- virales Marketing
- eine Kunstepoche Ihrer Wahl
- ein Thema freier Wahl

Verwenden Sie für Ihre Recherche im Internet verschiedene Suchmaschinen. Denken Sie daran, die Quellen, die Sie recherchiert haben, übersichtlich in einem Dokument nach Schlagwörtern geordnet zu notieren.

Eine große Herausforderung bei der Recherchetätigkeit ist es, die gesammelte Literatur zu einem Thema entsprechend zu verwalten und für das Schreiben der Arbeit auffindbar und verwertbar zu machen. Für größere Arbeiten ist es sinnvoll, eine Software zur Literaturverwaltung zu verwenden. Für Arbeiten geringeren Umfangs sollten Sie Ihre gesammelten Informationen clustern und eventuell ein **Stichwortverzeichnis** erstellen, mit welchem die für Ihr Thema erforderlichen Informationen jederzeit abrufbar sind.

*siehe Band 1, Kapitel „Ideen finden“*

In einem **Literaturverzeichnis**, das jeder Arbeit angeschlossen werden sollte, werden in alphabetischer Reihenfolge alle Literaturbelege und Daten**quellen** angeführt, die in der Arbeit wortwörtlich oder dem Sinn nach verwendet wurden.

Man unterscheidet dabei zwischen:

- **Primärliteratur/Quellen:** alle durch menschliches Handeln entstandenen oder veränderten Texte (Urkunden, Verträge, Statistiken, Interviews etc.), Gebrauchsgegenstände, Kunstwerke etc., die Teil der Forschung sind
- **Sekundärliteratur:** alle wissenschaftlichen Texte, die bereits über Quellen veröffentlicht wurden

**25 Aufgabenstellung**
●●●

Nehmen Sie die Quellen, die Sie für Aufgabenstellung 22 recherchiert haben, nochmals zur Hand. Clustern Sie die gefundene Literatur nach entsprechenden Stichwörtern und speichern Sie Ihre Dokumente in Ordnern auf Ihrem PC ab. Sie können Ihre Kopien auch übersichtlich geordnet in Mappen ablegen. Entwickeln Sie ein Farbleitsystem, nach welchem Sie Literatur zum Kernproblem und ergänzende Literatur kennzeichnen. Auch ein System mit Karteikärtchen kann sich bewähren.

Diskutieren Sie in der Gruppe, welche Ordnung für Sie in Frage kommt und am übersichtlichsten sein könnte.

## 6.6.2 Quellen offenlegen

Wissenschaftliches Arbeiten heißt, sich mit bereits behandelten Fragestellungen auseinanderzusetzen sowie fremde Gedanken für das Entwickeln eigener neuer Ideen zu nutzen und sich darauf zu beziehen. Es ist kein Manko, fremde Literatur zu nutzen, ganz im Gegenteil, man zeigt damit, dass man sich intensiv mit der Thematik beschäftigt hat. Wichtig ist jedoch, genau zu kennzeichnen, welche Erkenntnisse von Dritten, egal ob wortwörtlich oder sinngemäß, übernommen wurden und welche Gedanken und Erkenntnisse von Ihnen selbst stammen. Niemals dürfen Sie fremde Inhalte, auch bei kleineren Arbeiten, als die eigenen ausgeben – das nennt man **Plagiat** und ist geistiger Diebstahl! Dies gilt sowohl für Texte als auch für Daten, Grafiken, Abbildungen, Fotos, Tabellen etc. Von der Zitierpflicht ausgenommen ist Allgemeinwissen, das einem Konversationslexikon entnommen werden kann.

*siehe Band 1, Kapitel Portfolio*

### Zitierfähigkeit und Zitierwürdigkeit

Es kann alles zitiert werden, was von Dritten stammt, diese Quellen sind **zitierfähig**. Damit ist die Kontrollierbarkeit und Nachvollziehbarkeit als wichtigste Anforderung einer wissenschaftlichen Arbeit gewährleistet. Zitierfähige Quellen sind beispielsweise Monografien, Sammelwerke, Zeitungen und Zeitschriften oder Internetquellen. Bei Letzteren ist es wichtig, das Abfragedatum und eine Kopie der Quelle zu speichern, da sich im Internet Änderungen nicht nachvollziehen lassen.

**Zitierwürdig** sind jene Werke, die wissenschaftlichen Ansprüchen genügen. Onlinequellen wie Wikipedia und Ähnliche gelten in wissenschaftlichen Kreisen nicht als zitierwürdig. Für Ihre Arbeiten in der Schule dürfen diese Quellen herangezogen werden, sollten aber keinesfalls die einzige Quelle darstellen.

**26 Aufgabenstellung**
●●●

Gehen Sie nochmals die Quellen durch, die Sie in Aufgabenstellung 22 recherchiert haben und stellen Sie fest, welche Sie davon als zitierfähig und zitierwürdig erachten und welche Quellen diesen Kriterien nicht entsprechen.

## Richtiges Zitieren

Sie können Textpassagen wörtlich übernehmen oder auch nur die Idee bzw. einen Gedanken einer anderen Person für Ihre Arbeit nutzen. In beiden Fällen muss gekennzeichnet werden, dass es sich um die Aussage einer oder eines Anderen handelt (**Urheberrecht**).

### Grundregeln des Zitierens

- **Das wörtliche (direkte) Zitat:** Wörtliches Zitieren bedeutet, einen fremden Gedanken im Original, buchstaben- und zeichengetreu zu übernehmen, mit allen Hervorhebungen, Unterstreichungen und auch mit eventuellen Rechtschreibfehlern.

  Der Beginn und das Ende des Zitates werden durch **Anführungszeichen** „…" kenntlich gemacht. Wird aus einem wörtlichen Zitat etwas weggelassen, wird dies durch **eckige Klammern** […] gekennzeichnet. Eigene Hervorhebungen oder eingeschobene Erläuterungen bzw. Ergänzungen werden ebenfalls durch eckige Klammern verdeutlicht und mit dem Vermerk [Anmerkung der Verfasserin bzw. des Verfassers ergänzt. Wird durch den Einbau eines Zitates in den eigenen Text eine grammatikalische Anpassung des Zitates notwendig, wird dies ebenfalls durch eckige Klammern gekennzeichnet.

- **Das sinngemäße (indirekte) Zitat:** Ein fremder Gedanke wird mit eigenen Worten wiedergegeben, wobei hier darauf zu achten ist, dass der Sinn korrekt dargestellt wird. Beim sinngemäßen Zitieren kann auch Bezug auf ein gesamtes Werk genommen werden, dies nennt man **globales indirektes Zitat**.

## Wie Sie Quellen ausweisen – Zitiertechniken

Es gibt keine allgemein gültige Art, **Quellenangaben** zu gestalten. Wichtig ist jedoch nachzufragen, welche Art des Zitierens in der Schule üblich ist. Auf alle Fälle sollte man sich bei seiner Arbeit für eine **einheitliche Zitierweise** entscheiden.

Sowohl direkte als auch indirekte Zitate müssen gekennzeichnet werden. Dabei wird mittels **Kurzbeleg** angezeigt, dass fremde Gedanken übernommen worden sind. Ein Kurzbeleg besteht aus dem Nachnamen der zitierten Autorin bzw. des Autors, dem Jahr der Veröffentlichung und der Seitenangabe (außer es ist das gesamte Werk gemeint). Mit Hilfe dieser Angaben kann der vollständige Literaturbeleg im Literaturverzeichnis (**Vollbeleg**) eindeutig identifiziert werden. Bei der Seitenangabe werden aufeinanderfolgende Seiten mit „f.", mehrere Folgeseiten mit „ff." angegeben.

*Vollbeleg, der: enthält alle Angaben zur Quelle (Nachname, Vorname der Autorin bzw. des Autors, Titel des Werks, Auflage, Erscheinungsort, Verlag und Erscheinungsjahr, Seitenangabe). Aus Platzgründen stehen die Informationen des Vollbelegs im Literaturverzeichnis.*

Es haben sich zwei Techniken des Zitierens durchgesetzt:

- **Kurzbeleg als Fußnote:** Nach dem direkten Zitat folgt die Fußnote, der Kurzbeleg wird im Fußnotentext angegeben, beim indirekten Zitat steht die Fußnote unmittelbar nach dem fremden Gedanken.
- **Harvard-Methode oder Amerikanische Zitierweise:** Die Kurzbelege sind Teil des Fließtextes und werden unmittelbar nach dem direkten Zitat in Klammer gesetzt. Auch das indirekte Zitat wird durch den Kurzbeleg in Klammer gekennzeichnet. Werden mehrere Sätze indirekt zitiert, ist der Satz entsprechend einzuleiten und der Kurzbeleg wird nach dem letzten zitierten Satz angeführt.

**27 Aufgabenstellung**

●

Suchen Sie in Ihrer Schulbibliothek Fachliteratur und stellen Sie fest, welche Zitierweise in diesen Werken verwendet wird.

## 6.6.3 Das Literaturverzeichnis

*Bibliografie, die (griech.):* *Bücherbeschreibung*

*siehe Band 1, Kapitel „Portfolio“*

*Monografie, die (griech.):* *Einzelschrift*

Quellenangaben werden in einem **Literaturverzeichnis** oder einer **Bibliografie** zusammengefasst.

Das **Literaturverzeichnis** führt in alphabetischer Reihenfolge alle Literatur- und Datenquellen auf, die in der Arbeit direkt oder indirekt zitiert wurden. Bei der Angabe der Quelle wird meist so vorgegangen:

### Literaturverzeichnis

**Monografien:**

- Nachname der Autorin bzw. des Autors, Vorname; mehrere Namen werden durch Semikolon voneinander getrennt. Ab vier Namen wird nur der erste genannt, die folgenden Namen werden durch „et.al.“ ersetzt. Akademische Titel und Berufsbezeichnungen werden nicht angeführt.
- Sind keine natürlichen Personen als Autorinnen oder Autoren genannt, sondern Behörden oder Institutionen, so werden diese angeführt und der Hinweis (Hg.) (Herausgeber) ergänzt.
- Nach dem Namen stehen der Titel und der Untertitel des selbstständigen Werks.
- Danach folgen die Auflage (entfällt bei der 1. Auflage), der Verlagsort, der Verlag und das Jahr der Erscheinung.

Um die Namen im Literaturverzeichnis übersichtlicher anzuführen, sollte nicht nur die alphabetische Reihenfolge eingehalten, sondern auch die zweite Zeile der Literaturquelle eingerückt werden.
Eine adäquate Vorgangsweise des Zitierens ergibt sich dadurch für andere Quellen.

**Beiträge aus Zeitschriften bzw. Zeitungen:**

- Nachname, Vorname: Titel des Zeitungsartikels. In: Titel der Zeitschrift/Zeitung, Heftnummer, Jahrgang, Seite

**Beiträge aus Sammelwerken:**

- Nachname, Vorname: Titel des Beitrages. In: Nachname, Vorname (Hg.): Titel [des Sammelwerks]. Auflage. Verlagsort: Verlagsjahr, Seite

**Interneteinträge:**

- Link im URL-Format, [Abfragedatum]
- Nachname, Vorname: Titel. Link im URL-Format, [Abfragedatum]

**28 Aufgabenstellung**

●

Erstellen Sie aus den Quellen der Aufgabenstellung 22 ein Literaturverzeichnis.

# 6.7 Das Motivationsschreiben

*siehe Band 1, Kapitel „Kommunikation im Beruf"*

Sie haben bereits im Band 1 gelernt, wie ein Lebenslauf und ein Bewerbungsschreiben erstellt werden. Zusätzlich zum formalen Anschreiben und Lebenslauf wird von vielen Unternehmen auch ein **Motivationsschreiben** verlangt. Dieses Motivationsschreiben ist der persönlichste Teil Ihrer Bewerbung, es erklärt Ihre Kompetenzen, die Sie im Lebenslauf aufgelistet haben, genauer. Hier haben Sie die Gelegenheit, Ihr Interesse am Unternehmen oder am Praktikum mit Ihrer Persönlichkeit und Ihren Alleinstellungsmerkmalen zu verknüpfen!

## Was unterscheidet nun ein Bewerbungsschreiben vom Motivationsschreiben?

Von der Intention her sind beide sehr ähnlich. Im Motivationsschreiben sollen jedoch Ihre **persönliche Motivation**, Ihre Ziele und Vorstellungen einen größeren Stellenwert bekommen. Hier können auch persönliche Interessen angeführt werden. Während im klassischen Bewerbungsschreiben Kompetenzen gefragt sind, punkten Sie im Motivationsschreiben mit Ihren jobrelevanten Charakterzügen.

Die Verantwortlichen in der Personalabteilung eines Unternehmens suchen nach Bewerberinnen und Bewerbern mit Profil und dazu braucht es eben auch gutes Selbstmarketing. Ihr Interesse am Unternehmen, der ausgeschriebenen Stelle oder der Praktikumsstelle sowie Ihre persönliche berufliche Zielvorstellung sollten durch die Beantwortung der wichtigsten **W-Fragen** deutlich werden.

### Do's and Dont's für das Motivationsschreiben

- Tragen Sie bei der **Selbstdarstellung nicht zu dick** auf! Die vorangegangenen Seiten der Bewerbung stellen Ihre Kompetenzen und Erfahrungen bereits dar. Zeigen Sie nun vor allem Interesse und Menschlichkeit!
- **Irrelevante Berufserfahrungen**, Leistungen oder Auszeichnung sollten trotz großem Stolz keine Erwähnung im Schreiben finden. Beziehen Sie sich auf Facetten, welche die gesuchten Anforderungen bei Ihnen belegen!
- **Nicht zu persönlich** werden: Das Motivationsschreiben soll eine Spur individueller sein als alles andere in der Bewerbung. Das heißt aber nicht, dass all Ihre Hobbys, physische Beschreibungen oder familiäre Angelegenheiten dazugehören!
- **Schreiben Sie niemals mehr als eine Seite**. Das Motivationsschreiben bildet bereits eine zusätzliche Informations- und Repräsentationsfläche und sollte sich im Rahmen eines lockeren „Einseiters" bewegen.
- **Tippfehler, falsche Formatierungen und Strukturlosigkeit** haben in der Bewerbung nichts zu suchen. Lassen Sie Ihr Motivationsschreiben gegenlesen!

*In Anlehnung an: Das perfekte Motivationsschreiben. Aufbau, Tipps, Vorlagen. Online: https://www.stepstone.at/Karriere-Bewerbungstipps/motivationsschreiben-einfach-gemacht/#Mustervorlagen (10.05.2019)*

## Form, Umfang und Layout Ihres Motivationsschreibens:

- eine DIN A4-Seite
- einheitliches Layout und Formatierung, Fließtext oder Aufzählungsformat
- Datum Adresse, Betreffzeile, Name der konkreten Ansprechperson im Unternehmen

## Aufbau:

Überschrift:
Zum Beispiel: *Was Sie über mich wissen sollten. / Das sollten Sie über mich wissen.*
Einleitungssatz:
*Meine persönlichen und beruflichen Werte X und Y erkenne ich in Ihrer Unternehmensphilosophie wieder und daher... Es hat mich sehr gefreut, Sie bereits telefonisch/persönlich/bei einem Firmenbesuch kennenzulernen. Das hat meinen Wunsch nachhaltig bestärkt...*
Hauptteil:
Keine Wiederholung der Inhalte des Bewerbungsschreibens oder Lebenslaufs! Stellen Sie Ihre persönliche Motivation authentisch und ehrlich dar und formulieren Sie Ihre Begeisterung für den Job oder das Praktikum sowie den Gewinn für das Unternehmen sowie mögliche Entwicklungsmöglichkeiten für Sie.
Schlussteil:
Beenden Sie Ihr Schreiben optimistisch, freundlich und mit Unterschrift. Zum Beispiel:
*Über eine Rückmeldung und ein ausführliches Gespräch in Person freue ich mich.*
*Hat meine Bewerbung Ihr Interesse geweckt, dann freue ich mich auf ein persönliches Kennenlernen.*
*Bei weiteren Fragen stehe ich Ihnen gerne per Mail/telefonisch zur Verfügung und freue mich auf ein persönliches Gespräch.*
*Über eine Einladung zum persönlichen Gespräch freue ich mich.*

*In Anlehnung an: Das perfekte Motivationsschreiben. Aufbau, Tipps, Vorlagen https://www.stepstone.at/Karriere-Bewerbungstipps/motivationsschreiben-einfach-gemacht/#Optimale (10.05.2019)*

## 29 Aufgabenstellung

In Vorbereitung auf Ihr Pflichtpraktikum erstellen Sie Ihre Bewerbungsmappe, die Sie Ihrer Praktikumsstelle vorlegen wollen.

Verfassen Sie für ein Unternehmen Ihrer Wahl

- ein Bewerbungsschreiben,
- einen Lebenslauf und
- ein Motivationsschreiben.

Achten Sie auf ein einheitliches Erscheinungsbild Ihrer Unterlagen und vermeiden Sie Rechtschreib-, Grammatik- und Tippfehler.

# Ihr persönlicher Lernerfolg

**Schätzen Sie selbst ein, was Sie jetzt wissen und können:**

✓ oder ✗

| | | LESEN | ÜBEN |
|---|---|---|---|
| Sie wissen, welcher Operator welche Schreibhandlung verlangt. | ◯ | S. 172–173 | S. 173 |
| Sie wissen, wie man Textarbeit plant und fertige Texte überarbeitet. | ◯ | S. 174 | S. 174–177 |
| Sie wissen, wie man in Leserbriefen und offenen Briefen appellativ und argumentativ formuliert. | ◯ | S. 184, 188 | S. 185–193 |
| Sie wissen, wie man Quellen recherchiert und ein Literaturverzeichnis anlegt. | ◯ | S. 214–215 | S. 214–215 |
| Sie können einen Kommentar, eine Meinungsrede bzw. eine Empfehlung, aufbauend auf einer Textgrundlage, verfassen. | ◯ | S. 196–207, 178–183 | S. 196–207, 178–183 |
| Sie können epische Texte nach vorgegebenen Kriterien interpretieren. | ◯ | S. 208 | S. 209–213 |
| Sie können ein Motivationsschreiben verfassen. | ◯ | S. 218 | S. 219 |
| Sie wissen, wie man richtig zitiert. | ◯ | S. 216–217 | S. 216–217 |

# 7

## In diesem Kapitel lernen Sie, ...

... welche Bedeutung die sozialen Netzwerke für den einzelnen Menschen haben,

... Ihren Medienkonsum zu reflektieren,

... wie in der Literatur mit dem Thema Massenmedien und ihren Gefahren umgegangen wird,

... wie Sie Informationen aus dem Internet recherchieren und bewerten,

... wie man literarische Werke mittels Klappentext und Rezension bewertet,

... wie Literatur in Form von Hörspiel und Film ihren Weg in die Massenmedien gefunden hat.

Kompetenzen hier entlang ▶▶▶

# 7.1 Mediennutzung

*siehe Band 1 und 2, Kapitel „Medien“*

Sie kennen bereits den Begriff **Medien** und wissen, wie sich Printmedien, Rundfunk und Fernsehen, aber auch das Internet entwickelt haben und welchen Einfluss sie auf unser Alltagsleben nehmen. Nehmen Sie als Einstimmung auf dieses Kapitel die beiden Bände wieder zur Hand und lesen Sie nochmals die entsprechenden Abschnitte.

## 7.1.1 Begriff „soziale Netzwerke“

Der Begriff **soziale Netzwerke** wird in erster Linie mit Online-Gemeinschaften in Verbindung gebracht – viele vergessen allerdings, dass jede Art von menschlicher Beziehung (Freundschaften, Paarbeziehung, Eltern-Kind-Beziehung etc.) diesem Begriff zuzuordnen ist. Menschen, mit denen wir zu tun haben, beeinflussen unser Leben – im positiven wie im negativen Sinn – mehr als uns das bewusst ist. An jedem einzelnen Menschen liegt es jedoch, die Qualität sozialer Netzwerke zu bestimmen: ob diese Beziehung oberflächlich bleibt oder sinnerfüllend ist – mit allen Nuancen, die dazwischen möglich sind.

### 1 Aufgabenstellung

●

Überlegen Sie, in welche Art von Netzwerken Sie persönlich eingebunden sind und notieren Sie auch, für wie wichtig Sie für sich selbst diese Netzwerke erachten (sehr wichtig +++, wichtig ++, weniger wichtig +, unwichtig –).

| **private Netzwerke** | **öffentliche Netzwerke (Schule, Beruf etc.)** |
|---|---|
| | |
| | |
| | |
| | |
| | |
| | |
| | |

## 7.1.2 Die Welt der medialen sozialen Netzwerke

Die **elektronischen Medien** halten eine Vielzahl von Nutzungsmöglichkeiten für uns parat. Noch nie war es so leicht, mit Menschen in Kontakt zu kommen oder an verlorene Kontakte wieder anzuknüpfen. Häufig bleiben Kontakte oberflächlich und das Wort „Freundschaft" beinhaltet dadurch eine andere Qualität als wirklich gepflegte, nicht virtuelle Freundschaften früherer Zeiten. Wie so oft gilt es, die positiven Faktoren dieser Entwicklung zu nutzen und zu schätzen, gleichzeitig aber auch die negativen Faktoren zu kennen und zu vermeiden.

*Conclusio, die (lat.):* *Fazit, Folgerung, Schluss*

*like (engl.):* *mögen, gefallen*

### 2 Aufgabenstellung

**a. ●**

Lesen Sie den Text „Facebook teilt Einträge ohne Nutzer zu fragen" und beantworten Sie folgende Fragen:

- Welche Gefahren lauern beim unüberlegten Umgang mit sozialen Netzwerken?
- Welche „Unsitten" bis hin zu unrechtmäßigem Vorgehen haben sich beim Umgang mit fremden Daten eingebürgert?
- Welche Schlussfolgerung ziehen Sie anhand des Zeitungstextes aus den Ereignissen rund um Facebook?

*liken:* *einen Artikel, ein Foto oder einen Beitrag auf Facebook mit einem Klick auf den Like-Button für gut befinden*

**b. ○**

Diskutieren Sie Ihre Erfahrungen im Umgang mit medialen sozialen Netzwerken aller Art: Welche Vorteile sehen Sie in der Benutzung dieser Plattformen, was sind die Nachteile? Kennen Sie Fälle, wo der Umgang auf einer derartigen Plattform persönlichen Schaden angerichtet hat?

### Facebook teilt Einträge ohne Nutzer zu fragen

**Wer eine Seite „liket", teilt plötzlich automatisch all deren Einträge. Facebook sagt, man wolle damit anderen Nutzern erleichtern, Informationen zu finden. Das kann auch zu peinlichen Situationen führen.**

Facebook dürfte wieder eine Funktion eingeführt haben, ohne seine Nutzer im Vorfeld darüber zu informieren. Wie ZDNet[1] berichtet, werden Einträge von Seiten, die ein Nutzer irgendwann einmal „geliket" hat, unter dem Namen dieses Nutzers für all seine Freunde sichtbar im Nachrichtenstrom geteilt, ohne dass der Nutzer diese Einträge überhaupt je gesehen hat. Facebook erklärte auf Anfrage, das sei kein Bug[2], sondern ein neues Feature[3]. Der Anbieter will es Nutzern erleichtern, „interessante Informationen" zu finden. Daher würden Nutzer nun „Einträge von Seiten sehen, die einem Freund gefallen".
Dass durch diese Funktion manchmal auch Einträge unter dem Namen von Nutzern geteilt werden, die diese sonst nicht einmal ansatzweise unterstützen wollen und sogar zu Peinlichkeiten führen können, scheint ein Kollateralschaden[4] zu sein. Ein ZDNet-Nutzer berichtet davon, dass die Facebookseite des Drogerie-Anbieters Drugstore.com einen Eintrag gepostet hat, der für Gleitmittel und dazu passendes Öl wirbt. Der Nutzer hätte das nie an seine Freunde und Verwandten weitergeleitet. Dennoch hat Facebook das in seinem Namen getan.

**Bisher nur bei US-Nutzern zu beobachten**

Die von ZDNet geschilderten Fälle beziehen sich auf US-Nutzer. Aber auch Mitarbeiter von *DiePresse.com* konnten beobachten, dass Einträge von Seiten, die ihnen gefallen, ohne ihr Zutun auf einmal geteilt werden. Bisher scheint es noch keine Möglichkeit zu geben, dem Social Network diese Praxis abzugewöhnen. Nutzer müssten jeden einzelnen Eintrag manuell abdrehen, sobald er erscheint. Alternativ kann man nur die „Likes" wieder entziehen, aber dann erfährt man auch nichts mehr von diesen Seiten.
Das weltgrößte Social Network sorgt immer wieder aufgrund von unangekündigten Änderungen und Datenschutzproblemen für Wirbel in der Online-Welt. Dennoch halten mehr als 900 Millionen Nutzer der Plattform weiterhin die Treue. Die Startseite von Facebook ist eine der meistbesuchten der Welt geworden.

*Breuss, Daniel: Facebook teilt Einträge ohne Nutzer zu fragen. In: Die Presse, 13.07.2012. Online: https://diepresse.com/home/techscience/internet/1264731/Facebook-teilt-Eintraege-ohne-Nutzer-zu-fragen (10.05.2019)*

---

1 *ZDNet bietet aktuelle Nachrichten, Produkttests, Security und Praxis-Artikel aus dem IT-Bereich.*
2 *Bug: Fehler in Hard- oder Software*
3 *Feature (engl.: Eigenschaft, besonderes Merkmal): in der EDV ein Leistungsmerkmal eines Hard- oder Softwareprodukts, etwa besondere Programmfunktionen*
4 *Kollateralschaden: bei einer (militär.) geplanten Operation in Kauf genommene weitere Schäden (auch Todesfälle)*

3 **Aufgabenstellung** sRDP

a. Lesen und exzerpieren Sie den Zeitungsbericht „‚Facebook spricht unser Reptiliengehirn an'". Recherchieren Sie Ihnen unbekannte Begriffe.

## „Facebook spricht unser Reptilienhirn an"

- Prominente Vertreter der Tech-Branche kritisieren Facebook scharf. Darunter ist auch eine Gruppe von Mitarbeitern der ersten Stunde von Facebook und Google.
- Sie möchten, dass die Firmen gezielt gegen negative Auswirkungen sozialer Netzwerke und von Smartphones vorgehen.
- Dafür haben sie die Kampagne namens „Die Wahrheit über Tech" gestartet.

Das vergangene Jahr war für Facebooks Image ziemlich hart, im Heimatmarkt tat dem Unternehmen besonders die Diskussion um die Beeinflussung der Präsidentschaftswahl aus Russland weh. Doch auch dieses Jahr steht das soziale Netzwerk vor Problemen. Mehr und mehr prominente Vertreter der eigenen Branche melden sich zu Wort und kritisieren Facebook scharf. Und nun hat sich sogar eine Gruppe von Mitarbeitern der ersten Stunde bei Facebook und Google gebildet, die gezielt gegen negative Auswirkungen sozialer Netzwerke und von Smartphones vorgehen wollen.

Sie nennt sich Center for Humane Technology, etwa: Zentrum für menschenfreundliche Technik, und hat bereits sieben Millionen Dollar für eine Kampagne namens „Die Wahrheit über Tech" gesammelt. Sie will Schüler, Lehrer und Eltern ansprechen. Der Gruppe, die mit der medienkritischen Non-Profit-Organisation Common Sense zusammenarbeitet, wurden außerdem Sendezeit und Medienpräsenz im Wert von 50 Millionen Dollar zugesagt.

„Wir waren dabei", sagte Tristan Harris, der früher für die Firmenethik bei Google zuständig war, der *New York Times*, „wir wissen, was die Firmen erfassen. Wir wissen, wie sie reden und wie die Technik dahinter funktioniert." Die größten Supercomputer der Welt seien in den Händen zweier Unternehmen, Google und Facebook, „und worauf setzen wir sie an? Auf die Hirne der Menschen, auf Kinder".

**Prominente Mitglieder**

Der Zusammenschluss der Silicon-Valley-Veteranen ist nur die jüngste mehrerer kritischer Äußerungen in Bezug auf soziale Medien und extensive Smartphone-Nutzung. Erst kürzlich hatte der Chef des Firmensoftware-Herstellers Salesforce, Marc Benioff, gefordert, man solle Facebook behandeln wie die Tabakindustrie. Facebook mache süchtig und es schade den Menschen. Apple-Chef Tim Cook bekannte, er wolle nicht, dass sein Neffe soziale Netzwerke benutze.

Dem Center for Humane Technology haben sich prominente Mitglieder angeschlossen, darunter zum Beispiel der frühere Facebook-Manager Justin Rosenstein, der den „Gefällt-mir"-Knopf erfunden hat. Roger McNamee, einer der frühen Investoren bei Facebook, bereut es mittlerweile sehr, dass es unter anderem mit seinem Geld möglich wurde, etwas wie das soziale Netzwerk zu schaffen: „Facebook spricht unser Reptilienhirn an - vor allem Furcht und Wut. Und mit den Smartphones haben sie einen ständig am Wickel solange man wach ist."

Als erstes konkretes Projekt will die Gruppe der Kritiker eine Webseite veröffentlichen, die schädliche Effekte verschiedener Technologien zeigen und Programmierern als Leitfaden dienen soll. Außerdem will die Gruppe auch Lobbyarbeit betreiben mit dem Ziel, die Macht der großen Digitalkonzerne zu beschränken. Dazu sollen Gesetzesvorhaben unterstützt werden wie etwa das des demokratischen Senators Edward J. Markey: Er will eine Untersuchung des Einflusses von Technik auf Kinder durchsetzen.

Erst vor einigen Tagen hatten sich mehrere Kinderärzte und Psychologen an Facebook mit der Forderung gewandt, eine Chat-App wieder einzustellen, die sich an Kinder von sechs Jahren richtet. Der „Messenger Kids", den Eltern für ihre Kinder einrichten müssen, ziele auf eine verletzliche Gruppe, die von ihrer Entwicklung her nicht darauf vorbereitet sei, an einem sozialen Netzwerk teilzunehmen, heißt es in einem Schreiben an Facebook.

*Martin-Jung, Helmut: „Facebook spricht unser Reptiliengehirn an". In: Süddeutsche.de, 06.02.2018. Online: https://www.sueddeutsche.de/digital/soziale-netzwerke-facebook-spricht-unser-reptilienhirn-an-1.3854575 (10.05.2019)*

**b.** Sie haben diesen Zeitungsbericht im Rahmen Ihrer Recherche zum Thema „Soziale Medien: Fluch oder Segen?" gefunden. Verfassen Sie einen **Leserbrief** an die Süddeutsche Zeitung und bearbeiten Sie dabei die folgenden Arbeitsaufträge:

- **Geben** Sie die im Text genannten Fakten **wieder**, auf die Sie sich in Ihrem Leserbrief beziehen wollen.
- Nehmen Sie kritisch **Stellung** zu diesen Fakten.
- **Beurteilen** Sie die im Text angeführten Projekte der Kritiker von Facebook auf ihre Machbarkeit.
- **Appellieren** Sie an die Eltern, insbesondere jüngeren Kindern einen verantwortungsvollen Umgang mit sozialen Medien zu lernen.

Schreiben Sie zwischen 270 und 330 Wörter.

**c.** Schreiben Sie auf Grundlage des Berichts aus der Tageszeitung „Süddeutsche Zeitung" einen **Kommentar** in einer Zeitschrift, deren Zielgruppe Eltern sind. Bearbeiten Sie dabei die folgenden Arbeitsaufträge:

- **Geben** Sie die im Zeitungsbericht genannten **Fakten** wieder.
- **Erläutern** Sie die Text zitierten Projekte der Gruppe der Kritiker von Facebook.
- **Bewerten** Sie als gut informierte Nutzerin bzw. gut informierter Nutzer sozialer Medien für Ihre Zielgruppe mögliche Gefahren, die vor allem jüngeren Kindern oder Jugendlichen durch die unbeaufsichtigte Nutzung medialer sozialer Netzwerke drohen können.

Schreiben Sie zwischen 450 und 550 Wörter.

**d.** Sie haben den Auftrag erhalten, für Schülerinnen und Schüler aus der Unterstufe ein Seminar zur Einführung in ein soziales mediales Netzwerk Ihrer Wahl zu gestalten. Stellen Sie in einem **Referat** dar, worauf Jugendliche achten müssen. Zeigen Sie ihnen die positiven Aspekte des Netzwerks. Verweisen Sie jedoch auch ausdrücklich auf die Gefahren und wie man diese verhindern kann.

## 4 Aufgabenstellung

**a. ●●●**

Recherchieren Sie im Internet und gestalten Sie ein Plakat, auf dem Sie einen Überblick über mediale soziale Netzwerke und wesentliche Informationen über diese Netzwerke geben. Suchen Sie auch Informationen über die Anzahl der Nutzerinnen und Nutzer sowie über deren Publikum.

Vergleichen Sie die Nutzungsbedingungen verschiedener sozialer medialer Netzwerke (z. B. Facebook, Google+, Pinterest, LinkedIn, Xing, Instagram) und zeigen Sie auf, welche Unterschiede zu erkennen sind. Bei welchen sozialen Netzwerken sind Ihrer Meinung nach die Sicherheitsbestimmungen sehr hoch einzuschätzen, in welchen Netzwerken ist ein eher sorgloser Umgang zu erkennen?

**b. ○**

Stellen Sie Ihre Plakate der Klasse vor. Diskutieren Sie die Informationen, die Sie bei Ihrer Recherche gesammelt haben, im Rahmen eines Klassengesprächs.

*Trophäe, die:* erbeuteter Gegenstand

## 5 Aufgabenstellung

**a.** ●

Lesen und exzerpieren Sie die wesentlichen Informationen aus dem Zeitungsbericht „Pinterest: Auf der Jagd nach digitalen Trophäen". Erklären Sie, was Pinterest ist und wer die Zielgruppe darstellt. Was unterscheidet Pinterest von Facebook?

**b.** ○

Diskutieren Sie mit Ihren Mitschülerinnen und Mitschülern, warum laut Zeitungsbericht Pinterest vor allem bei Frauen sehr beliebt ist. Können Sie die genannten Argumente nachvollziehen?

**c.** ●

Gestalten Sie eine Seite – virtuell oder auf einem Plakat als Collage – mit Ihren Lieblingsbildern oder Lieblingsobjekten und lassen Sie sich zu jedem dieser Bilder einen kurzen Text einfallen, in dem Sie erklären, warum Sie dieses Bild oder Objekt gewählt haben.

### Pinterest: Auf der Jagd nach digitalen Trophäen

**Die elektronische Pinnwand Pinterest ist durch ihre überwiegend weiblichen Nutzer zum drittwichtigsten sozialen Netzwerk herangewachsen. Weil es zum Träumen einlädt und Nutzer mit ihrer Identität spielen lässt.**

Den Weg für Pinterest geebnet haben vermutlich die Modeblogger. Sie waren die ersten, die mit Schnappschüssen von gut gekleideten Nobodys auf der Straße digitale Fotoalben anlegten. Heute kann jeder seinen eigenen Modeblog betreiben – und muss dafür nicht einmal einen Fotoapparat oder ein Smartphone mit integrierter Kamera bedienen. Das soziale Netzwerk Pinterest stellt digitalen Stauraum für Fotosammlungen zur Verfügung, und Mode ist darin zwar nicht das einzige, aber ein immer wiederkehrendes Thema.
Es gibt Menschen, die auf Pinterest ihr Faible[1] für Kaffeetassen oder Tierbabys teilen, oder ihre Vorliebe zu kunstvoll dekorierten Cupcakes und gepunkteten Kleidungsstücken. Auf ihrer Pinnwand können Nutzer verschiedene „Pinboards" anlegen und darauf Collagen zu bestimmten Themen gestalten. Die Palette an Inhalten ist breit: Manch einer sammelt Fotos von Brotlaiben und schneckenförmigen Stiegenhäusern; andere träumen von Statussymbolen wie PS-starken Autos und Segelschiffen; nicht wenige knüpfen an ihre Teenagerzeit an: Statt wie damals Poster ihrer Idole an die Wand zu kleben, hinterlegen sie nun hochaufgelöste Fotos auf ihrer digitalen Pinnwand. Pinterest ist eine Spielwiese für Hedonisten[2]. Geteilt werden eher Dinge und nicht Personen, und ausschließlich im Internet gesammelte Fotos, nicht selbst aufgenommene.

**Pinterest, das „Facebook für Frauen"**

Das Netzwerk Pinterest ist das Baby unter den sozialen Netzwerken, allerdings eines, das seit seiner Geburt im März 2010 erstaunlich schnell groß geworden ist. In den USA gilt es bereits als drittwichtigstes soziales Netzwerk nach Facebook und Twitter, langsam erreicht der Hype auch Europa. Noch sind Dienste wie LinkedIn oder Google+ größer, was die Zahl der Mitglieder betrifft, aber Pinterest wächst viel schneller und wird derzeit auf 1,5 Milliarden Dollar geschätzt.
Das liegt zunächst an den Frauen, die dem Netzwerk einen überraschenden Ansturm beschert haben. Während nur 40 Prozent der Facebook-Nutzer weiblich sind, sind es bei Pinterest 68 Prozent. „Weil Frauen häufiger über ihre Kleidung bloggen, über Kosmetik, den Garten oder ihr Wohnzimmer, also über Privates", vermutete „Die Zeit" schon im Frühjahr. Die durchschnittliche Pinnerin in den USA ist zwischen 25 und 45 Jahren, kinderlos, lebt an der Westküste und verdient viel Geld.
Aber wieso hat die Jagd nach unpersönlichen Katalogfotos aus dem Internet so viel Erfolg? Vielleicht, weil die reale Person nicht mehr im Vordergrund steht, sondern hinter Sehnsüchten und Interessen verschwindet. Der Nutzer kann sich eine Katalog-Idylle schaffen, eine neue Identität zusammenbauen – und wartet dann auf Bestätigung durch die Pinn-Gemeinde. Es reicht schon, wenn das schöne Blumengesteck, der köstliche Kuchen gepostet wird, ich muss sie nicht besitzen oder selbst gebacken haben, um Anerkennung zu bekommen. Wie damals im Schulhof, als man den Schulfreunden das volle Stickeralbum präsentierte, wird nun das digitale Album vor der ganzen Welt geöffnet.
Im Zentrum von Pinterest steht das Bild. Den Nährboden für diesen Fotohype haben auch die seit einiger Zeit so beliebten Fotografie-Apps Instagram oder Camera+ aufbereitet: Damit werden Fotos durch bestimmte Filter hochglanztauglich gemacht. Auf Pinterest kann sich jeder seine Welt so elegant, ausgeflippt oder luxuriös basteln, wie er will.
Und letztlich hat der Erfolg auch praktische Gründe: Pinterest ist leicht zu bedienen, und zwar mit

Werkzeugen, die bereits aus anderen Netzwerken bekannt sind, wie dem Like-Button von Facebook, der hier nicht durch einen Daumen, sondern ein Herz symbolisiert wird.
Den größten Nutzen von Pinterest haben die Unternehmen, deren Waren auf Pinterest – kostenlos – verbreitet werden. Längst haben Marketingexperten das Netzwerk entdeckt und animieren ihre Kunden, dort virales Marketing[3] zu betreiben. In einer Welt, die auf Sehnsüchten nach Konsumgütern, makelloser Schönheit und dem gemütlich eingerichteten Heim baut, hoffen die Werber auf eine höhere Kaufbereitschaft. Da könnten sie sich allerdings täuschen. Das edle Sofa, die Weinkaraffe oder das Designerkleid wird nur derjenige posten, der es sich nicht leisten kann – alle anderen kaufen es.

*Wallner, Anna-Maria: Pinterest: Auf der Jagd nach digitalen Trophäen. In: Die Presse, 10.08.2012. Online: https://diepresse.com/home/kultur/medien/1277013/Pinterest_Auf-der-Jagd-nach-digitalen-Trophaeen (10.05.2019), mit kleinen orthografischen Korrekturen*

---

1 *Faible (franz.): Vorliebe*
2 *Hedonist: Anhänger von ..., Genießer*
3 *virales Marketing: Form des Marketings, das soziale Netzwerke und Medien nutzt, um auf eine Marke, ein Produkt oder eine Dienstleistung aufmerksam zu machen. Der Begriff „viral" besagt in diesem Zusammenhang, dass die Informationen über ein Produkt oder eine Dienstleistung innerhalb kürzester Zeit wie ein biologischer Virus in den sozialen Netzwerken von Mensch zu Mensch weitergegeben werden.*

Eine soziale Kommunikationsplattform ist der Kurznachrichtendienst **Twitter**, der durch seine Echtzeitanwendung als Mikroblogging große Bedeutung für Protestbewegungen und Demonstrationen erlangt hat. Twitter-Einträge sind telegrammartige Kurznachrichten zu meist aktuellen – privaten oder politisch relevanten – Ereignissen mit maximal 140 Zeichen.
Im März 2016 nutzten in Österreich rund 148.380 Userinnen und User den Kurznachrichtendienst Twitter. Während 46 % der Österreicherinnen und Österreicher angeben, regelmäßig Facebook zu nutzen, twittert nur 7 % der österreichischen Bevölkerung.

**Nutzung sozialer Netzwerke in Österreich 2016**

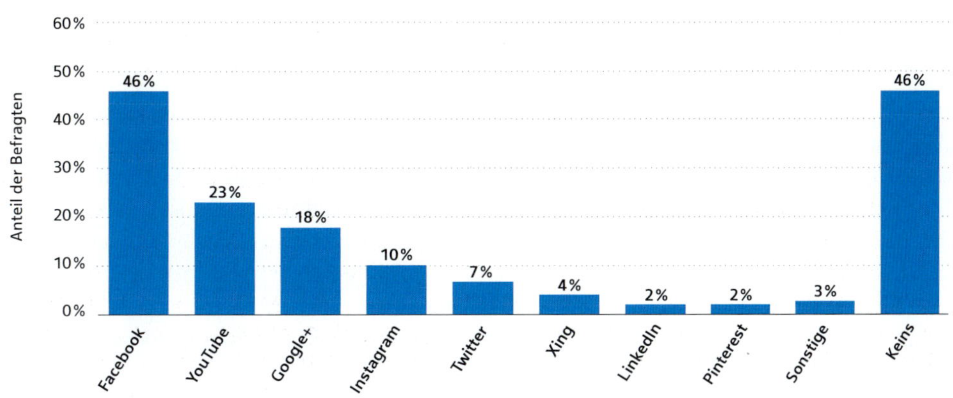


*Quelle: https://de.statista.com/statistik/daten/studie/184936/umfrage/beliebteste-soziale-netzwerke-in-oesterreich-nach-nutzung/ (06.02.2018)*

## 6 Aufgabenstellung

●●●

Gestalten Sie einen Twitter-Eintrag zu einem aktuellen Ereignis Ihrer Wahl. Sie sollen bei diesem Eintrag in Kurzform (max. 140 Zeichen) Ihre sehr persönliche Meinung zu einem Ereignis Ihres Interesses kundtun. Eine Mitschülerin oder ein Mitschüler sollte Ihren Eintrag kommentieren.

Twitterformat:
@Username
D Username: direkte, persönliche Ansprache

***Mikroblogging, das:*** *eine Form des Bloggens, bei der die Benutzerinnen bzw. Benutzer kurze, SMS-ähnliche Textnachrichten veröffentlichen können. Die Länge dieser Nachrichten beträgt meist weniger als 200 Zeichen.*

***NGO, die:*** *Abkürzung für engl. non-governmental organization, d. h. Nichtregierungsorganisation; Bezeichnung für private, staats-, partei- und wirtschaftsunabhängige Vereinigungen, die sich der Bewältigung bestimmter einzelner sozialer, wirtschaftlicher, kultureller oder anderer politischer Probleme widmen und dabei keine eigenen wirtschaftlichen oder machtpolitischen Interessen verfolgen*

***Tweet, der (engl.), tweeten, twittern:*** *zwitschern*

# 7.2 Der gläserne Mensch

## 7.2.1 Orwells Erben

*Lesetipps:*
- *George Orwell: 1984*
- *Benjamin Stein: Replay*
- *Ray Douglas Bradbury: Fahrenheit 451*

Durch die Nutzung von Internet, Handy, aber auch diverser Mitglieds- und Kreditkarten werden wir und unser Privatleben für die Allgemeinheit nach und nach einsehbarer. Sie werden selbst schon Erfahrungen damit gemacht haben, dass Sie plötzlich unaufgeforderte Kaufangebote von Unternehmen, eine Flut an Spam-Mails oder unbekannte SMS in Ihren virtuellen Briefkästen gefunden haben, weil Sie im Internet versehentlich „ein Häkchen zu viel oder zu wenig" angekreuzt haben.

Bereits 1949 beschrieb George Orwell in seinem beängstigenden Roman „1984" eine totalitäre Herrschaft in der Zukunft, in welcher der Mensch der totalen Kontrolle und Überwachung unterliegt. Teleschirme und Televisoren überwachen die Menschen, eine Gedankenpartei und Spitzelwesen sind beklemmende Zeichen der Kontrolle des Alltags und der Allmacht.

### 7 Aufgabenstellung

**a. ●**
Recherchieren Sie im Internet, welche Zensurbestimmungen in manchen Staaten vorherrschen, wo es rigide Regeln bezüglich freier Meinungsäußerung gibt.

**b. ○**
Diskutieren Sie, welche Gründe ein Staat haben könnte, seine Bürgerinnen und Bürger derart einzuschränken und zu kontrollieren. Überlegen oder recherchieren Sie, mit welchen Methoden Personen heute relativ leicht überwacht werden können.

Lesen Sie den folgenden Ausschnitt aus George Orwells „1984". In welchen Bereichen auch demokratischer Staaten ist Orwells „1984" bereits Realität?

### George Orwell – **1984**

Winston brach der kalte Schweiß aus. Entsetzen schüttelte ihn. Er fing sich zwar gleich wieder, doch blieb ein quälendes Unbehagen zurück. Weshalb beobachtete sie ihn? Weshalb folgte sie ihm überall hin? Er wusste leider nicht mehr, ob sie bereits an diesem Tisch gesessen hatte, als er gekommen war, oder ob sie erst nach ihm erschienen war. Gestern jedenfalls hatte sie sich während des Zwei-Minuten-Haß ohne zwingende Notwendigkeit direkt hinter ihn gesetzt. Sehr wahrscheinlich hatte sie nur hören wollen, ob er auch laut genug mitjohlte. Seine frühere Überlegung fiel ihm wieder ein: Vermutlich war sie gar keine Angehörige der Gedankenpolizei, doch andererseits stellten gerade die Amateurspione die allergrößte Gefahr dar. Er wusste nicht, wie lange sie ihn bereits gemustert hatte, vielleicht schon fünf Minuten, und es war möglich, dass er sein Mienenspiel nicht völlig unter Kontrolle gehabt hatte. Es war entsetzlich gefährlich, in der Öffentlichkeit oder im Aufnahmebereich eines Teleschirms seine Gedanken schweifen zu lassen. Die geringste Kleinigkeit konnte einen verraten. Eine nervöse Gesichtszuckung, ein unbewußt-ängstlicher Blick, die Angewohnheit, vor sich hin zu murmeln – alles, was auch nur den Hauch von Abweichung oder Heimlichkeit trug. Allein schon ein ungehöriger Gesichtsausdruck (zum Beispiel, bei einer Siegesmeldung eine ungläubige Miene zu machen) war ein strafbares Delikt. Es gab sogar ein Neusprechwort dafür: *Blickdel.*
[...] Parson hatte wieder zu reden begonnen. [...] „Heutzutage kriegen die eine 1a-Ausbildung bei den ‚Spitzeln' – noch besser als zu meiner Zeit. Was, glauben Sie wohl, ist das Neueste, womit sie sie ausrüsten? Hörrohre, um durchs Schlüsselloch zu lauschen. Meine Kleine brachte gestern abend eins mit nach Hause – probierte es an unserer Wohnzimmertür aus und meinte, daß sie damit doppelt soviel hören könnte wie nur mit dem Ohr am Schlüsselloch. Ist natürlich bloß ein Spielzeug. Bringt sie aber trotzdem auf den richtigen Dreh, oder?"
In diesem Moment schrillte aus dem Teleschirm ein Pfeifton. Es war das Signal, wieder an die Arbeit zu gehen.

*Orwell, George: 1984. Übersetzt von Michael Walter. Sonderausgabe, München, Ullstein Taschenbuch Verlag, 2004, S. 77f., Originalschreibweise*

## 8 Aufgabenstellung

●●●

**a.** Lesen Sie den Ausschnitt aus Benjamin Steins Roman „Replay“ und klären Sie Ihnen unbekannte Wörter.

**b.** Suchen und kennzeichnen Sie die Stellen im Romanausschnitt, an welchen Zukunftsszenarien vorgestellt werden, die der totalen Überwachung gleichkommen.

**c.** Diskutieren Sie, welches Szenario Ihnen übertrieben vorkommt. Was könnte Ihrer Ansicht nach demnächst Alltag sein?

### Benjamin Stein – **Replay**

Mantana behauptet noch heute, dass es allein Zufällen zuzuschreiben sei. Dass unser Vorhaben eine so dramatische Wendung genommen habe und dass weder er noch irgendwer sonst, der in das Unternehmen investiert hatte, erwartet oder sich auch nur vorgestellt habe, dass aus der kleinen, feinen Forschungsfirma im Silicon Valley in nicht einmal zwei Jahrzehnten die größte Corporation des Landes werden würde – ein Unternehmen, das seine Größe einem einzigen Produkt verdankt. Dieses allerdings ist zum Fundament der Gesellschaft geworden. Über 70 Prozent der US-Bürger sind ihm wortwörtlich untrennbar verbunden. Sie tragen das Implantat der *United Communications Corporation*, den erwachsen gewordenen Nachfolger jenes Geräts, das seinerzeit mir implantiert worden war. [...]

Es handelte sich um eine Brille mit etwas grobschlächtigen Bügeln, was damals jedoch sogar der Mode entsprach. Kameras und Mikrofone waren in den vorderen Scharnieren untergebracht, die Mobilfunkkomponente in den Bügeln, die hinter den Ohren den Kontakt zum Implantat herstellten. Dieser Prototyp zeichnete nicht nur die Bilder der Kameras und die Audiosignale der Mikrofone auf, sondern auch die Bilder und Klänge oder vielmehr die Neuroimpulse, die mein Nervensystem über das Implantat erreichten. Anders als mein Smartphone verfügte der Prototyp jedoch über keinen Speicher. Alle Daten wurden über eine permanente Verbindung ins System des Hauptquartiers übertragen. Die Aufzeichnungen des Geräts wurden dort gespeichert, zusammen mit den in Bilder und Töne decodierten Neuroimpulsen, die das Implantat übermittelt hatte. [...]

Wir schafften die SIM-Karten ab und damit die Gewaltenteilung zwischen Mobilfunkanbieter und Gerätehersteller. Dank des Implantats waren die *Subscriber Identification Module* entbehrlich geworden. Statt an einen Mobilfunkvertrag war der Nutzer nun an das Gerät und dessen Hersteller gebunden. Das Implantat identifizierte den Nutzer zweifelsfrei im Netz. Ein Missbrauch durch andere war nicht möglich, denn man konnte es weder verlieren, noch konnte es gestohlen werden, ohne den Träger schwer zu verletzen und das Implantat zu zerstören.

Wir lösten das schwerfällige, von Satelliten abhängige *Global Positioning System* ab, das bis dahin für Navigationszwecke und zur Ortung benutzt worden war. Unser *High Definition Positioning System* nutzte die Zelleninformationen des immer dichter geknüpften mobilen Datennetzes, von WiFi-Hotspots und anderen Sendeanlagen, über die zumindest eines der in der Corporation zusammengeschlossenen Unternehmen frei verfügen konnte. Damit ließ sich die Position eines UniCom-Implantats bis auf den Meter genau interpolieren. [...]

Als wir schließlich mit der vierten Generation des kommerziellen UniCom damit warben, dass die Kunden lediglich für die Implantation aufkommen müssten, von da an jedoch völlig kostenfrei über alle Kommunikationsdienste verfügen könnten, war das Sterben der Mobilfunkunternehmen und Handyproduzenten endgültig besiegelt. Feindliche Übernahmen waren nicht nötig. Die Konkurrenz verschwand einfach vom Markt, weil sich kaum noch jemand für ihre Produkte interessierte. Wer in Wissenschaft und Technik etwas konnte, wechselte spätestens jetzt zur Corporation, und so dauerte es nur wenige Jahre, bis die Brillen nicht mehr notwendig waren und die extrem miniaturisierten Komponenten des UniCom vollständig implantiert werden konnten. Sichtbar blieb nur mehr das pulsierende blaue Licht der Indikatoren an den Schläfen der UniCom-Träger, und deren Zahl wuchs unaufhaltsam. [...]

Assange[1] hat ein Interview gegeben, wieder einmal. Er protestiert gegen die Transparenz-Gesetze, die wir letzten Monat verabschiedet haben. Es ist die übliche Farce. Er greift tief in die rhetorische Trickkiste, beschwört Orwell, bezeichnet die Corporation als Big Brother Trust und behauptet, wir hätten nunmehr endgültig die Schreckensvision der Televisoren zur flächendeckenden Realität gemacht [...] und man würde den Anonymen[2] jedweden Job verweigern. Aber auch das ist irreführende Agitation[3]. Welcher Arbeitgeber sollte sich einen Angestellten ans Bein binden, der zwar vielleicht noch ein Konto hat, aber nicht elektronisch zahlen kann, wie es das Gesetz vorschreibt, der weder Auto fahren noch am öffentlichen Nahverkehr teilnehmen kann? Bis vor kurzem hielt der Bus am Tor nur einmal am Tag, und nun, da die

Transparenz-Gesetze in Kraft sind, gar nicht mehr. Anonyme dürfen nicht mehr befördert werden. Niemand will einen potenziellen Terroristen neben sich im Bus sitzen haben. Und damit immerhin muss man rechnen, denn aus welchem Grund sollte jemand anonym bleiben wollen, wenn es nichts zu verbergen gibt? Die neuen Gesetze stellen keine böswillige Ausgrenzung dar, sie sind vielmehr Ultima Ratio[4], ein Gebot der öffentlichen Sicherheitsinteressen.

*Stein, Benjamin: Replay. 1. Auflage, München, C. H. Beck, 2012, S. 91 ff.*

1 *Assange, Julian Paul (geb. 1971): politischer Aktivist aus Australien, ehemaliger Programmierer und Computer-Hacker, Sprecher der Enthüllungsplattform Wikileaks*
2 *Anonyme: Menschen, die sich kein Implantat setzen ließen, werden im Roman als „Anonyme" bezeichnet*
3 *Agitation: politische Hetze; intensive politische Aufklärungs-/Werbetätigkeit*
4 *Ultima Ratio: letzter Beweisgrund, äußerstes Mittel*

## 9 Aufgabenstellung sRDP

**a.** ●●●
Überlegen und notieren Sie, wie ein Alltag in dem von Benjamin Stein gezeichneten Szenario für Sie als Schülerin oder Schüler ablaufen könnte. Welche einschneidenden Veränderungen würde es dadurch geben? Was würde sich aus Ihrer Sicht verbessern?

**b.** ○
Diskutieren Sie, wie die österreichische Gesetzgebung mit dem Datenschutz umgeht. Wie werden die Privatsphäre des Menschen sowie personenbezogene Daten seit kurzem in der Europäischen Union geschützt?

**c.** ●
Zeichnen Sie eine Mindmap zum Thema „Orwells Erbe".

**d.** ●
Stellen Sie grafisch auf einem Plakat Ihre persönlichen Grenzen der Privatsphäre dar. Markieren Sie auf einer Skala von eins bis zehn, welche Bereiche Ihres Lebens Sie privat halten möchten und welche Bereiche für die Öffentlichkeit bestimmt sind.

*www.datenschutz.org/personenbezogene-daten/*

**e.** ●
Beschreiben Sie den Tagesablauf einer oder eines „Anonymen". Bedenken Sie dabei, welche Hindernisse sich einer Person, die nicht im „System" ist, tagtäglich in den Weg stellen.

**f.** ●
Beschreiben Sie, wie der Alltag einer Familie aussehen könnte, die UniCom-Implantat-Träger ist. Überlegen Sie sich, welche Funktionen den Alltag erheblich erleichtern würden, wie Eltern und Kinder miteinander kommunizieren würden, welche Freiheiten beispielsweise für Jugendliche wegfallen könnten.

**g.** ●
Schreiben Sie eine **Erörterung** zum Thema „Datenschutz". Bearbeiten Sie dabei die folgenden Arbeitsschritte:

- **Beschreiben** Sie anhand der Textvorlage aus Benjamin Steins „Replay" mögliche Zukunftsszenarien in einer Welt, in der mit Datenschutz sehr freizügig umgegangen wird und es keine gesetzlichen Beschränkungen gibt.
- **Diskutieren** Sie die Vor- und Nachteile von Datenschutzgesetzen.
- **Nehmen** Sie kritisch zum Thema Datenschutz **Stellung**.

Schreiben Sie ca. 700 Wörter.

## 10 Aufgabenstellung

**a.** ●
Lesen Sie den Bericht aus dem Magazin „t3n“ über die Google-Brille „Glass“.

**b.** ●●
Klären Sie Ihnen unbekannte Fremdwörter und technische Fachbegriffe.

**c.** ●
Exzerpieren Sie den Bericht und fassen Sie den Text kurz und prägnant zusammen.

**d.** ●●
Überlegen Sie, auf welchen Aspekt der Autor mit „ein Hauch 1984“ anspielt.

**e.** ●●
Diskutieren Sie, ob diese Art der interaktiven Brille für die Menschen von großem Nutzen sein kann oder auch Gefahren mit sich bringen könnte.

**f.** ●
Verfassen Sie einen werbenden Text für eine Computerfachzeitschrift, in welchem Sie die technischen Errungenschaften und Vorzüge einer neuen virtuellen Brille aufzeigen. Machen Sie auch Skizzen, wie diese interaktive Brille aussehen könnte.

### Google Glass ist wieder da – diesmal mit KI

Nachdem die Datenbrille auf dem Massenmarkt gefloppt war, soll sie jetzt für die Industrie wiederbelebt werden. Künstliche Intelligenz aus der Cloud soll ihr dabei helfen.
Vergangenen Dienstag, bei einer Konferenz in San Francisco, präsentierte die israelische Software-Firma Plataine ihre neue App für Google Glass. Wie das Magazin Wired berichtete, wollen Plataine und Google mit Brille und App nicht mehr den Massenmarkt erobern, sondern erstmal die Fabriketagen.
Dank der neuen App soll die Brille jetzt auch über sprachgesteuerte künstliche Intelligenz verfügen, ähnlich wie Apples Sprachassistentin Siri, Microsofts Cortana oder Amazons Alexa.
Plataine präsentierte die App auf einer Konferenz für Googles Cloud-Computing, auf dem auch die neue App basiert. Plataines App greift auch auf Googles Cloud-AI-Service zurück.

**„Sie ist wieder da!“**
„Viele von euch erinnern sich bestimmt an Google Glass für den Verbraucher – sie ist wieder da!“, kündigte Jennifer Bennett, eine Direktorin von Google Cloud, die App laut dem Magazin Wired an. „Glass ist eine wirklich spannende Technologie für Unternehmen geworden.“
Anfang 2015 hatte Google den Verkauf der Datenbrille nach einem erfolglosen Jahr wieder eingestellt. Anat Karni von Plataine präsentierte auf der Bühne jedoch die „Google Glass Enterprise Edition“ und die Funktionen der App aus dem eigenen Hause: Auf Zuruf sollen App und Brille nun zum Beispiel einem Fabrikarbeiter helfen können, Materialien im Lager zu finden. Plataine arbeitet für die Entwicklung der Brille mit Googles Spracherkennungs-Service Dialogflow zusammen.

**Bilderkennung soll in Google Glass integriert werden**
Das Softwareunternehmen Plataine will dabei auch eine Bilderkennungssoftware in die Brille bringen, an der Plataine mit Boeing, Airbus und anderen Schwergewichten aus der Industrie arbeitet. Später, so Plataine Produktchef Anat Karni, soll auch der Bilderkennungs-Service aus der Google-Cloud, Auto-ML, in die App integriert werden.
Die erste Version von Google Glass war 2015 unter anderem daran gescheitert, dass viele Menschen es als sehr unangenehm empfanden, wenn ihr Gegenüber im Gespräch eine Datenbrille trug. Google hofft jetzt scheinbar darauf, dass die Datenbrille in der Fabrik eher akzeptiert wird als im Restaurant.
Google wäre aber nicht Google, wenn nicht auch in der Neuauflage der Google Glass ein Hauch 1984 mitschwingen würde: So sind Google und Plataine jetzt stolz darauf, dass dank Brille und neuer App die Fabrik-Chefs jederzeit sehen können, was ihre Mitarbeiter gerade sehen.

*Vollmer, Jan: Google Glass ist wieder da – diesmal mit KI. Online: https://t3n.de/news/google-glass-ist-wieder-da-diesmal-mit-ki-1098070/ (10.05.2019)*

**11 Aufgabenstellung** sRDP

a. Lesen Sie den Bericht über eine Studie der Wirtschaftsuniversität Wien über den Umgang von Daten auf dem Smartphone.

b. Fassen Sie die wichtigsten Resultate dieser Studie zusammen.

c. Diskutieren Sie in einem Klassengespräch den Umgang mit Apps auf Ihrem Handy. Lesen Sie die Berechtigungen, die Sie beim Installieren einer neuen App auf Ihrem Smartphone dem jeweiligen Betreiber geben, genau durch. Kann auf Ihre auf dem Handy gespeicherten Kontaktdaten, Anruflisten und Fotos zugegriffen werden?

d. Recherchieren Sie im Internet, wie Sie Ihr Smartphone oder Tablet vor dem Zugriff durch Fremde schützen können.

e. Verfassen Sie einen Leserbrief und bearbeiten Sie dabei folgende Schreibaufträge:

- **Benennen** Sie die Hauptaussagen der Studie der Wirtschaftsuniversität Wien, auf die Sie sich beziehen wollen.
- **Nehmen** Sie kritisch **Stellung** zu der im Text angesprochenen Problematik, dass viele Besitzerinnen und Besitzer von Smartphones sehr sorglos damit umgehen, dass Fremde Zugriff auf ihre Handydaten haben.
- **Appellieren** Sie insbesondere an jugendliche Handy-Besitzerinnen und -Besitzer, auf einen sicheren Umgang mit Apps zu achten.

Schreiben Sie zwischen 270 und 330 Wörter.

Studie alarmiert

## Viel zu leichter Umgang mit Daten von Familie und Freunden

**Eine internationale Studie der Wirtschaftsuni Wien zeigt, dass mehr als 70 Prozent von Handynutzern einem App-Anbieter leicht den Zugriff auf die Daten ihres Endgerätes gewähren.**

App-Nutzer geben einer Studie eines internationalen Forschungsteams zufolge erstaunlich bereitwillig Informationen über Freunde oder Verwandte preis. Die Wissenschaftler um **Bernadette Kamleitner** von der **Wirtschaftsuniversität** (WU) Wien zeigten, dass zwischen 71 und 95 Prozent der Untersuchungsteilnehmer dem App-Anbieter unbedarft Zugriff auf sämtliche Daten auf ihrem Endgerät einräumten.
Die heute, Freitag, in Kraft tretende EU-Datenschutzgrundverordnung (DSGVO) beschäftigt derzeit alle Mail-Nutzer - muss man doch der Nutzung personenbezogener Daten durch Firmen explizit zustimmen. Nicht immer liegt es jedoch in der eigenen Hand, in welche Datenkörbe persönliche Informationen mitunter wandern. So „erkaufen“ sich Konsumenten oft die kostenfreie Nutzung von Smartphone-Apps durch eine Zustimmung, dass der Betreiber etwa auf alle Kontaktdaten, Anruflisten oder gar alle auf dem Endgerät gespeicherten Fotos zugreifen kann.

**Die Folgen sind vielen nicht bewusst**

Kamleitner, Leiterin des WU-Instituts für Marketing und Consumer Research, und ihr Team gingen mit Kollegen aus Australien und Großbritannien in ihrer im Online-Fachmagazin „MITSloan Management Review“ beschriebenen Untersuchung diesem Phänomen nach. Dazu gaben sie einerseits 287 Londoner Wirtschaftsstudenten und andererseits 505 großteils aus der EU stammenden Teilnehmern einer Umfrage-Plattform fiktiv ein neues Handy und stellten ihnen die Frage, ob sie eine Konversations-App wie WhatsApp und Co. installieren würden und beobachteten dann, wie mit Berechtigungen (Permissions) umgegangen wurde.

Das Interesse daran hielt sich insgesamt in sehr engen Grenzen. Am ehesten interessierten sich die Teilnehmer noch für die Nutzerbewertungen der Apps, sagte Kamleitner zur APA. Entschieden sich die Personen dann für die Installation eines Programms, wurden ihnen die Bedingungen zwei Mal vorgelegt. Bei einer anschließenden Befragung darüber, welche Zugriffsrechte sie damit erteilt hatten, zeigte sich, dass 95 Prozent der Studenten und 71 Prozent der anderen Teilnehmergruppe „nicht das volle Ausmaß erkannten", berichtete Kamleitner. Vielen war etwa nicht bewusst, dass sie Zugriff auf die Anruflisten oder SMS gegeben hatten.

In einem weiteren Schritt wollten die Forscher herausfinden, ob den Leuten eigentlich klar ist, dass hier Daten zur Disposition stehen, die auch andere betreffen. Die Teilnehmer wurden nochmals darüber informiert, wozu sie zugestimmt hatten und erhielten eine allgemein verständliche Erklärung darüber, dass sie vielfach Blankoberechtigungen zum Zugriff auf personenbezogene Daten erteilt hatten. Dann wurde gefragt, ob sich die Teilnehmer als einzige Person sehen, die über diese Informationen verfügen dürfen. 42 Prozent der Studenten und 49 Prozent der anderen Teilnehmer sahen sich weiterhin alleine als Verfügungsberechtigte. Hier dürfte der Gedanke vorherrschen, „was auf meinem Handy ist, gehört nur mir", erläuterte die Wissenschaftlerin, die in weiterer Folge herausfinden möchte, warum das derart verzerrt wahrgenommen wird.

**„Potenziell dramatische Folgen"**

Im letzten Schritt fragten die Forscher noch danach, ob die Teilnehmer die App behalten wollen, obwohl sie damit mitunter Geburtsdaten, Adressen, Kosenamen, usw. von anderen weitergeben. Unter den Studenten behielten trotzdem 70 Prozent das Programm. In der anderen Gruppe waren es 65 Prozent, denen die Weitergabe der Daten anderer „nicht wirklich wichtig" war, so Kamleitner.

Die Folgen dieses Verhaltens seien jedenfalls „potenziell dramatisch". So schütze die DSGVO nicht eindeutig vor der frei händigen Datenweitergabe persönlicher Daten anderer an App-Anbieter, betonte die Forscherin. Neben offenen rechtlichen Haftungsfragen sei den allermeisten Leuten einfach nicht klar, was sie hier tun. Kamleitner: „Wenn man Menschen auf der Straße nach der Telefonnummer der Mutter fragt, werden sie empört einen Übergriff in die Privatsphäre beklagen. Kommt aber eine App und möchte Zugriff auf alle Fotos und Kontakte, dann stimmt man einfach zu."

**Verharmlosung im digitalen Bereich**

Hier sehe man einen dramatischen Unterschied in den sozialen Normen, an die sich Menschen in Offline- und Online-Kontexten halten. Neben der Tatsache, dass das vielen nicht bewusst sei, werde im digitalen Bereich vieles extrem verharmlost, unter anderem weil es nicht konkretisiert wird - etwa wenn neutral die Frage nach Kontakten gestellt wird, anstatt jener nach der Telefonnummer von Freunden oder Verwandten. Auch fehle hier plötzlich Respekt vor Daten anderer, wie die Untersuchung zeige.

Davor gefeit scheint kaum eine gesellschaftliche Gruppe: Auch die Annahme, dass sich die sogenannten „Digital Natives"[1] hier deutlich besser auskennen und ihre Daten besser schützen, ließe sich kaum halten. Über verschiedene Studien hinweg und auch in ihrer aktuellen Arbeit zeigt sich laut der Wissenschafterin sogar eher das Gegenteil.

Es brauche vor allem wertgetriebene technische Lösungen „um Menschen nicht zur Schwachstelle für die Privatsphäre anderer zu machen", betonte Kamleitner. Wonach es sich nicht „gehöre" in der Offline-Welt zu fragen, danach solle man auch in der Online-Welt nicht gefragt werden dürfen.

*O.V.: Viel zu leichter Umgang mit Daten von Familie und Freunden. In: Kleine Zeitung, 25.05.2018. Online: https://www.kleinezeitung.at/wirtschaft/5435417/Studie-alarmiert_Viel-zu-leichter-Umgang-mit-Daten-von-Familie-und (10.05.2019)*

[1] *Digital Native: wird eine Person bezeichnet, die in der digitalen Welt aufgewachsen ist.*

# 7.3 Bewertung von Informationen

## 7.3.1 Glauben Sie nicht alles, was im Internet steht!

Immer wieder sind Sie bei Ihrer Recherchearbeit für ein Referat, eine Projekt- oder Diplomarbeit mit Informationen unterschiedlichster Qualität konfrontiert. Eine wichtige Kompetenz in Ihrem Berufsleben wird es sein, Informationen bewerten zu können. Für viele Menschen ist das Internet zur wichtigsten Informationsquelle geworden. Die Suchmaschine Google schlägt zu Suchbegriffen tausende Treffer vor. Doch nicht immer ist das Internet eine sichere Informationsquelle. Wiederholen Sie, was Sie zum Thema Filtern und Bewerten passender Quellen bereits wissen.

*siehe Band 1, Kapitel „Sprechen“*

### Internetrecherche (Wiederholung)

- Arbeiten Sie mit **Suchmaschinen:** Nützen Sie nicht nur Google! Es gibt noch eine Reihe anderer Suchmaschinen wie z. B. Yahoo!Search, MSN Search oder DuckDuckGo.
- Wählen Sie die **Suchbegriffe** sorgfältig aus; geben Sie mehrere Kombinationsmöglichkeiten ein.
- Verwenden Sie nie die erstbeste Quelle, sondern ziehen Sie immer **mehrere Quellen** heran. Seien Sie kritisch und vergleichen Sie die Inhalte. Wenn die Inhalte einander widersprechen, suchen Sie weiter!
- Prüfen Sie, ob die **Information aktuell, objektiv und verständlich** ist.
- Versuchen Sie, die **Verfasserin** bzw. den **Verfasser der Website** herauszufinden, und achten Sie darauf, ob es eine Kontaktmöglichkeit für die Seite gibt.
- Suchen Sie nach weiteren auf der jeweiligen Website angegebenen **Links** und überprüfen Sie diese.

### Weitere Informationsquellen für Recherchen

- Benutzen Sie auch die Schulbibliothek oder eine öffentliche Bibliothek in Ihrer Nähe. Verwenden Sie dort Lexika als erste Informationsquellen.
- Durchforsten Sie Fachbücher, Sachbücher und Fachzeitschriften.
- Suchen Sie in Stichwort- oder Autorenkatalogen, aber auch in Zeitungen oder Zeitschriften.
- Stöbern Sie in Buchhandlungen.

**Francis Bacon** *(1561–1626), englischer Philosoph, Staatsmann und Wissenschaftler*

**Wissen ist Macht!** Dieser Spruch geht auf Francis Bacon zurück, der mit seinen Werken einen wichtigen Meilenstein im Zeitalter der Aufklärung setzte. Das Wissen der Menschheit hat sich zwischen 1800 und 1900 verdoppelt, zwischen 1900 und 2000 hat es sich verzehnfacht. Derzeit wird das Internet von etwa vier Milliarden Menschen weltweit benutzt. Dies bedeutet, dass Konzerne ihre Macht im Netz auch für wirtschaftliche Zwecke und ihre Eigeninteressen nutzen und ausnutzen können. Es heißt aber auch, dass Internetkonzerne, die Onlinedienste anbieten, und Medien großen Einfluss ausüben, da sie es sind, die die Informationen, die veröffentlicht werden, auswählen und damit das Wissen gezielt steuern.

Falschmeldungen **(Fake News)** werden absichtlich im Internet in Umlauf gebracht. Ihre Bandbreite reicht von harmlosen Scherzmeldungen bis hin zu Horrormeldungen, hetzerischen Artikeln oder gefakten Fotos. Das Ziel dahinter ist es meist, Menschen zu verunsichern oder bewusst Stimmung gegen eine bestimmte Sache bzw. Bevölkerungsgruppe zu machen.
Falschmeldungen sind zwar keine Erfindung des Internetzeitalters, werden aber in jüngster Zeit zu einem immer größeren Problem. Besonders in Sozialen Netzwerken werden Falschmeldungen oft ungeprüft geteilt und mit nur wenigen Klicks an sehr viele Menschen weiterverbreitet. Diese Dynamik hat großen Einfluss auf das gesellschaftliche Leben – seien es wirtschaftlichen Entwicklungen oder das politischen System–, kann aber unter Umständen auch das Leben einer betroffenen Einzelperson massiv beeinträchtigen. Wahr und falsch im Internet auseinander halten zu können, wird daher für Nutzerinnen und Nutzer immer wichtiger. Falschmeldungen im Internet zu erkennen wird daher immer wichtiger!

*aus: https://www.saferinternet.at/faq/informationskompetenz/falschmeldung-fake-news-hoax-was-ist-das/ (10.05.2019)*

## 12 Aufgabenstellung

**a.** Lesen Sie den folgenden Zeitungstext zum Thema Umgang mit Daten seitens Facebook und fassen Sie diesen zusammen.

**b.** Recherchieren Sie zum Thema Datensicherheit im Netz sowie Datenpannen, bei denen vorsätzlich vertrauliche Daten offengelegt wurden. Stellen Sie Ihre Rechercheergebnisse der Datenschutzregelung der Europäischen Union (Datenschutzgrundverordnung) gegenüber.

**c.** Online-Dienste wie Facebook saugen Daten von Nutzerinnen und Nutzern von ihrer Plattform ab und verkaufen diese an private Firmen weiter. Recherchieren Sie, was Sie zum Datenskandal um die britische Beratungsfirma Cambridge Analytica finden, die Daten und Profile von Facebook-Benutzerinnen und Benutzern für Analysen und Vorhersagemodelle benutzt hat.

**d.** Suchen Sie auf der Website www.saferinternet.at nach Tipps, wie Sie kompetent und verantwortungsvoll mit digitalen Medien umgehen können.

***www.saferinternet.at***

Soziale Medien

### Facebooks Datenlecks nehmen kein Ende

**Private Daten waren zehn Tage lang öffentlich verfügbar - 14 Millionen Nutzer könnten betroffen sein.**

Menlo Park. (dpa/reu) Durch eine Datenschutz-Panne von Facebook haben mehrere Millionen Nutzer ihre Beiträge möglicherweise ungewollt mit der ganzen Welt geteilt - statt nur mit Freunden. Dem Online-Netzwerk zufolge könnten 14 Millionen Mitglieder von der Panne betroffen sein.
Der Software-Fehler wurde im Mai nach zehn Tagen behoben - von 18. bis 27. Mai passierte dieser. Die Panne unterlief dem Online-Netzwerk ausgerechnet während der Bemühungen, das Vertrauen von Nutzern und Politik nach dem Datenskandal um Cambridge Analytica (CA)[1] zurückzugewinnen. Daten von bis zu 87 Millionen Nutzern - darunter 50 Millionen aus den USA - wurden dabei unzulässig geteilt, wurde im März bekannt. CA hatte sich mithilfe der abgeschöpften Informationen eine Datenbank zulegt, die für den Präsidentschaftswahlkampf Donald Trumps genutzt worden sein soll.
Facebooks Aktienkurs sank nach Bekanntwerden des CA-Skandals deutlich. Zudem musste sich Facebook-Chef Mark Zuckerberg seit April Hearings im US-Senat sowie im Europäischen Parlament stellen.
Der nunmehrige Fehler passierte bei der Arbeit an einer neuen Funktion, wie Facebook am Freitag erläuterte. Grundsätzlich ist die Einstellung so geregelt, dass Nutzer bei jedem Beitrag entscheiden können, ob die Inhalte nur für Freunde oder auch für Freunde von Freunden - oder alle bei Facebook zu sehen sein soll. Dabei wird die letzte Auswahl automatisch für den nächsten neuen Beitrag übernommen.

**Betroffene werden informiert**

Die neue Funktion für das Teilen von Profil-Inhalten hätte diese Voreinstellung eigentlich nicht beeinflussen dürfen, weil es dabei grundsätzlich um Dinge geht, die man öffentlich zeigen will. Dennoch schaltete das System die Privatsphären-Einstellung auch beim nächsten regulären Facebook-Post im Hintergrund auf „alle“ um.

Nun korrigierte Facebook den Empfängerkreis der in diesem Zeitraum geposteten öffentlichen Beiträge wieder auf den Stand der Voreinstellung vor Auftreten des Softwarefehlers. Die betroffenen Nutzer werden informiert. Ihnen wird außerdem angeboten, die fraglichen Posts in einer Übersicht noch einmal zu überprüfen. [...] Mit dem Datenleck kommt Facebook bereits zum zweiten Mal in dieser Woche in die Schlagzeilen. Das soziale Netzwerk gab zuvor bekannt, chinesischen Technologiekonzernen Zugang zu Daten seiner mehr als zwei Milliarden Nutzer zu gewähren: dem weltweit drittgrößten Handybauer Huawei, dem Computer-Hersteller Lenovo sowie den Smartphoneanbietern OPPO und TCL. US-Geheimdienstler haben in der Vergangenheit vor Techkonzernen aus der Volksrepublik gewarnt. Diese böten ein Einfallstor für Auslandsspionage und Cyber-Angriffe und gefährdeten die Infrastruktur in den Vereinigten Staaten.

*Dpa: Facebooks Datenlecks nehmen kein Ende. In: Wienerzeitung, 08.06.2018. Online: https://www.wienerzeitung.at/nachrichten/wirtschaft/international/969914_Facebooks-Datenlecks-nehmen-kein-Ende.html (10.05.2019), gekürzt*

Ein verantwortungsvoller Umgang mit Daten und Information ist auch von den großen Anbietern von Online-Diensten wie Facebook, Google, Amazon und Apple nötig. Wir nehmen als Userinnen und User zwar gerne ihre Dienste in Anspruch, geben damit aber freiwillig und oft unbedacht auch viele Informationen über uns selbst preis. Wem ist es nicht schon passiert, nach einem Einkauf bei einem Onlineanbieter wenig später ein genau auf die Person maßgeschneidertes Angebot per E-Mail erhalten zu haben?

### 13 Aufgabenstellung

**a. ●**

Lesen Sie den Zeitungsbericht aus der „Zeit" über „Das ewige Update". Setzen Sie dabei als Lesetechnik die SQ3R-Methode ein. Schlagen Sie Ihnen unbekannte Fremdwörter in einem Wörterbuch nach.

**b. ●●**

Erarbeiten Sie in einer Partnerarbeit Antworten auf die folgenden Fragen. Nehmen Sie die Informationen, die der Zeitungstext aus der Wochenzeitung „Die Zeit" Ihnen gibt, zur Hilfe:

- Wie arbeitet die Suchmaschine Google?
- Was ist mit „algorithmischem Aufseher" gemeint? Was macht dieser?
- Erklären Sie das „Panda-Update" sowie das „Pinguin-Update". Was bringen diese für Vorteile, welche Gefahren für die einzelne Userin bzw. den einzelnen User gehen davon aus?
- Welche Informationen erhält Google über die Userinnen und den User, wenn man diesen Dienst benutzt und „googelt"?

Internetunternehmen

## Das ewige Update

**Wer bei Google sucht, der findet – aber was? Einblicke in die größte Internetmaschine der Welt.**

Die perfekte Suchmaschine versteht genau das, was man meint, und liefert genau das, wonach man sucht. Das war die Vision von Larry Page, als er Google im Jahre 1998 mitgründete. Seither arbeiten die Kalifornier daran, diesem Ziel näher zu kommen. Vor drei Jahren ist ihnen ein großer Schritt gelungen. Tippten bis dahin zwei Nutzer die gleichen Wörter in Googles Suchmaske, bekamen diese dieselbe Antwort. Heute bekommt jeder Suchende eine individuell auf ihn zugeschnittene Reaktion des Computers. Doch so beginnt sich die Welt des Suchenden auf die beschauliche Sammlung seiner Vorlieben zu verengen. Aus dem Tor ins World Wide Web wird ein Tor, das letztlich zu ihm selbst zurückführt. In seinem Buch „Filter Bubble“ kritisiert der Netzpublizist Eli Pariser, dass man sich im Internet in vorgefilterten Blasen bewege: „Mehr und mehr wird dein Computermonitor zum Spiegel, der deine eigenen Interessen reflektiert, während algorithmische[1] Aufseher beobachten, was du anklickst!“

Google ist für die meisten Deutschen der Zugang zum Internet. Mehr als 80 Prozent ihrer Suchanfragen laufen über das Portal. Ein Klick, und innerhalb einer Viertelsekunde entrollt sich eine Liste von Treffern. Diese können in die Millionen gehen – praktisch aber bleibt der Nutzer meist auf der ersten Seite stecken. Seine Aufmerksamkeit erfasst so nur zehn Ergebnisse. Sie sind entscheidend. Bloß wurden sie eben durch Googles Algorithmus vorsortiert. Die mathematische Formel dahinter ist geheim. Den Algorithmus offenlegen? „Das können wir schlicht nicht tun“, sagt Jack Menzel, Produktmanager von Google Search. „Dann wäre nicht nur unseren Konkurrenten Tür und Tor geöffnet. Auch die Betreiber von Websites könnten diese optimieren. Damit wäre das System ausgehebelt.“

Tu nichts Böses, ist das Motto von Google. Aber wie gut ist das wirklich?

Ständig durchkämmt die Maschine das Netz und indexiert[2] Seiten nach Begriffen. Sucht ein Nutzer ein Wort, fischt der Algorithmus alle Seiten heraus, die es enthalten, und ordnet sie. Eine grundsätzliche Rolle spielen technische Details oder die Ladezeit. Schlecht zugängliche Seiten werden sofort aussortiert. Zum anderen sucht Google nach Schlüsselbegriffen: Enthält die Seite die Wörter „blau“ und „Hemd“, und zwar nebeneinander? Nur dann wird sie als Treffer für die Suche nach „blaues Hemd“ gewertet. Grüne Hemden und blaue Hosen fallen durchs Raster.

Die Grundlage für Googles Erfolg ist der PageRank. Er gewichtet eine Seite danach, wie viele andere auf sie verlinken und wie stark verlinkt diese anderen Seiten wiederum sind. Die Gründer Larry Page und Sergej Brin schrieben ihre Doktorarbeit darüber und schufen eine eigene Hierarchisierung. Das war das Ende der Neutralität. Die, so argumentiert Google, wäre nur durch einen Zufallsgenerator oder alphabetische Ordnung möglich und würde lediglich zu irgendwelchen Ergebnissen führen, nicht zu den nutzbringendsten. „Das Prinzip eines Rankings ist eben, dass die einen oben sind und die anderen unten“, sagt Menzel.

Inzwischen sind die Suchkriterien für das Ranking – Menzel bezeichnet sie als Signale – auf mehrere Hundert angewachsen. Wie viele es genau sind, kann er selbst nicht sagen. Oft seien es ja auch nur Nuancen, die etwa frischen Inhalt nach oben brächten. Auch wenn bei Facebook oft auf eine Seite verwiesen wird, gewinnt sie.

Kontinuierlich tüfteln Googles Programmierer weiter, rund 400 Updates gibt es pro Jahr. Nicht jedes ist so schwerwiegend wie das Panda-Update, das Seiten im Ranking nach hinten schob, deren Inhalt Google für minderwertig hält, zum Beispiel, weil er nur zusammenkopiert worden ist. Das Update Pinguin im April wiederum sollte sich gegen Seiten richten, die Spam, also inhaltlich irrelevante Informationen enthielten. „Wir möchten die Betreiber dazu bringen, richtig guten Inhalt zu machen“, sagt Jack Menzel zu dieser Rolle als Webpolizei.

Gelegentlich wird manuell eingegriffen. „Zum Beispiel werden auf staatlichen Druck hin verschiedene Inhalte aussortiert, in Deutschland etwa Neonazi-Links“, sagt Viktor Mayer-Schönberger vom Oxford Internet Institute, der sich intensiv mit Google auseinandergesetzt hat. Auch auf den Verdacht einer Urheberrechtsverletzung hin nehme Google Seiten aus seinem Index.

Das meiste aber läuft automatisch, soweit Google die Informationen dafür hat. Und Google weiß viel über seine Nutzer. Wer also gerne bei Amazon einkauft, auf dessen persönlicher Beliebtheitsliste rutscht Amazon ein Stück nach oben. Wer sich für Autos interessiert, bekommt beim Suchwort „Jaguar“ eher Kraftfahrzeu-

ge angezeigt als Raubtiere. Zudem erkennt Google anhand der IP-Adresse den ungefähren Standort des Nutzers und listet automatisch Ergebnisse in dessen Nähe auf. Menzel findet das großartig: „So verstehen wir immer besser, was der einzelne Nutzer will."
Die persönlichen Informationen erhält Google durch die Anmeldung bei einem Konto, ob Google Mail oder Google+. In einem Protokoll werden Suchwörter gespeichert, die Verweildauer auf verschiedenen Seiten, die Geräte, die der Suchende verwendet.
Aber auch wer sich nicht anmeldet, wird von Google beobachtet. Cookies, also kleine Spähprogramme, speichern jede Anfrage 180 Tage lang in der Suchsoftware des Nutzers und erkennen dadurch seine Bewegungsmuster. Mit Search Plus Your World bezieht Google auch sein eigenes soziales Netzwerk, einen Facebook-Konkurrenten also, als Quelle mit ein. Dann werden Funde aus dem sozialen Umfeld des Nutzers, Fotos seiner Freunde zum Beispiel, bei den Treffern begünstigt.
Solange es dabei um Banalitäten geht, mag das nett sein. Was aber, wenn es um wichtige Informationen geht? Wenn man in einem Konflikt nur noch aus Nachrichtenquellen versorgt wird, die der eigenen Anschauung entsprechen? Wählt man am Kiosk eine Zeitung, sieht man zumindest, was man sonst noch lesen könnte. In der Darstellung einer Internetseite aber werden Alternativen unsichtbar.
Jack Menzel sieht das nicht als Problem. „Es geht uns doch einfach nur darum, dass der Nutzer möglichst schnell an die Informationen kommt, die er sucht. Die anderen nehmen wir ihm nicht weg. Wir stellen nur die relevanten nach vorne." Wer damit nicht zufrieden sei, könne eine neue Suchanfrage starten. Und die Personalisierung lasse sich ja zudem individuell ausschalten. Tatsächlich wird niemand gezwungen. Es gibt ja andere Suchmaschinen, auch kann sich jeder nach hinten klicken, auf Seite 3, 4, 5 und weiter. Er muss kein Google-Konto eröffnen, und Cookies lassen sich löschen. Man muss nur wissen, wie.

*Kutter, Inge: Internetunternehmen. Das ewige Update. In: Die Zeit, 02.08.2012. Online: https://www.zeit.de/2012/32/Zensur-Google-Internetsuche (10.05.2019), mit kleinen orthografischen Korrekturen*

[1] *algorithmisch/Algorithmus: Begriff aus der Mathematik: Rechenvorgang, der nach einem bestimmten, sich wiederholenden Schema abläuft, Verfahren zur schrittweisen Umformung von Zeichenreihen*
[2] *indexieren: einen Index/eine Liste erstellen*

## 14 Aufgabenstellung sRDP

Exzerpieren Sie den Text und verfassen Sie anschließend eine **Zusammenfassung**. Bearbeiten Sie folgende Teilaufgaben:

- **Geben** Sie die wesentlichen Teile des Inhalts des Textes **wieder**.
- **Beschreiben** Sie die im Text genannten Methoden, wie Google Informationen über seine Userinnen und User erhält.
- **Erklären** Sie den Erfolg dieser Suchmaschine.

Schreiben Sie ca. 300 Wörter.

## 15 Aufgabenstellung

●●

**a.** Recherchieren Sie die aktuellen Geschäftszahlen des Unternehmens Google und stellen Sie diese in einem Beitrag kurz vor. Wie hoch sind der derzeitige Umsatz sowie der Börsenwert dieses weltweit agierenden Unternehmens? Vergleichen Sie sie mit den Umsatzzahlen und Börsenwerte ähnlicher Unternehmen.

**b.** Sammeln Sie im Internet aktuelle Zeitungsberichte über Google, Facebook und Amazon. Fassen Sie die wichtigsten Inhalte zusammen und kommentieren Sie diese.

## 7.3.2 Klappentext und Rezension: das Bewerten literarischer Werke

Internethändler wie Amazon laden ihre Kundinnen und Kunden immer öfter ein, ihre Meinung zu einem Produkt oder einer Dienstleistung, die man in Anspruch genommen hat, abzugeben. Diese Kundenrezension wird meist anonymisiert auf der Website des Unternehmens veröffentlicht. Ergänzt wird sie durch eine Bewertungsskala, auf der die Kundinnen und Kunden ein bis fünf Sterne vergeben können. Diese Skala wird offensichtlich vom Unternehmen als umsatzfördernd angesehen.

Ähnlich verhält es sich auch mit dem **Klappentext** eines Buches, der sich auf der Rückseite oder auf der eingeschlagenen Innenseite des Schutzumschlags befindet. Dieser Text, der **Werbecharakter** hat, wird meist vom Verlag in Zusammenarbeit mit der Autorin bzw. dem Autor verfasst und soll die Leserin bzw. den Leser neugierig machen und anregen, das Buch zu kaufen. Bei Büchern ohne Schutzumschlag (Taschenbücher) findet sich dieser Text auf Seite zwei des Buches bzw. ebenfalls auf der Rückseite.

Üblich sind neben einer kurzen, werbenden Zusammenfassung des Buchinhalts, ohne den Ausgang vorwegzunehmen, ein Textzitat, eine Autorennotiz und/oder Hinweise auf weitere Bücher des Verlags oder der Autorin bzw. des Autors. Manchmal findet sich auch eine positive Kritik von bekannten Kritikerinnen oder Kritikern oder anderen Medien.

### 16 Aufgabenstellung

●

Lesen Sie den Klappentext von Gioconda Bellis Roman „Die Republik der Frauen" und kennzeichnen Sie jene Textstellen, welche aus dem Werk zitieren, den Inhalt wiedergeben, über die Autorin informieren oder das Buch kritisieren.

„Wir versprechen, dieses Land zu schrubben, bis es in seiner ganzen Pracht glänzt und nach frisch gebügelter Wäsche duftet ..."
*Aus dem Manifest der Partei der Erotischen Linken*

Faguas ist das Land, von dem ganz Lateinamerika spricht, denn hier ist Unerhörtes gelungen: Eine Handvoll entschlossener Frauen, angeführt von der charismatischen Viviana Sansón, hat den rückständigen Machos die Macht entrissen. Mit Hilfe ihrer „Partei der Erotischen Linken", mit Humor, Toleranz und Selbstironie (und mit Hilfe eines Vulkanausbruchs, aber das ist eine andere Geschichte ...) haben Frauen jeden Bereich des öffentlichen Lebens übernommen. Das Land blüht auf – so sehr, dass selbst die Männer überzeugt sind. Alle Männer? Eines Tages, bei einer flammenden Rede der Präsidentin Viviana, geschieht es: Ein Attentäter schießt die wichtigste Frau des Landes nieder, Viviana aber lässt sich selbst von ihrem eigenen Koma nicht aufhalten ...
Ein scharfzüngiger Roman, der wie kein anderer für die Träume der leidenschaftlichen Revolutionärin Gioconda Belli steht.

*Belli, Gioconda: Die Republik der Frauen. 1. Auflage, München, Droemer Verlag, 2012, Klappentext der Innenseite des Buchumschlags*

**ES LEBE DIE PARTEI DER EROTISCHEN LINKEN!**

Was wäre, wenn sämtliche Männer von jetzt auf gleich aus dem öffentlichen Leben verbannt würden? Und die Frauen übernähmen das Regiment?

Der neue Roman der lateinamerikanischen Poetin und Revolutionärin: eine spritzige, kuriose und ungemein weibliche Utopie, die zu denken gibt.

Ausgezeichnet mit dem lateinamerikanischen Literaturpreis *La otra orilla*

Gioconda Belli, geboren in Managua/Nicaragua, beteiligte sich ab 1979 am Widerstand der Sandinisten gegen die Diktatur in ihrem Land und ging 1975 ins Exil nach Mexiko. Seit ihr 1988 mit *Bewohnte Frau* der internationale Durchbruch als Schriftstellerin gelang, hat sie mit zahlreichen Romanen, Gedichtbänden und ihrer Autobiographie ein millionenfach gelesenes Werk geschaffen. Heute lebt sie in Nicaragua und Los Angeles/USA.

*Belli, Gioconda: Die Republik der Frauen. 1. Auflage, München, Droemer Verlag, 2012, Klappentext der Rückseite des Buchumschlags*

**17 Aufgabenstellung**

●

Verfassen Sie für eines Ihrer Lieblingsbücher einen neuen Klappentext. Versetzen Sie sich dabei in die Rolle der Verlagsmitarbeiterin bzw. des Verlagsmitarbeiters und formulieren Sie einen kurzen Text, der nicht mehr als 150 Wörter hat, Neugierde wecken und zum Kauf des Buches anregen soll.

*Rezension, die (lat.): eigentlich „Musterung", Besprechung*

Während der Klappentext nur positive Kritiken enthält – er soll ja das Buch bewerben –, stellt eine **Rezension** eine kritische Auseinandersetzung mit dem Werk dar, die nicht immer positiv ausfallen muss. Die Rezension stellt also eine **subjektive Bewertung** dar, daher rezensieren in der Regel mehrere Rezensentinnen bzw. Rezensenten unabhängig voneinander ein literarisches oder wissenschaftliches Werk, ein Sachbuch, eine CD oder DVD, eine Aufführung oder einen Film. So kommt es oft vor, dass in den Rezensionen völlig gegensätzliche Auffassungen und Bewertungen zu ein und demselben Werk vertreten werden. Rezensionen gehören zur Gattung der Sekundärliteratur, was bedeutet, dass ein Text über einen (literarischen) Text verfasst wird.
Rezensionen erscheinen meist kurz vor oder nach der Veröffentlichung des Werkes. Während bei der Filmkritik Vorabbesprechungen üblich sind, erscheinen Kritiken über Konzerte, Theateraufführungen sowie Buchbesprechungen erst nach der Premiere bzw. dem Zeitpunkt des Erscheinens des Buches.

Eine Rezension besteht aus zwei Teilen:

## Aufbau einer Rezension

| | |
|---|---|
| **inhaltliche Darstellung** | ■ Anlass, warum die Rezension geschrieben wird (Buchpräsentation, Filmpremiere etc.)<br>■ Angaben zur Autorin bzw. zum Autor, zur Regisseurin bzw. zum Regisseur, zur Künstlerin bzw. zum Künstler, zur Dirigentin bzw. zum Dirigenten etc.<br>■ Inhalt des Buches/Filmes etc.<br>■ sprachliche Darstellung (Erzähltechniken, Kameraführung etc.)<br>■ Textzitate, Titel der Rezension |
| **eigene Stellungnahme** | Bewertung des Werkes durch die Rezensentin bzw. den Rezensenten (begründete Meinung, aufbauend auf Argumenten) |

**18 Aufgabenstellung**

**a.** ●

Lesen Sie die Rezension, die in der deutschen Zeitschrift „Focus" anlässlich des Erscheinens des Romans „Republik der Frauen" von Gioconda Belli erschienen ist, und kennzeichnen Sie die für eine Buchrezension typischen Elemente.

**b.** ●●

Analysieren Sie die Rezension hinsichtlich:

- Aufbau
- allgemeiner Informationen zu Autorin und Werk, Einordnung in ihr Gesamtwerk
- Informationen zu diesem Roman
- sprachlicher Darstellung der Rezension (Stil der Argumentation, Kritik)
- Wertung durch die Rezensentin bzw. den Rezensenten (mit oder ohne Begründung)
- Textzitaten
- Titel der Rezension

**c.** ○

Vergleichen Sie Ihre Resultate in einem Klassengespräch.

**Gioconda Belli** *(geb. 1948), nicaraguanische Schriftstellerin und Lyrikerin*

Literatur
## Gioconda Belli entwirft „Die Republik der Frauen“

Viviana Sansón ist eine echte Power-Frau. Als Fernsehmoderatorin deckt sie Skandale auf, fliegt um die Welt, kümmert sich liebevoll alleinerziehend um ihre Tochter – und dann gewinnt sie an der Spitze einer Frauen-Partei auch noch die Wahl und wird Präsidentin. Dazu sieht sie natürlich blendend aus.

„Der braune, muskulöse Körper einer Schwimmerin, die dichten schwarzen Locken, die ihr bis auf die Schultern fielen [...] und das schmale Gesicht ihrer Mutter, mit feinen Zügen, großen, schwarzen Augen und einem breiten Mund mit sinnlichen Lippen.“

Doch gleich zu Anfang des Buches geschieht etwas Schreckliches: Sansón wird niedergeschossen. Im Koma findet sie sich in einem Raum wieder mit allen Dingen, die sie jemals verloren hat und die Episoden ihres Lebens vor ihren Augen ablaufen lassen. Die vielfach preisgekrönte nicaraguanische Schriftstellerin Gioconda Belli erzählt Sansóns Geschichte ab jetzt aus zwei Perspektiven: Sansóns eigener und der ihrer Freunde und Wegbegleiter, die hoffend an ihrem Krankenbett ausharren.

Zum Zeitpunkt des Attentats ist Sansón auf dem Höhepunkt ihrer Macht: Gerade hat sie mit der von ihr und einer Gruppe Freundinnen gegründeten „Partei der Erotischen Linken“ (PIE) die Wahl gewonnen und ist Präsidentin des Fantasie-Staates Faguas geworden – der „Republik der Frauen“, wie Belli ihren Roman genannt hat. Die PIE besteht nur aus Frauen und will das Land mit rein-weiblichen Methoden auf Vordermann bringen: „Ich habe eine Partei im Kopf, die sich vornimmt, dem Land das zu geben, was eine Mutter ihrem Kind gibt, es in Ordnung hält, wie eine Frau ihr Haus in Ordnung hält“, erklärt Sansón.

Denn Faguas geht es schlecht. Das Land ist der PIE zufolge „auf halbem Wege zwischen dem Mittelalter und der Moderne steckengeblieben“ und seine Mentalität „ist die einer abhängigen missbrauchten Frau“. Da PIE auf Spanisch Fuß bedeutet, entwirft sich die Partei eine Fahne mit dem Umriss eines weiblichen Fußes mit rot lackierten Nägeln darauf. Damit ziehen sie durch Dörfer und Städte, malen Frauen die Nägel rot an, versprechen Kindergärten, kostenloses Wasser und den Kampf gegen das Abtreibungsverbot.

Die Wahl gewinnt die PIE schließlich aber nur durch einen Vulkanausbruch, der den Testosteronspiegel aller Männer in Faguas drastisch senkt. „Laborversuche zeigten, dass die Gase des Vulkans verantwortlich für diesen Effekt waren, der Faguas unerwartet mit einer bisher nie gekannten männlichen Sanftmut segnete.“

Nach der Wahl krempelt die PIE das Land um. Manches findet großen Anklang in der Bevölkerung, zum Beispiel die Pflicht, Lesen und Schreiben zu lernen, der Anbau von Blumen zur Wirtschaftsförderung und das neue Studienfach „Mutterschaft“. In anderen Bereichen erntet die PIE scharfe Kritik: Alle Männer im öffentlichen Dienst werden für sechs Monate nach Hause geschickt und durch Frauen ersetzt, Vergewaltiger werden auf öffentlichen Plätzen in Zellen ausgestellt und bekommen ein kleines „V“ auf die Stirn tätowiert.

Es braucht nicht viel Fantasie, um herauszufinden, dass Faguas, das Land der „hohen, feuerspeienden Berge“, Nicaragua nachempfunden ist, Bellis Heimat. Bereits in ihrem Welterfolg „Bewohnte Frau“ benutzte sie das Pseudonym für ihr Land. Die Schriftstellerin selbst gehörte während der Revolution in dem mittelamerikanischen Staat in den 1980er Jahren einer geheimen „Partei der Erotischen Linken“ an. „Die Gruppe existierte über mehrere Jahre und war eine Erfahrung in Kameradschaft und Kreativität, die uns alle bereicherte“, schreibt Belli in ihrer Danksagung im Buch.

Wahlen gewann die echte PIE natürlich nie. Aber Belli nutzt die Möglichkeit der Fiktion, um diese Wunschträume mit der ihr eigenen Lust an Fantasie und Ausschmückung aufzuschreiben. Sich selbst lässt sie auch einfließen: PIE-Mitglieder tragen gerne T-Shirts mit ihrem Vers „Ich segne mein Geschlecht“. Und dass trotz aller Fiktion auch Ernst hinter der „Republik der Frauen“ steckt, erklärt Belli im Interview mit dem Dromer-Verlag: „Die Ideen in meinem Roman sind einfach gesunder Menschenverstand. Ich bin erstaunt, dass wir Frauen sie noch nicht in die Tat umgesetzt haben.“

*Literatur: Gioconda Belli entwirft „Die Republik der Frauen“. In: Focus, 22.05.2012. Online: https://www.focus.de/kultur/buecher/literatur-gioconda-belli-entwirft-die-republik-der-frauen_aid_756489.html (10.05.2019)*

**19 Aufgabenstellung**

●●

Lesen und analysieren Sie die beiden Rezensionen zu Wolf Haas' „Das Wetter vor 15 Jahren". Stellen Sie fest, ob die Kriterien einer Rezension (inhaltliche Darstellung und eigene Stellungnahme) eingehalten wurden.

- Was erfahren Sie jeweils über den Autor?
- Vergleichen Sie die Argumentationslinien der einzelnen Rezensenten sowie die jeweiligen Wertungen.
- Welche Zitate werden ausgewählt? Markieren Sie diese.
- Kennen Sie den Roman? Wenn ja, welcher der Rezensionen stimmen Sie zu?
- Hat Sie eine der Rezensionen neugierig gemacht, den Roman zu lesen? Welches Argument hat Sie vor allem überzeugt?

**Wolf Haas** *(geb. 1960), österreichischer Schriftsteller*

## Wolf Haas – **Das Wetter vor 15 Jahren**

Roman. dtv Der TaschenbuchVerlag 2008
224 Seiten, ISBN: 3423136855

Wolf Haas hat einen Roman geschrieben über einen Mann, der bei „Wetten, dass ...?" mit dem Wissen um das Wetter der vergangenen fünfzehn Jahre in seinem ehemaligen Urlaubsort bekannt geworden war. Und über dieses Buch unterhält er sich nun mit einer Journalistin, hier nur „Literaturbeilage" genannt – und diese Unterhaltung wiederum stellt den eigentlichen, hier vorliegenden Roman dar.

Eine eigenwillige Idee, einen Roman zu erzählen – ob dieser nette Einfall über mehr als 20 Seiten tragen würde, konnte ich mir erst nicht vorstellen. Aber nach diesen ersten 20 Seiten habe ich mich gar nicht mehr damit beschäftigt, sondern habe dem Gespräch der beiden mit dem allergrößten Vergnügen gelauscht!

Detailliert unterhalten sie sich darüber, wie der Autor des – uns Lesern ja nicht vorliegenden – Romans auf die Idee gekommen war, über diesen Wettkönig zu schreiben, wie er ihn gesucht hat, welche Teile der Geschichte original aus den Erzählungen dieses Vittorio Kowalski entnommen sind, was der Autor dazuerfunden hat oder, um einen ordentlichen Handlungsbogen zu erreichen, seine dichterische Freiheit hat walten lassen.

Und so ganz nebenbei, während noch die Symbolik mancher Formulierungen debattiert wird – wie die „gute Luft", um derentwillen man ja immer an den Ort reist, und die giftigen Gummidämpfe, die bei der An- und Abreise von der luftleeren Luftmatratze ausgehen – erlebt man auch als Leser des Interviews die traurige Liebesgeschichte mit.

Jahrelang war er also mit seiner Familie in denselben Ort gereist, immer in der Pension Elisabeth untergekommen – und hatte sich unsterblich in Anni, die Tochter des Hauses, verliebt. Als sie beide fünfzehn sind, knistert es in der Luft. Doch dann geschieht, was hier nicht verraten werden soll, und fünfzehn Jahre lang reist Kowalski nicht mehr nach Österreich. Fünfzehn Jahre lang lässt er sich jeden Abend einen Bericht vom Wetter des vergangenen Tages liefern, nur für dieses kleine Dorf. Und fünfzehn Jahre lang gibt es auch keine Frau, die Anni ernsthaft aus seinem Herzen vertreiben könnte ...

Das ist über die Interviewform so geschickt gelöst, dass der Spannungsbogen für den Leser erhalten bleibt, der am eigentlichen Plot[1] interessiert ist – und gleichzeitig nimmt der Autor dabei sich und den Literaturbetrieb gleich mit freundlich auf die Schippe[2]. Die Lust am Hineininterpretieren von wer weiß wie hochgestochenen Motiven in simple Wendungen zum Beispiel.

In leichtem Plauderton, in den immer wieder auch die kleinen Unterschiede zwischen Österreich und Deutschland zur Sprache kommen, liefern sich „Literaturbeilage" und Wolf Haas hier also ein sehr schlagfertiges Rededuell. Dabei schafft der Autor es, auf dem Grat zwischen Selbstironie, Literaturbetrieb-Veräppelung und Spannungsbogen mühelos zu balancieren.

Ich habe mich nicht nur amüsiert, sondern ausgesprochen intelligent unterhalten gefühlt. Von meiner Seite eine unbedingte Empfehlung!

*Daniela Brezing: Wolf Haas – Das Wetter vor 15 Jahren.*
*Online: http://www.die-leselust.de/buch/2513.html (10.05.2019), mit kleinen orthografischen Korrekturen*

---

[1] *Plot: Handlungsfolge einer epischen oder dramatischen Dichtung*
[2] *jemanden auf die Schippe nehmen: sich lustig machen, jemanden necken, verspotten, zum Narren halten*

## Eine Roman-im-Roman-Variation

*Wolf Haas: „Das Wetter vor 15 Jahren“*
*Rezensiert von Rainer Moritz*

**Bekannt wurde der Österreicher Wolf Haas mit seinen Krimis um den kauzigen Ermittler Simon Brenner. Nun hat er einen Dialogroman geschrieben, in dem eine männliche Figur mit seinem Namen und eine weibliche Figur namens Literaturbeilage über ein in der Entstehung begriffenes Buch mit dem Titel „Das Wetter vor 15 Jahren“ trefflich streiten.**

Da hat einer sechs erfolgreiche, stilistisch unverwechselbare Bücher geschrieben, die von einem eigenwilligen, kauzigen Ermittler namens Simon Brenner handeln. Von einem, der keine glänzende Polizeikarriere gemacht hat und dennoch (oder deshalb?) prädestiniert[1] ist, den üblen Verbrechern in ganz Österreich das Handwerk zu legen.

Anfänglich war er, der 1960 im „Bilderbuchdorf“ Maria Alm geborene Wolf Haas, ein im Taschenbuch versteckter Geheimtipp, ehe man ihn, in Ermangelung von Intelligenterem, „Kultautor“ nannte – bis es Simon Brenner bzw. seinem Chronisten wie Sherlock Holmes erging: Er bzw. der Chronist musste in den sauren Apfel des Todes beißen – zumindest sah das im letzten Simon-Brenner-Roman „Das ewige Leben“ so aus.

Was schreibt man danach? Wolf Haas hat sich Zeit gelassen und mit „Das Wetter vor 15 Jahren“ einen Dialogroman vorgelegt, der zum Originellsten gehört, was dieses Genre seit Langem hervorgebracht hat. Haas wehrt sich gegen das dominierende quasi-realistische Erzählmodell des 19. Jahrhunderts, den „Prosagatsch“, und knüpft an Roman-im-Roman-Variationen an, wie man sie in der (post)modernen Literatur seit Anfang des 20. Jahrhunderts nicht selten antrifft. Kein linearer Plot soll erzählt werden, sondern das, was früher diesen Namen verdient hätte, erscheint in indirekter Form, im nacherzählenden Bericht dessen, was der Roman wäre, wenn man ihn nur in Händen halten würde.

Zwei Menschen kommen fünf Tage lang zusammen und sprechen über den soeben erschienenen Roman der einen Figur, die aparterweise wie der Autor Wolf Haas heißt. Ihr gegenüber sitzt eine anonym bleibende, germanistisch streng geschulte bundesdeutsche Dame, die als „Literaturbeilage“ tituliert wird. Im Laufe des Gesprächs kristallisiert sich heraus, dass die Figur Haas ein Buch geschrieben hat, das von einem merkwürdigen Wetterfanatiker, Vittorio Kowalski aus dem Ruhrgebiet, handelt. Als 15-Jähriger verbrachte dieser seine Ferien mit seinen Eltern im österreichischen Farmach, macht dort die Bekanntschaft der ortsansässigen Anni und braucht weitere 15 Jahre, ehe er auf verschlungenem Wege den ersehnten Kuss mit dem einstigen Sommerfrischenschwarm austauschen darf.

Die Farmacher Wochen machten so tiefen Eindruck auf ihn, dass er sich zum Wetterexperten der Gemeinde aufschwingt und aus der Essener[2] Ferne von jedem Tag der letzten 15 Jahre das Farmacher Wetter aufsagen kann. Diese Begabung bringt ihn dorthin, wo jede halbwegs besondere Begabung heutzutage hinführt: ins Fernsehen, genauer: in Thomas Gottschalks „Wetten, dass ...?“-Show – ein Auftritt, der dazu führt, dass sich, so scheint es, Anni wieder bei ihm meldet. Eine Hochzeit naht, erotische Verwicklungen werden enthüllt, eine Sprengung lässt das Dorf erschüttern – und ein wuchtig-witziger Romanschluss wartet auf die Leser.

Die tief schürfende „Literaturbeilage“ und „Wolf Haas“ reden die meiste Zeit aneinander vorbei. Der Autor sieht sich von Interpretationsmustern umstellt, auf die er letztlich unwirsch (und selbstironisch) reagiert: „Ja, sicher, man kann sich's auch so leicht machen und das Buch gar nicht schreiben!“

Erst am Ende verliert der Selbsterklärungen ablehnende Autor die Contenance[3]: „Literaturbeilage“ pocht auf ihre Erklärung sexueller Anspielungen und treibt den sich unschuldig gebenden „Wolf Haas“ in die Enge: „Ich verstehe nicht, warum Sie es nicht einfach zugeben. Haben Sie Angst, dass man Ihnen einen Entjungferungskomplex unterstellt?“ Der Gepeinigte scheint zu resignieren, duzt die Interviewerin mit einem Mal und will ihr nun endlich erzählen, was damals wirklich geschah in Farmach – sofern das Aufnahmegerät ausgeschaltet wird ...

„Das Wetter vor 15 Jahren“ ist ein außergewöhnliches Buch, das es – wer tut das von Haas' Kollegen überhaupt noch? – mit der Form des Romans spielt und deren Belastung erprobt. Dass das Schreiben von Büchern und das Schreiben bzw. Sprechen über Bücher zwei grundverschiedene Dinge sind, lässt sich hier spielerisch und nicht selten komisch erfahren.

Ob die „Literaturbeilage“ oder ob „Wolf Haas“ die besseren Argumente im Köcher hat, ist schwer zu entscheiden, denn leider kennen wir ja den „Roman im Roman“, über den in „Das Wetter vor 15 Jahren“ geredet wird, nur in den wenigen Auszügen, die die Interviewerin zitiert. Diese Passagen deuten originellerweise auf einen recht misslungenen, sprachlich konventionellen Roman hin. Der richtige Wolf Haas hätte einen solchen nie geschrieben.

*Moritz, Rainer: Eine Roman-im-Roman-Variation. Wolf Haas: „Das Wetter vor 15 Jahren“. In: Deutschlandradio Kultur, 20.09.2006. Online: https://www.dradio.de/dkultur/sendungen/kritik/544888 (15.05.2014), mit kleinen orthografischen Korrekturen*

---

[1] *prädestiniert: für etwas in so hohem Maße geeignet sein, dass es vorherbestimmt erscheint*
[2] *Essen: Stadt in Deutschland (Ruhrgebiet)*
[3] *Contenance (verlieren): die Haltung/Fassung (in einer schwierigen Lage verlieren)*

**Michael Haneke**
*(geb. 1942 in München), Regisseur, lebt in Wien*

*l'amour (franz.):* Liebe

## 20 Aufgabenstellung

●●

**a.** Lesen Sie die Filmkritik von Andreas Borcholte zu Michael Hanekes Film „Amour". Der Film gewann neben vielen anderen Auszeichnungen bei den Filmfestspielen in Cannes 2012 die Goldene Palme sowie 2013 den Oscar für den besten fremdsprachigen Film.

**b.** Analysieren Sie Borcholtes Filmkritik. Enthält sie Ihrer Meinung nach die wesentlichen Elemente einer Rezension?

**c.** Erarbeiten Sie die folgenden Fragen:

- Was erfahren Sie über den Inhalt des Films? Welche Informationen werden über den Regisseur gegeben? Welche anderen Filme hat er schon gedreht?
- Wie werden die Protagonistin und der Protagonist des Films beschrieben? Wer sind die Schauspielerinnen und Schauspieler?
- Wie wird der Film beschrieben? Was erfahren Sie über Filmtechniken, Kameraführung etc.?
- Wie lautet das Urteil des Rezensenten?
- Welches Filmpublikum spricht der Text an? Ist Ihr Interesse geweckt worden, sich den Film anzusehen? Begründen Sie Ihre Antwort.

## Alles stirbt, nur die Liebe nicht

*Aus Cannes berichtet Andreas Borcholte*

**Bis dass der Tod sie scheidet: Mit Michael Hanekes ungewöhnlich liebevollem Sterbedrama „Amour" hat das Filmfestival in Cannes einen ersten Anwärter auf die Goldene Palme. Jean-Louis Trintignant und Emmanuelle Riva begeistern als altes, einander verschworenes Ehepaar.**

Es ist genau ein Jahr her, dass Dutzende Filmkritiker aus aller Welt weinend im Kino saßen. Andreas Dresen hatte sein rührendes, soeben zu Recht mit dem Deutschen Filmpreis ausgezeichnetes Sterbedrama „Halt auf freier Strecke" im Cannes-Nebenwettbewerb „Un certain regard" gezeigt[1] – und die Geschichte eines urplötzlich von einem Hirntumor heimgesuchten Familienvaters ließ beim Profi-Publikum des Festivals jede Distanz verloren gehen.
Solche Szenen gab es in der Wettbewerbspressevorführung von „Amour" nicht. Dabei ist das Thema des neuen Films von Cannes-Stammgast und Palmen-Gewinner Michael Haneke („Das weiße Band") ein ganz ähnliches. Aber der frankophile Österreicher Haneke ist normalerweise niemand, der große Emotionen ohne Abgründe oder Brutalität inszeniert.
Umso erstaunlicher, von Haneke nun eine für seine Verhältnisse sehr sanftmütige Geschichte des Sterbens alter Leute präsentiert zu bekommen. Die Irritation im Kinosaal war mindestens ebenso groß wie der spontan aufbrandende Applaus. Der große Verstörer Haneke kann auch anders, so die Erkenntnis, aber er behält dabei seine Exaktheit, seine bisweilen kalte Beobachtungsgabe und sein Gespür für Tabuthemen. Und das macht „Amour" zum ersten echten Palmen-Anwärter in diesem Cannes-Jahrgang.

**Schatten auf dem Altersidyll**

Was geschieht mit unserer Liebe, wenn wir gemeinsam alt werden? Diese fast schon banale, aber eben doch elementare Frage ist das Grundthema von „Amour": Georges und Anne, beide um die 80, aber noch recht rüstig, haben bereits ihr ganzes Leben miteinander verbracht. Ihre großzügige Altbauwohnung in Paris ist Spiegel einer interessanten, abwechslungsreichen und kulturell erfüllten Zweisamkeit, gefüllt mit vergilbten Sedimenten, aus der Mode gekommenen Möbeln, staubigen Büchern, alten Katalogen, einer antiken Stereoanlage und einem kleinen Konzertflügel. Anne war früher Pianolehrerin, und gemeinsam sehen wir sie und Georges stolz in einem Konzert von Alexandre sitzen: einst Schüler von Anne, heute ein Klassik-Star. Doch Haneke legt von Anfang an den Schatten kommender, sehr unguter Ereignisse über seine Geschichte. Eine Anfangssequenz, die wie aus einer Krimi-Serie entnommen wirkt, macht klar, dass das Altersidyll von Georges und Anne akut bedroht ist. Polizeibeamte brechen die Wohnung auf, schrecken vor einem offensichtlich unausstehlichen Gestank zurück und machen in einem verriegelten Zimmer eine aufwühlende Entdeckung.
Solche Horrorfilmelemente behält Haneke auch beim Rücksprung in die unmittelbare Vergangenheit bei. Es beginnt damit, dass Anne eines Nachts stocksteif im Bett sitzt und vor sich hin starrt. Georges wird davon wach und ist besorgt, doch Anne kann ihn beruhigen: alles in Ordnung. Anderntags wird es allerdings noch unheimlicher.
Harmonisch wie wahrscheinlich jeden Morgen sitzen die beiden zusammen in ihrer etwas rumpeligen Küche, über Eck hinter einen kleinen Holztisch geklemmt. Georges isst sein Frühstücksei, als ihm auffällt, dass Anne geradezu katatonisch[2] ins Leere starrt und partout nicht mehr ansprechbar ist. Alarmiert hastet er aus dem Zimmer, um sich etwas anzuziehen, Hilfe zu holen. Doch während er sich noch die Schuhe bindet, hört er Geräusche aus der Küche. Anne ist wieder zum Leben erwacht und erklärt ihren Ehemann für verrückt, es sei doch nichts gewesen!
Der Arzt diagnostiziert dann bei Anne aber doch die Verstopfung einer Halsschlagader, und nach einem Schlaganfall, der sie halbseitig lähmt, sieht sich Georges damit konfrontiert, seine geliebte Frau, intellektuelle Gesprächspartnerin und

Lebensfreundin auf ihrem letzten Weg begleiten zu müssen. Das Apartment wird nach und nach zum Hospiz, zu dem Freunde und Verwandte nur noch begrenzten Zugang haben. Allen voran Annes nervöse Tochter Eva (Isabelle Huppert), mit der Georges immer feindseliger umgeht, je schlechter es Anne geht. Auch ein Besuch von Ex-Schüler Alexandre gerät zum Debakel. Als er sich nach Annes Zustand erkundigt, wird er brüsk abgewiesen: Man möge doch lieber über etwas anderes reden. Auch eine Tagesschwester, die mit Anne etwas rüde umgeht, findet vor dem resoluten Georges keine Gnade.

**Mit aller Kraft auf dem letzten Weg**

Bis der Tod uns scheidet, so direkt und konsequent hat wohl noch kein Regisseur diese Hochzeitsformel in ein filmisches Requiem verwandelt. Mit aller Kraft bemüht sich Georges, das erlöschende Leben für Anne so angenehm wie möglich zu machen, er hievt sie, selbst schon etwas klapperig, in den Rollstuhl, wäscht sie, wechselt ihre Windeln, als sie das Bett nicht mehr verlassen kann. Denn Annes Kräfte und wache Momente schwinden schnell, und als Georges eines Tages versucht, ihr mit einer Schnabeltasse Wasser zuzuführen, gelangt er an die Grenzen seiner Liebe.

Zu renitent[3] und mit bockig verzerrtem Gesicht lehnt Anne die Flüssigkeit ab. Das einzige Wort, was sie mit enervierender[4] Klage nur mehr von sich gibt, ist das französische „mal“ – schlecht. Es tut weh. Und sie mag nicht mehr. Aber wie soll Georges mit diesem Todeswunsch umgehen. Kann er anders, als ihn seiner Geliebten zu erfüllen? Ist er es ihr nicht schuldig nach all den Jahren der engen Partnerschaft? Ist er nicht sogar der einzige, der diese Entscheidung treffen darf?

Hanekes Film hätte nur halb so viel Wucht, hätte er nicht zwei französische Superstars als Hauptdarsteller, die in „Amour“ beide ein beeindruckendes Alters-Comeback feiern. Emmanuelle Riva hatte ihren Durchbruch einst als verführerische Schönheit in Alain Resnais' „Hiroshima, mon Amour“ und ist als 85-Jährige eine würdevolle, sehr attraktive Dame. Umso erschütternder wirkt ihr Verfall im Film. Jean-Louis Trintignant wurde in den fünfziger Jahren von Roger Vadim entdeckt, hatte eine Affäre mit Brigitte Bardot und wurde zu einem der Stars des französischen Kinos der Sechziger und Siebziger. Heute, 81-jährig, mit weißem Fusselhaar und tief eingekerbten Gesichtszügen, sieht der zarte Beau[5] von einst aus wie Pablo Picasso in seinen letzten Jahren – kräftig, physisch präsent und unerbittlich, immer aber auch ein wenig undurchschaubar, wie so oft in seinen Rollen als zwielichtiger Lover, Mörder oder verschlagener Polizist in nahezu hundert Filmen, darunter auch Claude Lelouchs „Ein Mann und eine Frau“ und Costa-Gavras' Polit-Thriller „Z“.

Zusammen zeigen diese beiden grandiosen Darsteller ohne Kitsch und Prätention[6], wie die große Liebe endet, wenn das Lebensende erreicht ist – unfairerweise bei dem einen Partner zuerst. Wie verzweifelt der Kampf darum ist, den anderen noch nicht zu verlieren, ihn aber unaufhaltsam schwinden zu sehen, davon erzählt „Amour“ in langen, wohldurchdachten Einstellungen. Michael Haneke, der große Mahner des europäischen Kinos, hält seine manchmal zwanghaft wirkende Pädagogik hier wohltuend zurück. Er zeigt, und er zeigt auch drastisch, aber er malt hier seine Botschaft nicht auf Plakate. Gerührt ist man am Ende dann schon. Aber eher ernüchtert als in Trauer aufgelöst: Es ist wie es ist, irgendwann ist das Leben zu Ende. Wie man seinen Partner aus Jahrzehnten auf den letzten Etappen begleitet, daran zeigt sich letztlich, wie stark die Liebe des Lebens sein kann – und wie sehr sie alles um sie herum negieren und verdrängen kann. Allein, zu zweit, bis in den Tod.

*Borcholte, Andreas: „Amour“ in Cannes. Alles stirbt, nur die Liebe nicht. Spiegel online, 21.05.2012. Online: https://www.spiegel.de/kultur/kino/film-amour-von-michael-haneke-in-cannes-a-834117.html (10.05.2019)*

---

1 *un certain regard (franz.): „ein gewisser Blick“, ist seit 1988 eine Nebenkategorie der Internationalen Filmfestspiele in Cannes*
2 *katatonisch: handlungsmotorisch gestört (Katatonie: Krankheit mit Krampfzuständen der Muskulatur)*
3 *renitent: sich dem Willen oder den Wünschen anderer hartnäckig widersetzend, sich auflehnend*
4 *enervierend: entnervt*
5 *Beau (von beau, franz. schön): gut aussehender Mann*
6 *Prätention: Anmaßung*

## 21 Aufgabenstellung

●

**a.** Verfassen Sie für Ihr Kulturportfolio einen Beitrag über den Filmregisseur Michael Haneke. Recherchieren Sie biografische Daten, seine wichtigsten Filme und Auszeichnungen.

**b.** Suchen Sie Rezensionen zu seinen Filmen und stellen Sie einen Film kurz vor.

**c.** Sehen Sie sich einen Film an und analysieren Sie ihn. Nehmen Sie dabei die Analysekriterien, die Sie in Kapitel „Literatur, Kunst und Gesellschaft“ finden, zur Hilfe.

*siehe Kapitel „Literatur, Kunst und Gesellschaft“*

## 22 Aufgabenstellung

●

Verfassen Sie für Amazon oder einen anderen Online-Buchhändler eine Kundenbewertung Ihres aktuellen Lieblingsbuchs. Die Bewertung sollte nicht länger als 150 bis 200 Wörter sein.

*Hörtipps:*
- *Max Frisch: Herr Biedermann und die Brandstifter*
- *Friedrich Dürrenmatt: Die Panne*
- *Friedrich Dürrenmatt: Der Doppelgänger*
- *Friedrich Dürrenmatt: Der Prozeß um des Esels Schatten*
- *Heinrich Böll: Klopfzeichen*
- *Ingeborg Bachmann: Die Zikaden*
- *Ingeborg Bachmann: Der gute Gott von Manhattan*
- *Ingeborg Bachmann: Die Radiofamilie*
- *Ilse Aichinger: Knöpfe*
- *Ilse Aichinger: Zu keiner Stunde*
- *Ilse Aichinger: Auckland*

*siehe Band 1, Kapitel „Medien"*

# 7.4 Die Literatur in den Medien

Hörspiel, Fernseh- und Spielfilm, vermehrt auch das Internet haben sich der Literatur angenommen.

## 7.4.1 Vom Hörspiel zum Hörbuch

Das **Hörspiel** gehört zur **dramatischen Dichtungsgattung**. Seit 1926 gibt es Hörspiele von literarischem Rang. Ihre Herausforderung ist es, dass alles „hörbar" werden muss. Das gesprochene Wort muss ohne optische Unterstützung auskommen. Der Text selbst wird von Geräuschen und Musik unterstützt, um der Hörerin bzw. dem Hörer einen möglichst genauen Eindruck vom Geschehen zu vermitteln.

1938 wurden in den USA Millionen von Radiohörerinnen und Radiohörern in Panik versetzt, als eine Hörspielfassung des Romans **„Der Krieg der Welten"** von Herbert George Wells die Landung feindlicher Mächte vom Planeten Mars sehr realistisch, in Form einer Reportage schilderte (vgl. dazu auch den Film „Independence Day" aus dem Jahr 1996).

In den Jahren nach dem Zweiten Weltkrieg wurde das Hörspiel zum literarischen Kunstwerk. Es war in dieser Zeit neben der Kurzgeschichte die bedeutendste literarische Textgattung.

Heute wird das Hörspiel oft zu Unrecht als Nebenprodukt der Massenmedienkultur angesehen. Bedeutende Autorinnen und Autoren wie Max Frisch, Friedrich Dürrenmatt, Heinrich Böll, Ingeborg Bachmann sowie Ilse Aichinger haben Hörspiele geschrieben.

Ernst Jandl und Friederike Mayröcker gingen 1968 mit ihrem Hörspiel **„Fünf Mann Menschen"** einen neuen Weg, dessen Hauptziel darin lag, mit der Sprache akustisch zu spielen. Dabei wurden sämtliche technischen Möglichkeiten ausgelotet, die verfügbar waren. Eine in sich geschlossene Handlung gibt es in diesem Hörspiel nicht, vielmehr wird mit Stimmen gespielt: Die fünf Menschen stellen fünf unterschiedliche Typen dar, die nur durch verschiedene Stimmen voneinander zu unterscheiden sind. Sie kommen pro Szene jeweils nur einmal vor und haben die Aufgabe, der Hörerin bzw. dem Hörer Allgemeinplätze und Phrasen zu verdeutlichen.

Ein **Hörbuch** dagegen ist die Tonaufzeichnung einer Lesung. Sie wird auf einem Speichermedium festgehalten (CD oder Audiodatei zum Download). Viele Bücher werden heute auch als Hörbuch angeboten.

### 23 Aufgabenstellung ●●

**a.** Suchen Sie im Internet nach dem Podcast von Ernst Jandls und Friederike Mayröckers „Fünf Mann Menschen". Das Hörspiel dauert nur 14 Minuten und stellt 14 Szenen dar. Versuchen Sie, die fünf unterschiedlichen Typen, die dargestellt werden, herauszufinden.

**b.** Die Stimmen treten in den jeweiligen Szenen in verschiedenen Erscheinungsformen auf. Finden Sie heraus, um welche Personen es sich jeweils handeln könnte.

*www.podcast.de*

*Hörtipp:*
- *Ernst Jandl, Friederike Mayröcker: Fünf Mann Menschen*

**Ernst Jandl**
*(1925–2000)*

**Friederike Mayröcker**
*(geb. 1924)*

### 7.4.2 Das Fernsehspiel und die Literaturverfilmung

Wo hat die Literatur im Fernsehen ihren Platz? Man begegnet ihr in speziellen Literatur- oder Kulturmagazinen, aber auch in Fernsehspielen und Literaturverfilmungen.

**Fernsehspiele** sind szenisch-fiktionale Darstellungen, die die Fernsehanstalten selbst produzieren und meist der Unterhaltung dienen. Derartige Fernsehspiele werden konkret für das Medium Fernsehen geschrieben.

Dagegen beruhen **Literaturverfilmungen** auf einer literarischen Vorlage, wurden ursprünglich aber nicht zur Verfilmung geschrieben und müssen daher entsprechend adaptiert werden. Das Drehbuch dafür stammt nicht unbedingt von der Autorin bzw. dem Autor des Originaltextes und kann auch in einzelnen Punkten von der literarischen Vorlage abweichen.

*adaptiert: aufbereitet*

**24 Aufgabenstellung**

●●

**a.** Suchen Sie in der Schulbibliothek nach Literaturverfilmungen als DVD. Bereiten Sie in einer Partnerarbeit eine Literaturverfilmung für Ihr Kulturportfolio auf, indem Sie den Film analysieren, seinen Inhalt wiedergeben, die Schauspielerinnen und Schauspieler sowie deren Rollen genauer beschreiben und Rezensionen dazu suchen.

**b.** Präsentieren Sie einige Beiträge vor der Klasse.

*siehe Kapitel „Portfolio" und „Literatur, Kunst und Gesellschaft"*

### 7.4.3 Das Internet

Das Internet hat auch die Welt der Literatur verändert. Es ist selbstverständlich geworden, dass die Autorin bzw. der Autor über eine eigene Website verfügt. Die Leserinnen und Leser haben viele Möglichkeiten, sich über die Autorin bzw. den Autor und ihr bzw. sein Leben zu informieren. Autorinnen und Autoren stellen gratis oder gegen Gebühr ihre Texte online zur Verfügung. Textauszüge und Leseproben locken die Leserinnen und Leser an, das Buch im Handel zu erwerben.

Autorinnen und Autoren betreiben **Weblogs** und stellen so einen Kontakt mit den Leserinnen und Lesern her, der früher so nicht möglich war.

Auch die Verlage und Literaturkritikerinnen bzw. Literaturkritiker tummeln sich im Netz. Bücher werden „on demand" gedruckt, also nur dann, wenn jemand das Buch bestellt.

**E-Books** boomen, weil sie der Leserin bzw. dem Leser ermöglichen, den Text eines ganzen Buches direkt aus dem Internet herunterzuladen. Ein Vorteil gegenüber der Papierversion ist dabei, dass sowohl die Schrift als auch die Schriftgröße nach den eigenen Bedürfnissen eingestellt werden können.

### 7.4.4 Rezeption der neuen Medien in der Literatur

*siehe Band 2, Kapitel „Portfolio“*

Sie haben bereits den Roman „Der Kameramörder“ von Thomas Glavinic kennengelernt, in welchem die Rolle der Medien und insbesondere der Privatfernsehsender bei der Übertragung von Sensationsnachrichten thematisiert wird.

***Lesetipps:***
- *Daniel Glattauer: Gut gegen Nordwind*
- *Daniel Glattauer: Alle sieben Wellen*

Daniel Glattauer erzählt mit der modernen Version eines Briefromans eine digitale Liebesgeschichte, die in **„Gut gegen Nordwind“** als Internet-Liebschaft beginnt und in **„Alle sieben Wellen“** fortgesetzt wird, indem sich die beiden – Protagonistin und Protagonist – im realen Leben treffen. Daniel Glattauer war einer der ersten, der über diese Thematik einer Internetfreundschaft geschrieben hat.

Der Autor thematisiert die Kommunikation zweier Personen im Rahmen des virtuellen Raumes. Als Schauplatz dient fast ausschließlich die virtuelle Mailbox. Emmi Roithner und Leo Leike, die durch ein Missverständnis begannen, sich E-Mails zu schreiben, kommen sich im Laufe der Monate näher. Aus den anfänglichen Entschuldigungen für den Tippfehler bei der Eingabe der E-Mail-Adresse entwickelt sich allmählich eine echte Freundschaft. Nach einiger Zeit werden die beiden regelrecht süchtig nacheinander.

**Daniel Glattauer**
*(geb. 1960 in Wien), Schriftsteller und Journalist*

***www.daniel-glattauer.de/die-bucher/gut-gegen-nordwind***

**25 Aufgabenstellung**

●

Lesen Sie die folgenden Textauszüge des Romans „Gut gegen Nordwind“ von Daniel Glattauer und bearbeiten Sie die anschließenden Arbeitsaufträge.

**a.** Bereiten Sie den Roman in Ihrem Kulturportfolio auf.

**b.** Gehen Sie in einem Beitrag insbesondere auf das Thema ein, per Internet jemanden kennenzulernen und miteinander zu kommunizieren. Welche Gefahren stecken dahinter, sich hinter einer anonymen E-Mail-Adresse zu verstecken?

**c.** Finden Sie die Situation, wie sie im Roman beschrieben wird, realistisch?

**d.** Den Roman gibt es auch in einer Bühnenfassung. Suchen Sie Rezensionen zu Aufführungen und vergleichen Sie diese mit Rezensionen zum Buch.

**e.** Verfassen Sie eine E-Mail an Daniel Glattauer, in der Sie Ihre persönliche Meinung zum Buch zum Ausdruck bringen.

Daniel Glattauer – **Gut gegen Nordwind**

*15. Jänner*
***Betreff: Abbestellung***
*Ich möchte bitte mein Abonnement kündigen. Geht das auf diesem Wege? Freundliche Grüße, E. Roithner*
*[...]*
***AW:***
*Sie sind bei mir falsch. Ich bin privat. Ich habe: woerter@leike.com. Sie wollen zu: woerter@like.com. Sie sind schon der Dritte, der bei mir abbestellen will. Das Heft muss wirklich schlecht geworden sein.*
*[...]*
***Re:***
*Lieber Herr Leike, das ist mir jetzt wirklich überaus peinlich. Ich habe leider einen chronischen „Ei“-Fehler, also eigentlich einen „E“-vor-„I“-Fehler. Wenn ich schnell schreibe, und es soll ein „I“ folgen, rutscht mir immer wieder ein „E“ hinein. Es ist so, dass sich da meine beiden Mittelfingerkuppen auf der Tastatur bekriegen. Die linke*

*will immer schneller als die rechte sein. Ich bin nämlich eine gebürtige Linkshänderin, die in der Schule auf rechts umgepolt wurde. Das hat mir die Linke bis heute nicht verziehen. Immer schiebt sie mit der Mittelfingerkuppe ein „E“ hinein, bevor die rechte ein „I“ setzen kann. Verzeihen Sie die Belästigung, kommt (wahrscheinlich) nicht wieder vor. Schönen Abend noch, E. Roithner.*

*Glattauer, Daniel: Gut gegen Nordwind. 9. Auflage, München, Goldmann Taschenbuch, 2008, S. 6 und S. 8*

*[…]*
*Wenn das noch nicht klar genug war, dann probiere ich es noch einmal: JA, ICH WILL!!!!!!! E-MAILS VON LEO! E-MAILS VON LEO! E-MAILS VON LEO. BITTE! ICH BIN SÜCHTIG NACH E-MAILS VON LEO! […]*

*ebenda, S. 20*

*[…]*
***Betreff: Ein guter Tag!***
*Guten Morgen. Sehen Sie, lieber Leo, so beginnt ein guter Tag! Ich mache die Mailbox auf und es leuchtet mir eine Nachricht von Leo Leike entgegen. Gestern: schlechter Tag. Keine Mail von Leo. Kein gar nichts. Kein bisschen etwas von Leo. Was soll aus so einem Tag werden?*
*Leo, ich sag Ihnen etwas: Ich glaube, wir sollten aufhören. Ich mache mich abhängig von Ihnen. Ich kann nicht den ganzen Tag darauf warten, eine Mail von einem Mann zu bekommen, der mir den Rücken zuwendet, wenn er mich trifft, der mich nicht kennen lernen will, der nur Mails von mir will, der meine Worte dazu benutzt, sich die Frau seiner Schöpfung zu basteln, weil er sich mit Frauen, die ihm wirklich begegnen, vermutlich bis über die Schmerzgrenze plagt. Ich kann so nicht weiter. Es ist unbefriedigend. Verstehen Sie das, Leo?*

*ebenda, S. 64f.*

*[…]*
*Mitternacht*
***Kein Betreff***
*Liebe Emmi, hier ist der Leo, der wünscht Ihnen eine traumhafte Mitternacht, ganz zu zweit, nur für uns beide. Darf ich Sie umarmen, Emmi? – Darf ich Sie küssen? Ich küsse Sie. So, und jetzt trinken wir. Was trinken Sie? Ich trinke Sauvignon Visintini, Colli Orientali del Friuli, 2003. Und was trinken Sie? Schreiben Sie mir gleich, Emmi, ganz gleich, ja? Was trinkt Emmi? Ich trinke Weißwein.*

*Eine Minute später*
***Re:***
*Das ist aber nicht ihr erstes Glas, Leo!!!*

*Acht Minuten später*
***AW:***
*Ah, da schreibt wieder die Emmi. Emmi. Emmi. Emmi. Ich bin ein bisschen betrunken, aber nur ein bisschen. Ich habe den ganzen Abend getrunken und gewartet, bis es Mitternacht wird, bis mich Emmi besuchen kommt. […] Ich trinke auf uns. Ich bin schon ein bisschen betrunken. Aber nicht viel. Und jetzt kommen wieder Sie an die Reihe. Schreiben Sie mir, Emmi. Schreiben ist wie küssen, nur ohne Lippen. Schreiben ist küssen mit dem Kopf. Emmi, Emmi, Emmi.*

*ebenda, S. 87f.*

Emmi schlägt Leo auch vor, sich persönlich zu treffen, doch dieser will sie sich lieber weiter in seiner Fantasie vorstellen. Das Buch endet genauso abrupt, wie es begann. Leo ändert seine E-Mail-Adresse, und die Antwort auf Emmis letzte Nachricht lautet:

[…] *ACHTUNG. GEÄNDERTE E-MAIL-ADRESSE. DER EMPFÄNGER KANN SEINE POST UNTER DER GEWÄHLTEN ADRESSE NICHT MEHR AUFRUFEN. NEUE E-MAILS IM POSTEINGANG WERDEN AUTOMATISCH GELÖSCHT. FÜR RÜCKFRAGEN STEHT DER SYSTEMMANAGER GERNE ZUR VERFÜGUNG.“*

*ebenda, S. 223*

# Ihr persönlicher Lernerfolg

**Schätzen Sie selbst ein, was Sie jetzt wissen und können:**

✓ oder ✗

| | | LESEN | ÜBEN |
|---|---|---|---|
| Sie kennen die Gefahren, die von den Massenmedien ausgehen können. | ○ | S. 223–227 | S. 223–227 |
| Sie können mit sozialen Netzwerken kritisch umgehen. | ○ | S. 228–233 | S. 228–233 |
| Sie können Informationen im Internet recherchieren und diese bewerten. | ○ | S. 234–238 | S. 234–238 |
| Sie wissen, was ein Klappentext und eine Rezension ist, und können diese analysieren. | ○ | S. 239 | S. 239–240 |
| Sie können eine kurze Film- oder Buchkritik verfassen. | ○ | S. 244 | S. 245 |
| Sie können selbst einen Klappentext verfassen. | ○ | S. 239 | S. 239 |
| Sie kennen die Unterschiede zwischen Hörspiel und Hörbuch sowie Fernsehspiel und Literaturverfilmung und deren Stellung zur Literatur. | ○ | S. 246–247 | S. 246–249 |

# 8

## LITERATUR, KUNST UND GESELLSCHAFT

### In diesem Kapitel lernen Sie, ...

... wie Filme analysiert werden,

... wer am Entstehen eines Films beteiligt ist,

... wie Sie Filmgenres voneinander abgrenzen,

... welche technischen Möglichkeiten Filme haben,

... wie sich das Drama über die Jahrhunderte entwickelt hat,

... welche Bedeutung Spielzeit, Spielort, Sprache und Figuren eines Dramas haben,

... welche Bühnenformen es gibt,

... wie man Theaterstücke thematisch bearbeiten und analysieren kann.

Kompetenzen hier entlang ▶▶▶

*Film, der (engl.):* Häutchen, Belag, Folie

*Kinematik, die (griech.):* Bewegung

*-graphie (griech.):* aufzeichnen

# 8.1 Der Film als Erzählform

## 8.1.1 Faszination Film

Das ursprüngliche Wort für *Filmen* ist *Kinematographie*, aus dem sich verkürzt der Begriff *Kino* entwickelte. Heute geht der Begriff *Filmen* über die Filmkunst und das Kino hinaus und bezeichnet allgemein das Aufzeichnen aller bewegten Bilddokumente: Neben der (digitalen) Filmkamera wird für das Fernsehen und Internet Video und im privaten Bereich das Mobiltelefon verwendet.

**Auguste** *(1862–1954) und* **Louis** *(1864–1948)* **Lumière**, *französische Fotoindustrielle, Urheber des Projektes Cinématographe*

Der **Film**, in diesem Zusammenhang besonders der Kinofilm, ist seit der ersten öffentlichen Vorführung durch die Brüder Skladanowsky in Berlin und nur wenige Wochen später durch die Brüder Lumière 1895 in Paris vermutlich das heute noch faszinierendste Medium, das Menschen aller Bevölkerungsschichten und aller Generationen gleichermaßen anspricht. Handelte es sich damals tatsächlich noch um bewegte Bilder – eine Fortführung des Prinzips der **Camera obscura**, deren Beschreibung durch den arabischen Gelehrten Ibn al-Haitham bereits um das Jahr 1000 (!) erfolgte – so entwickelte sich aus diesem Medium im 21. Jahrhundert eine High-Tech-Branche, aus der die Entwicklungen der Computertechnologie nicht mehr wegzudenken sind. Trotzdem sind es nach wie vor die Geschichten, die über dieses Medium erzählt werden, die uns in eine fantastische Welt eintauchen lassen, uns faszinieren, abstoßen, beschäftigen, zum Träumen verleiten …

### 1 Aufgabenstellung

O

Besprechen Sie, welche Filme Sie in letzter Zeit besonders angesprochen haben, welche faszinierend, erschütternd, spannend oder abstoßend waren. Diskutieren Sie Ihre Erfahrungen sachlich, aber kritisch! Versuchen Sie, Übereinstimmungen innerhalb der Klasse bzw. auch sehr konträre Ergebnisse zu diskutieren und zu begründen.

*Camera obscura, die (lat.):* ein innen geschwärzter Kasten, auf dessen transparenter Rückwand ein auf der Vorderseite befindliches Loch oder eine Sammellinse ein (auf dem Kopf stehendes seitenverkehrtes) Bild erzeugt

## 8.1.2 Der Film als Medium

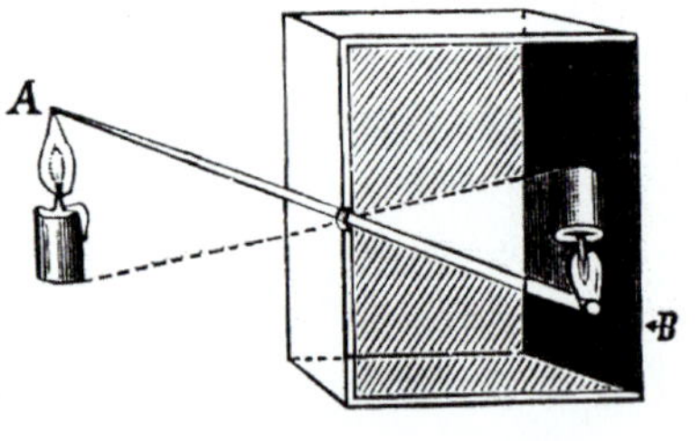


*siehe Band 1, Kapitel „Kommunikation"*

Die gesellschaftliche Bedeutung des Films ist nicht zu unterschätzen. Er ist eines der wichtigsten Massenmedien geworden, ob in Form des Kinos oder des Fernsehens. Da die Produktion von Filmen mit einem erheblichen technischen und finanziellen Aufwand verbunden ist, hat er auch eine wirtschaftliche Bedeutung (Filmindustrie). Zahlreiche Filmfestivals (Filmfestspiele) weltweit vergeben zumeist jährlich ihre Filmpreise an Filmproduktionen und Filmschaffende.

Der Film ist auch eine Kunstform. Allgemein zählt er – wie das Theater – zur Kunstform Literatur. Abhängig von Inhalt und Gestaltungsmerkmalen kann er einem oder mehreren Filmgenres (Kriminalfilm, Komödie, Science-Fiction-Film, Liebesfilm etc.) zugeordnet werden. Auch beim Film handelt es sich um eine Kommunikationssituation (Einwegkommunikation) zwischen der Regisseurin bzw. dem Regisseur und dem Zielpublikum. Demnach kann auch für diese Form der Kommunikation das Kommunikationsdreieck zur Veranschaulichung dienen.

## 2 Aufgabenstellung

○

Welche Absichten verfolgt eine Regisseurin bzw. ein Regisseur mit einem bestimmten Genre? Diskutieren Sie, welches Zielpublikum durch die folgenden Filme angesprochen werden soll. Wenn Sie die Filme nicht kennen, recherchieren Sie deren Inhalt im Internet. Finden Sie auch eigene Beispiele.

| Film | Zielpublikum |
|---|---|
| Der Herr der Ringe | |
| American Pie | |
| Titanic | |
| Saw | |
| Der König der Löwen | |

*Genre, das:* *Art, Gattung (z. B. Komödie oder Thriller)*

**Literarische Gattungen (Wiederholung):**

- **Epik** (erzählende Dichtung)
- **Lyrik** (Lieder, Gedichte)
- **Dramatik** (dialogische, auf Theater oder Film bezogene Dichtung)

### Das Medium ist die Botschaft

Das **Medium**, wodurch ein Inhalt vermittelt wird, überlagert sehr häufig die **Botschaft** bzw. beeinflusst diese unmittelbar. Demnach macht es einen Unterschied, ob beispielsweise ein Roman in Buchform, als Hörspielfassung oder als Film rezipiert wird.

Sie haben bereits die literarischen Gattungen kennengelernt. Als Medium für die Darstellung der Epik stand das Buch – der geschriebene Text – im Mittelpunkt. Jedoch können literarische Texte auch mittels anderer Medien (Theaterbühne, Verfilmungen, Radio etc.) der Rezipientin oder dem Rezipienten vermittelt werden.

*siehe Band 2, Kapitel „Literatur, Kunst und Gesellschaft“*

## 3 Aufgabenstellung

●●

Überlegen Sie in einer Partnerarbeit, welches Medium bei literarischen und nicht literarischen Texten häufig eingesetzt wird, und ergänzen Sie die Tabelle. Finden Sie weitere Beispiele für literarische und nicht literarische Texte. Diskutieren Sie, wo die Grenze zwischen Literatur und „Nicht“-Literatur gezogen werden kann! Welche Textsorten lassen sich eindeutig zuordnen, bei welchen Textsorten gestaltet sich die Zuordnung schwieriger?

**Medien:** Fernsehen, World-Wide-Web, Buch, Heftchen, Radio, Zeitung, CD/DVD

| Medium | literarische Texte (Beispiele) | Medium | nicht literarische Texte (Beispiele) |
|---|---|---|---|
| | Roman | | Lexikoneintrag |
| | Fernsehfilm | | Nachrichten |
| | Comic | | Gebrauchsanleitung |
| | Hörspiel | | Musiksendung |
| | Kurzgeschichte | | Skandalbericht |
| | Gedicht | | Homepage eines Unternehmens |

*Lesetipps:*
- *Moos, Ludwig (Hg.): Making of … Wie ein Film entsteht*
- *Gronemeyer, Andrea: Film. Schnellkurs*
- *Reclams Lexikon des Deutschen Films*

### 8.1.3 Das Grundmodell der Filmanalyse

Man sollte die Absicht einer Regisseurin bzw. eines Regisseurs nicht nur auf die Unterhaltungsebene reduzieren. Ebenso kann man davon ausgehen, dass hinter der Arbeit an einem Film nicht nur kommerzielles, sondern auch künstlerisches Interesse steckt. Um die „Message" eines Films herauszufinden, empfiehlt es sich, das **Grundmodell der Filmanalyse** heranzuziehen und einen Film anhand folgender Kriterien zu beleuchten:

**Kriterien einer Filmanalyse**

- **Handlungsanalyse:** Welche Handlung wird im Film in welcher Reihenfolge erzählt?
- **Figurenanalyse:** Welche Figuren spielen eine Hauptrolle, welche eine Nebenrolle? Welche Charaktere stehen im Mittelpunkt oder haben handlungstragende Aufgaben? Mit welchen Schauspielerinnen bzw. Schauspielern sind die Figuren besetzt und welche Absicht könnte dahinterstecken?
- **Bauformenanalyse:** Wie wird der Film erzählt? Wie ist die Kameraführung? Wie ist der Film geschnitten? Welche akustischen Signale werden verwendet? Welche technischen Mittel werden herangezogen?
- **Normenanalyse:** Was ist die Botschaft des Films? Was will die Regisseurin bzw. der Regisseur mit dem Film bezwecken? Was soll die Rezipientin bzw. der Rezipient als zentrale Botschaft des Films erfahren?

**4 Aufgabenstellung** ●●

Welche Filme, bei denen das kommerzielle Interesse überwiegt, sind Ihnen bekannt? Bei welchen Filmen dominiert Ihrer Ansicht nach das künstlerische Interesse der Regisseurin bzw. des Regisseurs? Sammeln Sie in einer Partnerarbeit die Ergebnisse Ihrer Recherche.

**5 Aufgabenstellung** ●●●

Es gibt verschiedene Möglichkeiten, um die Reihenfolge der Handlung eines Films zu erzählen: chronologisch, als Vorausschau, als Rückblende, durch ein Vorwegnehmen des Endes etc.

**a.** Finden Sie möglichst viele Filmbeispiele für die unterschiedlichen Möglichkeiten der Handlungsreihenfolge und notieren Sie diese.

**b.** Versuchen Sie auch eine Antwort auf die Frage zu finden, welche Absicht hinter der jeweiligen Art des Erzählens stecken könnte.

**c.** Stellen Sie anhand eines konkreten Films dar, welche handlungstragenden Veränderungen eine andere Art der Darstellung ergeben würde.

**d.** Diskutieren Sie Ihre Ergebnisse in einem Klassengespräch.

## 8.1.4 Wer ist am Entstehen eines Films beteiligt?

### Die Regisseurin bzw. der Regisseur (Director)

Die Aufgabe der Regisseurin bzw. des Regisseurs besteht darin, alle kreativen, künstlerischen Beiträge, die von den verschiedenen Abteilungen (z. B. Musik, Ton, Maske, Kostüm) eingebracht werden, auszuwählen und zu koordinieren. Sie bzw. er sucht die Mitarbeiterinnen und Mitarbeiter (z. B. Schauspielerinnen bzw. Schauspieler, Kamerafrau bzw. Kameramann) aus, liest und verändert eventuell das Drehbuch, entscheidet über Kameraeinstellungen, Wirkungsmittel etc. Diese Person hat somit bei der Entstehung eines Films oberste „Befehlsgewalt“ in künstlerischen Belangen. Der Regisseurin bzw. dem Regisseur sind immer **Regieassistentinnen** bzw. **Regieassistenten** (Director Assistant) zur Seite gestellt, die viele Teilaufgaben übernehmen.

**Steven Spielberg** *ist Regisseur und Produzent bekannter Spielfilme (z. B. Star Wars, E. T., Jurassic Park, Schindlers Liste, Der Soldat James Ryan).*

### Die Produzentin bzw. der Produzent (Producer)

Sie bzw. er arbeitet sehr eng mit der Regisseurin bzw. dem Regisseur zusammen, insbesondere bei der Entwicklung des Filmkonzepts (von der Filmidee bis zur Ausführung). Sehr häufig ist die Produzentin bzw. der Produzent auch für den kommerziellen Erfolg eines Filmprojekts verantwortlich und somit die Person, die das Konzept für die Umsetzung für ein Filmstudio entwickelt und verantwortet (Budget Marketing). Meist ist der Produzentin bzw. dem Produzenten noch eine **Co-Produzentin** bzw. ein **Co-Produzent** (Co-Producer) zur Seite gestellt. Für den kommerziellen Bereich findet man auch **Herstellungsleiterinnen** bzw. **Herstellungsleiter** (Producer Executive) sowie eigene **Produktionsmanagerinnen** bzw. **Produktionsmanager** vor.

**6 Aufgabenstellung**

●●

Überlegen Sie in einer Partnerarbeit, welche Regisseurinnen bzw. Regisseure Sie aus dem Gedächtnis kennen. Welche Filme sind von den jeweiligen Personen bekannt geworden?

Recherchieren Sie im Anschluss Regisseurinnen bzw. Regisseure und Produzentinnen bzw. Produzenten Ihnen bekannter Filme im Internet.

*Der Schauspieler* **Tom Hanks** *in seiner Rolle als „Forrest Gump“*

### Die Schauspielerin bzw. der Schauspieler (Actress/Actor)

Der Erfolg bzw. Misserfolg eines Filmes ist wesentlich von der Besetzung der Rollen und der Umsetzung der Charaktere durch Schauspielerinnen und Schauspieler abhängig. Viele Schauspielerinnen bzw. Schauspieler sind wahre Publikumsmagnete: Filme werden oft allein wegen ihrer Besetzung angesehen.

**7 Aufgabenstellung**

○

Diskutieren Sie, welche Kriterien für die Auswahl einer Rollenbesetzung ausschlaggebend sein könnten. Nennen Sie berühmte Schauspielerinnen und Schauspieler, aufgrund deren Namen Kinos regelrecht gestürmt werden.

**Angelina Jolie** *ist eine US-amerikanische Schauspielerin, Regisseurin, Drehbuchautorin und Filmproduzentin.*

*Die Wichtigkeit der Position der Kamerafrau bzw. des Kameramanns zeigt sich auch darin, dass es bei der jährlich in Hollywood stattfindenden Verleihung der Academy Awards (Oscar) einen Preis für die beste Kamera gibt.*

### Die Kamerafrau bzw. der Kameramann (Director of Photography)

Einen oft unterschätzten, aber wesentlichen Anteil am Gelingen eines Films hat die hauptverantwortliche Person hinter der Kamera: Sie bzw. er hat die Verantwortung für den Bildausschnitt. Häufig obliegt auch die Beleuchtung der Kamerafrau bzw. dem Kameramann. Es ist somit eine sehr bedeutende Entscheidung, welche Kamerafrau bzw. welchen Kameramann die Regisseurin bzw. der Regisseur für den Film auswählt; denn die Kamera erzählt die Geschichte – sie ist mit der Erzählperspektive im epischen Text gleichzusetzen. Auch die Kamerafrau bzw. der Kameramann wird durch **Assistentinnen** bzw. **Assistenten** (Camera Operators) unterstützt.

**Beispiele** *für die Arbeit in der Maske:*

**Ralph Fiennes** *als Lord Voldemort in einer Harry-Potter-Verfilmung*

**Brad Pitt** *in „Der seltsame Fall des Benjamin Button“*

**Gary Oldman** *in „Dracula“*

### Die Produktionsdesignerin bzw. der Produktionsdesigner (Production Designer)

Ein „Production Designer“ arbeitet sehr eng mit der hauptverantwortlichen Person hinter der Kamera und mit der **Kostümbildnerin** bzw. dem **Kostümbildner** (Costume Designer) zusammen, ist also für die Ausstattung eines Films zuständig (Ausstatterin bzw. Ausstatter, Bühnenbildnerin bzw. Bühnenbildner). Das kreative Engagement der Designerin bzw. des Designers kann für einen Film ein wesentliches Kriterium des Erfolgs bzw. Misserfolgs darstellen. Für die Kostümausstattung der Schauspielerinnen bzw. Schauspieler werden manchmal auch bekannte und erfolgreiche Modeschöpferinnen bzw. Modeschöpfer engagiert.

### Die Maskenbildnerin bzw. der Maskenbildner (Make-up Artist)

Für die realistische Darstellung einer Rolle bedarf es nicht nur guter Schauspielerinnen bzw. Schauspieler, sondern auch der kosmetischen Veränderung derselben. Beispielsweise muss eine Schauspielerin in manchen Rollen sowohl eine 20-jährige als auch eine 70-jährige Frau verkörpern: Um diesen Effekt glaubhaft vermitteln zu können, werden trotz computertechnischer Raffinessen nach wie vor die Möglichkeiten der Maske genutzt, in enger Zusammenarbeit mit **Friseurin** bzw. **Friseur** (Hair Stylist), **Kostümbildnerin** bzw. **Kostümbildner**.

Weitere **wichtige Beteiligte** an einem Film sind:

- Stuntfrau bzw. Stuntman
- Statistin bzw. Statist
- Tontechnikerin bzw. Tontechniker
- Standfotografin bzw. Standfotograf
- Script Supervisorin bzw. Script Supervisor (sie bzw. er trägt dafür Sorge, dass die Vorlage eingehalten bzw. jeder Veränderung des Drehbuchs protokolliert wird)
- Sound Designerin bzw. Sound Designer
- Helferinnen und Helfer (Grip)
- Komponistin bzw. Komponist
- Filmtiertrainerin bzw. Filmtiertrainer
- u. a. m.

**8 Aufgabenstellung**

○

Recherchieren Sie anhand des Nachspanns eines Films und mit Hilfe des Internets, welche Aufgaben es am Set (Drehort) gibt, und vergleichen Sie die Ergebnisse in einem Klassengespräch.

## 8.1.5 Filmgenre

Der Film ist auch eine Kunstform. Sie haben den Begriff des Genres schon für epische Texte im Zusammenhang mit dem Roman kennengelernt. Es lässt sich jedoch nicht jeder Film einem einzelnen **Filmgenre** zuordnen, für manche Filme treffen auch zwei oder mehrere Genres zu (**Genre-Mix**). Für den Großteil der Filme ist eine Zuordnung zu einem bestimmten Genre allerdings ein wesentliches Charakteristikum.

### Das Genre – Definition des Begriffs

Ein **Genre** ist ein **spezifisches Erzählmuster** mit stofflich-motivlichen, dramaturgischen, formal-strategischen, stilistischen, ideologischen Konventionen und einem festgelegten Figureninventar. Es handelt sich bei Genres um kulturell ausgebildete Rahmensysteme oder Schemata, die zwar relativ stabil sind, aber nicht unveränderbar feststehen, sondern sich ihrerseits historisch wandeln können.

Genres sind also **kulturelle Stereotype**, die nicht nur für einzelne Individuen, sondern für Kollektive gestaltungs-, wahrnehmungs-, erwartungs- und interpretationsrelevante Bedeutung haben (können). Insbesondere bei populären **Mainstream-Filmen** spielen Genres eine große Rolle.

*nach: Faulstich, Werner: Grundkurs Filmanalyse. München, Wilhelm Fink Verlag, 2002, S. 28f.*

### 9 Aufgabenstellung

**a. ●●**

Klären Sie die folgenden Fremdwörter mit Hilfe eines Fremdwörterbuchs oder des Internets und tragen Sie die Ergebnisse Ihrer Recherche in die Tabelle ein.

| | | | |
|---|---|---|---|
| stofflich-motivlich | | Schemata | |
| dramaturgisch | | Stereotype | |
| formal | | Individuum | |
| strategisch | | Kollektive | |
| stilistisch | | relevant | |
| ideologisch | | populär | |
| Konvention | | Mainstream | |

**b. ○**

Vergleichen Sie die Ergebnisse Ihrer Recherche in einem Klassengespräch.

Man unterscheidet **zehn Filmgenres**, deren Grenzen aber keineswegs eindeutig verlaufen. Zu jedem dieser Genres finden sich zudem weitere Subgenres.

*Filmplakat zu einem Western*

- Western
- Kriminalfilm
- Melodrama
- Science-Fiction-Film
- Abenteuerfilm
- Horrorfilm
- Thriller
- Komödie
- Musikfilm
- Erotikfilm

**Subgenres** beim Kriminalfilm sind beispielsweise:

- Detektivfilm
- Gangsterfilm
- Polizeifilm

*Filmplakat zum Film „Das Parfum"*

### Der Genrebegriff am Beispiel des Western

Der klassische **Western** ist räumlich-geografisch auf den Westen des nordamerikanischen Kontinents beschränkt und zeitlich auf eine Spanne von 1860 bis 1900. Das Figureninventar des Western enthält Rancher, Cowboys, Sheriffs und Marshals, Eisenbahnarbeiter, Siedlerinnen und Siedler, Indianer, Kavallerie etc. Häufig spielen Pferdekutschen, Gesetzlose, Revolverhelden, Goldgräber und Trapper eine Rolle. Bilder von Gewehren, Colts, Pferden, Saloons, einsamen Lagerfeuern und kleinen Städten mit hölzernen Bauten sind bekannte Versatzstücke der Welt des Western.

***Versatzstück, das:*** *im engeren Sinn ein bewegliches Dekorationsstück auf Bühnen; Gegenstand, der kennzeichnend für einen bestimmten Raum oder Ort ist*

Naturbelassene Aufnahmen sind ebenso wie das traditionelle Geschlechterbild typische Bestandteile. Auch die Themen folgen Stereotypen: Western handeln häufig von Anarchie und Gewalt, Konfrontation weißer Einwanderinnen bzw. Einwanderer mit Indianerinnen bzw. Indianern; guten Siedlerinnen bzw. Siedlern, Viehzüchtern oder Cowboys, die sich gegen Viehdiebe, Revolverhelden oder Gesetzlose behaupten müssen. Immer wieder werden Familientragödien oder Vater-Sohn-Konflikte dargestellt.

*Westernstadt*

Die Gesetzmäßigkeiten sind einfach dargestellt. Die guten Helden sind männlich, das Böse ist klar definiert, und in einem Happy End siegt das Gute – und das Böse stirbt (häufig in einem dramatischen Showdown).

Eine besondere Abwandlung des Western ist der Italo-Western, in dem der Held ein kaputter, zynischer Typ ist, der auch als Rabauke mit komödiantischem Akzent verkörpert wird. Eine Parodie auf den klassischen Western sind die Italo-Western mit Bud Spencer und Terence Hill.

*nach: Faulstich, Werner: Grundkurs Filmanalyse. München, Wilhelm Fink Verlag, 2002, S. 30ff.*

## 10 Aufgabenstellung

●●●

Ordnen Sie folgende Filme einem Genre zu und halten Sie fest, welche Zuordnung eindeutig ausfällt und bei welchen Filmen man von einem Genre-Mix sprechen kann. Recherchieren Sie Filmtitel, die Sie nicht kennen, im Internet.

| Filmtitel | Genre | Filmtitel | Genre |
|---|---|---|---|
| Spiel mir das Lied vom Tod | | Star Wars | |
| Das Schweigen der Lämmer | | Herr der Ringe | |
| Pearl Harbour | | Mamma mia | |
| Der Schuh des Manitu | | Der Vorleser | |
| Ice Age | | Psycho | |
| Die üblichen Verdächtigen | | Der mit dem Wolf tanzt | |
| Der Soldat James Ryan | | Black Swan | |
| Matrix | | American History X | |

## 11 Aufgabenstellung

●●●

Finden Sie möglichst viele Filmbeispiele für folgende Subgenres: Gefängnisfilm, Teenagerfilm, Kriegsfilm, Fantasyfilm, Kinderfilm.

## 12 Aufgabenstellung

●●●

Erarbeiten Sie den Begriff des Filmgenres anhand eines von Ihnen gewählten Filmbeispiels. Tragen Sie die Ergebnisse Ihrer Gruppenarbeit in die Tabelle ein.

| Titel des Films | | Genre | |
|---|---|---|---|
| Stoff / Motive: | | Ideologie: | |
| Dramaturgie: | | Formales: | |
| Figureninventar: | | Strategie: | |
| Ausstattung: | | Konventionen: | |
| Stil: | | Schema: | |

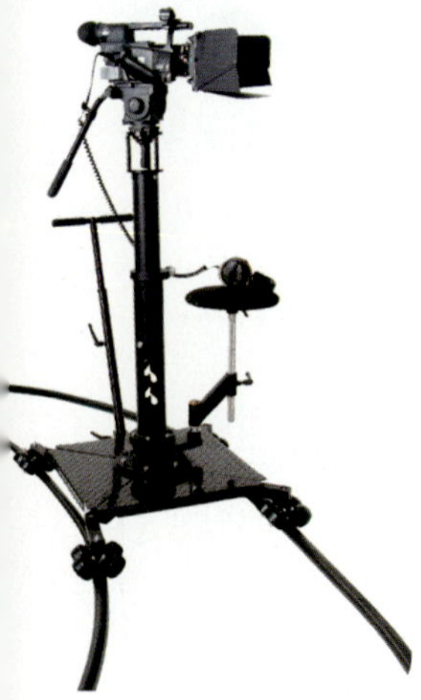

Kamera auf Schienen

## 8.1.6 Wirkungsmittel des Films

### Die Kamera als „Erzählerin“

Filmische Medien erzählen eine Geschichte anders als ein Buch – der Blick durch die **Kamera** vermittelt das Geschehen. Jedoch kann auch die Kamera bestimmte Blickwinkel einnehmen – sie kann auktorial oder personal, distanziert oder engagiert erzählen. Die Kamera verfügt also über spezifische Erzählmittel, die eigenen formalen Gestaltungstechniken folgen.

Rein technisch gesehen ist ein Film eine Folge von Einzelbildern (in der Regel 24 Bilder pro Sekunde), die als solche nicht mehr wahrnehmbar sind und für das Auge zu einer fortlaufenden Bewegung verschmelzen.

Die **Kameraeinstellung** gilt als die kleinste bedeutungstragende Einheit. Es handelt sich dabei um eine zusammenhängende, ohne Unterbrechung hergestellte Aufnahme, die am Anfang und am Ende durch einen Schnitt begrenzt ist. In dieser Einstellung wird ein Ausschnitt aus der Wirklichkeit in einer bestimmten Größe und aus einer bestimmten Perspektive gezeigt. Bedingt durch die Nähe oder Entfernung zu einem Objekt unterscheidet man in der Filmanalyse verschiedene **Einstellungsgrößen** – wobei der Mensch als Maß genommen wird.

**Beispiele** *für Einstellungsgrößen:*

*Großaufnahme*

*Amerikanische Einstellung*

*Nahaufnahme*

### Einstellungsgrößen einer Kamera

- **Detailaufnahme:** Die Kamera ist sehr nah an einem Objekt, was Intimität vermittelt – im positiven wie im negativen Sinn (z. B. die Augen eines Menschen).
- **Großaufnahme:** Mit ihr können Gefühle, Mimik der sprechenden Akteurin bzw. des Akteurs, innere Regungen und dergleichen gezeigt werden (z. B. der Kopf eines Menschen).
- **Nahaufnahme:** Eine Akteurin bzw. ein Akteur wird auch durch den Hintergrund, Requisiten, Kleidung und eventuell Nebenfiguren charakterisiert (z. B. Brustbild).
- **Halbnahaufnahme:** Diese ermöglicht eine stärkere räumliche Orientierung, der Hintergrund und die Umwelt werden wichtiger, die Situation wird betont (z. B. Mensch bis zu den Hüften).
- **Amerikanische Einstellung:** Individuelle Aktion, Gestik und der Hintergrund bzw. die Umwelt rücken verstärkt ins Geschehen (z. B. Mensch vom Kopf bis zu den Knien – dadurch ist im Western der Colt gut sichtbar).
- **Halbtotale:** Diese schafft Distanz, der Hintergrund und die Umgebung werden sehr stark betont, gestische Interaktion in einer Gruppe kann gut dargestellt werden (z. B. Mensch/Menschen in voller Größe).
- **Totale:** Die räumliche Orientierung und der Überblick stehen im Mittelpunkt der Aufnahme (z. B. Mensch/Menschen in Umgebung, in einer Landschaft).
- **Weitaufnahme (Panorama):** Sie schafft Distanz, vermittelt Stimmungen und Atmosphäre (z. B. Landschaft).

## 13 Aufgabenstellung

●●

Bestimmen Sie, um welche Kameraeinstellung es sich bei den Bildern jeweils handelt. Diskutieren Sie auch, welcher Effekt bei der Darstellung erzielt wird.

______________________

______________________

______________________

______________________

______________________

______________________

______________________

______________________

In bestimmten Filmgenres werden manche Einstellungsgrößen bevorzugt angewendet, andere vernachlässigt. Filme (häufig TV-Serien), die hauptsächlich in Studios gedreht werden, zeigen kaum Totale oder Weitaufnahmen, jedoch werden in Actionserien gern halbnahe oder amerikanische Einstellungen eingesetzt.

## 14 Aufgabenstellung

●●

Diskutieren und begründen Sie in einer Partnerarbeit, welche Einstellungsgröße Sie für folgende Szenen einsetzen würden:

- Ein Kind fürchtet sich vor einem Gewitter.
- Ein Mann wartet ungeduldig auf jemanden.
- Eine Jugendliche hat mit ihren Freundinnen Spaß beim Skaten.

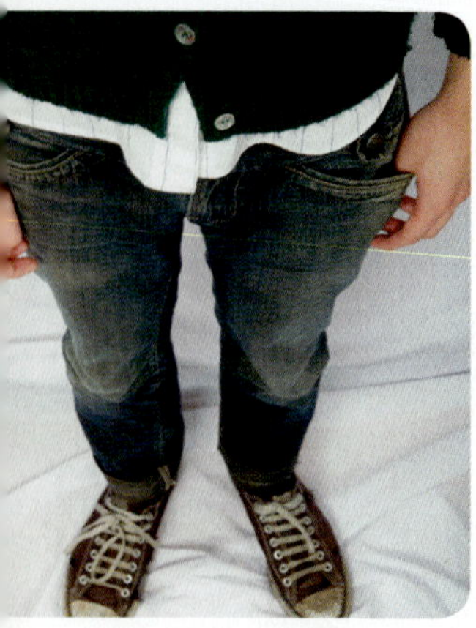

*Aufsicht*

Neben der Einstellungsgröße ist auch die **Perspektive**, welche die Kamera einnimmt, von Bedeutung für die Darstellung einer Filmszene. Grundsätzlich unterscheidet man drei Einstellungsperspektiven. Die Kamera vermeidet jedoch üblicherweise extreme, ungewöhnliche oder irritierende Blickwinkel.

### Perspektive

- **Normalsicht:** Die Kamera filmt aus der Augenhöhe eines durchschnittlich großen Erwachsenen.
- **Untersicht:** Die Kamera blickt von unten zu einem Objekt auf, wodurch die Größe (und Bedeutung) desselben betont wird.
- **Froschperspektive:** Dies ist die extreme Form der Untersicht.
- **Aufsicht:** Die Kamera blickt auf ein Objekt herab, sie nimmt also eine überlegene Position ein, die sich auch auf die Zuseherinnen und Zuseher überträgt.
- **Vogelperspektive:** Dies ist die extreme Form der Aufsicht.

*Untersicht*

Nimmt eine Kamera ein Objekt aus gleichbleibender Perspektive und unverändertem Abstand auf, so spricht man von einer **Standaufnahme** oder vom **Stand**.

Die Kamera kann jedoch auch eine Drehbewegung sowohl in horizontaler als auch in vertikaler Richtung (vergleichbar mit der Drehbewegung des Kopfes) machen – dies nennt man **Schwenk**.

*Froschperspektive*

Bewegt sich die Kamera auf einem Fahrzeug oder auf Schienen, handelt es sich um eine **Kamerafahrt**. Dabei kann sich die Kamera auf ein Objekt zu- oder von diesem wegbewegen, parallel dazu fahren oder es verfolgen.

Wird die Brennweite verändert (also ein Objekt heranzogen bzw. weggeschoben), spricht man vom **Zoom**. Dabei wird der Ausschnitt der abgebildeten Umgebung verkleinert oder vergrößert. Hierfür werden verschiedene Objektive – z. B. Normalobjektiv, Weitwinkelobjektiv, Teleobjektiv – eingesetzt.

Eine besondere Form der Kameraführung ist die **subjektive Kamera**. Hier wird die Kamera auf der Schulter der Kamerafrau bzw. des Kameramannes getragen, was einerseits eine etwas unruhigere Kameraführung zur Folge haben kann, andererseits aber die Story sehr individuell und personenbezogen erzählt.

*Der Low-Budget-Film „Das Blair-Witch-Project“ wurde durchgehend mit subjektiver Kamera gedreht.*

Eine **bewegte Kamera** vermittelt den Zuseherinnen und Zusehern den Eindruck von viel Action und wird daher bei Filmen, bei denen dieser Effekt unabdingbar ist, eingesetzt. Es besteht jedoch die Gefahr, durch zu viel Kamerabewegung das Publikum zu irritieren.

Das Erzählen der Kamera wird durch die **Schnitttechnik** strukturiert – einzelne Einstellungen müssen behutsam miteinander verknüpft werden, sodass eine logische Abfolge entsteht. Die Verbindung verschiedener Kameraeinstellungen nennt man **Montage**. Es kann chronologisch erzählt werden, Handlungsstränge können jedoch auch parallel geführt oder miteinander verästelt werden. Je nach Filmgenre werden schnelle Wechsel zwischen den Einstellungen (z. B. Actionfilme) oder ruhige Abfolgen (z. B. Melodrama) eingesetzt. Lange Einstellungen geben dem Publikum Gelegenheit, sich intensiv mit der Szene, dem Bildinhalt, den Protagonistinnen und Protagonisten usw. auseinanderzusetzen, die Abfolge kurzer Einstellungen suggeriert Hektik, Spannung und Abwechslung.

## 15 Aufgabenstellung

○

**a.** Benennen und analysieren Sie den Effekt der Einstellungen und der Montage des Anfangs (ca. fünf bis zehn Minuten) folgender Filmgenres:

Actionfilm – z. B. *Speed*
Melodrama – z. B. *Legenden der Leidenschaft*

**b.** Diskutieren Sie anschließend in einem Klassengespräch Ihre Ergebnisse.

### Winkeleinstellung der Kamera

In welchem **Winkel** **(Achsenverhältnisse)** eine Kamera zum gefilmten Objekt steht, verändert ebenfalls die Wahrnehmung der Rezipientinnen und Rezipienten. Häufig steht die Kamera im **rechten Winkel zum Objekt** (die Zuseherinnen und Zuseher bleiben eher außerhalb, sie sehen die handelnde Figur im Profil) oder **parallel** (die Zuseherinnen und Zuseher sehen der Figur direkt ins Gesicht) dazu. Eine Besonderheit ist das **Schuss-Gegenschuss-Verfahren**, das vorzugsweise bei Dialogen eingesetzt wird – die Kamera wechselt in Großaufnahmen zur jeweils sprechenden Person (selten zur hörenden Person).

**Hans Zimmer**
*(geb. 1957), Filmkomponist*

**Ennio Morricone**
*(geb. 1928), Filmkomponist*

### Beleuchtung – Farbe

Durch **Beleuchtung** können Schatten erzeugt werden, es kann überbeleuchtet werden, Räume und Situationen werden realitätsnah oder realitätsfern, verfremdet usw. dargestellt. Durch den Einsatz von **Licht- und Farbeffekten** lassen sich enorme Wirkungen erzielen – die Rezeption eines Filmes wird durch den gezielten Einsatz von Licht- und Farbeffekten bewusst beeinflusst. Berühmt wurde der „Film noir“ in den 1950er-Jahren, in dem es durchwegs dunkel ist, regnet und in dem inhaltlich Sex-and-Crime-Motive und Pessimismus überwiegen.

*Filmtipps zu Beleuchtung und Farbe:*
- *Der dritte Mann*
- *Tote schlafen fest*
- *Psycho*
- *Das Cabinet des Dr. Caligari*
- *Wenn die Gondeln Trauer tragen*
- *Der Koch, der Dieb, seine Frau und ihr Liebhaber*
- *Große Erwartungen*

### Musik

Es gibt die **Musik im Film** („Musik im On“), die Teil der Handlung ist, zum Beispiel, wenn eine Figur Radio hört – und die **Filmmusik** („Musik im Off“). Sie ist ein dramaturgisches Element und ein Analysekriterium. Jedoch wird manchmal auch Musik im Film und Filmmusik vermischt. Filmmusik wird so eingesetzt, dass die Rezipientinnen und Rezipienten diese nicht bewusst wahrnehmen – erst wenn man sich bewusst auf die Tonebene konzentriert, erkennt man, wie sehr die Filmmusik die Handlung beeinflusst und unterschwellig emotionalisiert. Musik wird aber nicht nur stimmungstechnisch eingesetzt, sondern auch leitmotivisch (eine Figur oder ein Handlungsort wird damit charakterisiert).

## 16 Aufgabenstellung

●●

Überlegen Sie anhand von Beispielen, welche Wirkung die Filmmusik erzielen kann (z. B. Spannung erzeugen, karikieren, etwas irreal erscheinen lassen, Atmosphäre herstellen, Emotionen abbilden, Bewegungen untermalen, Geräusche stilisieren).

*Filmtipps zu Filmmusik:*
- *Spiel mir das Lied vom Tod*
- *Der Gladiator*
- *Der letzte Mohikaner*
- *... denn sie wissen nicht, was sie tun*
- *Fantasia*

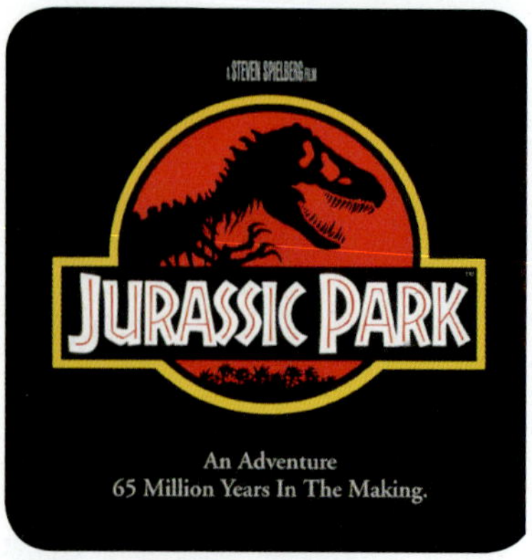


*Filmplakat „Jurassic Park"*

## Dialog und Geräusche – Synchronisation

Viele Regisseurinnen und Regisseure legen großen Wert darauf, dass die Originaltonaufnahmen vom Drehort aufgenommen und auch verwendet werden. Jedoch bedarf jeder Film einer **Nachbereitung im Studio** – die Sound Designerin bzw. der Sound Designer kommt zum Einsatz. Nicht nur Szenen, auch Geräusche müssen häufig im Studio nachsynchronisiert werden. Dazu kommen Toncutterin bzw. Toncutter und Mischerin bzw. Mischer, die z. B. Schüsse, rollende Donner oder Autokollisionen einbauen. Dass das eine aufwändige Arbeit ist, zeigt sich am Beispiel des Films „RoboCop": Ein zwölfköpfiges Team arbeitete vier Monate lang in 14-Stunden-Arbeitstagen an der Synchronisation! Für das Endmischen benötigt man durchschnittlich pro fünf Minuten Filmmaterial einen Arbeitstag.

## Digitale Bildgestaltung

***Morphing-Verfahren, das:*** *ein computer-generierter Spezialeffekt bei Ton- oder Bildaufzeichnungen. Beim Morphing werden Übergänge zwischen zwei Einzelbildern bzw. zwei Klängen berechnet.*

Techniken wie Computeranimation, „Special Effects", Rückprojektionen, Morphing-Verfahren, Dolby-Surround sind aus der Filmbranche nicht mehr wegzudenken und steigern die Illusionierung und Imagination der Zuseherinnen und Zuseher; die Reizdichte und das Tempo im Film erhöhen sich rasant. Vorreiter der Digitalisierung war der kommerzielle Misserfolg „Tron" aus den Disneystudios. 1991 faszinierte James Cameron mit „Terminator 2", dem damals teuersten Film aller Zeiten (94 Mio. US-Dollar Produktionskosten), mit nie dagewesenen „Special Effects" das Kinopublikum.

Für große Diskussionen sorgte die Fertigstellung des Films „The Crow": Bei den Dreharbeiten kam der Hauptdarsteller Brandon Lee ums Leben; aufgrund der vorhandenen Aufnahmen konnte der Film jedoch computerunterstützt „fertiggedreht" werden.

**Jim Carrey** *in „Die Maske"*

Konventionell gedrehte Filmszenen werden digitalisiert und lassen sich in jede beliebige Form und Größe bringen. Solche „Visual Effects" fanden sich beispielsweise erstmals in „The Mask" mit Hauptdarsteller Jim Carrey oder in „Jurassic Park". Doch trotz dieser ungeahnten Möglichkeiten finden nach wie vor konventionell gedrehte Filme ein breites Publikum und erfreuen sich ungeahnter Beliebtheit.

## Drehbuch und Storyboard

Drehbuchautorinnen bzw. -autoren schreiben Drehbücher für Filmprojekte oder wandeln literarische Vorlagen in Drehbücher um, sodass sie verfilmt werden können.

**Brandon Lee,** *Hauptdarsteller im Film „The Crow"*

Wenn die Regisseurin bzw. der Regisseur mit der Arbeit am Set beginnt, entwickelt sie oder er eine Art „Lageplan", also ein strategisches Konzept über den Filmablauf. Dieses wird in der Filmbranche **Storyboard** genannt. In diesem werden die einzelnen Einstellungen häufig händisch skizziert und beschrieben, Monologe oder Dialoge, Musikeinsatz, Geräusche usw. werden notizenhaft dargelegt. Zum Beispiel arbeitet Steven Spielberg nach wie vor mit einer professionellen Zeichnerin für seine Storyboards. Diese setzt akribisch genau bis ins kleinste Detail alle Informationen für den Dreh um.

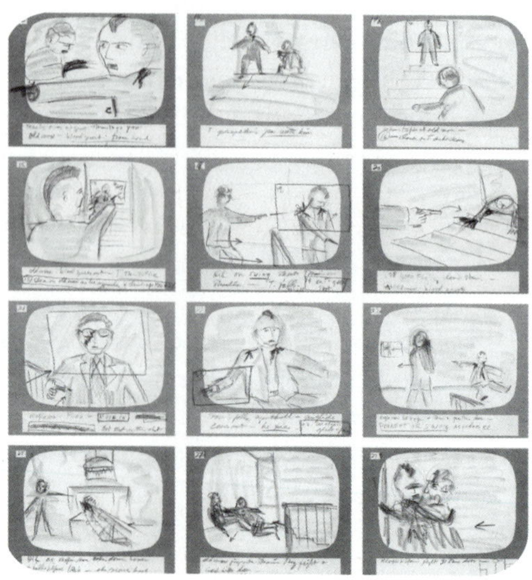

**Beispiel** *für ein Storyboard*

## 17 Aufgabenstellung

●

Überlegen Sie sich eine Szene aus einem Roman oder einer Erzählung, den oder die Sie sehr gut kennen. Zeichnen Sie ein Storyboard für sechs Kameraeinstellungen. Das Storyboard sollte folgende Informationen beinhalten:

- skizzenhafte Darstellung des Drehortes
- Beschreibung der Kameraeinstellung
- Beschreibung des Monologs oder Dialogs
- Musik, Geräusche, Ton
- Effekte

*Storyboard, das: die zeichnerische Version eines Drehbuchs*

## 18 Aufgabenstellung

**a.** ● ● ●

Einigen Sie sich in der Gruppe auf einen Film und analysieren Sie diesen. Schreiben Sie Ihre Ergebnisse stichwortartig auf. Gehen Sie dabei auf folgende Punkte ein:

- **Handlungsanalyse:** Welche Handlung wird im Film in welcher Reihenfolge erzählt?
- **Figurenanalyse:** Welche Figuren spielen eine Hauptrolle, welche eine Nebenrolle? Welche Charaktere stehen im Mittelpunkt oder haben handlungstragende Aufgaben? Mit welchen Schauspielerinnen bzw. Schauspielern sind die Figuren besetzt und welche Absicht könnte dahinterstecken?
- **Bauformenanalyse:** Wie wird der Film erzählt? Wie ist die Kameraführung? Wie ist der Film geschnitten? Welche akustischen Signale werden verwendet? Welche technischen Mittel werden herangezogen?
- **Normenanalyse:** Was ist die Botschaft des Films? Was will die Regisseurin bzw. der Regisseur mit dem Film bezwecken? Was soll die Rezipientin bzw. der Rezipient als „Message“ des Films erfahren?

*Filmszene aus „Small World“*

**b.** ●

Verfassen Sie eine schriftliche Filmanalyse in Form eines geschlossenen Textes. Sie können Ihren Text als Eintrag in Ihr Kulturportfolio übernehmen. Denken Sie an die Überarbeitungsphase Ihrer Arbeit bis zum herzeigbaren Endprodukt.

*Filmszene aus „Schlafes Bruder“*

## 19 Aufgabenstellung

●

Vergleichen, analysieren bzw. interpretieren Sie einen der folgenden Romane und dessen Umsetzung als Spielfilm. Verfassen Sie eine schriftliche Analysearbeit, die Sie nach einer ausführlichen Überarbeitungsphase in Ihr Kulturportfolio geben können.

- Robert Schneider: Schlafes Bruder. Roman/Verfilmung
- Patrick Süskind: Das Parfum. Roman/Verfilmung
- Martin Suter: Small World. Roman/Verfilmung
- Bernhard Schlink: Der Vorleser. Roman/Verfilmung
- Wolf Haas: Komm, süßer Tod. Roman/Verfilmung
- Erich Hackl: Abschied von Sidonie. Roman/Verfilmung

*Filmplakat „Der Vorleser“*

## 8.2 Die Dramatik

**Dramenformen:**
- Tragödie
- Komödie
- Tragikomödie
  - Trauerspiel
  - Lustspiel

Viel unmittelbarer, greifbarer und näher als der Film ist das Erlebnis des Theaters: Eine Geschichte wird von Schauspielerinnen und Schauspielern „live" auf einer Bühne erzählt, das Publikum erlebt das Geschehen aus nächster Nähe, empfindet die Spannung, die aufgebaut wird, und spürt die unmittelbare Nähe zu den Protagonistinnen und Protagonisten. Das **Theater** bietet zwar weniger „Action", als dies im Film möglich ist und eingesetzt wird, jedoch erlaubt das Erleben der pulsierenden Handlung auf der Bühne eine beeindruckende Präsenz, sodass es kaum möglich ist, sich einer guten Inszenierung zu entziehen und außerhalb des Geschehens zu bleiben – Theater kann auf besondere Weise fesseln und faszinieren!

*siehe Band 2, Kapitel „Literatur, Kunst und Gesellschaft"*

### 20 Aufgabenstellung

●●

Sie haben bereits die Dramenformen kennengelernt. Ergänzen Sie in der Tabelle, um welche Dramenform es sich bei den folgenden Theaterstücken handelt. Recherchieren Sie auch im Internet.

| Stück | Dramenform | Stück | Dramenform |
|---|---|---|---|
| William Shakespeare: „Romeo und Julia" | | Ferdinand Raimund: „Der Bauer als Millionär" | |
| Johann Wolfgang von Goethe: „Faust I" | | Georg Büchner: „Woyzeck" | |
| Max Frisch: „Andorra" | | Friedrich von Schiller: „Die Räuber" | |
| Friedrich Dürrenmatt: „Der Besuch der alten Dame" | | Bertolt Brecht: „Mutter Courage und ihre Kinder" | |
| Gotthold Ephraim Lessing: „Nathan der Weise" | | William Shakespeare: „Ein Sommernachtstraum" | |
| Johann N. Nestroy: „Einen Jux will er sich machen" | | Franz Grillparzer: „König Ottokars Glück und Ende" | |

*Requisit, das: Gegenstand, der für eine Theateraufführung oder eine Filmszene verwendet wird*

Das Theater verwendet andere Wirkungsmittel als zum Beispiel der Film. Bei Theaterstücken sind die Bühnenform, die Requisiten, die Ausdruckskraft und das Talent der Schauspielerinnen und Schauspieler sowie die Musik wesentliche Bestandteile der Inszenierung. Sie sind ausschlaggebend dafür, wie das Stück von der Kritik und vom Publikum aufgenommen und bewertet wird. Insbesondere klassische Stücke mit bekannten Inhalten werden aufgrund der Inszenierung wohlmeinend aufgenommen, bejubelt oder von den Kritikerinnen und Kritikern „zerpflückt".

### 8.2.1 Die Handlung des Dramas über die Jahrhunderte

Der wohl bekannteste Dramentheoretiker, der großen Einfluss auf die Darstellung bis in die heutige Zeit hat, ist der griechische Philosoph **Aristoteles**. Er war davon überzeugt, dass gestische Ausgestaltung und Nachahmung einer Handlung dem Spieltrieb des Menschen entsprechen. Er empfahl dafür keine realistische Darstellung – in antiken Stücken tauchen höhere Mächte sowie Göttinnen und Götter auf, die in das Geschehen eingreifen und Konflikte auch lösen können. Die handelnden Akteurinnen und Akteure hatten ihr Schicksal also nicht (immer) in der eigenen Hand.

**Aristoteles**
*(384–322 v. Chr.)*

#### Klassische Dramentheorie nach Aristoteles

**Die drei Einheiten des Dramas (= geschlossenes Drama)**

- **Einheit des Ortes:** Der Schauplatz darf nicht gewechselt werden, es gibt nur einen Schauplatz.
- **Einheit der Zeit:** Die Spielzeit und die gespielte Zeit sollten möglichst identisch sein, die Handlung darf 24 Stunden nicht überschreiten und keine Zeitsprünge haben.
- **Einheit der Handlung:** Die Handlung muss in sich geschlossen sein (Anfang und Ende), einen logisch-kausalen Aufbau sowie nur einen Handlungsstrang und keine Nebenhandlungen haben.

Auch im **mittelalterlichen Mysterienspiel**, in dem religiöse Themen in Kirchenräumen, aber auch auf Marktplätzen nachgespielt wurden (z. B. Passionsspiele), standen die Figuren unter göttlicher Aufsicht und in einem festgelegten Ordnungsschema. Eine Ausnahme bildete das mittelalterliche **Fastnachtsspiel**, in dem die soziale Ordnung auf den Kopf gestellt wurde, Obrigkeiten entlarvend dargestellt wurden und an vorherrschenden Missständen und Gesellschaftsordnungen Kritik geübt werden durfte.

**Ständeklausel:**

- **Tragödien** berichten von Schicksalsschlägen, die hochrangige Personen treffen (Adel).
- **Komödien** betreffen niedrige Standespersonen (Bürgerinnen und Bürger).

Eine bedeutende Entwicklung machte das **Drama** in der Zeit **der Aufklärung** (2. Hälfte des 18. Jahrhunderts) durch. Die Akteurinnen und Akteure waren handelnde Personen und für ihre Taten selbst verantwortlich, keine überirdischen Mächte griffen in das Schicksal der Figuren ein. Doch nach wie vor wurde auf die Einhaltung der Ständeklausel und der drei Einheiten (Ort, Zeit und Handlung), die Aristoteles für das Drama als unabdingbar angesehen hat, geachtet.

Die historischen und sozialen Veränderungen während der Industrialisierung spiegelten sich auch in der Darstellung auf der Bühne wider. Das **soziale Drama** zeigt das Milieu, das gesellschaftliche Umfeld ist Handlungsträger. Die Protagonistinnen und Protagonisten sind Opfer der herrschenden gesellschaftlichen Umstände und haben keinen Spielraum, ihrem Schicksal zu entrinnen, wodurch ihre Handlungsfähigkeit wiederum sehr eingeschränkt ist.

In vielen **Stücken des 20. und 21. Jahrhunderts** wird die Handlung bzw. ein Ereignis dokumentarisch nachgezeichnet. Dabei werden einzelne Bilder und Ausschnitte aus dem Geschehen aufgeführt, die manchmal ähnlich einem Puzzle zusammengesetzt werden müssen. Das Publikum ist gefordert, den gezeigten Konflikt zu erkennen, mitzutragen, zu lösen, das Geschehen nicht nur zu konsumieren, sondern auch gesellschaftliche Zustände, Widersprüche und resultierende Prozesse wahrzunehmen und zu reflektieren. Den dafür gültigen Begriff **„episches Theater“** hat der Schriftsteller Bertolt Brecht in bewusster Abgrenzung zu Aristoteles definiert.

### 8.2.2 Spielzeit und Spielort

Die **Aufführungszeit** und die **Handlungszeit** sind in den wenigsten Werken deckungsgleich – die Spielzeit umfasst zumeist zwei bis drei Stunden, wobei sich jedoch die Handlungszeit über wesentlich längere Zeiträume erstrecken kann. Was in der Zwischenzeit geschehen ist, erfährt die Zuseherin bzw. der Zuseher in Monologen oder Dialogen – die Darstellung auf der Bühne konzentriert sich nur auf handlungsbestimmende Elemente.

**Gustav Freytag** *(1816–1895) war ein deutscher Schriftsteller. Seine „Technik des Dramas" fasst die Dramentheorie des geschlossenen Dramas zusammen.*

**Spielort** ist die Bühne, sehr selten spielt sich der **Handlungsort** nur in einem Raum bei unverändertem Bühnenbild ab. In den meisten Stücken wechseln die Abfolgen der Handlungsorte mehr oder weniger schnell, was auch manchmal bühnentechnische Herausforderungen mit sich bringen kann. Viele Stücke, die aufgrund der Bühnentechnik lange Zeit als unaufführbar gegolten haben, werden heute durch die „angedeutete Spielweise" dargestellt. Als Lösung für einen häufigen Schauplatzwechsel bietet es sich an, komplett auf einen bühnenbildnerischen Ortswechsel zu verzichten oder diesen mittels Versatzstücken oder sogar zur Gänze abstrakt darzustellen.

### 8.2.3 Handlungsaufbau

Neben dem Konzept der Einheit von Zeit, Ort und Handlung im klassischen Drama hat Aristoteles auch den Aufbau eines Dramas beschrieben.

#### Aufbau des Dramas in drei Akten

Die Handlung erfolgt nach Aristoteles in drei Schritten:

- 1. Akt – **Ausgangssituation** (Exposition): Ein Konflikt wird in seiner Ausgangslage dargestellt.
- 2. Akt – **Konfrontation:** Wie reagieren die am Geschehen Beteiligten?
- 3. Akt – **Auflösung des Konflikts:** Ist ein Konflikt unlösbar, scheitert die Protagonistin oder der Protagonist und es endet mit einer Katastrophe. Wenn aber der Konflikt gelöst wird, ist der Ausgang des Dramas versöhnlich.

#### Aufbau eines klassischen Dramas in fünf Akten

Wesentlich häufiger ist das fünfaktige Drama, das das Grundmodell von Aristoteles erweitert. Es wurde von Martin Opitz (1597–1639) konzipiert und von Gustav Freytag (1816–1895) weiterentwickelt.

- 1. Akt – Ausgangssituation **(Exposition):** Die Handlung läuft an.
- 2. Akt – Komplikation **(Epitase):** Die Handlung steigert sich, die Situation spitzt sich zu.
- 3. Akt – Höhepunkt **(Klimax):** Es kommt zu einer Umkehr der glücklichen Umstände für die Protagonistin bzw. den Protagonisten **(Peripetie = dramatische Wende)**.
- 4. Akt – Verlangsamung **(Retardation):** Die Handlung fällt ab und beinhaltet die Spannung verzögernde Momente.
- 5. Akt – **Katastrophe** oder **Lösung (Lysis):** Die Handlung nimmt einen guten oder schlechten Ausgang.

**21 Aufgabenstellung**

●●●

Analysieren Sie bekannte Dramen, die Sie bereits im Unterricht behandelt haben, nach dem fünfaktigen Aufbau. Wie kann der Inhalt diesem Aufbau zugeordnet werden? Ergänzen Sie die grafische Darstellung stichwortartig.

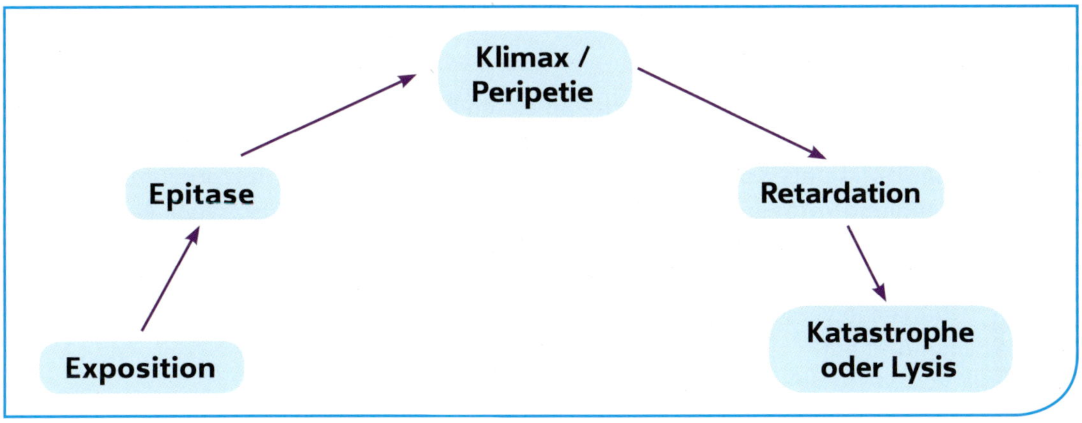


## 8.2.4 Personen

Die gesamte Handlung, die in einem Drama stattfindet, muss auf die darstellenden Personen übertragen werden. Sehr häufig finden sich zu Beginn eines Stückes Regieanweisungen, in denen die Autorin bzw. der Autor vorgibt, wie sie bzw. er sich die Handlungsweise und Gestaltung der Personen durch die Mitwirkenden vorstellt. Personen können als **Typen** (Überbetonung einer Charaktereigenschaft) oder als **Charaktere** (umfasst die gesamte vielschichtige Persönlichkeit eines Menschen) dargestellt werden.

Die Hauptfigur eines Dramas wird als **„Heldin"** bzw. **„Held"** bezeichnet, diese Figur kann aktiv oder passiv agieren. Gibt es keine einzelne Heldin bzw. keinen einzelnen Helden, sondern eine soziale Gruppe, die als Hauptfiguren im Mittelpunkt des Geschehens stehen, spricht man von **kollektiven Heldinnen** bzw. **Helden**. Heldinnen und Helden haben **Gegenspielerinnen** bzw. **Gegenspieler**, die den Handlungsverlauf bestimmen und letzlich die Katastrophe auslösen.

*Theaterszene*

## 8.2.5 Sprache

Dramen sind in Versform oder in Prosa geschrieben, manchmal auch in Umgangssprache oder in Dialektform. Nachdem das Drama auf die vermittelnde Erzählperspektive verzichtet, muss zum Verständnis des Publikums alles, was an Handlung nicht aufgeführt wird (Vorgeschichte, Zeitsprünge, Gedankengänge etc.) monologisch oder dialogisch dargestellt werden. Dies geschieht zumeist als Botenbericht (für zurückliegende Ereignisse außerhalb des Handlungsortes) oder als „Mauerschau" (Teichoskopie; für Geschehnisse, die sich zur gleichen Zeit außerhalb des Bühnenraumes ereignen und von einer Person beobachtet werden).

Eine besondere Form der **Figurenrede** stellt sich hierbei im „Beiseitesprechen" dar: Eine handelnde Person tritt quasi aus dem Geschehen, um Kommentare, Informationen für das Publikum, Gedanken etc. laut zu monologisieren.

### 8.2.6 Bühnenformen

*Antikes Theater*

Im Verlauf der Geschichte des Theaters wurden verschiedene Formen der Bühne eingesetzt. Das **antike Theater** war ein fester Steinbau, zumeist in Form einer Arena. Die Aufführungen fanden unter freiem Himmel statt, die Spielbühne war nach drei Seiten offen, eine Palastfassade stellte den Hintergrund dar. Auf dem Vorplatz dieses Palastes traten die Schauspieler auf, vollzog sich die Handlung, Ortsveränderungen wurden kommentiert.

Im Mittelalter wurden geistliche Spiele im **Kirchenraum** aufgeführt. Als vermehrt weltliche Szenen zur Aufführung kamen, wurde der **Kirchenvorplatz** oder der **Marktplatz** als Spielstätte genutzt. Auf einem erhöhten Holzpodium wurde die Handlung in Szene gesetzt, die Zuschauerinnen und Zuschauer konnten von allen vier Seiten der Bühne das Geschehen verfolgen. Auch Wanderbühnen und Schausteller, die Theaterstücke aufführten, schlugen ihre Zelte auf größeren Plätzen in verschiedenen Städten auf derartigen Bühnen bis weit in das 19. Jahrhundert auf.

*Mittelalterliche Bühne*

Die **Shakespeare-Bühne** ist ein dachloser dreiteiliger Theaterbau: Wohlhabendes Publikum saß auf den Galerien, die einfachen Leute standen in einer Art Hof (dem Parterre). Die Vorderbühne war offen, ragte in den Hof hinein und war von drei Seiten einsehbar. Für etwaige Balkonszenen gab es eine Oberbühne. Auch bei dieser Form der Bühne kamen keine Ortswechsel vor und es wurden keine Kulissen eingesetzt.

Durch das Herausnehmen der Bühne aus dem Zuschauerraum wurden im 18. Jahrhundert sogenannte **Guckkastenbühnen** (Stadt- und Hoftheater), die mittels Vorhang vom Publikum zu trennen waren, konzipiert. Die Zuseherinnen und Zuseher konnten nur noch von einer Seite in das Bühnengeschehen einsehen. Ortswechsel wurden durch Drehbühnen erleichtert; immer mehr Requisiten konnten durch technische Errungenschaften in die Inszenierung eingebaut werden, sodass realistisch anmutende Orte darstellbar wurden.

*Shakespeare-Theater*

Im 20. Jahrhundert beginnt sich die Tradition der strikten Trennung von Zuschauerraum und Spielort wieder zurückzubilden. Um das Publikum emotional besser zu erreichen und zu integrieren, wird der feste Bühnenraum zugunsten freier Übergänge zum Publikumsbereich häufig aufgehoben. Selbst in architektonisch traditionellen Theaterbauten werden Inszenierungen dargeboten, in denen der Zuschauerraum zur Bühne wird und sich das Publikum mitten im Geschehen findet. Oftmals werden **Arenabühnen und Rundumbühnen** in die Gebäude integriert. Trotzdem gibt es nach wie vor traditionelle Guckkastenbühnen, die aber durch ihre vielfältige technische Ausstattung ein breites Spektrum für Inszenierungen bieten.

*Guckkastenbühne*

*Arenabühne*

## 22 Aufgabenstellung

●●●

Arbeiten Sie in Kleingruppen an einem **Theaterprojekt:**

Lesen Sie den Textausschnitt der Ballade „Die Bürgschaft" von Friedrich Schiller und überlegen Sie sich, wie Sie diesen Text szenisch darstellen können. Konzipieren Sie die inhaltliche Aufteilung der Szenen.

Jede Gruppe verfasst eine Szene in Form eines Aktes, sodass sich in der Summe ein Theaterstück ergibt. Vergessen Sie nicht die Regieanweisungen!

Abschließend führen Sie die von Ihnen verfassten Szenen vor Ihren Mitschülerinnen und Mitschülern auf.

Diskutieren Sie im Anschluss im Klassenplenum, welche Szene besonders gut gelungen ist.

Reflektieren Sie abschließend, was Ihnen an der Arbeit besonders Spaß gemacht hat und wo sich Schwierigkeiten ergeben haben.

Führen Sie Ihr Theaterstück auch vor anderen Klassen auf. Erstellen Sie hierfür auch einen Theaterzettel, Einladungen etc.

### Friedrich von Schiller – **Die Bürgschaft**

Zu Dionys, dem Tyrannen, schlich
Damon, den Dolch im Gewande:
Ihn schlugen die Häscher in Bande,
„Was wolltest du mit dem Dolche, sprich!"
Entgegnet ihm finster der Wüterich.
„Die Stadt vom Tyrannen befreien!"
„Das sollst du am Kreuze bereuen."

„Ich bin", spricht jener, „zu sterben bereit
Und bitte nicht um mein Leben:
Doch willst du Gnade mir geben,
Ich flehe dich um drei Tage Zeit,
Bis ich die Schwester dem Gatten gefreit;
Ich lasse den Freund dir als Bürgen,
Ihn magst du, entrinn' ich, erwürgen."

Da lächelt der König mit arger List
Und spricht nach kurzem Bedenken:
„Drei Tage will ich dir schenken;
Doch wisse, wenn sie verstrichen, die Frist,
Eh' du zurück mir gegeben bist,
So muß er statt deiner erblassen,
Doch dir ist die Strafe erlassen."

Und er kommt zum Freunde: „Der König gebeut[1],
Daß ich am Kreuz mit dem Leben
Bezahle das frevelnde Streben.
Doch will er mir gönnen drei Tage Zeit,
Bis ich die Schwester dem Gatten gefreit;
So bleib du dem König zum Pfande,
Bis ich komme zu lösen die Bande."

Und schweigend umarmt ihn der treue Freund
Und liefert sich aus dem Tyrannen;
Der andere ziehet von dannen.
Und ehe das dritte Morgenrot scheint,
Hat er schnell mit dem Gatten die Schwester vereint,
Eilt heim mit sorgender Seele,
Damit er die Frist nicht verfehle.

Da gießt unendlicher Regen herab,
Von den Bergen stürzen die Quellen,
Und die Bäche, die Ströme schwellen.
Und er kommt ans Ufer mit wanderndem Stab,
Da reißet die Brücke der Strudel herab,
Und donnernd sprengen die Wogen
Des Gewölbes krachenden Bogen.

Und trostlos irrt er an Ufers Rand:
Wie weit er auch spähet und blicket
Und die Stimme, die rufende, schicket.
Da stößet kein Nachen vom sichern Strand,
Der ihn setze an das gewünschte Land,
Kein Schiffer lenket die Fähre,
Und der wilde Strom wird zum Meere.

Da sinkt er ans Ufer und weint und fleht,
Die Hände zum Zeus erhoben:
„O hemme des Stromes Toben!
Es eilen die Stunden, im Mittag steht
Die Sonne, und wenn sie niedergeht
Und ich kann die Stadt nicht erreichen,
So muß der Freund mir erbleichen."

Doch wachsend erneut sich des Stromes Wut,
Und Welle auf Welle zerrinnet,
Und Stunde an Stunde entrinnet.
Da treibt ihn die Angst, da faßt er sich Mut
Und wirft sich hinein in die brausende Flut
Und teilt mit gewaltigen Armen
Den Strom, und ein Gott hat Erbarmen.

Und gewinnt das Ufer und eilet fort
Und danket dem rettenden Gotte;
Da stürzet die raubende Rotte
Hervor aus des Waldes nächtlichem Ort,
Den Pfad ihm sperrend, und schnaubet Mord
Und hemmet des Wanderers Eile
Mit drohend geschwungener Keule.

„Was wollt ihr?" ruft er für Schrecken bleich,
„Ich habe nichts als mein Leben,
Das muß ich dem Könige geben!"
Und entreißt die Keule dem nächsten gleich:
„Um des Freundes willen erbarmet euch!"
Und drei mit gewaltigen Streichen
Erlegt er, die andern entweichen.

Und die Sonne versendet glühenden Brand,
Und von der unendlichen Mühe
Ermattet sinken die Knie.
„O hast du mich gnädig aus Räubershand,
Aus dem Strom mich gerettet ans heilige Land,
Und soll hier verschmachtend verderben,
Und der Freund mir, der liebende, sterben!"

Und horch! da sprudelt es silberhell,
Ganz nahe, wie rieselndes Rauschen,
Und stille hält er, zu lauschen;
Und sieh, aus dem Felsen, geschwätzig, schnell,
Springt murmelnd hervor ein lebendiger Quell,
Und freudig bückt er sich nieder
Und erfrischet die brennenden Glieder.

Und die Sonne blickt durch der Zweige Grün
Und malt auf den glänzenden Matten
Der Bäume gigantische Schatten;
Und zwei Wanderer sieht er die Straße ziehn,
Will eilenden Laufes vorüber fliehn,
Da hört er die Worte sie sagen:
„Jetzt wird er ans Kreuz geschlagen."

Und die Angst beflügelt den eilenden Fuß,
Ihn jagen der Sorge Qualen;
Da schimmern in Abendrots Strahlen
Von ferne die Zinnen von Syrakus,
Und entgegen kommt ihm Philostratus,
Des Hauses redlicher Hüter,
Der erkennet entsetzt den Gebieter:

„Zurück! du rettest den Freund nicht mehr,
So rette das eigene Leben!
Den Tod erleidet er eben.
Von Stunde zu Stunde gewartet' er
Mit hoffender Seele der Wiederkehr,
Ihm konnte den mutigen Glauben
Der Hohn des Tyrannen nicht rauben."

„Und ist es zu spät und kann ich ihm nicht
Ein Retter willkommen erscheinen,
So soll mich der Tod ihm vereinen.
Des rühme der blut'ge Tyrann sich nicht,
Daß der Freund dem Freunde gebrochen die Pflicht,
Er schlachte der Opfer zweie
Und glaube an Liebe und Treue!"

Und die Sonne geht unter, da steht er am Tor,
Und sieht das Kreuz schon erhöhet,
Das die Menge gaffend umstehet;
An dem Seile schon zieht man den Freund empor,
Da zertrennt er gewaltig den dichten Chor:
„Mich, Henker", ruft er, „erwürget!
Da bin ich, für den er gebürget!"

Und Erstaunen ergreifet das Volk umher,
In den Armen liegen sich beide
Und weinen vor Schmerzen und Freude.
Da sieht man kein Augen tränenleer,
Und zum Könige bringt man die Wundermär'[2];
Der fühlt ein menschliches Rühren,
Läßt schnell vor den Thron sie führen.

Und blicket sie lange verwundert an.
Drauf spricht er: „Es ist euch gelungen,
Ihr habt das Herz mir bezwungen,
Und die Treue, sie ist doch kein leerer Wahn –
So nehmet auch mich zum Genossen an:
Ich sei, gewährt mir die Bitte,
In eurem Bunde der Dritte!"

*Schiller, Friedrich von: Die Bürgschaft. In: Hoof, Hans Joachim (Hg.): Deutsche Balladen. Von Matthias Claudius bis Georg Trakl. München, Zürich, Piper Taschenbuch, 2004, S. 93–97, Originalschreibweise*

---

[1] *gebeut: veraltetes Partizip zu gebieten, d. h. etwas befehlen, von jmd. etw. verlangen*
[2] *Wunderrmär: ein Wunder, eine Mär (ein Märchen), eine Mär bedeutet ursprünglich Bericht oder Erzählung*

**23 Aufgabenstellung**

●●●

Für Ihr Theaterprojekt oder Ihre Portfolio-Arbeit eignen sich weitere Balladen, die in Gruppenarbeiten erarbeitet und szenisch dargestellt werden können:

- Friedrich von Schiller: Der Handschuh
- Friedrich von Schiller: Der Taucher
- Johann Wolfgang von Goethe: Der Erlkönig
- Johann Wolfgang von Goethe: Der Zauberlehrling
- Theodor Fontane: Die Brücke am Tay
- Adelbert von Chamisso: Das Riesenspielzeug

**24 Aufgabenstellung**

●●●

Lesen Sie Shakespeares „Macbeth“ in Form von Twittereinträgen. Auf das Original wird in diesem Kapitel noch näher eingegangen werden (S. 256 f.). Versuchen Sie, ein Drama Ihrer Wahl als Tweet darzustellen. Bedenken Sie aber, dass ein derartiger Eintrag nicht länger als 140 Zeichen (inklusive Leerzeichen) sein darf!

## Macbeth
## Von William Shakespeare
## @bigMAC

Schlacht ging okay! Hab die Wichser vom Nabel bis zum Kinn aufgeschlitzt! Gab nicht die Hand, noch sagt ich Lebewohl. LOGISCH!

Jetzt mit meinem Kumpel Banquo nach Hause. Dann bin ich noch rechtzeitig zum gefüllten Schafsmagen[1] in Inverness.

WAHNSINN! HEXEN SAGEN, ICH WERDE KÖNIG, SCHEISSE. MANN! UND THAN VON CAWDOR BIN ICH PLÖTZLICH AUCH NOCH!

Bleibe ganz cool, verspüre aber auf einmal brennenden Ehrgeiz. Unbehagliches Gefühl.

Zu Hause. Lady Macbeth scharf auf künftige Macht […]. Sie will Duncan HEUTE ABEND töten. Ist das ernst gemeint oder nur Dirty Talk?

War ernst gemeint, Frauen, LOL[2].

Alles geht so schnell! Die offiziellen Tweets von Wir, König von Schottland. Aber ich fürchte, Banquo kennt mein schreckliches Geheimnis.

Königliches Bankett am Abend! Alle müssen kommen! Ganz besonders freu ich mich auf meinen lieben Freund Banquo! Hoffe nur, du schaffst es!

Banquo offenbar im Wald verreckt. Was soll's!

Alle verlassen die Party!! Was denn? HALLO! Sieht niemand den BLUTENDEN BANQUO AM TISCH?

Ich will schlafen. Kann jemand bitte schön den Radau am Tor abstellen? Ich als König mit so einem Pförtner? Also wirklich.

Die Hexen sagen, keiner, den ein Weib geboren, tötet Macbeth. Erleichtert. Den Terminator gibt's doch nicht.

Meine Feinde und ihre Familien sterben wild durcheinander! Allmählich gerät alles aus dem Ruder. Doch, meine Frau hat da absolut recht.

Oder auch nicht. Sie hat eine Midlife-Crisis oder ein Frauenproblem. Die Zicke dreht durch.

@LadyMac: AN DEINEN HÄNDEN IST NICHTS, DU HAST SIE DOCH SCHON HUNDERTMAL GEWASCHEN!!

Das mit dem Mord ist raus, und alle sind stinksauer. Ich sage, beruhigt euch erst mal und macht nicht aus einer Mücke einen Elefanten.

Ein Heer vor der Burg, die Königin tot. Das Leben ist schnell vorbei. Ein paar Tweets auf der Bühne, und schon hat sich's ausgetwittert!

Ha! Macduff glaubt, er kann mich töten!

Scheiße. „Kaiserschnitt“ heißt also „nicht von einem Weib geboren“? Welcher König stirbt an einer solchen Spitzfindigkeit?

*Aciman, Alexander und Emmett Rensin: twitteratur. Weltliteratur in 140 Zeichen. München, Sanssouci im Carl Hanser Verlag, 2011, S. 36 f.*

---

[1] *gefüllter Schafsmagen: Nationalgericht der Schottinnen und Schotten*

[2] *LOL: Abkürzung für „Laughing out loud“*

## 8.2.7 Macht und Moral – zwei über Jahrhunderte aktuelle Themen

**Sophokles**
*(497–406 v. Chr.)*

„Antigone" von Sophokles, „Macbeth" von Shakespeare, „Prinz Friedrich von Homburg" von Kleist, „Professor Bernhardi" von Arthur Schnitzler sowie „Die heilige Johanna der Schlachthöfe" von Bertold Brecht sind die Dramen, die Sie im Folgenden näher kennenlernen werden. Machiavellis politische Abhandlung „Der Fürst" ist in allen Jahrhunderten diskutiert worden und soll als Hintergrundinformation hier ebenfalls angesprochen werden, da sie ihren Niederschlag in verschiedenen und auch den hier vorgestellten Dramen gefunden hat.

### „Antigone" von Sophokles

Antigone erfährt von dem Befehl des Herrschers von Theben, ihrem Onkel Kreon, dass sie ihren Bruder Polyneikes nicht begraben dürfe, weil er als Staatsfeind gefallen sei. Antigone gerät in einen Konflikt, ob geschwisterliche Liebe wichtiger ist als die Loyalität zur Staatsmacht, und spricht mit ihrer Schwester Ismene darüber.

### 25 Aufgabenstellung

O

Lesen Sie den Textausschnitt aus Sophokles „Antigone" und diskutieren Sie anschließend in einem Klassengespräch folgende Fragen:

- Welche Charaktere sind Antigone und Ismene?
- Welchen Sinn hat die Verweigerung des Begräbnisses für den mächtigen König Kreon?
- Kennen Sie gegenwärtige oder historische Konflikte zwischen Mächtigen und Staatsbürgerinnen bzw. Staatsbürgern, die aufgrund von Kritik am Staat oder am Gesellschaftssystem mit schweren Sanktionen zu rechnen haben bzw. hatten?

### Sophokles – **Antigone**

Antigone: Ich rede dir nicht zu, und wolltest du es
Doch tun, du tätest es mir nicht zur Freude.
Nein, denke du, wie *dir's* erscheint. Doch ihn
Begrab ich. Schön ist, tu ich dies, für mich zu sterben.
Lieb werd ich bei ihm liegen dann, dem Lieben,
Da Frommes ich verbrach. Die Zeit ist länger,
Die ich den Unteren gefallen muß als denen hier.
Dort werd ich immer liegen. Aber du,
Wenn dir es so erscheint, magst da,
Was bei den Göttern Ehre hat, entehren.
Ismene: Entehre ich's doch nicht! Doch mich der Stadt
Zu widersetzen, hab ich nicht die Kraft.
Antigone: Du schütze dieses vor! Ich aber gehe,
Das Grab dem lieben Bruder aufzuwerfen.
Ismene: O mir! ich Arme! wie bin ich in Angst um dich!
Antigone: Fürchte für mich nicht! bringe dein Geschick ins Rechte!
Ismene: So rede nur von dieser Tat zu keinem Menschen!
Verbirg sie im Geheimen, und so ich mit dir!
Antigone: O mir! schrei es heraus! Weit mehr noch haß ich dich,
Schweigst du und rufst du es nicht allen aus!
Ismene: Du hast ein heißes Herz bei eisigen Dingen!

*Sophokles: Antigone. Frankfurt am Main, Insel Taschenbuch, 1974, S. 13, Originalschreibweise*

Kreon begründet in seiner Antrittsrede, warum Vaterlandsliebe über allem steht. Antigone handelt gegen Kreons Befehl, und ohne die Hilfe ihrer Schwester Ismene beerdigt sie ihren Bruder Polyneikes. Ein Wächter beobachtet Antigone und bringt sie zu Kreon. Sie leugnet ihre Tat nicht und begründet sie damit, dass es Gotteslästerung sei, den Toten nicht die letzte Ruhe zu gewähren, weil sie dadurch nicht ins Reich der Toten aufgenommen werden können.

Kreon erklärt Antigone jedoch nun ebenfalls zur Staatsfeindin, weil sie gegen die Gesetze verstoßen hat, und nimmt sie in Gefangenschaft. Kreons Sohn Haimon – der Verlobte Antigones – gerät in Streit mit seinem Vater und wirft ihm vor, allmächtig und willkürlich zu handeln.

## 26 Aufgabenstellung

Lesen Sie den Textabschnitt und diskutieren Sie folgende Fragen:

- Worin besteht der Konflikt zwischen Kreon und Haimon? Welche Argumente verwenden Vater und Sohn? Was ist der Hauptkritikpunkt Haimons an der Herrschaft des Vaters?
- Kennzeichnen Sie die Stellen, an denen das Gespräch eskaliert. Überlegen Sie, wann eine vermittelnde Person die Diskussion zu einer positiven Wendung hätte führen können.
- Welche belehrende Absicht erteilt der Schlusschor Kreon und somit dem Publikum?

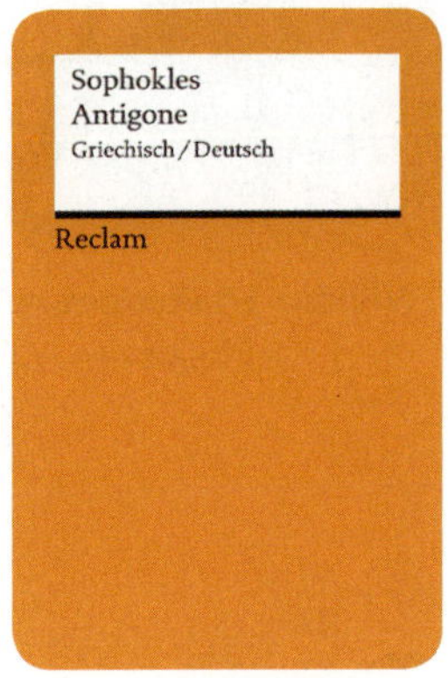


Dieser Bruch zwischen Vater und Sohn veranlasst Kreon, Antigone lebendig in einer versiegelten Höhle einsperren zu lassen. Der Seher Teiresias verkündet Kreon ein schlechtes Omen und den Tod Haimons.

Kreon erkennt sein Unrecht und will Antigone befreien, die sich jedoch selbst das Leben genommen hat. Auch Haimon nimmt sich aus Liebe zu Antigone das Leben, aber auch, weil er seinen Vater immer für weise und gerecht gehalten hat und über seine Willkür enttäuscht ist. Eurydike, die Mutter Haimons und Gemahlin Kreons, tötet sich aus Kummer über den Verlust des Sohnes. Zu spät muss Kreon erkennen, dass er sich der Überheblichkeit schuldig gemacht hat und die Götter ihn dafür bestraft haben.

### Sophokles – **Antigone**

Kreon: [...] Nur wer im eigenen Haus ein rechter Mann ist,
Wird sich im Staat auch als gerecht erweisen.
Ein solcher Mann wird auch – sag ich getrost! –
Recht herrschen und sich recht beherrschen lassen wollen,
Und auch im Speergestöber hingestellt,
Standhalten als bewährter tapferer Nebenmann.
Doch wer die ihm gesetzte Grenze übertritt
Und die Gesetze vergewaltigt oder
Vorschriften seinen Oberen zu geben denkt:
Dieser wird niemals bei mir Lob erlangen.
Nein, wen das Volk bestellt hat, dem soll man gehorchen
Im Kleinen wie Gerechten wie im Gegenteil. [...]

Kreon: Und „Tat“, das heißt: den ehren, der die Ordnung bricht?
Haimon: Nie riete ich, daß man die Schlechten ehrt!
Kreon: Ist sie von dieser Krankheit nicht befallen?
Haimon: Das ganze Volk von Theben leugnet das.
Kreon: Hat mir das Volk zu sagen, wie ich herrschen muß?
Haimon: Sieh da! wie gar zu jugendlich du dieses sagst!
Kreon: Für wen sonst als für mich soll ich dies Land regieren?
Haimon: Das ist kein Staat, der Einem nur gehört.
Kreon: Gilt nicht der Staat als dessen Staat, der in ihm herrscht?
Haimon: Schön herrschtest du für dich allein im leeren Land!
Kreon: Der Mensch da, scheint es, hält es mit dem Weibe!
Haimon: Wenn du das Weib bist. Dir gilt meine Sorge.
Kreon: O du Schlechter! mit dem Vater rechten?
Haimon: Seh ich doch, wie du unrecht handelst und schlimm fehlst!
Kreon: Ich fehlen? wenn ich meine Herrschaft heilig halte!
Haimon: Das ist kein Heilighalten, wenn du der Götter Ehren niedertrittst!

*Sophokles: Antigone. Frankfurt am Main, Insel Taschenbuch, 1974, S. 35, 37, Originalschreibweise*

**Schlusschor:**
„Das weitaus Erste an höchstem Glück
Ist Besonnensein. Und not auch ist,
Vor den Göttern nie zu verletzen die
Scheu.
Doch große Worte Großprahlender,
Wenn unter großen Schlägen sie gebüßt,
Haben im Alter gelehrt die Besinnung.“

*Sophokles: Antigone. Frankfurt am Main, Insel Taschenbuch, 1974, S. 60, Originalschreibweise*

**William Shakespeare**
*(1564–1616)*

## „Macbeth" von William Shakespeare

Macbeth kehrt von einer erfolgreichen Schlacht nach Hause zurück. Es wird ihm von drei Hexen u. a. prophezeit, König von Schottland zu werden. Nachdem die Prophezeiung eintritt, dass ihm König Duncan für seine Tapferkeit den Cawdor-Titel verleiht, wird sein Ehrgeiz besonders angefacht. Seine Frau – Lady Macbeth – unterstützt ihn moralisch dabei, den Mord an diesem beliebten schottischen König umzusetzen. Obwohl Macbeth von Gewissensbissen geplagt wird, ist seine Machtgier stärker.

### 27 Aufgabenstellung

●

Beantworten Sie die folgenden Fragen und notieren Sie Ihre Antworten stichwortartig: Welche Argumente findet Lady Macbeth, um ihren Mann zum Mord an König Duncan anzustacheln? Welche Bedenken äußert Macbeth, wie zerstreut Lady Macbeth diese?

#### William Shakespeare – **Macbeth**

Macbeth: Wir woll'n nicht weitergehn in dieser Sache; mir Lob erlangen.
Er hat mich jüngst belohnt, und goldne Achtung
Hab ich von Leuten aller Art gekauft,
Die will getragen sein im neusten Glanz
Und nicht so plötzlich weggeworfen.

Lady Macbeth: War die Hoffnung trunken, worin du dich hülltest?
Schlief sie seitdem und ist sie nun erwacht,
So bleich und krank das anzuschauen, was sie
So fröhlich tat? – von jetzt an denk ich
Von deiner Liebe so. Bist du zu feige,
Derselbe Mann zu sein in Tat und Mut,
Der du in Wünschen bist? Möchtst du erlangen,
Was du den Schmuck des Lebens schätzen musst,
Und Memme sein in deiner eignen Schätzung?
Muss dir „Ich fürchte" folgen dem „Ich möchte",
Der armen Katz im Sprichwort gleich?

Macbeth: Sei ruhig! Ich wage alles, was dem Menschen ziemt;
Wer mehr wagt, der ist keiner.

Lady Macbeth: Welch ein Tier hieß dich von deinem Vorsatz mit mir reden?
Als du es wagtest, da warst du ein Mann;
Und mehr sein, als du warst, das machte dich
Nur umso mehr zum Mann. Nicht Zeit, nicht Ort
Traf damals zu, du wolltest beide machen:
Sie machen selbst sich und ihr hurt'ger Dienst macht dich zu nichts.

*Shakespeare, William: Macbeth. Stuttgart, Reclam Taschenbuch, 2001, S. 22, Originalschreibweise*

*Despotismus, der:* *Gewaltherrschaft*

Durch diesen Mord erfüllt sich die Prophezeiung und Macbeth wird König. Diese Position erhält er sich durch Despotismus und Willkür – Kritiker lässt er ermorden. Die Tat beschert ihm Gewissensbisse und Wahnvorstellungen sowie Geistererscheinungen. Er vereinsamt zunehmend und ist bei seinen Untertanen nicht beliebt.

### 28 Aufgabenstellung

●●●

Welche beiden Umstände erschweren Macbeths Gewissen seiner Meinung nach? Was würde ihm helfen, seine Gewissensbisse zu beruhigen? Lesen Sie dafür folgenden Textausschnitt. Diskutieren Sie mit Ihren Mitschülerinnen und Mitschülern die Frage, wo die Grenze zwischen Moral und Machtanspruch (Karriere?) zu ziehen ist. Wie wird die zerstörte Ordnung wiederhergestellt, was wird dabei als Gerechtigkeit empfunden?

## William Shakespeare – **Macbeth**

Lady Macbeth: Habt ihr die Lust verscheucht und die Geselligkeit gestört
Durch höchst fremdart'ge Grillen[1].
Macbeth: Kann solch Wesen an uns vorüberziehn wie Sommerwolken,
Ohn' unser mächtig Staunen? Ihr entfremdet
Mich meinem eignen Selbst, bedenk ich jetzt,
Dass Ihr anschaut Gesichte[2] solcher Art,
Und doch die Röte Eurer Wangen bleibt,
Wenn Schreck die meinen bleicht.
Rosse: Was für Gesichte?
Lady Macbeth: Ich bitt Euch, sprecht nicht; er wird schlimm und schlimmer;
Fragen bringt ihn in Wut. Gut Nacht mit eins!
Beim Weggehn haltet nicht auf Euern Rang,
Geht all' zugleich.
Lenox: Wir wünschen Eurer Hoheit
Gut Nacht und bessres Wohl. [...]
Macbeth: Es fordert Blut, sagt man: Blut fordert Blut.
Man sah, dass Fels sich regt' und Bäume sprachen;
Auguren[3] haben durch Geheimnisdeutung
Von Elstern, Krähn und Dohlen ausgefunden
Den tief verborgnen Mörder. – Wie weit ist die Nacht? [...]
Lady Macbeth: Dir fehlt die Würze aller Wesen, Schlaf.
Macbeth: Zu Bett! – Dass selbstgeschaffnes Graun mich quält,
Ist Furcht des Neulings, dem die Übung fehlt. –
Wahrlich, wir sind zu jung nur. –

*Shakespeare, William: Macbeth. Stuttgart, Reclam Taschenbuch, 2001, S. 51f., Originalschreibweise*

[1] *Grillen: sonderbarer Einfall*
[2] *Gesicht (Pl. die Gesichte): Wahnvorstellung, Vision, Hirngespinst*
[3] *Augur: Priester / Wahrsager im alten Rom*

Malcolm, der Sohn des ermordeten Königs Duncan, ist nach England geflüchtet. Er durchschaut Macbeths Intrige und stürzt ihn in einer siegreichen Schlacht. Macbeth stirbt im Zweikampf durch Macduff, dessen Familie er zuvor hatte brutal ermorden lassen. Malcolm wird der neue, rechtmäßige König von Schottland. Es herrschen wieder Gerechtigkeit und Ordnung.

## William Shakespeare – **Macbeth**

Malcolm: Mehr Leid verdient er, und das vergelt ich ihm.
Siward: Mehr tun ist Schwäche.
Er schied geehrt und zahlte seine Zeche;
So, Gott sei mit ihm! Seht, den neusten Trost. [...]
Malcolm: Wir wollen nicht vergeblich Zeit verschwenden,
Mit eurer Liebe einzeln abzurechnen
Und quitt mit Euch zu werden. Thans und Vettern,
Hinfort seid Grafen, die zuerst in Schottland
Mit dieser Ehre prangen. Was zu tun noch,
Was nun gepflanzt muss werden mit der Zeit:
Als Rückberufung der verbannten Freunde,
Die es Tyrannen list'ger Schling' entflohn.
Einziehn der blut'gen Schergen[1] dieses toten
Bluthunds und seiner höll'schen Königin,
Die, wie man glaubt, gewaltsam selbst ihr Leben
Geendet. – Alles, was uns sonst noch obliegt,
Das, mit der ew'gen Gnade Gnadenhort,
Vollenden wir nach Maß und Zeit und Ort.
Euch allen werd' und jedem Dank und Lohn,
Und jetzt zur Krönung lad ich Euch nach Scone.

*Shakespeare, William: Macbeth. Stuttgart, Reclam Taschenbuch, 2001, S. 89f., Originalschreibweise*

[1] *Scherge: Person, die Aufträge einer (politischen) Macht vollstreckt und dabei auch Gewalt anwendet; Handlanger*

**Bernd Heinrich Wilhelm von Kleist** *(1777–1811), deutscher Dramatiker, Erzähler, Lyriker und Publizist*

## „Prinz Friedrich von Homburg" von Heinrich von Kleist

Der junge draufgängerische Prinz Friedrich Arthur von Homburg schlafwandelt nach einem siegreichen Feldzug und bindet sich dabei einen Lorbeerkranz. Mehrere Adelige und auch der Große Kurfürst von Brandenburg bemerken dies und treiben ihr Spiel mit dem Prinzen. Dieser erklärt dabei der Nichte des Kurfürsten Natalie seine Liebe und ergreift ihren Handschuh. Nachdem er aus seinem Traum erwacht, wundert er sich über den Handschuh – er kann sich an nichts erinnern. Als bei einer Gefechtsbesprechung Natalie erscheint und sich als die Besitzerin des Handschuhs herausstellt, ist Prinz von Homburg so irritiert, dass er die ausdrückliche Order, den Feind nicht ohne Befehl anzugreifen, überhört. In der Schlacht bei Fehrbellin greift er eigenmächtig die Schweden an – und siegt.
Der Kurfürst, dem Disziplin über alles geht, lässt den Prinzen wegen Befehlsverweigerung verhaften; dieser wird zum Tode verurteilt. Erst nach und nach wird dem Prinzen der Ernst der Lage klar. Der Kurfürst jedoch stellt für die Begnadigung die Bedingung, dass der Prinz die Ungerechtigkeit des Urteils aufzeigen soll. Der Prinz jedoch überwindet seine Todesfurcht und gesteht ein, dass ihm ein gerechter Urteilsspruch widerfahren ist.
Natalie hat zwischenzeitlich das Regiment zurückbeordert, weil sie mit dessen Unterstützung für den Prinzen, ihren Verlobten, rechnet. Der Kurfürst hört die Offiziere an, die ihm versichern, der Führung des Prinzen weiterhin vertrauen zu wollen.
Nichts ahnend von seiner Begnadigung wird der Prinz mit verbundenen Augen ins Freie geführt – er ist der Meinung, seine Hinrichtung stehe bevor. Natalie krönt ihn aber mit einem Lorbeerkranz und der Prinz sinkt in Ohnmacht. Aus dieser erwacht, stellt er die Frage, ob alles ein Traum gewesen sei.

### 29 Aufgabenstellung

O

Lesen Sie den Textausschnitt aus Kleists „Prinz Friedrich von Homburg" und diskutieren Sie anschließend folgende Fragen:

- Welche Ansichten vertritt der Kurfürst gegenüber Natalie in Bezug auf Gerechtigkeit, Machtausübung und Disziplin?
- Welche Meinung vertritt Natalie? Welche Gründe trägt sie vor, um den Rechtsspruch des Kurfürsten beeinflussen zu können?
- Handelt der Kurfürst moralisch richtig, weil er nach dem Gesetz handelt? Begründen Sie Ihre Meinung.
- Nennen Sie Beispiele, in denen zwar nach geltendem Recht geurteilt wurde, aber trotzdem die Gerechtigkeit infrage zu stellen ist.

### Heinrich von Kleist – **Prinz Friedrich von Homburg**

*Der Kurfürst:*
Mein süßes Kind! Sieh! Wär ich ein Tyrann,
Dein Wort, das fühl ich lebhaft, hätte mir
Das Herz schon in der erznen Brust geschmelzt.
Dich aber frag ich selbst: darf ich den Spruch
Den das Gericht gefällt, wohl unterdrücken? –
Was würde wohl davon die Folge sein? [...]

*Natalie:*
Oh Herr! Was sorgst du doch? Dies Vaterland!
Das wird, um dieser Regung deiner Gnade,
Nicht gleich, zerschellt in Trümmern, untergehn.
Vielmehr, was du, im Lager auferzogen,
Unordnung nennst, die Tat, den Spruch der Richter,
In diesem Fall, willkürlich zu zerreißen,
Erscheint mir als die schönste Ordnung erst:
Das Kriegsgesetz, das weiß ich wohl, soll herrschen,
Jedoch die lieblichen Gefühle auch.
Das Vaterland, das du uns gründetest,
Steht, eine feste Burg, mein edler Ohm:
Das wird ganz andre Stürme noch ertragen,
Fürwahr, als diesen unberufnen Sieg; [...]

*Kleist, Heinrich von: Prinz Friedrich von Homburg. Stuttgart, Reclam Taschenbuch, 1993, S. 54, Originalschreibweise*

### „Der Fürst“ (Il Principe) von Niccolò Machiavelli – eine politische Abhandlung

Niccolò Machiavelli untersuchte in seinem Hauptwerk „Il Principe“ (Lebens- und Regierungsmaximen eines Fürsten) die realen Bedingungen, unter denen ein Staat sich entfalten kann. Grundvoraussetzung für einen starken Staat ist Machiavellis Auffassung nach die Fähigkeit des Fürsten, seine Macht zu behaupten, ohne Rücksicht auf bestehende ethische Normen.

**Niccolò di Bernardo dei Machiavelli** *(1469–1527) war ein florentinischer Politiker, Diplomat, Philosoph, Geschichtsschreiber und Dichter. Sein Name steht für rücksichtslose Machtpolitik unter Ausnutzung aller Mittel.*

### 30 Aufgabenstellung

**a.** ●

Analysieren Sie den Text Machiavellis: Welche Argumente setzt er ein, wie ein Herrscher handeln soll? Wie baut er die Argumente auf? Kennzeichnen Sie die einzelnen Argumente im Text.

**b.** ●

Schreiben Sie eine Argumentation, in der Sie auf die Aussagen Machiavellis eingehen und Ihre Meinung anhand von schlüssigen Thesen darlegen.

**c.** ○

Diskutieren Sie in einem Klassengespräch, welcher Führungsstil beispielsweise in einem großen Unternehmen aus Ihrer Sicht empfehlenswert ist. Inwiefern können die Aussagen Machiavellis in diesem Zusammenhang heute noch Bedeutung haben?

## Niccolò Machiavelli – **Der Fürst**

[...] Dennoch darf er nicht leichtgläubig und leicht von Entschluss sein; sich auch nicht immer fürchten, sondern mit Klugheit und Menschenfreundlichkeit maßvoll verfahren, so dass ihn weder zu große Vertrauensseligkeit unvorsichtig, noch zu starkes Misstrauen unleidlich mache. Hierher rührt eine bekannte Streitfrage: ob es besser sei, geliebt als gefürchtet oder besser, gefürchtet als geliebt zu werden. Ich möchte antworten, dass man sowohl das eine wie das andre wünschen sollte; da aber schwer ist, beides miteinander zu verbinden, so ist es viel sicherer, gefürchtet als geliebt zu werden, wenn ja eines von beiden fehlen soll. Denn man kann im Allgemeinen von den Menschen sagen, dass sie undankbar, wankelmütig, heuchlerisch, feig in der Gefahr, begierig auf Gewinn sind: solange du ihnen wohltust, sind sie dir ganz ergeben, wollen Gut und Blut für dich lassen, ihr eignes Leben aufopfern, das Leben ihrer Kinder. So ist es, wie ich schon sagte, solange die Gefahr entfernt ist; kommt sie aber näher, so empören sie sich. Der Fürst, der sich auf ihre Worte verlassen und keine andern Vorkehrungen gemacht hat, geht zugrunde: denn die Freundschaften, die nicht durch Größe des Geistes und Edelmut erworben sind, haben zwar guten Grund, halten aber doch nicht vor, wenn Not an Mann geht. Die Menschen machen sich weniger daraus, einen zu verletzen, der sich beliebt mache, als einen, der gefürchtet wird; denn die Zuneigung der Menschen beruht auf einem Bande der Dankbarkeit, das bei der Schlechtigkeit der menschlichen Natur reißt, sobald der Eigennutz damit in Streit gerät: Furcht vor Züchtigung aber versagt niemals. Nur muss der Fürst sich auf solche Art gefürchtet machen, dass er nicht verhasst wird; denn es kann recht gut miteinander bestehen, gefürchtet und doch nicht verhasst zu sein.

*Machiavelli, Niccolò: Der Fürst. Von Grausamkeit und Gnade. Übersetzt von August Wilhelm Rehberg. Frankfurt am Main, Fischer Taschenbuch Verlag, 2010, S. 67f.*

**Arthur Schnitzler**
*(1862–1931)*

## „Professor Bernhardi" von Arthur Schnitzler

Die Handlung spielt um 1900, und das Drama setzt damit ein, dass die junge Philomena Bejer im kritischen Zustand nach einer Abtreibung in einem Wiener Spital liegt – dem „Elisabethinum". Der jüdische Klinikleiter Professor Bernhardi verbietet einem katholischen Priester, der Sterbenden die Sterbesakramente zu erteilen, weil die junge Patientin zuversichtlich ist zu gesunden und er ihr nicht die Hoffnung nehmen will. Doch die Kranke stirbt und die Angelegenheit erreicht politische Dimensionen, als eine Partei diesen Vorfall nutzt und eine parlamentarische Anfrage an den Unterrichtsminister stellt. Unterdessen gibt es Diskussionen um die Nachbesetzung einer Institutsstelle: Bernhardi bevorzugt den hochbegabten jüdischen Arzt Dr. Wenger, sein Stellvertreter und Konkurrent sähe stattdessen lieber einen deutschnationalen Kandidaten im Institut.

*Professor Bernhardi (Aufführung am Burgtheater, 2013)*

Der Unterrichtsminister versichert Bernhardi grundsätzlich die Unterstützung, wendet sich jedoch bei der Beantwortung der parlamentarischen Anfrage gegen ihn. Im Einvernehmen zwischen Unterrichts- und Justizminister wird ein Gerichtsverfahren wegen Religionsstörung angekündigt. Noch vor Prozessbeginn kündigt Bernhardi seine Direktionsstelle im Elisabethinum – er will jedoch als Abteilungsleiter in der Klinik verbleiben.

Bernhardi wird aufgrund einer Falschaussage – andere Zeugenaussagen werden nicht anerkannt – zu zwei Monaten Kerker verurteilt, außerdem wird ihm ein Berufsverbot erteilt. Nach dem Prozess erklärt der Priester Bernhardi, dass er zu ihm gestanden habe, aber weil er der Kirche verpflichtet sei, hätte er ihr keinen Schaden zufügen dürfen.

### 31 Aufgabenstellung

●

Recherchieren Sie, wann das Theaterstück „Professor Bernhardi" in letzter Zeit in österreichischen Theatern aufgeführt wurde. Was können Sie über die Inszenierung herausfinden? Suchen Sie Theaterkritiken dazu.

### 32 Aufgabenstellung

○

Welche Begründung führt der Pfarrer im folgenden Textabschnitt dafür an, dass er Professor Bernhardi im Prozess nicht unterstützt hat? Ist dieses Vorgehen aus Ihrer Sicht moralisch gerechtfertigt oder nicht? Diskutieren Sie über Situationen, in denen eine (vermeintlich) „höhere Aufgabe" über einer „niedrigeren Aufgabe" stehen könnte.

### Arthur Schnitzler – **Professor Bernhardi**

Bernhardi: Mir ist, Hochwürden, als hätte es Priester gegeben, denen der Sinn des Daseins erst damit begann, dass sie sich aus ihrer Gemeinschaft lösten und ohne jede Rücksicht auf Unannehmlichkeit und Gefahr verkündeten, was sie für Recht und Wahrheit hielten.

Pfarrer: Wenn ich zu diesen gehörte, Herr Professor –

Bernhardi: Nun?

Pfarrer: – so hätte Gott mich wohl heute schon vor Gericht aussprechen lassen, was Sie nun erst in diesen vier Wänden vernehmen durften.

Bernhardi: Gott also war es, der Ihnen dort die Lippen verschloß? Und nun schickt Gott Sie zu mir, unter vier Augen zu gestehen, was vor Gericht auszusprechen Ihnen verwehrt war? Man muß sagen, er macht es Ihnen recht bequem, Ihr Gott!

Pfarrer: (sich erhebend) Verzeihen Sie, Herr Professor, meinem Zugeständnis, das Sie sonderbarerweise als ein Bekenntnis eines an Ihnen begangenen Unrechtes aufzufassen scheinen, habe ich nichts hinzuzufügen. Keineswegs war es in meinem Gelöbnis mit einbegriffen, mit Ihnen ein Gespräch über Dinge zu führen, in denen wir uns kaum verstehen können.

Bernhardi: Und so schlagen Sie mir die Türe vor der Nase zu, Hochwürden? Als einen Beweis dafür, dass Sie drin sind und ich draußen, vermag ich das allerdings nicht anzuerkennen. Immerhin bleibt mir nun nichts anderes mehr übrig als zu bedauern, Hochwürden, dass Sie sich vergeblich herbemüht haben.

*Schnitzler, Arthur: Professor Bernhardi. Stuttgart, Reclam Taschenbuch, 2005, S. 126, Originalschreibweise*

Nach seiner Haftentlassung wird Bernhardi zur Galionsfigur der Liberalen Partei. All seiner Titel, Doktorwürde und Berufsausübungsrechte beraubt, sucht Bernhardi den Unterrichtsminister auf. Dieser sagt zu, ihm zu helfen, es ist aber unübersehbar, dass es sich um leere Versprechungen handelt. Eindrücklich wird dem Publikum gezeigt, dass Bernhardi dem Unterrichtsminister einen Spiegel vor Augen hält, worin er seine moralischen Abgründe erkennen soll. Das Drama endet damit, dass Bernhardi mit einem Hofrat des Unterrichtsministeriums über seine Enttäuschung und Ansichten diskutiert.

### 33 Aufgabenstellung

●●

Welche Ansichten vertritt der Hofrat, welche Bernhardi zu Themen wie „Recht", „Gerechtigkeit", „Wahrheit" und „richtiges Handeln"? Diskutieren Sie Ihre eigene Vorstellung von diesen Werten. Überlegen Sie sich Beispiele von Situationen, in denen richtiges Handeln und Gerechtigkeit nicht immer positiv honoriert werden.

## Arthur Schnitzler – **Professor Bernhardi**

Bernhardi: Das Problem war nicht mehr österreichische Politik oder Politik überhaupt, sondern es handelte sich plötzlich um allgemeine ethische Dinge, um Verantwortung und Offenbarung, und im letzten Sinn um die Frage der Willensfreiheit. –

Hofrat: Ja, darauf läuft's am Ende immer hinaus; wenn man den Dingen auf den Grund geht. Aber's ist besser, man bremst früher; sonst passiert's einem eines schönen Tags, daß man anfangt, alles zu verstehen und zu verzeihen – und wenn man nicht mehr lieben und hassen darf, – wo bleibt dann der Reiz des Lebens?

Bernhardi: Man liebt und haßt doch weiter, lieber Hofrat! Aber jedenfalls können Sie sich denken, daß in meinem Buch für Seine Exzellenz den Minister Flint nicht mehr viel Raum übrig war. Und da hab ich mir vorgenommen, wenn er schon nicht zu lesen bekommt, was ich gegen ihn auf dem Herzen habe, so soll er's doch wenigstens hören!

Hofrat: Darum also haben wir das Vergnügen? [...]

Bernhardi: Sie werden begreifen, Herr Hofrat, daß ich, um überhaupt zu mir selbst zu kommen und wieder Respekt vor mir zu kriegen, vor all dem Lärm entfliehen muß, der sich jetzt rings um mich erhebt, einfach – weil die Leute allmählich drauf kommen, daß ich recht gehabt habe.

Hofrat: Aber Herr Professor, was fällt Ihnen ein? Vom Rechthaben ist noch keiner populär geworden. [...] das ist ja nur eine Einbildung von Ihnen, daß Sie recht gehabt haben.

Bernhardi: Aber –.

Hofrat: Es kommt nichts heraus dabei. Was hätten Sie denn am End damit erreicht, mein lieber Professor, wenn Sie der armen Person auf dem Sterbebett einen letzten Schrecken erspart hätten –? Das kommt mir grad so vor, wie wenn einer die soziale Frage lösen wollte, indem er einem armen Teufel eine Villa zum Präsent macht.

Bernhardi: Sie vergessen nur das eine, lieber Herr Hofrat, wie die meisten übrigen Leute, daß ich ja nicht im entferntesten daran gedacht habe, irgendeine Frage lösen zu wollen. Ich habe einfach in einem speziellen Fall getan, was ich für das Richtige hielt.

Hofrat: Das war eben das Gefehlte. Wenn man immerfort das Richtige täte, oder vielmehr, wenn man nur einmal in der Früh, so ohne sich's weiter zu überlegen, anfing', das Richtige zu tun und so in einem fort den ganzen Tag lang das Richtige, so säße man sicher noch vorm Nachtmahl im Kriminal.

*Schnitzler, Arthur: Professor Bernhardi. Stuttgart, Reclam Taschenbuch, 2005, S. 163ff., Originalschreibweise*

**Bertolt Brecht** *(1898–1956), großer deutscher Dramatiker und Lyriker des 20. Jahrhunderts. Seine Werke werden weltweit aufgeführt.*

## „Die heilige Johanna der Schlachthöfe" von Bertolt Brecht

Der größte Schlachthofbesitzer Chicagos, Pierpont Mauler, verkauft seinen Geschäftsanteil an seinen Kompagnon Cridle, weil er einen Börsen-Insidertipp erhalten hat. Aufgrund einer großen Wirtschaftskrise wird das Elend der Arbeiter immer größer, und auch die „Schwarzen Strohhüte" – eine Art Heilsarmee – unter dem Kommando von Leutnant Johanna Dark können gegen die Verelendung nicht mehr ankämpfen. Johanna bittet Mauler um Hilfe für die Armen. Dieser will beweisen, dass die Arbeiter „schlecht" seien und selbst schuld an ihrer hoffnungslosen Lage wären. Doch Johanna sieht die Armut als Grund für das unmoralische Verhalten der Arbeiter – deshalb sorgt sie für menschliche Verhältnisse in der Viehhalle.

### 34 Aufgabenstellung

Welchen Zusammenhang vertritt Johanna im folgenden Textausschnitt über Moral und Armut? Begründen Sie, ob Sie ihre Ansichten nachvollziehen können oder für falsch halten. Hängen Moral und Armut unmittelbar zusammen? Welche aktuellen Beispiele fallen Ihnen in diesem Zusammenhang ein? Wie würden Sie Johanna charakterlich festlegen?

## Bertolt Brecht – **Die heilige Johanna der Schlachthöfe**

Johanna: Denn warum ist diese Schlechtigkeit in der Welt? Ja, wie soll's denn anders sein! Natürlich, wenn jeder seinem Nächsten wegen einem Stückchen Schinken auf Brot mit einer Axt über den Kopf hauen muß, damit er es ihm vielleicht abtritt, was er doch braucht zu seines Lebens Notdurft, und der Bruder ringend mit dem Bruder um das Nötigste, wie soll da der Sinn für das Höhere nicht ersticken in des Menschen Brust? Betrachten Sie doch einmal den Dienst am Nächsten einfach als Dienst am Kunden! Dann werden Sie das Neue Testament gleich verstehen und wie grundmodern das ist, auch heute noch. Service! Was heißt denn Service anders als Nächstenliebe? Das heißt, richtig verstanden! Meine Herren, ich höre immer, daß die armen Leute nicht genug Moral haben, und das ist auch so. Da unten in den Slums nistet die Unmoral selber und damit die Revolution. Aber da frage ich Sie nur: Woher sollen sie denn eine Moral haben, wenn sie sonst nichts haben? Ja, woher nehmen und nicht stehlen? Meine Herren, es gibt auch eine moralische Kaufkraft. Heben Sie die moralische Kaufkraft, dann haben Sie auch die Moral. Und ich meine mit Kaufkraft etwas ganz Einfaches und Natürliches, nämlich Geld, Lohn. Und das führt mich wieder zur Praxis: wenn ihr so fortfahrt, dann könnt ihr am End euer Fleisch selber fressen, denn die da draußen haben eben keine Kaufkraft.

*Textauszug aus: Bertolt Brecht, Die heilige Johanna der Schlachthöfe. Schauspiel, in: ders., Werke. Große kommentierte Berliner und Frankfurter Ausgabe, Band 3: Stücke 3.*
*© Bertolt-Brecht-Erben / Suhrkamp Verlag 1988, S. 52f.*

*Aufführung der „heiligen Johanna der Schlachthöfe" am Burgtheater, 2010*

Mauler kauft aufgrund eines weiteren Börsentipps alles Rindfleisch auf, dessen er habhaft werden kann, und „rettet" den Markt.

Johanna wirft Fleischproduzenten, die für die „Schwarzen Strohhüte" spenden wollten, aus dem Haus, wodurch die Organisation ihre materielle Basis verliert – Mauler verspricht zu helfen, Johanna wird entlassen. Johanna erkennt den Zusammenhang zu spät, dass Maulers Monopolstellung das System komplett zu ruinieren droht. Sie bietet den Kommunisten ihre volle Unterstützung an, verrät ihre Verbündeten jedoch, als zum Generalstreik aufgerufen wird, weil sie Skrupel gegen Gewalt hat und irreführenden Medienberichten misstraut.

## 35 Aufgabenstellung

Diskutieren Sie, ob Gewalt oder Gewaltlosigkeit eher zum Ziel führen kann. Welche Ansicht vertritt Johanna, welche Meinung vertreten Sie?

Denken Sie dabei auch an die jüngsten Revolutionen im arabischen Raum. Welche historischen Ereignisse fallen Ihnen in diesem Zusammenhang noch ein?

### Bertolt Brecht – **Die heilige Johanna der Schlachthöfe**

Arbeiter: [...] Aber ihr lernt das Kämpfen
Und erfahrt
Daß es nur durch Gewalt geht und
Wenn ihr es selber macht.

Johanna: Halt, lernt nicht weiter! Nicht in so kalter Weise! Nicht durch Gewalt bekämpft Unordnung und Verwirrung. Freilich, riesenhaft ist die Verführung! Noch eine solche Nacht und noch eine solche wortlose Bedrückung, und niemand vermag ruhig zu bleiben. Und sicher standet ihr schon in vielen Nächten vieler Jahre beisammen und lerntet kalt zu denken und furchtbar. Freilich, es sammelt sich auch Gewalttat zu Gewalttat im Dunkeln, Schwach zu Schwach und das Unerledigte sammelt sich. Aber was hier gekocht wird: wer werden die Esser sein? Ich will weggehen. Es kann nicht gut sein, was mit Gewalt gemacht wird. Ich gehör nicht zu ihnen. Hätten mich als Kind der Tritt des Elends und der Hunger Gewalt gelehrt, würde ich zu ihnen gehören und nichts fragen. So aber muß ich weggehen. *Sie bleibt sitzen.*

*Textauszug aus: Bertolt Brecht, Die heilige Johanna der Schlachthöfe. Schauspiel, in: ders., Werke. Große kommentierte Berliner und Frankfurter Ausgabe, Band 3: Stücke 3. © Bertolt-Brecht-Erben / Suhrkamp Verlag 1988, S. 110f.*

Durch Johannas Schuld kann der Streik niedergeschlagen werden, das System stabilisiert sich jedoch auf Kosten eines Drittels der Arbeiter, die ihre Arbeit verlieren. Der Rest der Arbeiter erhält zwei Drittel des bisherigen Lohns. Banken und der Staat unterstützen die Reformen. Johanna bricht zusammen, die Fleischhändler bezeichnen sie als Märtyrerin der Mildtätigkeit und verhindern damit, dass sich Johannas Ansichten und Erfahrungen verbreiten können. Im Lärm gehen ihre resignierenden Aussagen unter.

## 36 Aufgabenstellung

Diskutieren Sie in einem Klassengespräch die folgenden Fragen:

- Welche Meinung vertritt Johanna über gesellschaftliche Unterschiede und soziale Schichten?
- Was könnte mit dem Satz gemeint sein: „Sorgt doch, dass ihr die Welt verlassend nicht nur gut wart, sondern verlasst eine gute Welt!"
- Darf man des guten Willens wegen auch Unrecht und Böses tun oder zulassen?
- Welche belehrenden Absichten können Sie in dem Drama erkennen?

### Bertolt Brecht – **Die heilige Johanna der Schlachthöfe**

**Johanna:** [...] Oh, folgenlose Güte! Unmerkliche Gesinnung! Ich habe nichts geändert. Schnell verschwindend aus dieser Welt ohne Furcht sage ich euch: Sorgt doch, dass ihr die Welt verlassend nicht nur gut wart, sondern verlasst eine gute Welt! [...] Denn es ist eine Kluft zwischen oben und unten, größer als zwischen dem Berg Himalaja und dem Meer. Und was oben vorgeht, erfährt man untern nicht und nicht oben, was unten vorgeht. Und es sind zwei Sprachen oben und untern und zwei Maße zu messen und was Menschengesicht trägt, kennt sich nicht mehr.

*Textauszug aus: Bertolt Brecht, Die heilige Johanna der Schlachthöfe. Schauspiel, in: ders., Werke. Große kommentierte Berliner und Frankfurter Ausgabe, Band 3: Stücke 3. © Bertolt-Brecht-Erben / Suhrkamp Verlag 1988, S. 142f.*

### 8.2.8 Bertolt Brechts „Episches Theater“

Es gab schon vor Bertolt Brechts Schaffen eine Form des **epischen Theaters**, doch Brecht hat sich durch seine bewusste Abgrenzung vom Theater Aristoteles’ eine **eigene Dramentheorie** geschaffen. Wie am Begriff selbst schon erkennbar, gibt es auch erzählende Passagen, die Handlung ist komplex und die Zeiträume sind länger dimensioniert. Auch liegen die Orte weiter auseinander – die Darstellung kann als offene Form bezeichnet werden. Eine Besonderheit stellt zudem dar, dass die einzelnen Szenen nicht zwingend aufeinander folgen müssen – eher könnte man sie mit einer erzählenden Bilderfolge vergleichen. Mit Mitteln des Verfremdungseffekts und der Provokation soll sich die Zuschauerin bzw. der Zuschauer vom Geschehen distanzieren können, denn die Darstellung soll nicht zur Identifikation einladen, sondern zur Interpretation. Brecht meinte, dass mit diesem dramaturgischen Effekt die Zuschauerin bzw. der Zuschauer die gesellschaftlichen Verhältnisse bzw. Missstände erkennen kann.

**Dramentheorien**

| **Aristotelische Form des Theaters** | **Epische Form des Theaters** |
|---|---|
| handelnd | erzählend |
| verwickelt den Zuschauer in eine Bühnenaktion | macht den Zuschauer zum Betrachter |
| verbraucht seine Aktivität | weckt seine Aktivität |
| ermöglicht ihm Gefühle | erzwingt von ihm Entscheidungen |
| Erlebnis | Weltbild |
| der Zuschauer wird in etwas hineinversetzt | der Zuschauer wird (einer Handlung) gegenübergesetzt |
| Suggestion | Argument |
| Empfindungen werden konserviert | Empfindungen werden bis zu Erkenntnissen getrieben |
| der Zuschauer steht mittendrin | der Zuschauer steht gegenüber |
| er erlebt die Szene mit | er studiert die Szene |
| der Mensch als bekannt vorausgesetzt | der Mensch ist Gegenstand der Untersuchung |
| der unveränderliche Mensch | der veränderliche und verändernde Mensch |
| Spannung auf den Ausgang | Spannung auf den Gang |
| eine Szene für die andere | jede Szene für sich |
| Wachstum | Montage |
| Geschehnisse linear | Geschehnisse in Kurven |
| evolutionäre Zwangsläufigkeit | Sprünge |
| der Mensch als Fixum | der Mensch als Prozess |
| das Denken bestimmt das Sein | das gesellschaftliche Sein bestimmt das Denken |
| Gefühl | Ratio (Verstand, Vernunft) |
| Idealismus | Materialismus |

*Episches Theater: Vergleich: dramatisches Theater – episches Theater bei Brecht. In: Wikipedia. Online: https://de.wikipedia.org/wiki/Episches_Theater (14.05.2019), mit kleinen Ergänzungen*

**37 Aufgabenstellung**

●●●

Lesen Sie die Tabelle auf Seite 264 zur aristotelischen und epischen Form des Dramas, die die wichtigsten Unterschiede der beiden Dramentheorien gegenüberstellt. Klären Sie die Fremdwörter mit Hilfe eines Lexikons oder des Internets.
Ordnen Sie die in diesem Kapitel besprochenen Dramen der jeweiligen Dramenform zu. Überlegen Sie, welche Teile eindeutig zuzuordnen sind und wo es Überschneidungen oder Unklarheiten geben könnte.

**38 Aufgabenstellung**

●●●

Diskutieren Sie in Kleingruppen die folgenden Arbeitsaufträge. Vergleichen Sie in einem abschließenden Klassengespräch Ihre Gruppenergebnisse:

a. Vergleichen Sie die Sprache der fünf Dramen, die in diesem Kapitel behandelt wurden, und halten Sie Auffälligkeiten fest. Welches Stück bereitete beim Lesen weniger Probleme, bei welchem Stück hatten Sie zunächst Schwierigkeiten und brauchten Erklärungshilfen?

b. Welche Personen der genannten Theaterstücke sind für Sie positive, welche negative Figuren? Wechselt eine Figur während der Handlung ihren Sympathiewert? Begründen Sie Ihre Entscheidung.

c. Welche Protagonistinnen bzw. Protagonisten sind aus Ihrer Sicht „moralische Figuren“? Welche missbrauchen ihre Machtposition, welche setzen ihre Macht moralisch richtig ein?

d. Welche Figur ist *Ihnen* am sympathischsten, welche empfinden Sie als unsympathisch oder abstoßend? Könnten *Sie* sich mit einer Rolle identifizieren?

**39 Aufgabenstellung**

○

Lesen Sie die Monologe Johannas oder Bernhardis nochmals intensiv und versuchen Sie, sich in die beschriebene Situation zu versetzen. Lesen Sie die Textstelle anschließend mit dem entsprechenden Pathos laut vor. Achten Sie darauf, die entsprechende Stimmung, die im Drama vermittelt wird, auszudrücken.

**40 Aufgabenstellung**

●

Schreiben Sie einer der handelnden Hauptfiguren einen Brief und gehen Sie dabei argumentativ auf die Art und Weise, wie die Figur gehandelt hat, ein. Weisen Sie auf mögliches positives Verhalten oder Fehlverhalten hin und stellen Sie die Konsequenzen dar, die aufgrund dieses Verhaltens in der Zukunft zu erwarten sind.

Überlegen Sie sich zu einem der Dramen einen neuen passenden Schluss.

Geben Sie einem der Dramen durch Einführung einer neuen Protagonistin bzw. eines neuen Protagonisten eine entscheidende Wende, welche die Handlung beeinflusst.

Schreiben Sie einen Zeitungsbericht, in welchem Sie die Ereignisse eines Dramas Ihrer Wahl darstellen.

Gestalten Sie ein fiktives Interview mit einer Hauptfigur eines Dramas während des Geschehens oder nach Abschluss der Ereignisse.

Zeichnen Sie ein Mindmap zum Thema „Macht“ und/oder zum Thema „Moral“.

# Ihr persönlicher Lernerfolg

**Schätzen Sie selbst ein, was Sie jetzt wissen und können:**

✓ oder ✗

| | | LESEN | ÜBEN |
|---|---|---|---|
| Sie können Filme und Dramen analysieren, interpretieren und die eingesetzten Stilmittel erkennen. | ○ | S. 254, 267–268 | S. 265, 273–279 |
| Sie wissen, welche Filmgenres es gibt und kennen die wichtigsten Dramenformen. | ○ | S. 267–268, 257–258 | S. 259–260, 266 |
| Sie können gesellschaftliche Zusammenhänge über die Jahrhunderte erkennen, beurteilen und interpretieren. | ○ | S. 267 | S. 254–283 |
| Sie wissen, dass sich manche Themen der Literatur im Laufe der Jahrhunderte wiederholen und somit zeitlos sind. | ○ | S. 254–283 | S. 254–283 |
| Sie erkennen Gestaltungsmittel des Theaters und des Films und wissen, welchen Einfluss diese auf die Rezipientinnen und Rezipienten haben. | ○ | S. 260–264, 266–270 | S. 266–270 260–264 |

# STICHWORTVERZEICHNIS


**A**
Adynaton 38
Alliteration 38
Allusion 38
antikes Theater 270
amerikanische Einstellung 260
Analyse eines Sachtextes 67
Anapher 38
Antithese 21, 39
Antitheton 38
appellativer Lesebrief 173
Appellieren 172, 173
Arbeitsportfolio 124
Arenabühne 270
Argumentationstechniken 33
Argumentieren 45, 173, 178
Aristotelische Form des Theaters 284
Aufbau eines Dramas in drei Akten 267
Aufbau eines klassischen Dramas in fünf Akten 268
Aufführungszeit 268
Aufklärung 164
Aufsicht 262

**B**
Barock 162
Beobachtungsbogen 58
bewegte Kamera 262
Bewertung von Informationen 234
Bühnenformen 270

**C**
Charaktere 269
Correctio 38
Cover-Letter 124

**D**
das/dass 96
Debatte 50
Detailaufnahme 260
digitale Bildgestaltung 264
Diskussion 54
Drama in der Zeit der Aufklärung 267
Dramatik 266
Dramentheorie nach Aristoteles 267
Dramentheorien 264
Drehbuch und Storyboard 144, 264, 265

**E**
elektronische Medien 221
Empfehlung 173, 178
Epipher 38
episches Theater 267, 284
Epitase 268, 269
Epitheton 38
Exposition 268

**F**
Fastnachtsspiel 267
Fernsehspiele 247
Figurenrede 269
Filmanalyse 254
Film als Erzählform 252
Film als Medium 252
Filmgenre 257
Fishbowl-Methode 59
Fragelawine 187
Froschperspektive 262
Fremdreflexion 131
Frühmittelalter 152
Fügungen, feste 92
Fünf-Satz-Technik 21
Funktionsverben 109

**G**
Gender Mainstreaming 118
Getrennt- und Zusammenschreibung 94
grammatikalischer Fall 98
Großaufnahme 260
Groß- und Kleinschreibung 90
Guckkastenbühne 147

**H**
Halbnahaufnahme 260
Halbtotale 260
Handlungsaufbau 268
Handlungsort 268
Handlungszeit 268
„heimliche Botschaften“ einer Sprache 121
Hochmittelalter 154
Hörbuch 246
Hörspiel 246
Humanismus 158
Hyperbel 39

**I**
Infografiken 27
Inhaltsangabe 25, 173
Internet 234, 247
Internetrecherche 234
Interpretieren epischer Texte 26, 76, 173, 208
Interview-Leitfaden 28
Ironie 39

**K**
Kamera als „Erzählerin“ 260
Kameraeinstellung 240
Kamerafahrt 262
Kamerafrau/-mann (Director of Photography) 255, 256
Katastrophe 268
Kirchenraum 270
Kirchenvorplatz 270
Klappentext und Rezension 239
Klassik 166
klassische Dramentheorie nach Aristoteles 267
Klimax 38, 268
Komma 102
Kommentar 173, 196
Kommentieren 196
Konjunktiv 100
Konjunktiv in der indirekten Rede 100
Kontextanalyse 136
Kulturportfolio 124

**L**
lautes Lesen 84
Lautfolgen 97
Lesen literarischer Texte 76
Leseportfolio 126
Leserbrief 173, 188
Licht- und Farbeffekte 263
Literatur in den Medien 246
Literatur und Film 140
Literaturverfilmungen 247
Lösung (Lysis) 268

**M**
Marktplatz 270
Maskenbildner/-in (Make-Up Artist) 256
Meinungsrede (Appellative Rede) 33, 184
Metapher 38
Minnesang 154
mittelalterliches Mysterienspiel 267
Moderator/-in 55, 56, 57
Montage 262
Motivationsschreiben 217
Musik im Film 263

**N**
Nahaufnahme 260
Neologismus 38

Nominalisierungen 91
Normalsicht 262

**O**
offener Brief 173
Onomatopoesie 38
Operatoren im Überblick 172
Operatoren – Schreibhandlungen – Textsorten 173

**P**
Panelgespräch 54
Paronomasie 38
Paranthese 39
Paraphrase 38
Peripetie (dramatische Wende) 268
Periphrase 39
Perspektive 262
Planung der Textproduktion 174
Pleonasmus 38
Podiumsdiskussion 54
Pointe 39
politische 32
Portfolio als Arbeitsmethode 125
Posting-Regeln 69
Powerpoint-Präsentation 48
Prämunitio 39
Präposition 108
Präsentation 49
Präteritio 39
Problemlösung 172
Produktionsdesigner/-in (Production Designer) 256
Produzent/-in (Producer) 255
prozessorientiertes Schreiben 174

**R**
Rede 32, 40, 42
Reformation 158
Referat 48
Reflexion 150
Regisseur/-in (Director) 225
Remakes (Reboots) 148
Renaissance 158
Reorganisation 172
Reproduktion 172
Retardation 268
Rezension 240
Rhetorik, monologische 32
rhetorische Figuren 38
rhetorische Frage 39
rhetorische Mittel 38
Rundumbühne 270

**S**
Sachtext 62
Sachtextanalyse 67, 68
Schauspieler/-in (Actress/Actor) 255
Schnitttechnik 262
Schreibplan 183
Schwenk 262
Selbstreflexion 150
Shakespeare-Bühne 270
soziales Drama 267
soziale Netzwerke 222
Spätmittelalter 156
Spielort und Spielzeit 268
Sprache 112, 269
Sprache im Wandel 116
sprachliche Performanz der Rede 207
Sprachrichtigkeit 98
SQ3R-Methode 62
Standaufnahme 262
subjektive Kamera 262
Stil- und Ausdrucksübungen 108
Sturm und Drang 164
Synchronisation 264
Symbol 38

**T**
Tautologie 38
Textanalyse 22, 26, 67, 177, 208
Textinterpretation (epische Texte) 26, 76, 173, 208
Totale 260
Twitter 227
Typen 269

**U**
Untersicht 262

**V**
Verhandlung 52
Verbindung mit Verben 94
Vogelperspektive 262
Vorlesen 84
Vortrag (Referat) 32, 33, 40
Vorzeigeportfolio 124

**W**
Weimarer Klassik 166
Weitaufnahme (Panorama) 260
Western 258
Winkeleinstellung der Kamera 263
Wirkungsmittel des Films 260

**Z**
Zeitenfolge 107
Zeitformen 106